שיג ושיח

קריאות חדשות בפרשת השבוע

בראשית ■ שמות

מגיד

הרב יונתן זקס

שיג ושיח

קריאות חדשות בפרשת השבוע

בראשית ▪ שמות

מאנגלית: צור ארליך

מגיד

Jonathan Sacks
Covenant & Conversation:
A Weekly Reading of the Jewish Bible
Genesis–Exodus

עורכת ראשית: גילה פיין
עורכת משנה: תמי מגר
הגהה: אפרת גרוס, הניה קולומבוס, כנרת עזריאל
עימוד: עדי רובין
עיצוב כריכה: אליהו משגב
תמונת העטיפה: יורם רענן, "בראשית"

ספרי מגיד, הוצאת קורן
ת"ד 4044 ירושלים 9104001
טל': 02-6330530 פקס: 02-6330534
www.maggidbooks.com

מסת"ב ISBN 978-965-526-226-1

נדפס בישראל Printed in Israel 2019

בראשית ושמות
מספרים את סיפור המסע של בני ישראל,
ממשפחה נבחרת לעם נבחר.
אנו תקווה כי הרב זקס
ימשיך להנחות אותנו
בדרכנו אל היעד.

מוקדש לזכרם
של אבותינו האהובים,
שהיו העמוד ההולך לפני מחנה משפחתנו

ד"ר **עזריאל בן אריה לייב שרטר**

ר' **פנחס בן יעקב אשר אייז**

דבי ורוברט שרטר

תוכן העניינים

ספר שמות

הקדמה למהדורה העברית

כבוד גדול הוא לי לראות את מחשבותיי על פרשות השבוע רואות אור בישראל, בעברית, משתתפות בהתגשמות הנבואה "כי מציון תצא תורה ודבר ה' מירושלים".

שיג ושיח הוא הניסיון שלי לשמוע, בתוך דברי הנצח של הקב"ה, את דבריו אל ההווה. זוהי, בעצם, משמעותה הרחבה של התורה שבעל־פה: השיחה המתמשכת בין עם ישראל לבין תורתו, שיחה שמטרתה להבין מה ה' רוצה מאתנו, כאן, עכשיו.

ניסיתי במאמרים הללו לבנות דו־שיח בין התורה לבין מצבו של האדם כפי שאנו מבינים אותו כיום, מתוך אמונה כי הם שופכים זה אור על זה, וכי עם כל תגלית חדשה במדעי הטבע או החברה נחשף פן נוסף בתורה הנצחית.

חוב גדול של תודות אני חב. למוציא לאור שלי, מת'יו מילר, לעורכת שלי גילה פיין, לצוות הוצאת מגיד - תמי מגר, אפרת גרוס, הניה קולומבוס, עדי רובין וכנרת עזריאל - על המקצועיות והמסירות, ולצור ארליך על תרגומיו המזהירים. זכות היא לי לעבוד איתם. תודתי המיוחדת מסורה לדבי ורוברט שְׁרֶטֶר על תמיכתם המאפשרת לכתביי להתפרסם בעברית. יבורכו הם ובני משפחתם ברכות שמים וארץ.

ספר בראשית

בראשית

אמונתו של אלוהים

בלב אמונת ישראל נמצאת שאלה גדולה, שרק לעתים נדירות מעלים אותה במפורש. הפרק הראשון בתורה מספר על אלוהים הבורא את העולם יום אחר יום: כיצד הוא מחולל סדר מתוך תוהו ובוהו, מוציא חיים מתוך חומר דומם, מביא לידי הוויה צמחים ובעלי חיים בכל פלאי רבגוניותם. בכל שלב ושלב אלוהים רואה מה יצר ומכריז שהוא טוב. אם הכול טוב - מאין הרע? מה השתבש? איך נכנס לעולם הזה, עולם ה"כי טוב", רוע? איך ומדוע החלה הדרמה של המאבק בין טוב לרע, שהתורה כולה עוסקת בו, ואפשר אף לומר שההיסטוריה האנושית כולה היא גילומו?

התשובה הקצרה היא האדם. ההומו ספיינס. אנחנו. לנו, רק לנו, יחידים מכל צורות החיים הידועות לנו, יש רצון חופשי, בחירה ואחריות מוסרית. חתולים אינם מתווכחים ביניהם על מוסריותה של הריגת עכברים. אריות אינם מחליטים להיות צמחוניים. פרות אינן מודאגות מן ההתחממות הגלובלית. יכולת מורכבת זו שלנו לדבר, לחשוב ולבחור בין מהלכי פעולה חלופיים, היא בעת ובעונה אחת תהילתנו, חרפתנו והעול שעל צווארנו. כשאנחנו עושים את הטוב, אנחנו מתקרבים למעלתם של מלאכים. כשאנחנו עושים את הרע, אנו גרועים מחיות טרף.

אם כן, מדוע הסתכן אלוהים וברא צורת חיים שכזו, המסוגלת להרוס את כל הסֵדר שהוא ברא, ושאמר עליו כי טוב? מדוע אלוהים ברא אותנו? הגמרא במסכת סנהדרין שואלת את השאלה הזו:

> בשעה שבִּקש הקב"ה לבראות את האדם, ברא כת אחת של מלאכי השרת.
> אמר להם: רצונכם נעשה אדם בצלמנו?
> אמרו לפניו: ריבונו של עולם, מה מעשיו?
> אמר להן: כך וכך מעשיו.
> אמרו לפניו: ריבונו של עולם, "מָה אֱנוֹשׁ כִּי תִזְכְּרֶנּוּ וּבֶן אָדָם כִּי תִפְקְדֶנּוּ?" (תהלים ח, ה) [כלומר, אל תברא את האדם].

הושיט אצבעו קטנה ביניהן ושׂרפם. וכן כת שניה. כת שלישית אמרו לפניו: ריבונו של עולם, ראשונים שאמרו לפניך מה הועילו? כל העולם כולו שלך הוא, כל מה שאתה רוצה לעשות בעולמך עשֵׂה.

כיוָן שהגיע לאנשי דור המבול ואנשי דור הפלגה, שמעשיהן מקולקלין, אמרו לפניו: ריבונו של עולם, לא יפה אמרו ראשונים לפניך?

אמר להן: "וְעַד זִקְנָה אֲנִי הוּא וְעַד שֵׂיבָה אֲנִי אֶסְבֹּל" (ישעיהו מו, ד).[1]

מבחינה טכנית, מדרש אגדה זה מבקש להתמודד עם קושי בלשון התורה. בכל מעשי הבריאה שבפרק א בבראשית, דברי ההקדמה של אלוהים עוסקים בדבר הנברא, בהיווי שלו: "יִקָּווּ הַמַּיִם מִתַּחַת הַשָּׁמַיִם אֶל מָקוֹם אֶחָד וְתֵרָאֶה הַיַּבָּשָׁה" (פסוק ט), "יִשְׁרְצוּ הַמַּיִם שֶׁרֶץ נֶפֶשׁ חַיָּה וְעוֹף יְעוֹפֵף עַל הָאָרֶץ עַל פְּנֵי רְקִיעַ הַשָּׁמָיִם" (כ) וכדומה. רק בבואו לברוא את האדם נאמרים דברי ההקדמה בגוף ראשון, ולא זו אף זו, בגוף ראשון רבים: "נַעֲשֶׂה אָדָם בְּצַלְמֵנוּ כִּדְמוּתֵנוּ" (כו). מיהם "אנחנו"? ולשם מה השינוי הסגנוני?

חז"ל, בדרכם התמימה והילדותית לכאורה, והמתוחכמת ומעמיקה למעשה, עונים על שאלות אלו בקביעה שברגע זה של "עלילות גדולות של עוז ושל תנופה" כלשון שייקספיר,[2] רגע בריאת האדם, אלוהים התייעץ עם המלאכים. הם ה"אנחנו".

אך עומק העניין רק מתחיל כאן. בבוראו את בני האדם יצר אלוהים את הישות היחידה בעולם, לבד ממנו עצמו, שיש לה חופש ובחירה. זו משמעות הביטוי "בְּצַלְמֵנוּ כִּדְמוּתֵנוּ". שהרי לאלוהים אין דמות הגוף ואין הוא גוף, ועשיית צלם מסכה של אלוהים היא עבודה זרה בהתגלמותה.

ברמה השטחית, פירושה של עובדה זו הוא שאי־אפשר לראות את אלוהים. אכן כך; אי־אפשר לראותו, וגם לא לזהותו עם שום איתן טבע כגון אלה אותם היה נהוג לעבוד בימי קדם - השמש, הירח, הרעם, הברק או הים. פרויד, בספרו האחרון **משה ואמונת הייחוד**,[3] כתב שהאמונה באל בלתי נראה הייתה תרומתה הגדולה ביותר של היהדות לעולם. היהודים הטו כך את כפות מאזני התרבות האנושית מהגשמי אל הרוחני.

אולם לרעיון שלאלוהים אין דמות וצלם יש גם מובן עמוק יותר: איננו יכולים

1. סנהדרין לח ע"ב.
2. ויליאם שייקספיר, **המלט**, עברית: דורי פרנס, אתר "שייקספיר ושות'", מערכה שלישית, תמונה 1.
3. זיגמונד פרויד, **משה האיש ואמונת הייחוד**, דביר, 1978.

להמשיג את אלוהים, להבין אותו ולחזות את מעשיו. אלוהים איננו מהות מופשטת; הוא שכינה חיה. זה מובנה של ההגדרה העצמית שנתן ה׳ למשה בסנה - ״אֶהְיֶה אֲשֶׁר אֶהְיֶה״, כלומר אהיה מה שאבחר להיות. אני אלוהֵי החופש, שחנן את האדם בחופש, ואני עומד להוציא את בני ישראל מעבדות לחירות.

בריאת האדם בצלם אלוהים - האלוהים שאין לו צלם, באשר הוא החופש המוחלט - פירושה אפוא בריאתם של יצורים בעלי חופש בחירה, שלעולם אין לדעת בוודאות מה יעשו. גם הם, בני האדם, הינם מה שהם בוחרים להיות: ״יהיו אשר יהיו״ (כמובן, בגבולות הסופיות שלהם, כבני תמותה וכישויות בעלות גוף). אלא שחופש הוא, מעצם הגדרתו, חופש לעשות את הטוב וגם לעשות את הרע. אם בראת יצור בעל חופש, בראת גם את אפשרות עשיית הרע. מן הדילמה הזו גם אלוהים אינו יכול לברוח.

ואכן, כבר בהתחלה, אדם וחווה חטאו. האדם הראשון שנולד מרחם אמו, קין, רצח את הבא אחריו, הבל. כעבור דורות מעטים מָלאה הארץ חמס. הפסוקים שלהלן, מן המכאיבים במקרא כולו, מופיעים כבר בסוף פרשתנו, הפרשה הראשונה: ״וַיַּרְא ה׳ כִּי רַבָּה רָעַת הָאָדָם בָּאָרֶץ וְכָל יֵצֶר מַחְשְׁבֹת לִבּוֹ רַק רַע כָּל הַיּוֹם. וַיִּנָּחֶם ה׳ כִּי עָשָׂה אֶת הָאָדָם בָּאָרֶץ וַיִּתְעַצֵּב אֶל לִבּוֹ״ (בראשית ו, ה-ו).

שאלתם של המלאכים במדרש חז״ל היא אפוא שאלת השאלות של האמונה הדתית. מדוע אלוהים ברא, מתוך ידיעת כל הסיכונים והסכנות, יצור היכול למרוד בו, להשחית את בריאתו, להכחיד מינים אחרים ולשעבד ולרצוח את בני מינו?

הגמרא המגוללת את שיחתו של אלוהים עם המלאכים רומזת להתלבטות של הקב״ה עצמו. התשובה שזה נותן למלאכים יוצאת דופן: ״וְעַד זִקְנָה אֲנִי הוּא וְעַד שֵׂיבָה אֲנִי אֶסְבֹּל״ (ישעיהו מו, ד). כלומר, אני, אלוהים, מוכן לחכות. אם נדרשים עשרה דורות עד שיופיע אדם כנוח, ועוד עשרה דורות עד שיגיע אברהם, אמתין בסבלנות. יאכזבו אותי בני האדם ככל אשר יאכזבו, אני לא אשתנה. יעשו את הרע ככל שיעשו, לא אתייאש. אכן, פעם אחת התייאש אלוהים והוריד על הארץ מבול - אך לאחר מכן, מתוך הכרה במגבלותיו האנושיות של האדם ויצר לבו, נשבע שלא יביא עוד מבול על הארץ.

אלוהים ברא את האדם מפני שהוא מאמין באדם. יותר משאנחנו מאמינים באלוהים, מאמין אלוהים בָּנו. אנחנו כושלים ונופלים, אבל בכל פעם שזה קורה לנו הוא אומר, ״וְעַד זִקְנָה אֲנִי הוּא וְעַד שֵׂיבָה אֲנִי אֶסְבֹּל״. לעולם לא אוותר על האנושות. לעולם לא אאבד את אמוני בה. אחכה ככל הנדרש עד שבני האדם ילמדו לא לדכא בני אדם אחרים, לא לשעבד אותם ולא להפעיל נגדם אלימות. זהו, רומז המדרש

שקראנו, ההסבר היחיד המתקבל על הדעת להחלטתו של אלוהים הטוב, החכם, הכול־רואה והכול־יכול, לברוא יצורים כמונו המסוגלים לכישלונות ולהרס. יש לו סבלנות, ויש לו אמונה. אלוהים סובל. אלוהים מוחל. אלוהים חומל. אלוהים אוהב.

זה מאות בשנים בוחנים הפילוסופים והתיאולוגים את תופעת הדת מן הכיוון הלא נכון, כאותו אדם המתבונן בעולם כשהוא עומד על הראש. התופעה האמתית המצויה בלב לבה של הדת, המסתורין שבה והנס שבה, איננה האמונה של האדם באלוהים. הלב והנס, החידה והמסתורין, הם אמונתו של אלוהים באדם.

בראשית
ראשית הצדק

ישנן אמירות ששינו את העולם. אך אין אמירות שהשפעתן על דברי ימי האנושות היא כה מוחלטת כמו שני פסוקים אלה מהפרק הראשון בתורה:

> וַיֹּאמֶר אֱלֹהִים: נַעֲשֶׂה אָדָם בְּצַלְמֵנוּ כִּדְמוּתֵנוּ, וְיִרְדּוּ בִדְגַת הַיָּם וּבְעוֹף הַשָּׁמַיִם
> וּבַבְּהֵמָה וּבְכָל הָאָרֶץ וּבְכָל הָרֶמֶשׂ הָרֹמֵשׂ עַל הָאָרֶץ.
> וַיִּבְרָא אֱלֹהִים אֶת הָאָדָם בְּצַלְמוֹ,
> בְּצֶלֶם אֱלֹהִים בָּרָא אֹתוֹ;
> זָכָר וּנְקֵבָה בָּרָא אֹתָם. (בראשית א, כו-כז)

זהו אולי הרעיון המהפכני ביותר בכל תולדות המחשבה המוסרית והפוליטית. הוא הבסיס לציוויליזציה המערבית, לדגש הייחודי שהיא שמה על האינדיבידואל ועל ערך השוויון. הוא העומד מאחורי מילותיו של תומס ג׳פרסון בהכרזת העצמאות האמריקנית, "אנו סבורים שאמתות אלו ברורות מאליהן, שהרי כל בני האדם נבראו שווים, ובורא העניק להם זכויות שאין ליטול מהם...". הרי אמתות אלו לא היו ברורות מאליהן כלל ועיקר. אפלטון היה מכריז עליהן כאבסורד גמור, שהרי בעיניו החברה האנושית חייבת להתחלק למעמדות על פי המיתוס המחלק את בני האדם לאנשי זהב, אנשי כסף ואנשי ארד. גם אריסטו היה מתכחש לאמתות אלו, שכן לדעתו בני אדם מסוימים נולדו לשלוט, ואחרים - להישלט.

אמירות מהפכניות אינן קסם הפועל בן לילה. כפי שהסביר הרמב"ם **במורה הנבוכים**, בני האדם זקוקים לזמן רב כדי להשתנות. התורה פועלת בתוך שדה הזמן. היא לא ביטלה את העבדות, אך היא התניעה סדרה של התפתחויות - הבולטת שבהן היא השבת, המשעה את כל הירככיות הכוח ומקנה לעבדים יום חופש שבועי - שעתידות היו, בחלוף דורות רבים, לבטל את העבדות כליל. תומס ג׳פרסון, דוברו המהולל של השוויון, היה בעל עבדים. העבדות בוטלה בארצות הברית רק בשנות

השישים של המאה התשע־עשרה, ואפילו אז הדבר עלה במלחמת אזרחים. וכפי שהראה אברהם לינקולן, תומכי העבדות ומתנגדיה כאחד מצאו בתנ"ך צידוקים לעמדתם. אבל בסופו של דבר אנשים משתנים, וזה קורה בזכותם של רעיונות שנזרעו לפני עידן ועידנים בנפש המערבית.

מה בדיוק אמור בפרק הראשון בתורה? תחילה יש לציין שזה איננו היגד בודד, אמירה נטולת הקשר. זהו כתב פולמוס ומחאה נגד דרך מסוימת להבנת העולם. כל המיתוסים העתיקים תיארו את היווצרות העולם כמאבקי שליטה בין אלים. התורה שוללת לחלוטין את דרך החשיבה הזאת. אלוהים מדבר - והעולם בא לידי הוויה. על פי הסוציולוג הדגול בן המאה התשע־עשרה מקס ובר, זה היה סופו של המיתוס והולדת הרציונליזם המערבי.

חשוב מכך, סיפור בראשית יצר דרך חדשה של חשיבה על העולם. בעולם העתיק של המיתוס, כמו גם בעולם המודרני של המדע, נודע מעמד מרכזי לרעיון הכוח, העוצמה, האנרגיה. וזהו הדבר שחסרונו מהדהד בפרק א של ספר בראשית. אלוהים אומר "יהי" - ויש. אין מסופר כאן על כוח, התנגדות, כיבוש או משחק כוחות. במקום כל זה, מילת המפתח של הסיפור, המופיעה בו שבע פעמים כדרכן של מילות מפתח בתורה, היא מילה לגמרי בלתי צפויה: "טוב".

"טוב" היא מילה מוסרית. התורה אומרת לנו בפרקה הראשון דבר רדיקלי. המציאות היא מציאות **מוסרית**. השאלה שספר בראשית מבקש לענות עליה איננה "איך נוצר העולם?" אלא "איך אפוא ראוי שנחיה?". זהו שינוי הפרדיגמה המשמעותי ביותר שהתורה מחוללת. העולם שאלוהים ברא ושאנחנו מיישבים אינו סובב סביב כוח ושליטה אלא סביב ההבחנה בין טוב לרע.[1] לראשונה, הדת נעשתה אתית. אלוהים מתעניין בצדק, ברחמים, בנאמנות, בחסד, בכבודו של הפרט ובקדושת החיים.

עיקרון זה, שפרק א בספר בראשית הוא פולמוסי, חלק מוויכוח רחב הרבה יותר, הוא חיוני להבנת הרעיון שאלוהים ברא את האדם בצלמו וכדמותו. קוראיה הקדומים של התורה הכירו היטב את הביטויים הללו. הם היו שכיחים בציוויליזציות הגדולות הראשונות, מסופוטמיה ומצרים. על אנשים מסוימים נאמר שהם בצלם אלוהים. אלה היו מלכיהן של ערי המדינה המסופוטמיות, ופרעוני מצרים. קשה לדמיין, על רקע אותם ימים, אמירה רדיקלית יותר מן האמירה שלא רק מלכים ושליטים עשויים

1. על משמעותו של חטא עץ הדעת ראו את המאמר הבא "אמנות ההקשבה".

בצלם אלוהים, אלא כולנו כאלה. אפילו בימינו זהו רעיון נועז: על אחת כמה וכמה בעידן של שליטים אבסולוטיים וכוח מוחלט.

לאור זאת, צמד הפסוקים שציטטנו בראש דברינו, יותר משהוא הצהרה מטפיזית על טבע האדם, הוא **מחאה פוליטית נגד אבני היסוד של החברות ההיררכיות, המעמדיות והמרובדות**, בעולם העתיק ובעולם המודרני כאחד. עובדה זו היא ההופכת את רעיון צלם האלוהים לרעיון הרדיקלי ביותר בתורה. במובן יסודי ועמוק, כולנו שווים בכבוד האדם שלנו ובערכנו המוחלט, כי כולנו, בני כל הצבעים, התרבויות והאמונות, עשויים בצלם אלוהים.

רעיון דומה מופיע בהמשך התורה, והפעם הוא אמור בעם ישראל, כאשר אלוהים מזמין אותו להיות ממלכת כוהנים וגוי קדוש. בכל עם בימי קדם היו כוהנים, אבל שום עם לא היה "ממלכת כוהנים". בכל הדתות היו אנשים קדושים, אבל שום דת לא טענה שהיא אומה שכל אחד מבניה קדוש. גם רעיון זה זקוק היה לזמן כדי להתממש. לכל אורך תקופת המקרא היו בעם ישראל היררכיות. היו כוהנים וכוהן גדול, אליטת קודש. אבל אחרי חורבן בית שני כל תפילה נחשבה לקרבן, כל בעל תפילה היה ככוהן, וכל בית כנסת - מקדש מעט. מתחת לפני השטח שלה התורה דוגלת בשוויוניות, וחכמינו ידעו זאת וקיימו זאת.

רעיון נוסף מצוי במילים הבאות בפסוק, "וְיִרְדּוּ בִדְגַת הַיָּם וּבְעוֹף הַשָּׁמַיִם". בני האדם רודים בבעלי החיים, אך אין שום רמז לכך שלבני אדם כלשהם יש זכות לרדות בבני אדם אחרים. המשורר האנגלי ג'ון מילטון, באֶפּוֹס שלו **גן העדן האבוד**, ראה בכך - ממש כמו המדרש - את חטאו של נמרוד, מלכה הגדול הראשון של בבל ועל פי המשתמע גם בונהו של מגדל בבל. מילטון כותב שכאשר סופר לאדם הראשון שנמרוד "יָרוּם לִבּוֹ עַל אֶחָיו לְהִשְׂתָּרֵר עֲלֵיהֶם", חרה אפו של אדם בבן הסורר:

בֶּן נַעֲוַת הַמַּרְדּוּת! אֵיכָכָה מְלָאוֹ לִבּוֹ
לְהִתְנַשֵּׂא עַל אֶחָיו לָקַחַת לוֹ מֶמְשָׁלָה
אֲשֶׁר אֲדֹנָי אֱלֹהִים לֹא חָלַק לוֹ?
הוּא נָתַן לָנוּ לִמְשֹׁל בְּמַעֲשֵׂי יָדָיו -
בָּעוֹף בַּבְּהֵמָה וּבַדָּגָה; אֲבָל בְּנֵי אָדָם
כֻּלָּם אַחִים הֵם, אֵין אָדוֹן וְעֶבֶד,
כִּי הָאָדָם חָפְשִׁי, וְאָדוֹן אֶחָד אֱלֹהִים,
וְעַז פָּנִים הַהוּא הַנֹּשֵׂא כֶּתֶר לֹא לוֹ;

לֹא לְבַד לַאֲנָשִׁים יַעֲשֶׂה עָוֶל וְחָמָס,
כִּי זֹמֵם מִגְדָּלוֹ גַּם לְהִלָּחֵם בֵּאלֹהִים.[2]

ערעור על זכותם של בני אדם לשלוט בבני אדם אחרים בלי הסכמתם היה אז בחזקת בל יעלה על הדעת. הרי בכל החברות המתקדמות התקיים שלטון מסוג זה. וכי כיצד יכלו לנהוג אחרת? כלום אין זה מבנה היקום עצמו? האם השמש אינה שולטת ביום? האם הירח אינו מֹושל בלילה? האין האלים עצמם נתונים בהיררכיה שלטונית? כבר בפרק א בספר בראשית מובלעת הסתייגותה העמוקה של התורה, הסתייגות שתעלה במפורש בספר דברים, ממוסד המלוכה - משלטונו של אדם על אחיו.

מאז קריאתו של ניטשה לנטוש את האמונה באלוהים ואת האתיקה היודיאו־נוצרית גם יחד, העלו הוגי דעות את השאלה אם הצדק, זכויות האדם וכבודו הבלתי מותנה של האדם מסוגלים לשרוד על בסיס חילוני טהור. ניטשה עצמו חשב שלא. בשנת 2008 פרסם הפילוסוף איש ייל ניקולס וולטרסדורף ספר מרשים הטוען כי מושג הצדק במערב מושתת על האמונה כי "לכולנו ערך שווה וגדול: ערכו של מי שנברא בצלם אלוהים ושאלוהים אוהב אותו אהבה גואלת".[3] לטענתו, אין שום רציונל חילוני שמבנה מקביל של צדק יכול להיבנות עליו. לכך בוודאי התכוון ג'ון פ' קנדי כאשר דיבר בנאום ההשבעה שלו על "אמונות מהפכניות שאבותינו לחמו למענן", שלפיהן "זכויות האדם באות לא מנדיבות לבה של המדינה, אלא מידו של אלוהים".

רעיונות כבירים עשו את המערב למה שהוא: זכויות האדם, ביטול העבדות, ערך שווה לכולם, והצדק המושתת על הרעיון שהזכות גוברת על הכוח. כל אלה, מקור נביעתם הוא ההכרזה בפרק הראשון של ספר בראשית, שכולנו נבראנו בצלם אלוהים וכדמותו. לשום טקסט אחר לא הייתה השפעה גדולה מזו על מחשבת המוסר, ושום ציוויליזציה אחרת לא אחזָה בחזון נשגב יותר על אודות מה שנקראנו להיות.

2. יוחנן מלטן [ג'ון מילטון], **ויגרש את האדם** [גן העדן האבוד], עברית: י"ע סלקינסון, וינה: 1871, ספר יב, עמ' 330–333.

3. Nicholas Wolterstorff, *Justice: Rights and Wrongs*, Princeton, NJ: Princeton University Press, 2008.

בראשית

אמנות ההקשבה

מה היה טיבו של החטא הראשון בעולם? מדוע היה אסור לאכול מ"עֵץ הַדַּעַת טוֹב וָרָע"? האומנם דעת הטוב והרע היא חטא? כלום אין תפארתו וייחודו של האדם בידיעת ההבדל בין טוב לרע? כלום אין היא מן הנעלות שבכל הידיעות? הרי אלוהים ודאי **רוצה** שבני האדם יכירו בין טוב לרע! מדוע, אם כן, אסר לאכול את פרי עץ הדעת?

ונניח שאכן חטא הוא לדעת טוב ורע - האם אדם וחווה לא ידעו את הטוב והרע עוד **לפני** האכילה מן העץ, מתוקף היותם נבראים בצלם אלוהים וכדמותו? הדבר משתמע בבירור מעצם העובדה שאלוהים ציווה את אדם וחווה סדרה של ציוויים - לפרות ולרבות, לרדות בדגה ובעוף ובבהמה ובכל הארץ, לא לאכול מעץ הדעת. תנאי לכל ציווי הוא שתהיה לַמצטווה דעת טוב ורע: שיידע כי טוב לציית, ורע לא לציית. מכאן שלאדם וחווה כבר הייתה, לפחות בפוטנציאל, דעת טוב ורע. מה, אם כן, השתנה בהם כשאכלו מן העץ? השאלות הללו חותרות אל שורשיו של סיפור אדם וחווה ומאיימות לרוקן אותו מִפֶּשֶׁר.

הרמב"ם הבין זאת. על כן פנה אל הסיפור הזה סמוך מאוד לפתיחת חיבורו **מורה הנבוכים**: בפרק השני של החלק הראשון. אולם תשובתו זורה בלבול ומבוכה בפני עצמה. לפני שאכלו בני האדם הראשונים מן העץ, אומר הרמב"ם, הם ידעו את ההבדל בין אמת לשקר. מן האכילה הם רכשו דבר נוסף, את ידיעת "המפורסמות". אך למה מתכוון הרמב"ם באותן "מפורסמות"? מן המפורסמות שהרצח הוא רע, ושהיושר הוא טוב. האם רוצה הרמב"ם לומר שהמוסר הוא רק מוסכמה? ודאי שלא. כוונתו לומר שאחרי האכילה מעץ הדעת היו האדם ואשתו נבוכים מעירומם, ודבר **זה** הוא רק עניין של מוסכמה חברתית, כי לא כל אדם נבוך מעירום. אבל איך אפשר לזהות את מבוכת העירום שלהם עם "דעת טוב ורע"? מוסכמות לבוש נוגעות יותר לאסתטיקה מאשר לאתיקה.

הסיפור מותיר אותנו נבוכים - או לפחות כך היה נראה לי עד שלמדתי על אבחנה אנתרופולוגית מרתקת, שיסודה דווקא במלחמת העולם השנייה. לאחר שנכנסה ארצות הברית למלחמה, אחרי המתקפה היפנית על פרל הרבור בדצמבר 1941, התברר לה שהיא עומדת בפני אויב שאין היא מבינה את תרבותו. הממשל פנה אפוא אל רות בנדיקט, מגדולי האנתרופולוגים במאה העשרים, שתסביר לו את היפָּנים. וכך עשתה. אחרי המלחמה היא פרסמה את הגיגיה בספר ושמו **החרצית והחֶרב**. אחת התובנות המרכזיות בספר היא ההבדל בין תרבות **בושה** ותרבות **אשמה**. בתרבויות בושה הערך העליון הוא **הכבוד**. בתרבויות אשמה - **הצדק**. הבושה היא הרגשה רעה שלא עמדנו בציפיות שיש לאחרים מאִתנו. האשמה היא הרגשה רעה שלא עמדנו בדרישות המצפון שלנו עצמנו. הבושה היא מפני הזולת; האשמה מכוונת פנימה.

פילוסופים ובהם ברנרד ויליאמס הראו כי תרבויות בושה הן בדרך כלל ויזואליות. הבושה עצמה עניָינה כיצד אדם נראה, או חושב שהוא נראה, בעיני הזולת. כשחשים בושה, הדחף המיידי הוא להיות בלתי נראה, או להימצא במקום אחר. האשמה, לעומת זאת, פנימית הרבה יותר. אי־אפשר לברוח ממנה אל השקיפות או אל המסתור. מצפונך מלווה אותך בכל אשר תלך, ונוקף בך גם אם אינך נראה לעין איש. תרבויות אשמה הן תרבויות של האוזן, לא של העין.

מתוך ידיעת הניגוד הזה נוכל להבין את סיפורו של החטא הראשון. **הכול עניין של הופעה, של בושה, של מראית ושל עין.** הנחש אומר לאישה, "כִּי יֹדֵעַ אֱלֹהִים כִּי בְּיוֹם אֲכָלְכֶם מִמֶּנּוּ **וְנִפְקְחוּ עֵינֵיכֶם** וִהְיִיתֶם כֵּאלֹהִים יֹדְעֵי טוֹב וָרָע". וזה אכן מה שקרה: "**וַתִּפָּקַחְנָה עֵינֵי שְׁנֵיהֶם** וַיֵּדְעוּ כִּי עֵירֻמִּם הֵם". התורה מדגישה את **מראהו** של העץ: "וַתֵּרֶא הָאִשָּׁה כִּי טוֹב הָעֵץ לְמַאֲכָל **וְכִי תַאֲוָה הוּא לָעֵינַיִם** וְנֶחְמָד הָעֵץ לְהַשְׂכִּיל" (בראשית ג, ה-ז). רגש המַפתח בסיפור הזה הוא הבושה. לפני האכילה מהפרי היו "שְׁנֵיהֶם עֲרוּמִּים, הָאָדָם וְאִשְׁתּוֹ, וְלֹא יִתְבֹּשָׁשׁוּ" (ב, כה). אחרי האכילה הרגישו בושה וניסו להסתיר את גופם. כל הרכיבים בסיפור - הפרי, העץ, העירום, הבושה - הם מן הרכיבים הוויזואליים הטיפוסיים לתרבות בושה.

היהדות, לעומת זאת, מאמינה שאלוהים **נשמע** ולא **נראה**. מיד לאחר החטא מסופר על אדם וחווה - "וַיִּשְׁמְעוּ אֶת **קוֹל ה' אֱלֹהִים** מִתְהַלֵּךְ בַּגָּן לְרוּחַ הַיּוֹם". כשה' קורא לאדם, אדם עונה לו - "**אֶת קֹלְךָ שָׁמַעְתִּי** בַּגָּן וָאִירָא כִּי עֵירֹם אָנֹכִי וָאֵחָבֵא". שימו לב לאירוניה המחושבת, ההומוריסטית אפילו, שבמעשה בני הזוג. הם שמעו את קול ה' מתהלך בגן - ומיד "וַיִּתְחַבֵּא הָאָדָם וְאִשְׁתּוֹ מִפְּנֵי ה' אֱלֹהִים בְּתוֹךְ עֵץ הַגָּן" (ג, ח-י). אבל **אי־אפשר להתחבא מפני קול.** התחבאות פירושה ניסיון שלא להיראות.

זוהי תגובה מיידית ואינטואיטיבית לרגש הבושה. מאשמה אי־אפשר להתחבא - והתורה היא הדוגמה העילאית לתרבות אשמה, ולא לתרבות בושה. האשמה אינה נוגעת למראית עין, אלא רק למצפון, לקול ה׳ שבלב האדם.

חטאם של אדם וחווה בגן עדן היה הליכתם אחר עיניהם ולא אחר אוזניהם. מעשיהם נקבעו על פי מה שהם ראו, על פי יופיו של העץ ופריו, ולא על פי מה שהם שמעו, קרי קולו של אלוהים המצווה עליהם שלא לאכול ממנו. התוצאה הייתה **שהם אכן קנו דעת טוב ורע, אבל מהסוג הלא נכון.** הם רכשו את מוסר הבושה, ולא את מוסר האשמה; את מורא המַרְאִית במקום את צו המצפון. סבורני כי לכך כיוון הרמב״ם באבחנתו בין אמת־ושקר לבין ״המפורסמות״ של טוב־ורע. אֶתיקת אשמה מקבילה את הטוב־ורע לאמת־ושקר, היות שבעיניה הטוב והרע, כמוהם כאמת והשקר, הם מוחלטים ואינם מוסכמות חברתיות. עניינה של אתיקת האשמה נתון לקול הפנימי האומר ״זה טוב״ ו״זה רע״ באותה בהירות שהוא אומר ״זו אמת״ ו״זה שקר״. לעומת זאת, אתיקת בושה עניינה הוא המוסכמה החברתית. הטוב והרע שלה הם עניין של עמידה או אי־עמידה בציפיותיהם של אחרים.

תרבויות בושה הן ביסודו של דבר קודים של קונפורמיזם חברתי. חברה שיש בה תרבות בושה מטמיעה ביחיד את ערכיה באופן המבטיח שאם יפר אותם יחוש מבוכה קיצונית, כלומר בושה; זאת, משום שיהיה ברור לו שאם יתפסו אותו הוא יאבד את הכבוד שלו ולא יוכל לשאת את פניו.

מוסר היהדות הוא היפוכו של המוסר הזה, מפני שהיהודים אינם מתאימים את עצמם למה ש״כולם״ עושים. אברהם אבינו, אומרים חז״ל, נקרא עברי משום שעמד בעֵבר אחד של העולם - וכל העולם בעֵבר האחר. המן אמר על היהודים, ״וְדָתֵיהֶם שֹׁנוֹת מִכָּל עָם״ (אסתר ג, ח). היהודים היו פעמים רבות איקונוקלסטים, מנתצי האלילים של התקופה. הם קראו תיגר על החוכמה המקובלת, על רוח התקופה, על התקינות הפוליטית.

לו הלכו היהודים אחר הרוב, היו נעלמים לפני עידן ועידנים. בימי המקרא הם היו מונותיאיסטים יחידים בעולם אלילי. לרוב אורכה של ההיסטוריה הבתר־מקראית הם חיו כמיעוט לאומי ודתי. היהדות היא מחאה חיה נגד אינסטינקט הָעֵדֶר. קולנו הוא קול הנגד בשיחה הגדולה של האנושות. מתוך כך, האתיקה היהודית איננה עניין של מראֶה והופעה, של כבוד ובושה. עניינה הוא שמיעה **של** קול ה׳ **ובקול** ה׳, שמיעה ממעמקי הנפש.

הדרמה של אדם וחווה נסבה לא על תפוחים, לא על מיניות, לא על חטא קדמון ולא על ״נפילה״ - כל אותן פרשנויות שהמערב הלא־יהודי נתן לה. היא נסבה על

דבר־מה עמוק יותר. היא דיון על סוג המוסר שאנו נקראים לחיות על פיו. האם נועדנו להישלט בידי מראית העין של הזולת? האם המוסר הוא כמו הפוליטיקה: רצון הרוב? האם האופק הרגשי שלנו תָחום בקווים של כבוד ובושה, שני רגשות חברתיים עד לשד עצמותיהם? האם ערך היסוד שלנו הוא המראֶה, האופן שבו אנו נתפסים בעיני אחרים? או שמא ביסוד עולמנו נמצא ערך אחר לגמרי, הנכונות להקים את דבר ה׳ ואת רצונו? בגן העדן עמדה לפני אדם וחווה הבחירה האנושית הארכיטיפית בין מה שהעיניים רואות (העץ ופריו הטובים למראה) לבין מה שהאוזניים שומעות (קולו, המצווה והמתהלך בגן, של אלוהים). הם בחרו באפשרות הראשונה, ועל כן חשו בושה, לא אשמה. זוהי צורה אפשרית אחת של ״דעת טוב ורע״; אך מנקודת מבט יהודית, זוהי הצורה הלא נכונה.

היהדות היא דת של הקשבה, לא של ראייה. כמובן, יש ביהדות רכיבים ויזואליים. אבל הם אינם העיקר. ההקשבה היא המשימה המקודשת. הציווי המפורסם ביותר ביהדות הוא ״שמע, ישראל!״. הדבר שהבדיל בין אברהם, משה והנביאים לבין בני זמנם היה שהם שמעו את הקול שבאוזני אחרים היה בלתי שָׁמִיעַ. באחת הסצנות הדרמטיות הגדולות במקרא מלמד אלוהים את אליהו כי הוא מצוי לא ברעש ולא ברוח ולא באש אלא ב״קול דממה דקה״.

כדי ללמוד להקשיב – לאלוהים וגם לזולת – נדרשים תרגול, התמקדות, ויכולת להשקיט את הנפש. הראִייה מציגה לנו את יופיו של העולם שה׳ ברא, אולם ההקשבה מחברת אותנו אל נפש האחר, ולפעמים אל נפש ״האחר הגדול״, אלוהים: כאשר הוא מדבר איתנו, קורא לנו, מְזַמֵּן אותנו אל שליחותנו בעולם.

אם תשאלו אותי איך למצוא את אלוהים, אענה: **למדו להקשיב**. הקשיבו לשירת העולם: לרינת הציפורים, לאוושת העלים, לדכי הגלים ולאנחתם. הקשיבו לשירת התפילה, למוזיקת מזמורי תהלים. הקשיבו מעומק לבכם לאהוביכם ולאוהביכם. הקשיבו לדברי אלוהים שבתורה, ושמעו אותם מְדַבְּרים אליכם. הקשיבו לדיוניהם של חכמי הדורות המנסים לשמוע את הרמזים המצטלצלים מן המילים הקדומות.

אל תהיו מוטרדים ממראיתכם בעיני אחרים. עולם המראות הוא עולם כוזב של מסכות, מסווים והסתרות. ההקשבה אינה קלה. אני מודה: היא קשה לי עד היום, עד מאוד. אבל רק ההקשבה מגשרת על התהום שבין נפש לנפש, בין עצמי לאחר, בין אדם למקום.

הרוחניות היהודית היא אמנות ההקשבה.

נוח

דרמה בארבע מערכות

פרשות בראשית ונוח מספרות את קורות האנושות מבריאת האדם ועד לכינון מערכת היחסים המיוחדת בין האל לבין איש אחד נבחר, אברהם. לאורך שתי פרשיות אלו, התורה מבליטה ארבעה סיפורים: אדם וחווה, קין והבל, נוח ודור המבול, ומגדל בבל. בכל אחד מהסיפורים הללו אלוהים בא במגע עם האנושות. כל אחד מהם מבטא שלב חדש בהבשלתו של המין האנושי. אם נתחקה אחר המהלך המתגלם בצירופם נגלה שסיפורים אלה אינם רק דיווח כרונולוגי, אלא יש בהם קו סיפורי של התפתחות רוחנית ומוסרית. זוהי דרמה פילוסופית בארבע מערכות.

המערכה הראשונה מתרחשת בגן עדן. אדם וחווה אכלו מן הפרי - וגילו לראשונה את מושג האשמה. כאשר אלוהים שואל אותם מה עשו, האיש מאשים את האישה והאישה מאשימה את הנחש. שניהם מתכחשים לאחריות **האישית**. זה לא אני, הם אומרים. זו לא אשמתי. כאן נולדה מה שאנחנו מכנים היום תרבות הקרבן.

המערכה השנייה בדרמה היא סיפורם של קין והבל. גם הפעם הנושא הוא אחריות, אבל אחריות מסוג אחר. קין איננו מתכחש לאחריותו **האישית**. הוא איננו אומר "זה לא אני". קין מתכחש לאחריותו **המוסרית**. "הֲשֹׁמֵר אָחִי אָנֹכִי?" הוא שואל בהיתממות. כן, הרגתי אותו. למה לא? התחשק לי. קין עוד לא למד את ההבדל בין "אני יכול" לבין "מותר לי".

כאן אנו מגיעים לפרשתנו - ולמערכה השלישית. בעלותו על במת הסיפור ועל במת ההיסטוריה מעורר נוח תקוות גדולות: "זֶה יְנַחֲמֵנוּ", אומר אביו למך כשהוא מעניק לו את שמו. נוח נועד לגאול את האדם מכישלונו, להביא נחמה לאדמה "אֲשֶׁר אֵרְרָהּ ה'" (בראשית ה, כט). ובכל זאת, אף על פי שנוח הוא "צַדִּיק תָּמִים" (ו, ט), הוא איננו גיבור. נוח אינו מציל את האנושות. הוא מציל רק את עצמו, את משפחתו ואת בעלי החיים שהוא לוקח לתיבה. בספר הזוהר מונגד נוח למשה: משה התפלל למען בני דורו החוטאים, נוח לא. באחרית המערכה, הימנעותו של נוח מנטילת אחריות כלפי הזולת מתנקמת בו: הוא מתבוסס באוהלו שיכור ועירום. בלשון המדרש, נוח

"נתחלל ונעשה חולין":[1] חילל את עצמו וחִלל. אי־אפשר להיות שורד יחיד ועדיין לשרוד. "אני את נפשי הצלתי" איננו רעיון יהודי. חובתנו לעשות כל שלאל ידנו כדי להציל גם אחרים. נוח נכשל במבחן האחריות **הקולקטיבית**.

המערכה הרביעית היא סיפורו החידתי של מגדל בבל. חטאם של בוניו אינו ברור, אבל רומזות לו שתי מילות מפתח בסיפור. הביטוי "כָּל הָאָרֶץ" ממסגר את הסיפור: הוא אמור בתחילתו ובסופו, וגם שוזר אותו לאורכו (בראשית יא, פסוקים א, ד, ח, ט). בתווך בולט שימוש נמרץ בשורת מילים שצלילן דומה: שָׁם, שֵׁם, שָׁמָיִם. ואכן, סיפור מגדל בבל הוא סיפור על היחסים בין השמים לארץ - אותם שניים האמורים בפסוק הפותח את התורה, "בְּרֵאשִׁית בָּרָא אֱלֹהִים אֵת הַשָּׁמַיִם וְאֵת הָאָרֶץ". וכידוע, "הַשָּׁמַיִם שָׁמַיִם לַה׳, וְהָאָרֶץ נָתַן לִבְנֵי אָדָם" (תהלים קטו, טז), ואין לערבב בין התחומים. הניסיון לבנות מגדל "וְרֹאשׁוֹ בַשָּׁמַיִם" הוא ניסיונם של בני אדם להיות כאלוהים.

לכאורה, סיפור זה אינו קשור לשאלת האחריות, ומוקדו שונה מזה של שלושת הסיפורים הקודמים. אבל לא מקרה הוא שהמילה "אחריות" נגזרת מן המילה "אחֵר". אחריות היא הכרה בקיומם של אחרים שיש להם זכות טענה בדבר התנהגותנו, ושאנו מחויבים לתת דין וחשבון בפניהם או על אודותיהם. כך גם המקבילה האנגלית responsibility, שנגזרה מ-response, מַעֲנֶה. האחריות היא תמיד היענות למשהו אחר או למישהו אחר. ביהדות, פירושה הוא קודם כול היענות למצוות אלוהים. בניסיונם להגיע לשמים, בוני המגדל בעצם אמרו: אנחנו נירש את מקומו של אלוהים. לא ניענה לחוקיו ולא נכבד את גבולותיו ולא נקבל את אֲחֵרוּתוֹ המוחלטת. מגדל בבל הוא אפוא כישלונה של האחריות **האונטולוגית**: הרעיון שאנו חייבים דין וחשבון למשהו או למישהו מלבדנו, לקריאתה של ישות שמעבר לנו.

פרשות בראשית-נוח הן דרמה הדוקה בארבע מערכות על אחריות ועל התפתחות מוסרית. דרמה המציגה את שלבי הבשלתה של האנושות. כמה יפה לראות כיצד הם מקבילים לשלבי ההתפתחות של הילד העולים ממחקריהם המודרניים של ז׳אן פיאז׳ה, אריק אריקסון, לורנס קולברג ואברהם מאסלו. הדבר הראשון שאנו לומדים בילדותנו הוא שמעשינו נמצאים בשליטתנו (אחריות אישית). בשלב הבא אנחנו תופסים שלא כל דבר שאפשר לעשות הוא גם דבר שמותר לעשות (אחריות מוסרית). השלב השלישי הוא ההבנה כי יש לנו חובות לא רק כלפי עצמנו, אלא גם כלפי כל מי שלמעשינו יכולה להיות השפעה עליו (אחריות קולקטיבית). ולבסוף אנחנו

1. בראשית רבה לו, ג.

מתוודעים לכך שהמוסר איננו רק מוסכמה אנושית, אלא הוא מעוגן בעצם המבנה של הקיום. יש אדון לעולם, יש אפוא סמכות העומדת מעלינו, ואנו ממלאים את אחריותנו כלפיה על ידי התנהגות מוסרית (אחריות אונטולוגית).

לפנינו ביטוי מרשים לדייקנותה של התורה ולעמקנותה. פרשיות בראשית-נוח הן הטקסט הקדום ביותר, ועד היום גם המדויק ביותר, על אודות המצב האנושי ועל אופן צמיחתו המוסרית של האדם מהיצרים אל המצפון: מהיותו "עפר הארץ" - לתפקודו כפועֵל מוסרי אחראי שהתורה מכתירה כ"צלם אלוהים".

נוח

האומץ לחיות באי־ודאות

במסעו הרוחני של כל אחד מאיתנו יש אבני דרך המסמנות פנייה חדה ותחילתו של מסלול חדש. נקודה שכזו במסע חיי באה לי כשהייתי תלמיד לרבנות ב"ג'וז קולג'", ושם הייתה לי הזכות ללמוד עם אחד מגדולי דורנו, הרב ד"ר נחום רבינוביץ'.

הוא היה, ועודנו, ענק שבענקים: מהמעמיקים שבמומחים לרמב"ם בעידן המודרני, המתמצא בשביליה המסועפים של הספרות הרבנית כולה כמו גם כמעט בכל תחום ידע חילוני; מן הנועזים והעצמאיים שבפוסקי ההלכה, כפי שניכר בכרכי השו"ת שפרסם; ומהגיבורים שבמנהיגי הדור, אשר הפגין לא פעם אומץ רוחני ואינטלקטואלי נדיר.

זה לא היה אירוע מיוחד, אלא שיעור קבוע של הרב רבינוביץ' בפרשת השבוע, שהייתה פרשת נוח. אך המדרש שהוא השמיע באוזנינו היה מדהים.[1]

הרב ציטט שני קטעים מן הדרשות המופיעות שם על דבר אלוהים לנוח "צֵא מִן הַתֵּבָה" (בראשית ח, טז). הראשון: "אמר נח, 'ברשות הקב"ה נכנסתי..., עכשיו אצא שלא ברשות?' אמר לו הקב"ה, 'רשות אתה מבקש? הרי לך רשות: צא מן התיבה'". הקטע השני: "אמר ר' יהודה בר אילעי, אילו הייתי שם הייתי שובר את התיבה ויוצא לי משם".[2]

הלקח הרעיוני שהרב רבינוביץ' שאב משם - הלקח היחיד האפשרי - היה שכאשר מדובר בבנייה מחודשת של עולם שחרב, אין מחַכים לקבל רשות. ה' נותן לנו רשות. ה' מצפה מאיתנו שנצא לדרך. גישה זו נטועה במסורת עתיקה, שגם רש"י מזכיר בפירושו, והיא מסבירה מדוע בחר אלוהים באברהם ולא בנוח כמייסד עמו.

1. למעשה, זהו מדרש שלא פשוט לאתר. הוא מופיע במדרש תנחומא (בובר) - נוסח של מדרש תנחומא האבוד בחלקו, שפורסם ב־1885 בידי שלמה בובר (סבו של מרטין בובר) על פי כתבי יד עתיקים.
2. תנחומא (בובר), נוח יג; יד.

על נוח אומרת התורה, "**אֶת הָאֱלֹהִים** הִתְהַלֶּךְ נֹחַ" (בראשית ו, ט). ואילו לאברהם אומר ה', "הִתְהַלֵּךְ **לְפָנַי**" (יז, א): לא איתו, כמו נוח, אלא צעד אחד קדימה.

הרעיון אפוא איננו חידוש של המדרש - ועדיין, הדרמה והעוצמה של דברי המדרש הכו בי. קלטתי כי זהו, בעיני היהדות, חלק מהותי של המושג "אמונה": בָּאמונה גלום הכוח להיות חלוץ, לעשות דבר חדש, לבחור בדרך שמעטים הולכים בה, להעז אל מול הלא נודע. כך עשו אברהם ושרה כשהלכו להם מארצם, ממולדתם ומבית אבותיהם. כך עשו בני ישראל בימי משה, כשיצאו אל המדבר ללכת אחר עמוד אש ועמוד ענן שיַנחום בדרך.

האמונה היא האומץ להסתכן, מתוך ידיעה כי "גַּם כִּי אֵלֵךְ בְּגֵיא צַלְמָוֶת לֹא אִירָא רָע כִּי אַתָּה עִמָּדִי" (תהלים כג, ד). דרושה הייתה אמונה כדי לערער על דתות העולם הקדום, בייחוד כשהתגלמו באימפריות חזקות. דרושה הייתה אמונה כדי להישאר יהודי בתקופה ההלניסטית, כשהיהודים והיהדות נדמו לכת בדלנית על רקע התרבות הקוסמופוליטית של אימפריית יוון. דרושה הייתה אמונה לרבי יהושע בן גמלא כדי לבנות כבר במאה הראשונה לספירה את מערכת חינוך החובה המקפת הראשונה בעולם; אמונה נדרשה גם לרבן יוחנן בן זכאי כדי להבין שהיהדות תוכל לקום מאפר החורבן ולהיבנות על יסודות חדשים של בתי מדרש ותרבות לימוד.

בעידן המודרני, אף כי רבים מן המוחות המזהירים ביותר בעם ישראל איבדו את אמונתם או נטשו אותה, הרפלקס העתיק הזה שרד. קשה למצוא הסבר אחר לכך שמיעוט קטנטן באירופה ובארצות הברית העמיד מתוכו רבים מגדולי מעצביה של התודעה המודרנית, כל אחד מהם חלוץ בדרכו שלו: אלברט איינשטיין בפיזיקה, אמיל דורקהיים בסוציולוגיה, קלוד לוי־שטראוס באנתרופולוגיה, גוסטב מאהלר וארנולד שנברג במוזיקה, ושרשרת שלמה של כלכלנים חדשנים - החל בדיוויד ריקרדו (חוק היתרון היחסי), דרך ג'ון פון־ניומן (תורת המשחקים), עבור במילטון פרידמן (התיאוריה המוניטרית) וכלה בדניאל כהנמן ועמוס טברסקי (כלכלה התנהגותית). כך גם בתחומי חקר הנפש ומחלותיה - עם פרויד ובני חוגו (פסיכואנליזה), ויקטור פראנקל (לוגותרפיה), אהרון טמקין בק (טיפול קוגניטיבי־התנהגותי) ומרטין סליגמן (פסיכולוגיה חיובית). חלוצי הוליווד והקולנוע היו יהודים כמעט כולם. אפילו במוזיקה הפופולרית הישגי היהודים מדהימים: מאירווינג ברלין דרך ג'ורג' גרשווין עד בוב דילן ולאונרד כהן, שני משוררי־העל של המוזיקה הפופולרית במאה העשרים.

רבים מהחדשנים הללו והאחרים ספגו ביקורת, זלזול, התנגדות או התעלמות. החדשן צריך להסכין עם בדידות, להיות מוכן לכך שבמקרה הטוב לא יבינו אותו ובמקרה הגרוע ינאצו את שמו. כמו שאמר איינשטיין, "אם תיאוריית היחסות שלי

תוכח, גרמניה תאמר שאני גרמני וצרפת תכריז עליי כאזרח העולם. אבל אם היא תופרך, צרפת תאמר שאני גרמני וגרמניה תציג אותי כיהודי". היהודים יודעים על סמך עברם: להיות חלוץ משמעו ללכת שנים רבות במדבר, בארץ לא זרועה.

זו הייתה כמובן גם אמונתם של ראשוני הציונות. הם הקדימו להבין - חלקם כבר בשנות השישים של המאה התשע־עשרה, אחרים בעקבות הפוגרומים של שנות השמונים, הרצל בימי משפט דרייפוס - שהנאורות האירופית והאמנציפציה נכשלו, ושיבשת אירופה, למרות הישגיה המדעיים והפוליטיים הכבירים, עדיין אינה מוצאת בתוכה מקום ליהודים. מהציונים ההם היו אנשים דתיים, היו גם חילונים, אך כולם ידעו את מה שמדרש תנחומא היטיב להבהיר: שכאשר מרפאים עולם שבור או מחדשים חלום שנגדע, אין לחכות לרשות משמים. השמים אומרים לנו להתהלך לפניהם.

כמובן, אין מדובר בכרטיס חופשי הניתן לנו משמים לעשות ככל העולה על רוחנו. לא כל חידוש הוא חידוש בונֶה. יש חידושים הרסניים מאוד. אבל עיקרון זה של "התהלך לפנַי", הרעיון שיוצר עולם רוצה שאנו, פאר יצירתו, נהיה יצירתיים, מקנה ליהדות את ייחודה: אין עוד כמוה להכיר בערך האדם ומהותו וכוחו היוצר.

האמונה היא האומץ להסתכן למען ה' ולמען עמו; לצאת למסע אל יעד רחוק, בידיעה שפורענויות עלולות לארוב בדרך, אך גם בידיעה שה' איתנו, נותן לנו כוח כל עוד אנו עושים רצוננו רצונו. אמונה איננה ודאות, אלא אומץ לחיות באי־ודאות.

נוח

בין אנרכיה לדיכוי

התגלגלה לידי פעם הזדמנות לשאול את ההיסטוריון הקתולי פול ג'ונסון איזה דבר ביהדות הרשים אותו ביותר בתקופת עבודתו על מחקרו המונומנטלי **תולדות היהודים**. וכך השיב, בערך:

> היו לאורך ההיסטוריה חברות שהתמקדו ביחיד, למשל המערב החילוני בזמננו. היו חברות אחרות שהעדיפו את הקולקטיב - כגון המדינות הקומוניסטיות. היהדות היא הדוגמה המוצלחת ביותר שאני מכיר לאיזון עדין בין השניים. היא נותנת ליחיד ולכלל משקל שווה. היא הצליחה להיות דת של יחידים חזקים ושל קהילות חזקות. זה הישג נדיר וגדול.

ספק אם ג'ונסון ידע שהבחנה מדויקת זו שלו התנסחה עוד בפי הלל הזקן: "אם אין אני לי, מי לי? וכשאני לעצמי, מה אני?"; כלומר, אחריות אישית, של אדם כלפי עצמו, ואחריות קולקטיבית, ערבות הדדית - שתיהן חיוניות. תובנה זו תסייע לנו לפענח את המסר של פרשת נוח, מסר שבלעדיה אולי היינו מחמיצים.

הפרשה מתחילה ונגמרת בשני אירועים גדולים, המבול ומגדל בבל. לכאורה, אין קשר בין השניים. חטאיו של דור המבול מפורשים. "וַתִּשָּׁחֵת הָאָרֶץ לִפְנֵי הָאֱלֹהִים וַתִּמָּלֵא הָאָרֶץ חָמָס. וַיַּרְא אֱלֹהִים אֶת הָאָרֶץ וְהִנֵּה נִשְׁחָתָה כִּי הִשְׁחִית כָּל בָּשָׂר אֶת דַּרְכּוֹ עַל הָאָרֶץ" (בראשית ו, יא-יב). השחתה וחמס הן מילים של כשל מוסרי שיטתי, פרוורסיה ואלימות וגזל. בבל, לעומת זאת, נראית כמעט אידילית: "וַיְהִי כָל הָאָרֶץ שָׂפָה אֶחָת וּדְבָרִים אֲחָדִים" (יא, א). פניהם של האנשים בבבל היו לבנייה, לא להרס. אין זה ברור כלל מה היה חטאם. אולם ברור שמנקודת ראותה של התורה גם בבל מגלמת תפנית שלילית חמורה, לא רק מפני שה' העניש את תושביה בבוללו את לשונם ובהפיצו אותם בכל הארץ, אלא מפני שמיד לאחר סיפור מגדל בבל ממהרת התורה לספר על בחירתו של ה' באברהם. אלוהים כמו נואש מן האנושות בשנית. העונש

על מגדל בבל לא היה מבול או השמדה שיטתית מסוג אחר, כיוון שאלוהים נשבע לאחר המבול שלא ישחית עוד את העולם בגלל חטאי האדם שיצרו רע מנעוריו. אך אלוהים מצא דרך אחרת להתחיל מחדש: בחירה באדם אחד, מתוך שאיפה שילמד את יתר בני האדם את דרכי החסד והרחמים, הצדק והמשפט.

סיפורי המבול ומגדל בבל מעוגנים במחקר הארכיאולוגי ובמקורות היסטוריים חיצוניים, גם אם לא בדיוק על פי תיאורם בתורה. במסופוטמיה התהלכו מיתוסים רבים על מבול קדום, והדבר מעיד על זיכרונות עמומים של שיטפונות הרי אסון, בייחוד באגן המישורי של הפרת והחידקל.[1] בחפירות בערים האכדיות שורוּפָּק, כִּיש, אֶרֶךְ ואור, מקום הולדתו של אברהם, נמצאו משקעי חמר של שיטפונות. בסיס ארכיאולוגי יש גם לסיפור מגדל בבל. הרודוטוס מספר על המתחם המקודש בעיר בבל, שבמרכזו עמד זיקוראת, מגדל מדורג, שגובהו כתשעים מטרים ולו שבע קומות. שרידיהם של יותר משלושים זיקוראתים נתגלו באזור, בעיקר במסופוטמיה התחתית, ובספרות התקופה נמצאו אזכורים רבים למגדלים ש"ראשם בשמים".

אך התורה, כידוע, איננה ספר היסטוריה; הרי המילה "תורה" עצמה עניינה הנחיה והכוונה. סיפורי המבול ומגדל בבל נמצאים בה כי היא מבקשת לבטא בעזרתם אמת מוסרית־חברתית־פוליטית־רוחנית עמוקה על טבע האדם והחברה. שני סיפורים אלה מגלמים את שני הכשלים שנרמזו בדברי פול ג'ונסון, ועוד לפניו במימרתו של הלל. סיפור המבול מלמד אותנו מה קורה לציוויליזציה שכל עניינה ביחידים ואין בה קולקטיב. סיפור מגדל בבל מראה לנו מה קורה כשהקולקטיב הוא חזות הכול.

תומס הובס, ההוגה שהתווה את יסודות הפוליטיקה המודרנית בספרו הקלסי **לויתן** (1651), היטיב להסביר זאת בלי לומר כלל את המילה "מבול". לפני היות המוסדות הפוליטיים, אומר הובס, בני האדם היו ב"מצב הטבעי". הם היו יחידים, להקות, חבורות. באין שליט קבוע, ממשל אפקטיבי וחוקים אכיפים, ומתוך התחרות הטבעית ביניהם על המשאבים המצויים בצמצום, היו חייהם למלחמה בלתי פוסקת שבה "כל אדם אויב לכל אדם". בעולם כזה, אומר הובס, מתקיימים בני האדם ב"פחד מתמיד וסכנה מתמדת מפני מוות אלים; וחייו של אדם הם חיי בדידות דלים, מאוסים, חייתיים וקצרים".[2] כזו היא המציאות גם בימינו בכמה וכמה מדינות כושלות. כך

1. הרד"ץ הופמן, בפירושו לבראשית ו, משער שהמבול התחולל לא בכל כדור הארץ אלא באזורים המיושבים. דוד צבי הופמן, **פירוש לספר בראשית**, בני ברק: נצח, תשכ"ט, עמ' 140.
2. תומס הובס, **לויתן**, עברית: אהרן אמיר, ירושלים: הוצאת שלם, תש"ע, פרק יג, עמ' 88.

בדיוק גם מתארת התורה את החיים לפני המבול. כשאין שלטון חוק המגביל את היחיד, הארץ נמלאת חמס.

בבל היא ההפך מכך. מן הידע ההיסטורי המצוי בידינו עולה פירוש חדש לפסוק "וַיְהִי כָל הָאָרֶץ שָׂפָה אֶחָת וּדְבָרִים אֲחָדִים". אין מדובר באיזו אנושות קדמונית שלפני התפצלות הלשונות. הרי כבר בפרק הקודם אמרה התורה "מֵאֵלֶּה נִפְרְדוּ אִיֵּי הַגּוֹיִם בְּאַרְצֹתָם אִישׁ לִלְשֹׁנוֹ לְמִשְׁפְּחֹתָם בְּגוֹיֵהֶם" (י, ה).[3] השלטת שפה אחת על הארץ הייתה שיטת הפעולה של האימפריה הניאו־אשורית בארצות שכבשה. כתובת מן התקופה מספרת כי אשורבניפל השני "שם שפה אחת בפי כל העמים". כתובת גליל של סרגון השני אומרת "גויי ארבע כנפות תבל, כבדי פה ועילגי שפה... שלקחתי לשלל בפקודת אשור אדוני ובכוח שרביטי, את כולם אילצתי לדבר בקול אחד". הניאו־אשורים ביטאו את עליונותם על העמים והאוכלוסיות שהם ניצחו בכך שהכריחו אותם לדבר אך ורק בשפה האשורית. על פי קריאה זו, סיפור מגדל בבל הוא ביקורת על האימפריאליזם.

לשון התורה רומזת לכך ביוצרה מקבילות בין בוני מגדל בבל לבין פרעה מלך מצרים ששעבד את בני ישראל. בבבל אמרו, "הָבָה נִבְנֶה לָּנוּ עִיר וּמִגְדָּל וְרֹאשׁוֹ בַשָּׁמַיִם וְנַעֲשֶׂה לָּנוּ שֵׁם פֶּן נָפוּץ עַל פְּנֵי כָל הָאָרֶץ" (יא, ד). במצרים אמר פרעה, "הָבָה נִתְחַכְּמָה לוֹ פֶּן יִרְבֶּה וְהָיָה כִּי תִקְרֶאנָה מִלְחָמָה וְנוֹסַף גַּם הוּא עַל שֹׂנְאֵינוּ וְנִלְחַם בָּנוּ וְעָלָה מִן הָאָרֶץ" (שמות א, י). החזרה על נוסחת "הבה... פן..." מודגשת מכדי שתהיה מקרית. בבל ומצרים שתיהן אימפריות ששעבדו אוכלוסיות שלמות ושללו מהן את חירותן ואת זהותן.

אם נכונים דברינו, עלינו להבין את מהלך הדברים כך: בפרק י מתוארת התפלגות האנושות לשבעים אומות ולשבעים לשונות.[4] משלמדנו על התפצלות זו בא פרק יא ומספר איך, לאחר מכן, מעצמה אימפריאליסטית אחת כבשה אומות קטנות וכפתה עליהן את שפתה ואת תרבותה - בהפרה בוטה של רצון אלוהים כי בני האדם יכבדו את ייחודיותם של כל אומה וכל יחיד. בסוף הסיפור, כאשר אלוהים בולל את לשונותיהם של בוני המגדל, הוא אינו יוצר מצב עניינים חדש, של ריבוי שפות ותרבויות, אלא מחזיר את הסדר הישן.

3. בתלמוד הירושלמי (מגילה א, יא) מופיעה מחלוקת בין רבי אליעזר לרבי יוחנן בשאלה אם התפצלות האנושות לשבעים לשון הייתה לפני המבול או אחריו.

4. אולי זה המקום לאנקדוטה אישית: באוגוסט 2000 הייתה לי הזכות לנאום לפני 2,000 מנהיגים מכל דתות העולם בוועידת שלום בין־דתית שארגן האו"ם לרגל המילניום החדש. התברר שהנציגים שנכחו שם השתייכו לשבעים מסורות בדיוק, שבעים תרבויות יסוד - כמובן, כל אחת מהן על פלגיה ותת־חלוקותיה.

על פי פירושנו, סיפור מגדל בבל הוא ביקורת על כוחו של הקולקטיב המוחץ את היחידיות - את יחידיותן של שבעים תרבויות המתוארות בפרק הקודם, פרק י'. כאשר שלטון החוק משמש לדיכוי הפרט ולרמיסת ייחודיותן של תרבויות ולשונות, רע הדבר בעיני ה'. הנס שבמונותיאיזם הוא שהאחדות שבשמים יוצרת רבגוניות על פני האדמה. אלוהים מבקש מאיתנו (במגבלות המתבקשות) לכבד את הרבגוניות הזו.

המבול ומגדל בבל הם אפוא קטבים מנוגדים של ציר אחד, ופרשת נוח המכילה את שניהם היא מחקר מרתק של טבע האדם. יש תרבויות אינדיבידואליסטיות ויש תרבויות קולקטיביסטיות, ואלו אף אלו נכשלות - הראשונות כי הן יוצרות אנרכיה ואלימות, האחרונות כי הן מחוללות דיכוי ועריצות. תובנתו של פול ג'ונסון מתגלה אפוא כאמתית ועמוקה. אחרי שני הכישלונות הגדולים של המבול והמגדל, נקרא אברהם להקים סדר חברתי מסוג חדש, שיכבד את הפרט וגם את הכלל, את האחריות האישית ואת הטוב המשותף. זוהי מתנתם המיוחדת של היהודים והיהדות לעולם.

לך לך
מסע הדורות

מרק טוויין אמר זאת במרב התמציתיות: "כשהייתי נער בן ארבע־עשרה, אבי היה נבער כל כך שבקושי יכולתי לסבול אותו בקרבתי. אבל כשנעשיתי בן עשרים ואחת נדהמתי לגלות כמה הזקֵן למד בשבע שנים".

ואכן, תאמרו מה שתאמרו על תיאוריית תסביך אדיפוס, גיל ההתבגרות מתאפיין בניסיון להגדיר את עצמנו כשונים, כייחודיים, כאחֵרים מהורינו. כשהיינו קטנים, הם היו עמוד התווך של חיינו, וסיפקו לנו ביטחון, יציבות ועוגן בעולם. האֵימה הראשונה והעמוקה ביותר שאנו חווים בינקותנו היא חרדת הפרידה: החרדה מפני היעדרם של ההורים, ובייחוד האֵם. תינוקות משחקים בשמחה כל עוד אמם (או מי שמטפל בהם דרך קבע) נמצא בטווח ראייה. תתרחק האם - והתינוק ייכנס לפניקה. הוא צעיר מכדי להתייצב מול העולם בעצמו. נוכחות יציבה וצפויה זו של הורינו בשנותינו הראשונות היא הנוטעת בנו את תחושת האמון הבסיסית שתלווה אותנו בחיינו. אלא שכאשר אנו מתחילים לחתור אל הבגרות, עלֵינו ללמוד לפלס את דרכנו האישית בעולם. אלו הן שנים של חיפוש, ולעתים גם של מרד. על כן ההתבגרות טעונה כל כך. במילה "נעורים" מצלצלות המילים "התעוררות" ו"ניעור". אנו מתחילים להגדיר את עצמנו מתוך התייחסות לחברינו, בני גילנו, במקום על פי משפחתנו. תכופות נוצר כך מתח בין־דורי.

תיאורטיקן הספרות הרולד בלום כתב שני ספרים מרתקים, **חרדת ההשפעה**[1] **ומפות של קריאת שולֶל**,[2] שבהם טען בסגנון פרוידיאני כי משוררים חזקים מְפַנים לעצמם מקום באמצעות אי־הבנה מכוונת, או פרשנות שגויה במתכוון, של המשוררים הגדולים בני הדור שקדם להם. שאם לא כן, אם המשורר הצעיר ירחש יראת רוממות כלפי המשוררים שקדמו לו, תשַתֵק אותו המחשבה שכל מה שאפשר לומר כבר

1. הרולד בלום, **חרדת ההשפעה**, הוצאת רסלינג, 2008.
2. Harold Bloom, *A Map of Misreading*, Oxford University Press, 1975.

נֶאֱמַר - ולא זו אף זו, נֶאֱמַר יפה יותר מכפי שהוא עצמו עשוי לומר. מעשה זה של פינוי מקום, הדרוש למשורר ולכל אדם אחר כדי להיות הוא עצמו, כרוך לא פעם ביחסי יריבות עם אלה שקדמו לו, ובכלל זה הוריו.

אחת התגליות הגדולות שאדם מגלה ברבות שנותיו היא כי כל ניסיונותיו להיבדל מהוריו לא הועילו: הוא נעשה דומה להם מאוד. וככל שאדם מרחיק לכת במנוסתו מהוריו, דמיונו להם רק גדל. על אמיתה זו עמד מרק טוויין בדבריו שציטטנו. נדרשים זמן ומרחק כדי לראות כמה אנחנו חייבים להורינו ועד כמה הם ממשיכים לחיות בתוכנו.

בסיפורו של אברהם (או אברם, כפי שנקרא אז) רומזת לכך התורה בעדינות מרשימה. פרשת לך לך, ואיתה ההיסטוריה היהודית כולה, פותחות במילים "וַיֹּאמֶר ה' אֶל אַבְרָם: לֶךְ לְךָ מֵאַרְצְךָ וּמִמּוֹלַדְתְּךָ וּמִבֵּית אָבִיךָ אֶל הָאָרֶץ אֲשֶׁר אַרְאֶךָּ" (בראשית יב, א). אין במקרא עוד סיפור חיים שפתיחתו כה נועזת. אברהם כמו מגיע אלינו משום מקום. התורה איננה מספרת לנו על ילדותו, על נעוריו, על יחסיו עם בני משפחתו, על התרקמות נישואיו עם שרה. איננו מתוודעים אפילו לסגולות האופי שגרמו לאלוהים לבחור דווקא בו לייסד את מה שהיה עתיד להתגלות כמהפכה הגדולה ביותר בהיסטוריה הדתית של האנושות, את מה שאנו מכנים כיום המונותיאיזם האברהמי.

שתיקה זו של התורה היא אשר הוליכה אל המסורת המדרשית שרובנו למדנו בילדותנו, על כך שאברהם שבר את הפסילים בבית אביו. זהו אברהם המהפכן, האיקונוקלסט, איש ההתחלות החדשות ששלל את כל מה שאביו ייצג. זהו, אם תרצו, אברהם של פרויד.

אולי רק בבגרותנו אנחנו מסוגלים לקרוא את הסיפור שוב, ולהבין את חשיבותו של הפסוק שבסוף הפרשה **הקודמת**, פרשת נוח: "וַיִּקַּח תֶּרַח אֶת אַבְרָם בְּנוֹ וְאֶת לוֹט בֶּן הָרָן בֶּן בְּנוֹ וְאֵת שָׂרַי כַּלָּתוֹ אֵשֶׁת אַבְרָם בְּנוֹ וַיֵּצְאוּ אִתָּם מֵאוּר כַּשְׂדִּים לָלֶכֶת אַרְצָה כְּנַעַן וַיָּבֹאוּ עַד חָרָן וַיֵּשְׁבוּ שָׁם" (יא, לא). הנה כי כן, אברהם הלך מבית אביו **זמן רב** אחרי שהלך מארצו וממולדתו. מולדתו היא אור כשדים, בדרום עיראק של ימינו, אך מאביו הוא נפרד בחרן, סמוך לגבול סוריה-טורקיה דהיום. **תרח, אבי אברהם, ליווה את בנו במחצית הראשונה של מסעו.** הוא הלך עם בנו לפחות חלק מהדרך.

מה באמת קרה? יש שתי אפשרויות. הראשונה היא שאברהם קיבל את הקריאה "לך לך" כשהיה באור כשדים. אביו תרח הסכים ללכת איתו, והתכוון ללוותו עד הארץ שה' יראהו, אך לא השלים את המסע, אולי מפאת גילו. האפשרות השנייה היא שה' קרא אל אברהם כשהיה בחרן, ואם כך הרי **אביו החל במסע ביוזמתו שלו**

כשעזב את אור כשדים. כך או כך, השסע בין אברהם לאביו היה דרמטי הרבה פחות מכפי שנראה במבט ראשון.

במקום אחר[3] טענתי שהסיפורים במקרא מורכבים הרבה יותר מכפי שמקובל לחשוב. הם כתובים במתכוון כך שאנשים המצויים בשלבים שונים של צמיחתם המוסרית יבינו אותם ברבדים שונים. יש סיפור אחד על פני השטח, אך לא פעם יש גם סיפור עומק, סיפור־נגד סמוי, שאפשר להבחין בו ולהבין אותו רק מתוך בשלות. פרקים יא–יב בבראשית הם דוגמה קלסית לכך.

בקטנותנו אנו שומעים את הסיפור הקסום – ואכן, המַּעֲצים – על אברהם המנתץ את אלילי אביו, וקולטים את המסר שלפיו לפעמים הילד צודק וההורה טועה, בייחוד כשמדובר ברוחניות ובאמונה. רק אחרי שנים רבות אנו שומעים את האמת העמוקה הרבה יותר, הנסתרת ברשת הסוואה של רשימת יוחסין בסוף הפרשה הקודמת: שלמעשה אברהם השלים מסע שאביו התחיל.

בסוף ימיו נאם יהושע בן נון לפני בני ישראל נאום שפתיחתו מצוטטת גם בהגדה של פסח: "בְּעֵבֶר הַנָּהָר יָשְׁבוּ אֲבוֹתֵיכֶם מֵעוֹלָם, תֶּרַח אֲבִי אַבְרָהָם וַאֲבִי נָחוֹר, וַיַּעַבְדוּ אֱלֹהִים אֲחֵרִים" (יהושע כד, ב). הייתה אפוא עבודה זרה ברקע המשפחתי של אברהם. אבל, כאמור, פרק יא בבראשית מספר לנו שתרח הוא שלָקח את אברהם – לא אברהם לקח את תרח – מאור כשדים אל עבר ארץ כנען. לא היה כאן שבר חד ורדיקלי בין אב לבן.

ובעצם, קשה לדמיין איך היה יכול להיות אחרת. אברהם נועד מתחילתו להיות אב נעלה, אב רם. ה׳ בחר באברהם "כִּי יְדַעְתִּיו לְמַעַן אֲשֶׁר יְצַוֶּה אֶת בָּנָיו וְאֶת בֵּיתוֹ אַחֲרָיו וְשָׁמְרוּ דֶּרֶךְ ה׳ לַעֲשׂוֹת צְדָקָה וּמִשְׁפָּט" (בראשית יח, יט) – כלומר, כדי להיות הורה שישמש מופת לבניו. איך יכול מי שבילדותו דחה את דרכו של אביו להיעשות, בתורו, לאב שילדיו לא ידחו את דרכו שלו?[4] הגיוני יותר לומר שלתרח כבר היו ספקות באשר לעבודת האלילים, והוא שעודד את אברהם לצעוד קדימה, באמונתו וברגליו כאחד. אברהם המשיך מסע שאביו התחיל, ועל ידי כך עזר ליצחק וליעקב, בנו ונכדו, לסלול את דרכיהם שלהם בעבודת האלוהים: נתיבים שונים המוליכים אל אותו אל.

3. **לא בשם האל**, עברית: צור ארליך, ירושלים: מגיד, תשע״ו.
4. רש״י (לבראשית יא, לב) אומר שהתורה חורגת מהסדר הכרונולוגי ומספרת על מות תרח לפני שהיא מספרת על קריאת ה׳ לאברהם כדי להסתיר את הקרע בין אברהם לתרח. אך הרמב״ן חלק עליו (ראו שם).

וזה מחזיר אותנו למרק טוויין. תכופות אנו יוצאים אל מסע חיינו משוכנעים שאנו שונים מאוד מהורינו. רק לאחר שעשינו דרך ארוכה אנו מבינים כמה הם עזרו לנו להיעשות לאנשים שהננו. אפילו כשאנו חושבים שאנו בורחים מהורינו, אנחנו בעצם הולכים בנתיבם וממשיכים אותו עוד קדימה. הרבה ממה שאנו הננו שָׁאוּב ממה שהם היו.

לך לך
להיות הורה יהודי

האדם המשפיע ביותר בתולדות האנושות אינו מופיע ברשימות "מאה האישים המשפיעים בהיסטוריה" למיניהן. הוא לא משל בשום אימפריה, לא פיקד על שום צבא, לא ביצע מעשי גבורה מרהיבים בשדה הקרב, לא עשה נסים, לא התנבא ברבים, לא הנהיג קהל מאמינים עצום, וחסידו היחיד היה בנו. ובכל זאת, יותר ממחצית מבני האדם החיים היום על פני האדמה רואים את עצמם ממשיכי דרכו.

זהו כמובן אברהם, ששלוש הדתות המונותיאיסטיות הגדולות רואות בו את אביהן המייסד. הוא אינו תואם שום סטריאוטיפ מצוי. להבדיל מנוח, אין הוא מתואר כיחיד בדורו. שלא כמשה, התורה אינה מוסרת לנו סיפורים מופלאים על ילדותו. על שנותיו הראשונות לא ידוע לנו דבר כמעט. כשאלוהים קורא לו, כמסופר בתחילת פרשתנו, ללכת מארצו וממולדתו ומבית אביו, אין לנו מושג למה הוא קורא דווקא לו.

"כִּי אַב הֲמוֹן גּוֹיִם נְתַתִּיךָ", הבטיח אלוהים לאברהם במעמד החלפת שמו (בראשית יז, ה) - והבטחה זו התגשמה בנדיבות מופלגת מאין כמוה. כיום יש חמישים ושש מדינות מוסלמיות, יותר משמונים מדינות נוצריות, ומדינה יהודית אחת. אכן, אברהם היה לאב המון גויים. אך מי ומה היה אברהם? מדוע נבחר להיות מופת לרבים?

במקורותינו נמצאות שלוש תמונות דיוקן מפורסמות של אברהם הצעיר המגלה את אלוהים. לתמונה הראשונה התוודעו רבים מאיתנו עוד בגן הילדים. זהו הסיפור על אברם הילד, שהושאר לבד בין פסילי אביו תרח, ניתץ אותם בפטיש ושם את הפטיש בידו של הגדול שבהם. כאשר שב תרח וראה את הבוקה והמבולקה שאל מי גרם לה, ואברם הקטן השיב, "האינך רואה? הרי הפטיש בידיים של האליל הגדול. ברור שזה הוא". תרח השתומם, "אבל הוא רק פסל מעץ ואבן!". "ישמעו אוזניך את שפיך מדבר", ענה אברם. "אם הוא איננו יכול לעשות כלום כי הוא רק עץ ואבן, למה אתה משתחווה לו?"[1] זהו **אברהם האיקונוקלסט**, שובר הפסלים: האיש שכבר

1. על פי בראשית רבה לח, יג.

בילדותו מרד בעולם הפגאני הפוליתיאיסטי, עולם של שדים ואלים למחצה, כשפים ואמונות טפלות.

הדיוקן השני מסתורי יותר. המדרש מדמה את אברהם לְהֵלך הרואה ארמון, בירה בלשון המדרש, עולה בלהבות:

> משל לאחד שהיה עובר ממקום למקום וראה בירה אחת דולקת. אמר, "תאמר שהבירה זו בלא מנהיג?" הציץ עליו בעל הבירה, אמר לו, "אני הוא בעל הבירה". כך לפי שהיה אבינו אברהם אומר "תאמר שהעולם הזה בלא מנהיג?" הציץ עליו הקב"ה ואמר לו, "אני הוא בעל העולם".[2]

זהו מדרש מיוחד במינו. אברהם רואה את הסדר שבטבע, את העיצוב האלגנטי של היקום. העולם דומה לארמון. ברור שמישהו בנה אותו בשביל מישהו. אבל הארמון עולה באש. איך זה ייתכן? מדוע הבעלים איננו בא לכבות אותה? איך הוא מפקיר ארמון כזה ומותיר אותו ריק ונטול שומרים? אך הנה קורא אליו בעל הארמון, כמו שאלוהים קרא לאברהם, ומבקש ממנו לעזור לכבות את האש. אלוהים צריך אותנו במלחמה נגד יצר הרע הטמון בלבנו. זהו **אברהם לוחם הצדק**, האיש הרואה כיצד יופיו של העולם נשחת בשל הסבל שבני אדם גורמים איש לרעהו - ואינו משלים עם עובדה זו.

ולבסוף, הדיוקן השלישי: אברהם על פי תיאורו של הרמב"ם. עוד בהיותו רך בשנים, סמוך לאחר היגמלו, החל אברם הקטן להתבונן. הוא תהה על חילופי הימים והלילות: איך ייתכן שהמערכת השמימית הזו מנהלת בסדר מופתי את חיי העולם, ואין מי שמפעיל אותה? הייתכן שהיא מפעילה את עצמה? לא היה לו מורה. לא היה לו מי שידריך אותו. סביבו, באור כשדים, היו כולם עובדי אלילים תמימים. אביו ואמו וכל יתר התושבים סגדו לעצים ולאבנים, ועל הדרך הזו גידלו גם אותו. אבל מוחו הפעלתני לא קיבל את המוסכמות כנתינתן, והתייגע למצוא את קו המחשבה שיוביל אותו לאמת. כך הגיע למסקנה שיש אל אחד, שהוא המכוון את השמש והירח והכוכבים במסילותיהם, ושבכל העולם כולו אין עוד אל מלבדו. זהו **אברהם הפילוסוף**, שהקדים את אריסטו בהשתמשו בטיעון מטפיזי כדי להוכיח את מציאות האל.

2. בראשית רבה לט, א.

שלושה דיוקנאות של אברהם; שלוש גרסאות, אם תרצו, למשמעות של היות יהודי. הראשונה רואה את היהודים כמנתצי פסילים, המערערים בכל דור ודור על אלילי הזמן. הדבר נכון אפילו באשר ליהודים חילונים לחלוטין שהתנתקו מיהדותם: כאלה היו רבים מן ההוגים המודרניים המהפכניים ביותר, בראשם שפינוזה, מרקס ופרויד. הכלכלן והסוציולוג תוֹרְסְטֶן וֶבְּלֶן כתב במסתו על "בולטותם האינטלקטואלית של יהודים" כי היהודי הוא "מנחיל השלום האינטלקטואלי... הֵלך בארצות הרוח הלא נוֹשָבות, המחפש את התחנה הבאה, הלאה והלאה, אי שם מעבר לאופק".[3]

השנייה רואה את הזהות היהודית כעניין של צדק ומשפט, כמחויבות לחברה צודקת. אלברט איינשטיין דיבר על "אהבת הצדק הקנאית כמעט" כאחד מן "המאפיינים של המסורת היהודית הגורמים לי להודות למזלי על כי אני שייך לה".

השלישית מזכירה לנו כי ההוגים היוונים תֵיאוֹפְרַסְטוּס וקְלֵיאַרְכוּס, תלמידיו של אריסטו, תיארו את היהודים כאומה של פילוסופים.

שלוש נקודות מבט אלו הן אפוא נכונות ומעמיקות. לכולן יש חיסרון משותף אחד: אין להן מקור בתורה. יהושע בן נון תיאר בנאומו האחרון את תרח אבי אברהם כעובד אלילים (יהושע כד, ב), אך הדבר אינו נזכר בספר בראשית. סיפור הבירה הדולקת מתבסס אולי על התרסתו של אברהם כלפי אלוהים לאחר שהודיע לו כי בכוונתו להפוך את סדום ועמורה, "הֲשֹׁפֵט כָּל הָאָרֶץ לֹא יַעֲשֶׂה מִשְׁפָּט?" (בראשית יח, כה). אשר לאברהם כמקדימו של אריסטו, גישה זו מתבססת על מסורת עתיקה שהפילוסופים היוונים (ופיתגורס בפרט) למדו את חוכמתם מהיהודים, אך גם לה אין כל רמז בתורה.

מה אומרת התורה עצמה על אברהם? התשובה מפתיעה ואף מרגשת. אברהם פשוט נבחר להיות אב, כמשמעות שמו. בפסוק היחיד בתורה המסביר מדוע אברהם נבחר נאמר: "כִּי יְדַעְתִּיו לְמַעַן אֲשֶׁר יְצַוֶּה אֶת בָּנָיו וְאֶת בֵּיתוֹ אַחֲרָיו וְשָׁמְרוּ דֶּרֶךְ ה' לַעֲשׂוֹת צְדָקָה וּמִשְׁפָּט, לְמַעַן הָבִיא ה' עַל אַבְרָהָם אֵת אֲשֶׁר דִּבֶּר עָלָיו" (בראשית יח, יט).

כל האירועים הגדולים בחייו של אברהם - ההמתנה לילד, הולדת ישמעאל, המתח בין שרה להגר, הולדת יצחק ועקדתו - כולם נוגעים לתפקידו כְּאָב. היהדות, יותר מכל אמונה אחרת, רואה את ההורות כָּאתגר הנעלֶה ביותר. ביום הראשון של ראש השנה, יום הרת עולם, אנו קוראים בתורה ובהפטרה על שתי אימהות, שרה

3. Thorstein Veblen, "The Intellectual Pre-Eminence of Jews in Modern Europe," *Political Science Quarterly*, vol. 34, March 1 1919.

וחנה, ועל הולדת בניהן - וכאילו אומרים: חייו של כל אדם הם עולם; והחָפֵץ להבין את בריאתו של העולם יחשוב על הולדתו של ילד.

אברהם, גיבור האמונה, הוא פשוט אב. ידועים דבריו של סטיבן הוקינג בשורות הסיום של ספרו **קיצור תולדות הזמן** כי לו הייתה לנו תיאוריית שדה מאוחדת, תיאוריה מדעית "של הכול", היינו יודעים את תודעתו של אלוהים. אנו סבורים אחרת. כדי לדעת את תודעתו של אלוהים איננו זקוקים לפיזיקה תיאורטית. די לנו שנדע מהו להיות הורה. בהתוודענו לנס ההולדה אנו מתקרבים, יותר מבכל דרך אחרת, להבנת האהבה־המביאה־חיים־חדשים־לעולם, שהיא דרכו של אלוהים בבריאה.

בספרו של יוסי קליין־הלוי על נוצרים ומוסלמים בארץ ישראל, **בפתח גן העדן**, יש קטע מרתק. הוא מספר על ביקור במנזר, ומצטט את אם המנזר, מריה תרזה: "אני רואה משפחות שבאות לבקר כאן בסופי שבוע. איך ההורים מתנהגים כלפי הילדים, מדברים איתם בסבלנות ומעודדים אותם לשאול שאלות אינטליגנטיות. זוהי דוגמה לעולם כולו. חוסנו של העם הזה הוא באהבת ההורים לילדיהם. לא רק האמהות, גם האבות. לילד יהודי יש שתי אמהות".[4]

היהדות נוטלת את הטבעי ומקדשת אותו. היא מטעינה את החומר ברוחניות, ואת מה שנחשב בדרך כלל נורמלי היא רואה כנס. מה שדרווין ראה כדחף להִתְרַבּות, מה שריצ'רד דוקינס כינה "הגן האנוכי", הוא לדידה של היהדות אמנות דתית נשגבת שכולה יופי ודרמטיות. אברהם האב, שרה האם - אלו הן הדמויות המלמדות אותנו עד היום על ההורות כמתת האל וכנעלָה שבמשימותינו.

4. יוסי קליין־הלוי, **בפתח גן העדן: חיפוש אחר אלוהים עם נוצרים ומוסלמים בארץ הקודש**, עברית: נוגה טרבס ומרב רוזנבלום, ירושלים: מכון שלום הרטמן, הפקולטה למשפטים באוניברסיטת בר־אילן וכתר ספרים, 2007, עמ' 95.

לך לך

גוונים של אפור

שרשרת יוצאת דופן של דברי ביקורת על אברהם ושרה מותח הרמב"ן בפירושו לפרשתנו. הביקורת הראשונה נוגעת להחלטתו של אברהם, אחרי שהגיע לארץ כנען, לרדת למצרים "כִּי כָבֵד הָרָעָב בָּאָרֶץ". על כך אומר הרמב"ן:

> וְדַע כי אברהם אבינו חָטא חֵטא גדול בשגגה שהביא אשתו הצַדֶקת במכשול עָוֹן מפני פחדו פן יהרגוהו. והיה לו לבטוח בַּשם שיציל אותו ואת אשתו ואת כל אשר לו, כי יש באלהים כח לעזור ולהציל. גם יציאתו מן הארץ שנצטווה עליה בתחילה מפני הרעב עון אשר חטא, כי האלהים ברעב יפדנו ממות. ועל המעשה הזה נגזר על זרעו הגלות בארץ מצרים ביד פרעה.[1]

לדעת הרמב"ן, אברהם צריך היה להישאר בארץ כנען ולהאמין שאלוהים יפרנס אותו למרות הרעב. לא רק עצם הירידה הייתה פסולה, אלא גם העמדתה של שרה בסיכון מוסרי - הן מפני שבבואה למצרים נאלצה לשקר ולומר שהיא אחותו של אברהם ולא אשתו, הן מפני שנלקחה להרמונו של פרעה ועלולה הייתה להיאנס למעשה ניאוף. זהו אישום חריף ביותר כלפי אברהם, והרמב"ן מחריף אותו אפילו עוד באומרו שבגלל גילוי זה של חוסר אמונה נענש זרע אברהם, מאות שנים לאחר מכן, בגלות מצרים.

בהמשך הפרשה מבקר הרמב"ן גם את שרה. כשאיבדה את התקווה ללדת ילד ביקשה מאברהם שיפקוד את שפחתה הגר, בתקווה להיבנות ממנה. אברהם שמע בקול אשתו. הגר הרתה לו - "וַתֵּקַל גְּבִרְתָּהּ בְּעֵינֶיהָ". שרה התלוננה באוזני אברהם על שפחתה שהחלה מזלזלת בה, אברהם אמר לשרה לעשות כטוב בעיניה, ושרה עינתה אותה עד שברחה למדבר. על זאת כותב הרמב"ן:

1. בראשית יב, י; רמב"ן על אתר, על פי הזוהר, תזריע נב, א.

חטאה אמנו בְּעִנּוּי הזה, וגם אברהם בהניחו לעשות כן. ושמע ה׳ אל עניה [של הגר] ונתן לה בן שיהא פרא אדם לְענות זרע אברהם ושרה בכל מיני העִנוי.[2]

אישום מוסרי זה קל להבנה מקודמו. מנהגה של שרה בהגר אכן נראה הפכפך ואכזרי. התורה עצמה אומרת ששרה עינתה את הגר. ועדיין, הרמב״ן תולה בכך עונש קשה מנשוא: עינוי זה גרם לדעתו לכל הסבל שסבלו היהודים מידי מוסלמים לאורך ההיסטוריה.

לא קשה להגן על מעשיהם אלה של אברהם ושל שרה, ומפרשים אחרים אכן עשו זאת. אברהם לא יכול לסמוך על הנס ולהתעלם מהרעב. הוא גם לא יכול לנחש שהמצרים יסכנו את חייו ויעמידו את שרה בדילמה מוסרית. שניהם לא היו קודם לכן במצרים ולא הכירו אותה ואת אורחותיה. אשר לשרה והגר, אמנם מלאך ה׳ שמצא את הגר במדבר הורה לה לשוב לשרה, אך אחרי שנולד יצחק, שרה גירשה שוב את הגר ואת ישמעאל בנה. הפעם, אף על פי שאברהם התנגד לגירוש, ה׳ הורה לו לשמוע בקול שרה. דברי הביקורת של הרמב״ן ניתנים אפוא להפרכה פשוטה. אם כן, מדוע הוא השמיע אותם?

הוא ודאי לא כתב דברים קשים אלה בקלות. להערכתי, הניע אותו שיקול אחר לגמרי: צדקתה של ההיסטוריה. מדוע התענו בני ישראל בעבודת פרך במצרים? למה סבלו יהודי ספרד המוסלמית בימי הרמב״ן מרדיפות האסלאמיסטים הרדיקלים של אותם ימים, אנשי כת המואחידין, ששמו קץ לתור הזהב שיהודי ספרד נהנו ממנו תחת שלטונו הסובלני יותר של בית אומאיה?

הרמב״ן האמין שכאמור בתפילותינו, ״מפני חטאינו גלינו מארצנו״; אבל אילו חטאים חטאו בני ישראל בימי יעקב, שחייבו אותם בגלות? הרמב״ן האמין גם כי ״מעשה אבות סימן לבנים״, ושמה שקרה בחיי האבות היה סימן לבאות אשר יקרו את צאצאיהם. מה עשו אבותינו לישמעאל, שבגללו אנו נענשים כל כך מידי צאצאיו הסמליים, המוסלמים? עיוניו הקפדניים של הרמב״ן בתורה הוליכו אותו אל מעשיה של שרה בהגר.

פירושיו של הרמב״ן מתיישבים אפוא עם הדרך שהבין בה את ההיסטוריה היהודית. אך גם להבנה זו קשיים משלה. התורה קובעת במפורש שה׳ ״פֹּקֵד עֲוֹן אָבוֹת עַל בָּנִים וְעַל בְּנֵי בָנִים עַל שִׁלֵּשִׁים וְעַל רִבֵּעִים״, אך לא מעבר לכך (שמות לד, ז). וגם זה, הורו חז״ל, נכון רק כאשר הבנים עושים כמעשה אבותיהם. הנביאים ירמיהו

2. בראשית טז, ו ורמב״ן על אתר.

ויחזקאל הכריזו שניהם כי איש לא יאמר עוד "אָבוֹת אָכְלוּ בֹסֶר וְשִׁנֵּי בָנִים תִּקְהֶינָה". תשלום של דור אחד על חטאי דור אחר הוא בעייתי מבחינה מוסרית ויהודית.

המעניין ביותר בגישתו של הרמב"ן לאברהם ושרה הוא נכונותו להצביע על פגמים בהתנהגותם. הדבר נוגע בשאלת יסוד: כיצד אנחנו צריכים, בהתחשב במוגבלות הבנתנו, להתייחס למעשי האבות כאשר הם נראים לנו בעייתיים? כיצד עלינו לתפוס, למשל, את מעשהו של יעקב שגנב את דעתו של יצחק ואת ברכותיו, או את אכזריותם של שמעון ולוי בבואם לחלץ את דינה אחותם משכם?

סיפורי בראשית מעוררים בנו לא פעם מבוכה מוסרית. בדרך כלל התורה איננה מותחת ביקורת גלויה, מוצהרת וחד־משמעית על התנהגותם של גיבוריה. משום כך, קשה לפעמים ללמד סיפורים אלה כאילו היו מדריכים להתנהגות נכונה. את הצורך הזה באים למלא מדרשי חז"ל. הם מציעים לסיפורי התורה פרשנות שיטתית שבה השחור והלבן באים במקום גוני־הגוונים של האפור.

כך, למשל, כשהתורה אומרת "וַתֵּרֶא שָׂרָה אֶת בֶּן הָגָר הַמִּצְרִית אֲשֶׁר יָלְדָה לְאַבְרָהָם מְצַחֵק" (בראשית כא, ט), חז"ל מפרשים שישמעאל בן הגר חטא בעבודה זרה, בגילוי עריות או בשפיכות דמים. הדבר רחוק כמובן מפשט הכתובים, ממשמעותה הפשוטה של המילה "מְצַחֵק". זוהי פרשנות המבקשת להצדיק את החלטתה של שרה לגרש את הגר ואת ישמעאל.

הרב צבי הירש חיות הסביר שנטייתם של מדרשי חז"ל להציג את הטובים כמושלמים ואת הרעים כנבלים גמורים נובעת ממניעים חינוכיים. קשה ללמד מוסר בעזרת סיפורים שהדמויות בהם מתאפיינות במורכבות ובעמימות.

מדוע אפוא התורה עצמה צובעת את גיבוריה בשלל גוני אפור? משלוש סיבות.

ראשית, מפני שהחיים המוסריים אינם דבר פשוט שאפשר להבינו בגמיעה אחת על כרעיו ועל קרבו. בילדותנו מספרים לנו סיפורים על גיבורים ונבלים. אנחנו לומדים הבחנות יסוד: טוב ורע, נכון ולא נכון, מותר ואסור. אבל כשאנו גדלים אנחנו מתחילים להבין שלפעמים יש הכרעות קשות. ללכת למצרים או להישאר בארץ כנען? לחמול על בן שִׁפְחָתִי ולהסתכן בכך שישפיע לרעה על בני, שאלוהים בחר בו למשימה מקודשת? מי שחושב שהכרעות כגון אלו הן קלות, עדיין איננו בָּשֵׁל מוסרית. ולכן, הדרך הטובה ביותר ללמד מוסר ואתיקה היא לספר סיפורים שאפשר להבינם ברמות שונות בשלבים שונים בחיינו.

שנית, לא רק ההכרעות קשות. גם בני האדם הם מורכבים. המקרא איננו מצייר שום אדם כמושלם. נוח, האדם היחיד בתנ"ך המכונה "צדיק", מתגולל בזקנתו שיכור ועירום. משה, אהרון ומרים נענשים על חטאים. כמותם גם המלך דוד. שלמה, החכם

מכל אדם, מסיים את חייו כמנהיג שנוי במחלוקת. רבים מהנביאים חוו לילות שחורים של ייאוש. "כִּי אָדָם אֵין צַדִּיק בָּאָרֶץ אֲשֶׁר יַעֲשֶׂה טּוֹב וְלֹא יֶחֱטָא" (קהלת ז, כ). אין בעולם עוד ספרות דתית הרחוקה מאגדות קדושים, מאידיאליזציה ומפולחן גיבורים כפי שכתבי הקודש שלנו רחוקים מהם.

מנגד, אפילו לגיבורי־הנגד של המקרא שמור חוט של חסד. עשו הוא בן אוהב לאביו, וכאשר הוא פוגש את אחיו יעקב בתום שנות פרידה ארוכות הם מתנשקים, מתחבקים ופונים איש לדרכו. לוי, שיעקב חירף בשל מעשיו האלימים, זכה שמשה, אהרון ומרים יהיו צאצאיו. אפילו פרעה, משעבדם של בני ישראל, גידל בת שהתגלתה כגיבורת מוסר. צאצאיו של קורח זימרו מזמורי תהלים במקדש. גם זו היא בשלות מוסרית הרחוקה שנות אור מהדואליזם שאימצו דתות רבות, ובהן כמה כתות יהודיות כגון כת קומראן, דואליזם המחלק את האנושות לבני אור ולבני חושך.

ולבסוף, וחשוב מכול: יותר מכל ספרות דתית אחרת, התורה מקיימת הבחנה מוחלטת בין השמים לארץ, בין ה׳ לבין בני האדם. ומכיוון שאלוהים הוא אלוהים, לבני האדם נותר מקום להיות בני אדם. הקו המחלק ביניהם אינו מיטשטש לעולם. על יוקר מציאותה של תכונה זו עמד הפילוסוף ולטר קאופמן:

> בהודו, הג׳ינה והבודהה, מייסדי שתי הדתות החדשות במאה השישית לפני הספירה, הפכו למושא פולחן של מאמיניהם. בסין, קונפוציוס ולָאוֹ־דְזֶה הועלו לדרגת אל. בעיני מי שאינם נוצרים, גם ישו מייצג מקרה דומה. ביוון, גיבורי העבר הוחזקו כאלים או כיוצאי חלציהן של אֵלות, והקו המפריד בין אלים לבני אדם נעשה נזיל. במצרים, הפרעונים נחשבו אלוהיים.[3]

ואילו בישראל, ממשיך קאופמן, "לא היה מעולם אדם שזכה למעמד אלוהי או אפילו חצי אלוהי. זו אחת מן העובדות יוצאות הדופן המאפיינות את דת המקרא". לא משה, ולא שום דמות מקראית אחרת, היה מושא לפולחן. לכן הועלם מקום קבורתו של משה ו"לֹא יָדַע אִישׁ אֶת קְבֻרָתוֹ עַד הַיּוֹם הַזֶּה" (דברים לד, ו): לבַל יוקם שם אתר צליינות.

היהדות הִשׂגיבה את האנושות יותר מכפי שעשתה כל דת אחרת: היא קבעה שהאדם נברא בצלם אלוהים. אבל היהדות גם ידעה יותר מכל דת אחרת להדגיש שאין אדם שאין בו פגם, גם גדולי הגדולים. אלוהים איננו מבקש מאיתנו להיות

3. Walter Kaufmann, *The Faith of a Heretic*, Princeton, NJ: Princeton University Press, 2015.

מושלמים. הוא כן מבקש מאיתנו להסתכן למען בקשת הטוב והישר, ולהכיר בכך שבדרך נעשה טעויות, ככל אדם.

ביהדות, החיים המוסריים עניינם למידה וצמיחה, וידיעה שגם הגדולים טועים וגם לרשעים יש צדדים של חיוב. היא קוראת לנו להיות ענווים ביחס לעצמנו ונדיבים כלפי אחרים. מזיגה ייחודית זו של אידיאליזם וריאליזם היא המוסריות במלוא תובענותה ובמלוא בשלותה.

וירא

אלוהים ועוברי האורח

שלושה חלקים יש בפרק יח, הפותח את פרשתנו, וטיב היחסים ביניהם אינו ברור. ישנו הפסוק הפותח, "וַיֵּרָא אֵלָיו ה' בְּאֵלֹנֵי מַמְרֵא וְהוּא יֹשֵׁב פֶּתַח הָאֹהֶל כְּחֹם הַיּוֹם"; אחריו בא האירוח של ה"אנשים", המתגלים כמלאכי ה', באוהל אברהם, וקבלת הבשורה מפיהם על הריונה הנסי של שרה; ולבסוף, הדו־שיח בין אלוהים לאברהם על גורלה של סדום. שלושה חלקים הנשזרים לסיפור אחד: האם לפנינו סצנה אחת, שתיים או שלוש?

שלוש היא התשובה הפשוטה. תחילה נראה ה' לאברהם אחרי ברית המילה - ביקור חולים, כדברי רש"י. אחר כך באו האורחים. וההתמקחות הנועזת על סדום - גם היא אירוע לעצמו.

הרמב"ם **במורה הנבוכים** (ב, מב) עונה: שתי סצנות. לדעתו, התגלות ה' לאברהם בפסוק הפותח אינה אירוע לעצמו, אלא כותרת לשני החלקים הבאים בפרק, המפרטים את תכניה של ההתגלות.

ואפשר גם לומר שלפנינו אירוע אחד מתגלגל. ה' מתגלה לאברהם, אך בטרם יתחיל לדבר רואה אברהם את עוברי האורח ורץ לארחם. משעזבו, הוא חוזר לה', ושומע ממנו על הצפוי לסדום.

בתשובה שנבחר גלומה הכרעה פרשנית נוספת: אל מי פונה אברהם באומרו עם הגעת האורחים, "אֲדֹנָי, אִם נָא מָצָאתִי חֵן בְּעֵינֶיךָ אַל נָא תַעֲבֹר מֵעַל עַבְדֶּךָ; יֻקַּח נָא מְעַט מַיִם וְרַחֲצוּ רַגְלֵיכֶם..." (יח, ג-ד)? האם "אדונָי" לשון קודש, או לשון חול של פנייה לאדונים האורחים? אם האורחים הגיעו לאברהם בשעה שה' נגלה אליו, ייתכן ש"אדוני" הוא פנייה של אברהם לקב"ה.

עמימות דומה באשר לפנייה "אדונַי" מופיעה בתחילת הפרק הבא, כאשר שני המלאכים, מאורחיו של אברהם, באים לבקר את לוט בסדום. לוט משתחווה לקראתם אפיים ארצה ואומר, "הִנֶּה נָּא אֲדֹנַי, סוּרוּ נָא אֶל בֵּית עַבְדְּכֶם וְלִינוּ וְרַחֲצוּ רַגְלֵיכֶם וְהִשְׁכַּמְתֶּם וַהֲלַכְתֶּם לְדַרְכְּכֶם" (יט, ב). שוב קבלת אורחים, פנייה אל "אדונַי" והצעה לרחוץ רגליים. במקרה הזה, ההקשר אינו מספק סיבה לחשוב שלוט מדבר

אל אלוהים, ונראה ברור ש"אדונַי" הם המלאכים. בדרך זו הולכים תרגומים רבים של התורה ללעז, כאן וגם בפרק יח.

לעמימות הפרשנית הזו יש השלכה הלכתית. אם "אדונַי" הוא לשון קודש, חלה קדושה על כתיבת הפסוק הזה, על הקלף שהוא כתוב עליו ועל קריאתו, קדושה שעמה דינים מיוחדים. ההלכה נדרשה אפוא לסוגיה הפרשנית שלנו. היא קבעה שבפסוק של לוט "אדוני" לשון חולין, ואילו בפסוק שבפי אברהם - קודש.

מכאן ששיעור הדברים בפתיחת פרשתנו הוא כזה: ה' נראה אל אברהם; אברהם רואה שלושה אנשים ניצבים עליו, רץ לקראתם, משתחווה, פונה לה' ואומר לו: ברשותך, אלוהיי, אִם נָא מָצָאתִי חֵן בְּעֵינֶיךָ אַל נָא תַעֲבֹר מֵעַל עַבְדֶּךָ, כלומַר חכה עד שאכניס את האורחים. ואז, כמעט בנשימה אחת, פונה אברהם לאורחים ומציע להם לרחוץ רגליהם, לנוח ולאכול. כך מבינה הגמרא, ומכוננת עקרון יסוד: "גדולה הכנסת אורחין מהקבלת פני שכינה".[1] אברהם היה צריך לבחור בין התגלות אלוהית לבין הכנסת אורחים שהוא סבר שהם "אנשים", ובחר באפשרות השנייה. אלוהים נענה לבקשתו, וחיכה עד שאברהם יגמור לטפל באורחיו.

הייתכן? האין זו חוצפה, שלא לומר כפירה, להעדיף טיפול בצורכי שעה של בני אדם משמיעת דבר השכינה? בחירתו זו של אברהם מלמדת אותנו עיקרון חשוב. עובדי האלילים בזמנו סגדו לשמש ולירח ולכוחות הטבע כלאלוהות. הם העריצו את הכוח ואת בעליו. אברהם, לעומתם, ידע שאלוהים נמצא לא בטבע אלא מעבר לו. יש בכל היקום רק דבר אחד שאלוהים נתן בו את צלם דמות תבניתו: האדם. כל אדם, רב אונים וחסר אונים כאחד.

כוחות הטבע הם אימפרסונליים, כלומר לא אישיים, חסרי פנים וזהות. הם "משהו", לא "מישהו". ולכן מי שעובד אותם סופו שיאבד את אנושיותו שלו. כמאמר משורר התהלים, "עֲצַבֵּיהֶם כֶּסֶף וְזָהָב מַעֲשֵׂה יְדֵי אָדָם. פֶּה לָהֶם וְלֹא יְדַבֵּרוּ, עֵינַיִם לָהֶם וְלֹא יִרְאוּ, אָזְנַיִם לָהֶם וְלֹא יִשְׁמָעוּ... כְּמוֹהֶם יִהְיוּ עֹשֵׂיהֶם, כֹּל אֲשֶׁר בֹּטֵחַ בָּהֶם". מי שסוגד לכוחות אימפרסונליים אינו יכול להישאר פרסונלי, להישאר אנושי וחומל, נדיב וסולח. אמונתנו באל פרסונלי, כזה שאפשר לומר לו "אתה", היא־היא הגורמת לנו לקדש את כבוד האדם.

אברהם, אבי המונותיאיזם המוסרי, ידע אמת פרדוקסלית: לחיות חיי אמונה פירושו לראות את חותמו של אלוהים בפניו של האדם הזר. קל לקבל את פני השכינה כשהיא מתראה בפנינו כאלוהים; אך קשה להבחין בה, בשכינה, כשהיא מסתתרת

1. שבת קכז ע"א.

מאחורי פניהם של שלושה עוברי אורח אלמונים. זוהי גדלותו של אברהם. הוא ידע שעבודת אלוהים והכנסת אורחים דבר אחד הן ולא שניים.

רבי שלום מבעלז, בעל **דובר שלום**, העיר בספרו הערה יפהפייה על פרקנו. בפסוק ב מתוארים שלושת האנשים "נִצָּבִים עָלָיו", על אברהם - והנה בפסוק ח, כשאברהם משרת אותם ומאכילם, הוא מתואר כ"עֹמֵד עֲלֵיהֶם". היחס התהפך. תחילה, האנשים היו גבוהים מאברהם, שהרי הם מלאכים והוא רק אדם. אך כשהאכילם והציע להם קורת גג - נעשה גבוה אפילו ממלאכים.

חז"ל בחרו באפשרות הרדיקלית ביותר משלוש האפשרויות להבין את מבנה פרק יח: האפשרות שמדובר בסיפור אחד רצוף, שבו מעשה של הכנסת אורחים קוטע לשניים התגלות אלוהית ומשעה אותה לזמן מה. בעשותם זאת, הם עוררו אותנו להבין עיקרון העומד ביסוד חיי האמונה: אנו מכבדים את אלוהים דרך כיבוד צלמו, האדם.

וירא

פלא הילד

בלב הקיום היהודי, במילים הראשונות של תולדותינו המתועדות, נמצאת תעלומה.

המילים הראשונות שאלוהים אמר לאברהם היו "לֶךְ לְךָ מֵאַרְצְךָ וּמִמּוֹלַדְתְּךָ וּמִבֵּית אָבִיךָ... וְאֶעֶשְׂךָ לְגוֹי גָּדוֹל" (בראשית יב, א-ב). בפרק הבא באה הבטחה נוספת: "וְשַׂמְתִּי אֶת זַרְעֲךָ כַּעֲפַר הָאָרֶץ אֲשֶׁר אִם יוּכַל אִישׁ לִמְנוֹת אֶת עֲפַר הָאָרֶץ גַּם זַרְעֲךָ יִמָּנֶה" (יג, טז). כעבור שני פרקים באה הבטחה שלישית מה' לאברהם: "וַיּוֹצֵא אֹתוֹ הַחוּצָה וַיֹּאמֶר, הַבֶּט נָא הַשָּׁמַיְמָה וּסְפֹר הַכּוֹכָבִים אִם תּוּכַל לִסְפֹּר אֹתָם; וַיֹּאמֶר לוֹ, כֹּה יִהְיֶה זַרְעֶךָ" (טו, ה). ולבסוף מגיעה הבטחת זרע רביעית בסדרה: "לֹא יִקָּרֵא עוֹד אֶת שִׁמְךָ אַבְרָם וְהָיָה שִׁמְךָ אַבְרָהָם כִּי אַב הֲמוֹן גּוֹיִם נְתַתִּיךָ" (יז, ה). ארבע הבטחות גדלות והולכות. אברהם יהיה אביה של אומה גדולה, זרעו יהיה רב כעפר הארץ ואף ככוכבי השמים, ולבסוף, לא רק לאומה אחת הוא יהיה אב כי אם לאומות רבות, "המון גויים".

ומה היה במציאות? כבר בשלב מוקדם בסיפור אנו למדים שאברהם היה "כָּבֵד מְאֹד בַּמִּקְנֶה בַּכֶּסֶף וּבַזָּהָב" (יג, ב). היה לו הכול חוץ מדבר אחד: ילד. ואז התגלה אלוהים לאברהם ואמר לו, "שְׂכָרְךָ הַרְבֵּה מְאֹד" (טו, א). עד כה, אברהם החריש. אבל עכשיו נשבר בו משהו, והוא שאל: "אֲדֹנָי ה', מַה תִּתֶּן לִי וְאָנֹכִי הוֹלֵךְ עֲרִירִי?" (טו, ב). המילים הראשונות של אברהם לה' המתועדות בתורה הן תחינה ללידת דור חדש. העברי הראשון פחד שמא הוא יהיה גם העברי האחרון.

ואז נולד ילד. שרה נתנה לאברהם את אמָתה הגר, שתלד לו ילד. הגר ילדה בן ושמו ישמעאל. אנו מקווים שזה סימן לכך שתפילתו של אברהם תישמע. שעם הולדת ישמעאל, קם לאברהם הדור השני המיוחל. אך לא. בפרק הבא תקווה זו מתנפצת. נכון, אומר אלוהים, ישמעאל יתברך ויפרה ויפרח. "שְׁנֵים עָשָׂר נְשִׂיאִם יוֹלִיד וּנְתַתִּיו לְגוֹי גָּדוֹל" (יז, כ). אבל לא הוא יירש את ייעודו של אברהם, ויום אחד אברהם יצטרך להיפרד ממנו. הדבר מכאיב לאברהם מאוד, אף שה' מבטיח לו שייוולד בן לו ולשרה. הוא מתחנן: "לוּ יִשְׁמָעֵאל יִחְיֶה לְפָנֶיךָ" (יז, יח). לימים, כשיצחק גדל

ושרה הודיעה שתגרש את ישמעאל, יחרה גם הדבר הזה לאברהם. "וַיֵּרַע הַדָּבָר מְאֹד בְּעֵינֵי אַבְרָהָם עַל אוֹדֹת בְּנוֹ" (כא, יא).

מנגד, כאשר אברהם מתבשר שוב על הולדתו העתידה של יצחק, ושרה שומעת, היא צוחקת. הייתכן? היא תוהה, הרי חדל להיות לה אורַח כנשים, ואיך תהרה? אך באורח פלא היא הרה ונולד בן - ושמו יצחק. שרה, שצחקה בעת הבשורה, אומרת עכשיו: "צְחֹק עָשָׂה לִי אֱלֹהִים, כָּל הַשֹּׁמֵעַ יִצְחַק לִי. וַתֹּאמֶר, מִי מִלֵּל לְאַבְרָהָם הֵינִיקָה בָנִים שָׂרָה? כִּי יָלַדְתִּי בֵן לִזְקֻנָיו" (כא, ו-ז). שמחה וששון וּשְׂחוֹק, ולַסיפור לכאורה סוף מתוק - אך אז באות המילים המוסיפות לזעזע אותנו אלפי שנים לאחר שנכתבו:

> וַיְהִי אַחַר הַדְּבָרִים הָאֵלֶּה וְהָאֱלֹהִים נִסָּה אֶת אַבְרָהָם. וַיֹּאמֶר אֵלָיו, "אַבְרָהָם!" וַיֹּאמֶר, "הִנֵּנִי". וַיֹּאמֶר, "קַח נָא אֶת בִּנְךָ אֶת יְחִידְךָ אֲשֶׁר אָהַבְתָּ, אֶת יִצְחָק, וְלֶךְ לְךָ אֶל אֶרֶץ הַמֹּרִיָּה, וְהַעֲלֵהוּ שָׁם לְעֹלָה עַל אַחַד הֶהָרִים אֲשֶׁר אֹמַר אֵלֶיךָ". (כב, א-ב)

אברהם עושה כאשר צווה. הוא לוקח את בנו יחידו אשר אהב, נוסע איתו שלושה ימים, מעפיל אל ההר, עורך את העצים, עוקד את בנו, נוטל את המאכלת ומניף את ידו. ואז נשמע קול משמים: "אַל תִּשְׁלַח יָדְךָ אֶל הַנַּעַר" (כב, יב). הניסיון נגמר. יצחק חי.

לשם מה כל ההבטחות וכל האכזבות? למה לעורר שוב ושוב תקוות ולהותירן תלויות באוויר? מדוע ההמתנה? לשם מה ישמעאל? ועל מה ולמה העקדה? למה להוליך את אברהם ושרה בַמסלול הייסורים של המחשבה שהבן שחיכו לו שנים על גבי שנים עומד למות?

הסברים רבים ניתנו לכך במקורותינו, אך אחד מהם עולה על כולם. **אנחנו מוקירים את מה שחיכינו לו, ושעלול לאבַד לנו.** החיים מלאים בפלאים. הולדת ילד היא נס. אך היות שהנסים והנפלאות הללו הם דרך הטבע אנו רואים אותם כמובנים מאליהם, ושוכחים שלטבע יש אדריכל ולַהיסטוריה - תסריטאי.

היהדות היא הכשרה מתמדת בראיית החיים כבלתי מובנים מאליהם. עם ישראל נולד מתוך עבדות, כדי שיעריך את החירות. הוא נותר תמיד עם קטן, כדי שיידע שהעוצמה טמונה לא במספרים אלא באמונה המולידה אומץ. אבותינו הלכו בגיא צלמוות כדי שאנו לא נשכח אף פעם את קדושת החיים.

לכל אורך ההיסטוריה נקראו היהודים להוקיר את ילדיהם. כל מערכת הערכים שלנו מושתתת על כך. מבצרינו הם בתי הספר שלנו, תשוקתנו היא לחנך, וגיבורינו הגדולים הם המורים. ליל הסדר בפסח מתחיל בשאלות מפי ילד. ביום הראשון בשנה

פלא הילד

אנו קוראים בתורה לא על בריאת העולם אלא על הולדתם של ילדים - יצחק לשרה, שמואל לחנה. היהדות היא דת ממוקדת־ילדים מאין כמוה.

משום כך, בשחר תולדותינו, העמיד אלוהים את אברהם ושרה בניסיונות לכל אורך הדרך אל העמדת הדור הבא - ההמתנה הארוכה, התקוות המתנפצות, העקדה. על ידי כך, לא הם ולא צאצאיהם יראו את ילדיהם כמובן מאליו. כל ילד הוא נס. ההורות מקרבת אותנו לאלוהים יותר מכל דבר אחר בחיינו: כאלוהים גם אנו מביאים לעולם חיים דרך מעשה של אהבה.

וירא

ויתור על בעלות

"קַח נָא אֶת בִּנְךָ אֶת יְחִידְךָ אֲשֶׁר אָהַבְתָּ, אֶת יִצְחָק, וְלֶךְ לְךָ אֶל אֶרֶץ הַמֹּרִיָּה, וְהַעֲלֵהוּ שָׁם לְעֹלָה עַל אַחַד הֶהָרִים אֲשֶׁר אֹמַר אֵלֶיךָ" (בראשית כב, ב). כך מתחיל אחד הסיפורים המפורסמים ביותר בתורה, שהוא גם אחד הבעייתיים ביותר מבחינה מוסרית.

על פי הקריאה המקובלת של הפרשה הזו, אברהם התבקש להוכיח שאהבתו לאלוהים מוחלטת. הוא יוכיח זאת בנכונות להקריב את בנו יחידו, אשר להולדתו ציפה כל חייו.

מדוע צריך אלוהים "לנסות" את אברהם, אם הוא יודע את אשר בלבנו יותר מכפי שאנו עצמנו יודעים? הרמב"ם עונה על כך שאלוהים אכן לא נזקק להוכחה: הניסיון נועד לבני האדם - להעמיד מופת לכל הדורות, עד היכן צריכות להגיע יראת האלוהים ואהבתו.[1]

על עיקרון זה לא קמו מערערים רבים. ברור שלפנינו סיפור על יראת אלוהים ועל אהבת אלוהים. הפילוסוף סרן קירקגור כתב על כך ספר, **חיל ורעדה**.[2] הוא טען שם שהאתיקה היא אוניברסלית, היא עשויה חוקים כלליים - ואילו אהבת האל היא פרטיקולרית. זוהי מערכת יחסים אישית של אני-אתה. לדברי קירקגור, אברהם חווה בניסיון הזה "השעיה של האֶתִי" למען מטרה חשובה; הוא היה מוכן לתת לאהבת האל, ליחסי האני-אתה, לגבור על העקרונות האוניברסליים הקושרים בין אדם לזולתו.

הרב יוסף דב סולובייצ'יק הסביר את הפרשה לאור תפיסתו המוכרת, כי החיים הדתיים הם דיאלקטיקה בין ניצחון ומפלה, הדר וענווה, האדם־הבורא־האדון והאדם־המציית־המשרת.[3] לפעמים אלוהים אומר לאדם לוותר דווקא על מה שהוא רוצה ביותר. אנחנו צריכים לחוות מפלות, ולא רק ניצחונות. עקדת יצחק לא הייתה

1. **מורה הנבוכים**, ג, כד, עברית: יוסף קאפח, ירושלים: הוצאת מוסד הרב קוק, תשל"ב.
2. סרן קירקגור, **חיל ורעדה: ליריקה דיאלקטית**, עברית: איל לוין, ירושלים: מאגנס, תשמ"ו.
3. יוסף דב הלוי סולובייצ'יק, "גאון וענווה", **דברי הגות והערכה**, ירושלים: ההסתדרות הציונית העולמית, המחלקה לחינוך ולתרבות תורניים בגולה, תשמ"ב, עמ' 211–222.

אפוא אפיזודה חד־פעמית, אלא פרדיגמה לחיים הדתיים בכללותם. בכל מקום שיש לנו יצרים עזים - אכילה, שתייה, יחסים גופניים - התורה מעמידה גבולות לסיפוק היצר. ודווקא משום שאנחנו גאים בעוצמתה של תבונתנו, התורה כוללת גם חוקים, מצוות שאינן מובנות בשכל.

אלו הן הקריאות המקובלות של סיפור העקדה, והן מייצגות את הזרם המרכזי במסורת. אך היות ש"שבעים פנים לתורה", אני רוצה להציג פרשנות אחרת. אני עושה זאת משום שאחד המבחנים לתקפותה של פרשנות בתורה הוא מידת התיישבותה עם שאר התורה, התנ"ך והיהדות בכלל. בקריאה המקובלת יש ארבע בעיות:

מהתנ"ך ומעדויות חיצוניות אנו יודעים שהנכונות להעלות צאצא לקרבן לא הייתה נדירה בעולם העתיק. היא אפילו הייתה שכיחה. בתנ"ך מסופר כי מישע מלך מואב עשה זאת. נכונות דומה גילה יפתח, הפחות נערץ בין שופטי ישראל. שניים מן הרשעים שבמלכי יהודה, אחז ומנשה, הנהיגו הקרבת ילדים וגונו על כך. בקרתגו ובאתרים פיניקיים אחרים יש עדויות ארכיאולוגיות לשכיחותו של הנוהג: עצמותיהם של אלפי ילדים קטנים. הקרבת ילדיו של אדם הייתה פרקטיקה אלילית.

התנ"ך מנאץ את הנוהג המבעית הזה. מיכה שואל שאלה רטורית, "הַאֶתֵּן בְּכוֹרִי [ככפרה על] פִּשְׁעִי? פְּרִי בִטְנִי - חַטַּאת נַפְשִׁי?", ועונה: "הִגִּיד לְךָ אָדָם מַה טּוֹב וּמָה ה' דּוֹרֵשׁ מִמְּךָ: כִּי אִם עֲשׂוֹת מִשְׁפָּט וְאַהֲבַת חֶסֶד וְהַצְנֵעַ לֶכֶת עִם אֱלֹהֶיךָ" (מיכה ו, ז-ח). איך יכול אברהם להיות מופת לדורות אם הדבר שהוא היה מוכן לעשותו הוא הדבר שנאסר בחומרה על צאצאיו?

שאלה זו מתחדדת לנוכח בחירתו של אברהם מלכתחילה להיות אבי האומה ומופת לבניה. ה' אומר עליו, "כִּי יְדַעְתִּיו **לְמַעַן אֲשֶׁר יְצַוֶּה אֶת בָּנָיו** וְאֶת בֵּיתוֹ אַחֲרָיו וְשָׁמְרוּ דֶּרֶךְ ה' לַעֲשׂוֹת צְדָקָה וּמִשְׁפָּט" (בראשית יח, יט). איך יכול מי שנכון להקריב את בנו להיות מופת לבניו? הרי היה ראוי לאברהם שיאמר לאלוהים, "אם אתה רוצה שאוכיח לך כמה אני אוהב אותך, קח אותי לקרבן, לא את בני".

כיהודים, ובעצם כבני אדם, עלינו לדחות את עקרון השעיית האֶתי של קירקגור. רעיון זה נותן כרטיס חופשי לקנאי דת לבצע פשעים בשם אלוהים. זהו הגיונם של האינקוויזיציה ושל המחבלים המתאבדים. אין זה הגיונה של היהדות בהבנתה הנכונה.[4] אלוהים איננו מבקש מאיתנו להשעות את האתיקה. אולי לא תמיד אנחנו מבינים את האתיקה מנקודת המבט שלו, אבל אנחנו מאמינים כי הוא "הַצּוּר תָּמִים פָּעֳלוֹ כִּי כָל דְּרָכָיו מִשְׁפָּט" (דברים לב, ד).

4. זהו נושא רב היקף, ואני מקווה להרחיב את היריעה לגביו בהזדמנות.

כדי לעמוד על פשרה של עקדת יצחק עלינו להבין שחלק גדול מהתורה, ומספר בראשית בפרט, הוא כתב פולמוס נגד השקפות אליליות בנות הזמן שבעיני התורה הן לא אנושיות ולא מוסריות. אחד המוסדות שספר בראשית מתנגד לו הוא מוסד המשפחה של הזמן ההוא - כפי שתואר בידי פוסטל דה־קולנז' בספר **העיר הקדומה** (1864),[5] והוצג שוב בידי לארי זידנטופ בספר **המצאת הפרט: שורשי הליברליזם המערבי**.[6]

לפני צמיחתן של הערים הראשונות והציוויליזציות הראשונות, יחידת היסוד החברתית והדתית הייתה המשפחה. לדברי דה־קולנז', בימי קדם התקיימה זיקה פנימית בין שלושה דברים: הדת הביתית, המשפחה וזכות הקניין. לכל משפחה היו אלים משלה, ובהם רוחות האבות המתים. להם הקריבה קרבנות, ומהם ציפתה להגנה. סמכותו של ראש המשפחה הייתה מוחלטת. חייהם ומותם של אשתו וילדיו היו בידיו. במות האב עברה סמכות זו תמיד לידי הבן הבכור. אך עד אז, כל עוד האב חי, הבנים היו קניינו של האב יותר משנחשבו בני אדם בזכות עצמם. עיקרון זה התקיים אפילו לאחר ימי התנ"ך, בדמות הכלל המשפטי הרומי "פַּטְרִיָה פּוֹטֶסְטַס" (הילדים הם רכוש האב).

התורה מתנגדת לכל רכיביה של תפיסת העולם הזאת. כפי שציינה האנתרופולוגית מרי דאגלס, אחד המאפיינים המדהימים ביותר של התורה, על רקע תקופתה, הוא שאין בה שום קרבנות לאבות מתים.[7] הדרישה אל המתים אסורה באיסור מפורש.

ראויה לציון גם העובדה שבסיפורי המקרא המוקדמים הבכורות אינם יורשים את מקומו של האב: ממשיכו של אברהם אינו ישמעאל אלא יצחק, ממשיכו של יצחק אינו עשו אלא יעקב, יורשי המנהיגות מבניו של יעקב הם שבט לוי (כהונה) ושבט יהודה (מלוכה) ולא שבט ראובן, ומנהיגם של בני ישראל הוא משה ולא אחיו הבן הבכור אהרון.

העיקרון המכוון את סיפור חייו של יצחק מלידה ועד עקדה הוא **היפוכו של הרעיון שהילד הוא רכוש האב**. ראשית, הולדתו של יצחק בנס. שרה הרתה אחרי בלותה. מבחינה זו, סיפורו של יצחק מקביל לסיפור הולדתו של שמואל לחנה, שכמו שרה לא הצליחה להרות באופן טבעי. לאור הנס שבלידתו של שמואל אמרה

5. באנגלית: Fustel De Coulanges, *The Ancient City: A Study on the Religion, Laws, and Institutions of Greece and Rome*, Garden City, NY: Doubleday, 1956.
6. באנגלית: Larry Siedentop, *Inventing the Individual*, London: Penguin, 2014.
7. באנגלית: Mary Douglas, *Leviticus as Literature*, Oxford: Oxford University Press, 1999.

חנה, "אֶל הַנַּעַר הַזֶּה הִתְפַּלָּלְתִּי, וַיִּתֵּן ה' לִי אֶת שְׁאֵלָתִי אֲשֶׁר שָׁאַלְתִּי מֵעִמּוֹ. וְגַם אָנֹכִי **הִשְׁאִלְתִּהוּ לַה'** כָּל הַיָּמִים אֲשֶׁר הָיָה הוּא **שָׁאוּל לַה'**" (שמואל א' א, כז-כח). אלה הם פסוקי מפתח להבנת המסר השמימי לאברהם בלוקחו את המאכלת בידו: "אַל תִּשְׁלַח יָדְךָ אֶל הַנַּעַר וְאַל תַּעַשׂ לוֹ מְאוּמָה, כִּי עַתָּה יָדַעְתִּי כִּי יְרֵא אֱלֹהִים אַתָּה **וְלֹא חָשַׂכְתָּ אֶת בִּנְךָ אֶת יְחִידְךָ מִמֶּנִּי**" (בראשית כב, יב; המילים "וְלֹא חָשַׂכְתָּ אֶת בִּנְךָ אֶת יְחִידֶךָ" שבות ומופיעות בפסוק טז). שאלת המבחן בניסיון לא הייתה אם אברהם יקריב את בנו, אלא אם הוא **ייתן אותו** לה'.

עיקרון זה נשנה בספר שמות. ראשית, הישרדותו של משה התינוק היא מעין נסית, שכן הוא נולד בעת שגזרת פרעה להרוג את כל הבן הילוד לבני ישראל עמדה בתוקפה. שנית, בזמן מכת בכורות, בכורֵי ישראל ניצלו בנס: "קַדֶּשׁ לִי כָל בְּכוֹר. פֶּטֶר כָּל רֶחֶם בִּבְנֵי יִשְׂרָאֵל, בָּאָדָם וּבַבְּהֵמָה, **לִי הוּא**" (שמות יג, ב). הבכורות הם שיועדו תחילה לעבוד את ה' ככוהנים, ורק בחטא העגל הועבר ייעוד זה לבני אהרון. זכר לייעוד מקורי זה, למסירת הבכורות לה', נשאר עד היום במצוות פדיון הבן.

כאשר ציווה ה' את אברהם להעלות את בנו לעולה הוא לא דרש קרבן אדם, אלא דבר אחר לגמרי. הוא רצה שאברהם **יוותר על הבעלות** על בנו. הוא רצה לכונן עקרון יסוד הלכתי, עיקרון שאי־אפשר יהיה להתפשר עליו: **שילדים אינם רכוש הוריהם.**

מכאן יובן מדוע שלוש מבין ארבע האימהות היו עקרות והרו רק בזכות נס. התורה רוצה שנדע שהילדים שנולדו להן היו ילדיו של ה', ולא תוצר טבעי של תהליך ביולוגי. לימים, כל בני ישראל ייקראו בניו של ה'. מסר דומה הועבר בבחירתו של משה, "לֹא אִישׁ דְּבָרִים" כעדותו על עצמו (שמות ד, י), להיות נושא דברו של הקב"ה. משה כבד הפה וכבד הלשון נעשה דוברו של אלוהים כדי ששומעיו יֵדעו שהמילים הקולחות מפיו אינן שלו, אלא מאת ה'.

תימוכין נאים לפרשנותנו זו נותנת התורה בסַפרה על הילד האנושי הראשון. כאשר חווה יולדת את קין היא אומרת, "קָנִיתִי אִישׁ אֶת ה'" (בראשית ד, א). חווה ראתה את בנה כקניינה, שאמנם קנתה בעזרתו של ה' - והנציחה את תפיסתה זאת בשמו של הילד. קין גדל והיה לרוצח הראשון. אם תדרשו בעלות על ילדיכם, הילדים עלולים למרוד באלימות.

אם נכונים דבריהם של פוסטל דה־קולנז' ולארי זידנטופ, דבר־מה יסודי מאוד נמצא כאן על כפות המאזניים. **כל עוד האמינו הורים שילדיהם הם רכושם, מושג האינדיבידואל לא היה יכול להיוולד.** יחידת היסוד הייתה המשפחה, לא היחיד שבתוכה. התורה מייצגת את הולדת האינדיבידואל כדמות המרכזית בחיים המוסריים. היות שילדים - כל הילדים בעולם - שייכים לאלוהים, הורות איננה

בעלות כי אם פיקדון. כבוד האדם חל גם על הילדים, וברגע שהם מגיעים לגיל בשלות (על פי המסורת: 12 אצל בנות, 13 אצל בנים) הם נעשים פועלים־מוסריים עצמאיים וחופשיים.[8]

זיגמונד פרויד תיאר כידוע את תסביך אדיפוס. הוא טען שהעימות בין אבות לבנים, המודגם בטרגדיה **המלך אדיפוס** מאת אייסכילוס, הוא רכיב יסוד בעיצוב זהותו של האדם.[9] **היהדות יוצרת מרווח מוסרי בין אבות לבנים, ועל ידי כך מציעה למתח זה פתרון שאינו טרגי.** אילו שאב פרויד את השראתו מהתורה ולא מהמיתולוגיה היוונית, אולי היה רואה את המצב האנושי בדרך שיש בה יותר תקווה.

מדוע אפוא אמר אלוהים לאברהם שיעלה את בנו יצחק לעולה? כדי להודיע לכל באי עולם, בכל הדורות שיבואו, כי היהודים מתעבים את הקרבת הילדים לא מפני שאין להם אומץ לבצעה. הנה, לאברהם היה האומץ. היהודים אינם מקריבים את ילדיהם כי ה׳ הוא אלוהי החיים, לא אלוהי המוות. ביהדות המוות אינו קדוש. חוקי הטהרה וטקס הפרה האדומה מוכיחים שההפך הוא הנכון: המוות מטמא.

אם כן, התורה היא מהפכנית לא רק ביחסה לחברה, אלא גם בעמדתה כלפי המשפחה. כמובן, מהפכת התורה לא הושלמה בתקופת המקרא. העבדות עדיין לא בוטלה. זכויות האישה עדיין לא מומשו במלואן. אבל הולדת האינדיבידואל - ההכרה בכל פרט כפועל־מוסרי בזכות עצמו - הייתה מן המהפכות המוסריות הגדולות בהיסטוריה.

8. אולי לא מקרה הוא שהדמות המזוהה ביותר עם רעיון ״זכות הילד לכבוד״ היא יאנוש קורצ׳אק, מקימו של בית היתומים המפורסם בוורשה שנספה בטרבלינקה עם חניכיו.

9. במסתו ״טוטם וטאבו״ הוא טען שתסביך אדיפוס יסודי גם בהתהוות הדת. זיגמונד פרויד, ״טוטם וטאבו״, **כתבי זיגמונד פרויד**, כרך ג, תל אביב: דביר, 1967.

חיי שרה

מתחילים במסע

בטיימס הלונדוני רואיין אחד האישים הבולטים בקהילה היהודית שם לרגל יום הולדתו ה־92. המראיין אמר, "רוב האנשים שמגיעים לגיל 92 מתחילים לחשוב על האטת הקצב. נראה שאתה דווקא מאיץ. מדוע?" וכך השיב חתן יום ההולדת: "כשאתה נעשה בן 92 אתה רואה את הדלת מתחילה להיסגר. ולי יש כל כך הרבה מה לעשות לפני שהדלת נסגרת. לכן, ככל שאני מזדקן כך אני צריך לעבוד קשה יותר".

משהו מעין זה קורה לאברהם בפרשתנו. שרה, בת לווייתו בכל מסעות חייו, מתה. הוא בן 137. הוא מתאבל על שרה - ומיד מתחיל לפעול. הוא פותח במשא ומתן פרטני לרכישת חלקת קרקע לקבורתה.

מתברר שהמשימה איננה פשוטה. הוא מודה באוזני המקומיים, בני חת, כי "גֵּר וְתוֹשָׁב אָנֹכִי עִמָּכֶם" - כלומר שהוא יודע שאין לו זכות לקנות מהם קרקע. לשם כך עליו להשיג מהם רישיון מיוחד. בני חת מנסים בנימוס אך בתקיפות להניאו מן העסקה. הוא אינו צריך לרכוש חלקה, שכן הוא מוזמן לקבור את שרה בחלקתו של כל אחד מהם: "אִישׁ מִמֶּנּוּ אֶת קִבְרוֹ לֹא יִכְלֶה מִמְּךָ מִקְּבֹר מֵתֶךָ". מנומס כמותם, אך עיקש לא פחות, אברהם מבהיר להם שהוא נחוש בדעתו לקנות קרקע. בסופו של המשא ומתן הוא אף משלם מחיר מופקע, ארבע מאות שקלי כסף (בראשית כג, ג-כ).

ניכר שקניית שדה המכפלה היא מאורע רב חשיבות, שכן התורה מתעדת אותו בפירוט גדול ובעזרת מינוח משפטי מובהק - לא רק כאן, אלא בשלושה מקומות נוספים בהמשך ספר בראשית, ותמיד בנימה פורמלית.[1] הנה למשל אחד מהם - בפי יעקב, המדבר אל בניו על ערש דווי:

קִבְרוּ אֹתִי אֶל אֲבֹתָי, אֶל הַמְּעָרָה אֲשֶׁר בִּשְׂדֵה עֶפְרוֹן הַחִתִּי. בַּמְּעָרָה אֲשֶׁר בִּשְׂדֵה הַמַּכְפֵּלָה אֲשֶׁר עַל פְּנֵי מַמְרֵא בְּאֶרֶץ כְּנָעַן, אֲשֶׁר קָנָה אַבְרָהָם אֶת הַשָּׂדֶה מֵאֵת

1. בראשית כה, ט; מט, ל; נ, יג.

> עֶפְרֹן הַחִתִּי לַאֲחֻזַּת קָבֶר. שָׁמָּה קָבְרוּ אֶת אַבְרָהָם וְאֵת שָׂרָה אִשְׁתּוֹ, שָׁמָּה קָבְרוּ אֶת יִצְחָק וְאֵת רִבְקָה אִשְׁתּוֹ, וְשָׁמָּה קָבַרְתִּי אֶת לֵאָה. מִקְנֵה הַשָּׂדֶה וְהַמְּעָרָה אֲשֶׁר בּוֹ מֵאֵת בְּנֵי חֵת. (בראשית מט, כט-לב)

משהו רב משמעות נרמז כאן. אלמלא כן, לשם מה שוב הפרטנות הזאת? הרי אנו כבר יודעים היכן השדה ומי קנה אותו.

מיד לאחר הסיפור על קניית השדה אנחנו קוראים: "וְאַבְרָהָם זָקֵן בָּא בַּיָּמִים, וַה' בֵּרַךְ אֶת אַבְרָהָם בַּכֹּל" (בראשית כד, א). שוב, כמו בפתח הפרשה, אוזנינו מזהות את צלצולו המוכר של סוף מעשה, של סיכומם של חיים; ושוב הציפייה הזו מופרת, ואנו מוצאים את עצמנו מלווים את אברהם לעוד פרק של עשייה. היוזמה הפעם היא מציאת כלה ראויה לבנו יצחק, שכבר מלאו לו 37 שנים לפחות. אברהם איננו משאיר שום דבר ליד המקרה. הוא אינו מדבר אל יצחק עצמו אלא אל עבדו הנאמן, ומנחה אותו ללכת "אֶל אַרְצִי וְאֶל מוֹלַדְתִּי" ולמצוא שם את האישה המתאימה, כזו שתחלוק עם יצחק אמונה ואורחות חיים משותפים. אברהם אינו קובע שהכלה צריכה להיות קרובת משפחתו, אך נראה שזו ההנחה המרחפת ברקע השיחה.

כמו בקניית השדה, גם כאן מהלך האירועים מתואר בפרטנות שאינה מצויה ברוב סיפורי התורה. כל חילופי הדברים מתועדים. דרך סיפור זו מנוגדת תכלית ניגוד לסיפור עקדת יצחק. שם, כמעט שום דבר אינו אמור. לא מחשבותיו של אברהם, לא רגשותיו של יצחק. ואילו כאן הכול נאמר. שוב, הסגנון הספרותי מפנה את תשומת לבנו לחשיבותו של המתרחש, בלי לומר לנו מהי בעצם.

ההסבר לכך פשוט ובלתי צפוי. לאורך חייהם של אברהם ושרה, ה' הבטיח להם שוב ושוב שני דברים: ילדים וארץ. הבטחת הארץ (כגון "קוּם הִתְהַלֵּךְ בָּאָרֶץ לְאָרְכָּהּ וּלְרָחְבָּהּ כִּי לְךָ אֶתְּנֶנָּה", בראשית יג, יז) חוזרת לא פחות משבע פעמים. הבטחת הזרע נאמרת ארבע פעמים. צאצאי אברהם יהיו "לְגוֹי גָּדוֹל" (יב, ב), רבים "כַּעֲפַר הָאָרֶץ" (יג, טז) ו"כְּכוֹכְבֵי הַשָּׁמַיִם" (כב, יז). אברהם יהיה לא רק אביה של אומה אחת, אלא "אַב הֲמוֹן גּוֹיִם" (יז, ה).

למרות כל זאת, כאשר שרה מתה אין לאברהם אפילו אמה על אמה של קרקע משלו, ויש לו רק ילד אחד הממשיך את בריתו עם אלוהים, יצחק, שעוד לא התחתן. שום הבטחה לא הוגשמה. עתה מובן לנו הפירוט יוצא הדופן בשני הסיפורים המרכזיים של פרשת חיי שרה, סיפור קניית השדה וסיפור חיפוש האישה ליצחק. שתי ההבטחות הגדולות מתחילות להתגשם, והתורה מאטה את העלילה כדי שלא נחמיץ את הלקח הכרוך באופן התגשמותן.

ה׳ מבטיח, אבל אנחנו צריכים לפעול. ה׳ מבטיח לאברהם את הארץ, אבל הוא צריך לקנות את שדהו הראשון. ה׳ מבטיח לאברהם צאצאים רבים מספור, אבל לשם כך אברהם צריך לדאוג שבנו יתחתן, ושיתחתן עם אישה שתחיה איתו את חיי הברית - כדי שיהיו לו, בלשון ימינו, נכדים יהודים.

ה׳ מבטיח, אבל מקיים ביחד איתנו. בריאת העולם הייתה מעשה של צמצום: ה׳ פינה מקום לעולם. בבריאת האדם הוא הצטמצם כדי לפנות מקום לחופש הבחירה של האדם. בעצם הצמצום הזה הוא נתן לנו אחריות; ורק על ידי יישומה אנחנו מגיעים למלוא מעמדנו כבני אדם. אלוהים הציל את נוח מהמבול, אך כדי שזה יקרה נדרש נוח לבנות תיבה. הוא נתן לעם ישראל את ארץ ישראל, אך כדי לקבל אותה עם ישראל צריך להילחם. אלוהים נותן לנו את הכוח לפעול, אבל את המעשה אנחנו צריכים לעשות. מה שמשנה את העולם, מה שמגשים את ייעודנו, **איננו מה שה׳ עושה לנו, אלא מה שאנו עושים בשבילו.**

בהמשך הפרשה נקרא להפתעתנו כי לאחר פטירת שרה נשא אברהם אישה אחרת והוליד איתה עוד שישה ילדים. בפי הפרשנים הסברים רבים מה בא דיווח זה ללמדנו (יותר מכול נראה שסיפור זה מסביר כיצד אברהם נעשה "אַב הֲמוֹן גּוֹיִם") - אך ודאי שאפשר ללמוד מכך שאברהם נשאר בגילו המתקדם צעיר, כמו משה שבהיותו בן מאה ועשרים "לֹא כָהֲתָה עֵינוֹ וְלֹא נָס לֵחֹה" (דברים לד, ז). הפְּעלתנות אמנם צורכת אנרגיה, אבל היא מטעינה אותנו באנרגיה. כמה שונה זִקנתו המביישת של נוח מזקנתו של אברהם!

אבל נראה שהלקח החשוב ביותר הוא שהבטחות גדולות - ארץ, ילדים לאין ספור - מתממשות באמצעות התחלות קטנות. זה מסע של צעד אחר צעד, מעשה אחר מעשה, יום אחר יום. אין בו קפיצת דרך, וגם אילו הייתה מוטב לה שלא הייתה. הישגיה יִדמו לקיקיון של יונה הנביא: בן לילה יהיו ובן לילה יאבדו. אברהם קנה רק שדה קטן, והוליד רק בן אחד שימשיך את בריתו. אבל הוא לא התלונן על כך שלא קיבל את כל מה שהובטח לו, אלא הלך לעולמו שלֵו ושבע רצון. כי הוא התחיל. כי הוא השאיר לדורות העתיד תשתית שיוכלו לבנות על גביה. שינוי גדול הוא תמיד פרי עבודתם של כמה דורות. איש מאיתנו לא יזכה לראות בחייו את מלוא הפירות של עמל דורנו. אך אנו רואים את היעד, מתחילים במסע, ומטפחים לנו ממשיכים. די בכך כדי להטעין את חייהם באלמוות.

חיי שרה
להאמין בעתיד

הוא היה בן 137. הוא חווה שני מאורעות טראומטיים שקרו לאנשים היקרים לו ביותר. הראשון אירע בבנו, יצחק, שהוא חיכה רוב ימי חייו להיוולדו. הוא ושרה איבדו תקווה, אך ה׳ סיפר להם שיולידו בן שימשיך את הברית הכרותה להם איתו. השנים עברו. שרה לא הרתה. היא זָקנה, וה׳ הוסיף להבטיח שזה יקרה.

בסוף זה בא. ההיריון, הילד, האושר. שרה אמרה, "צְחֹק עָשָׂה לִי אֱלֹהִים, כָּל הַשֹּׁמֵעַ יִצְחַק לִי" (בראשית כא, ו). אך משגדל הילד בא הרגע הנורא שבו אמר אלוהים לאברהם לקחת "אֶת בִּנְךָ אֶת יְחִידְךָ אֲשֶׁר אָהַבְתָּ" ולהקריבו על מזבח (כב, ב). אברהם לא מחה, לא בכה, לא דחה. האב והבן הלכו יחדיו, ורק ברגע האחרון בא הצו מן השמים - עצור. איך יכול אב, וכל שכן הבן, לשרוד מטראומה כזו?

ואז בא האֵבל. מתה שרה, אשתו האהובה של אברהם. היא הייתה שותפתו המתמדת. יחד איתו יצאה למסע לארץ לא נודעת, והשאירה מאחור את כל עולמה: ארץ, מולדת ומשפחה. פעמיים הצילה את חיי אברהם כשהתחזתה לאחותו.

מה עושה אדם בן 137 - התורה קוראת לו "זָקֵן בָּא בַּיָּמִים" (כד, א) - אחרי טראומה כזו ואבדן כזה? לו סוּפר לנו שהוא בילה את שארית ימיו בעצבות ובהתבוססות בזיכרונות, לא היינו מופתעים. הוא עשה כל מה שאלוהים ביקש ממנו, אך קשה לומר שקיבל כל מה שאלוהים הבטיח לו. שבע פעמים הובטחה לו ארץ כנען, אך כששרה מתה לא היו לאברהם בכל הארץ אפילו ארבע אמות כדי לקוברה. ה׳ הבטיח לו זרע רב ככוכבי השמים וכחול אשר על שפת הים, גוי גדול, המון גויים - אך רק בן אחד נולד לו כממשיך הברית, יצחק, שכמעט נשרף על המזבח, ושבגיל 37 עוד לא מצא לו אישה. לאברהם היו כל הסיבות שבעולם לשבת ולרחם על עצמו.

אבל הוא לא עשה זאת. באחד הרצפים המילוליים המופלאים ביותר בתורה מתואר אבלו של אברהם בחמש מילים, "וַיָּבֹא אַבְרָהָם לִסְפֹּד לְשָׂרָה וְלִבְכֹּתָהּ" - ומיד אחריהן באות המילים "וַיָּקָם אַבְרָהָם מֵעַל פְּנֵי מֵתוֹ" (כג, ג-ד). מרגע זה והלאה אברהם נתון בקדחת של עשייה. הוא פועל להגשמת שתי מטרות: לקנות חלקת

קבר לשרה, ואז למצוא אישה לבנו. שתי מטרות אלו נוגעות בדיוק לשתי הברכות שקיבל מה׳: הארץ והזרע.

איך התגבר אברהם על הטראומה ועל האבדן? איך יכול אדם לעמוד על סף אבדן בנו, ולאבד את שותפתו לחיים, ועדיין להיות מלא במרץ של עשייה והמשך? מה נתן לאברהם את הנחישות, את היכולת להמשיך, את שלמות הרוח?

את התשובה למדתי מהאנשים שהיו מוריי לאומץ מוסרי: ניצולי שואה שהייתה לי הזכות להכיר. איך, תהיתי, הם ממשיכים הלאה, עם הזיכרונות, המראות והמוראות? אנו יודעים שחיילים בריטים ואמריקנים ששחררו את מחנות ההשמדה לא שכחו לעולם את אשר ראו. לדברי ניאל פרגוסון, בביוגרפיה החדשה שכתב על הנרי קיסינג׳ר, המראה שנגלה לעיניו כשנכנס כחייל אמריקני למחנה ריכוז שינה את חייו. ואם כך קרה לאנשים שרק ראו מחנה ריכוז ביום שחרורו, ודאי מסויטים לאין שיעור הם חיי מי שהיה אסיר במחנה וחווה את האימה ואת הייסורים. ובכל זאת, הניצולים שהכרתי נאחזו בחיים בעקשנות שאין כמוה. רציתי להבין מה נתן להם את הכוחות.

לבסוף גיליתי. רוב האנשים הללו לא דיברו על העבר, אפילו לא עם בני זוגם, אפילו לא עם ילדיהם. הם התמקדו בבניין חיים חדשים בארץ חדשה. הם למדו את השפה ואת המנהגים. הם מצאו עבודה. הם בנו קריירה. הם התחתנו והולידו. הם, שאיבדו את משפחותיהם, היו כמשפחה איש לרעהו. הם הסתכלו קדימה, לא לאחור. הם בנו עתיד. רק אז, לפעמים כעבור ארבעים-חמישים שנה, הרשו לעצמם לדבר על העבר. רק אז סיפרו את הסיפור, תחילה לבני משפחותיהם ואז לעולם כולו. זה הכלל: **תחילה עליכם לבנות את העתיד, ורק אז תוכלו לחזור ולהתאבל על העבר.**

שני אנשים בתורה הביטו לאחור; האחד במשתמע, האחרת במפורש. נוח, האיש הצדיק ביותר בדורותיו, הידרדר באחרית ימיו לשכרות. התורה איננה אומרת זאת, אבל אנחנו יכולים לנחש. הוא איבד את כל עולמו. כשהוא ואשתו ובניו ישבו לבטח בתיבה, כל שאר בני האדם, כל בני זמנו, טבעו. ייתכן מאוד שהאיש הצדיק הזה כרע תחת נטל הצער כאשר שִׁחְזֵר בזיכרונו את כל הקורות, וייסר את עצמו בשאלה אם לא היה יכול לפעול אחרת ולהציל איכשהו עוד אנשים מן המבול.

על אשת לוט מסופר במפורש שהביטה לאחור, אל ערי המישור הנהפכות בגופרית ובמלח, בניגוד להנחייתם הברורה של המלאכים. בן רגע הייתה לנציב מלח: ושמא זו דרכה הציורית של התורה לתאר כיצד קופא על מקומו אדם המום זוועות, מוכה הלם ויגון.

על רקע שני הסיפורים הללו, שבאו בפרשות הקודמות, נוכל להבין את אברהם שלאחר מות שרה. הוא קבע את התקדים: תחילה בונים עתיד, ורק אז אפשר להתאבל

על העבר. ההופך את הסדר נעשה אסירו של העבר. הוא אינו יכול לזוז. הוא נציב מלח.

תובנה מעין זו הניעה את יצירתו של ניצול שואה מיוחד במינו, הפסיכותרפיסט ויקטור פראנקל. בתקופת מאסרו במחנה אושוויץ הקדיש פראנקל את כוחותיו לנטיעת רצון חיים בחבריו האסירים. הוא מספר את סיפורו בכמה ספרים, והמפורסם שבהם הוא **האדם מחפש משמעות**.[1] השיטה שלו הייתה לשמוע מכל אסיר על חייו הקודמים, על שאיפותיו ועל כישרונותיו, ולעזור לו להבין מהי המשימה המחכה לו בחוץ; מהו הדבר שהוא עדיין לא עשה, אך הוא יוכל לעשות אם וכאשר יינצל ויֵצא חי. על ידי כך הוא נתן להם עתיד. לאחד האנשים הללו היה ילד חי במדינה רחוקה שחיכה לו. אחֵר הגיע לידי הכרה שיש ספרים שרק הוא יכול לכתוב, ולא אף אחד אחר. המחשבה על המשימה המחכה בעתיד נתנה לאסירים כוח לשרוד בהווה, והסיחה את דעתם מן העבר.

פראנקל הגשים את משנתו בחייו. לאחר שחרור אושוויץ יסד אסכולה חדשה בפסיכותרפיה, "לוגותרפיה", המתמקדת בחיפוש המשמעות. זה היה כמעט היפוך עבודתו של פרויד. הפסיכואנליזה של פרויד עודדה אנשים לחשוב על עברם הרחוק. פראנקל לימד אנשים לבנות עתיד, או ליתר דיוק **לשמוע את העתיד הקורא להם**. כמו אברהם, פראנקל חי לאחר השואה חיים טובים וארוכים, זכה להכרה בין־לאומית ונפטר בן 92.

אברהם שמע את העתיד קורא לו. שרה כבר מתה, יצחק עדיין לא התחתן; לאברהם לא היו לא קרקע ולא נכדים. הוא לא זעק אל אלוהים בכעס או ביגון. הוא שמע את קול הדממה הדקה של ה׳ אומר לו: **הצעד הבא תלוי בך**. אתה חייב ליצור לך עתיד, ואני אשפוך עליו את רוחי. כך שרד אברהם בהלם ובאבל. מוטב כמובן שלא יקרו אסונות, אבל אם הם קורים, ההסתכלות קדימה היא הדרך לשרוד בהם.

אלוהים נכנס לחיינו כקריאה מן העתיד. הוא כמו מנופף לנו בידו מקצה אופק הזמן, מפציר בנו לצאת למסע ולבצע משימה שאיכשהו, בדרכיו הנסתרת של הבורא, נולדנו כדי למלא. איננו נמצאים בעולם במקרה. אנחנו כאן כי ה׳ רצה שנהיה כאן, ומפני שיש משימה שנועדנו להגשים. לא קל לגלות מהי. לפעמים אנו מגלים אותה רק אחרי הרבה שנים והרבה התחלות שגויות. אבל לכל אחד יש משהו שאלוהים קורא לו לעשות, עתיד שעדיין לא נוצר כי אם מחכה שניצור אותו. מוכוונות עתיד

1. ויקטור פראנקל, **האדם מחפש משמעות: ממחנות המוות אל האקזיסטנציאליזם**, עברית: חיים איזק, תל אביב: דביר, 1970.

זו היא המגדירה את היהדות כאמונה - כפי שאני מסביר בפרק האחרון בספרי (באנגלית) **לְשון עתיד**.

הרבה מן הכעס, השנאה והטינה בעולמנו נוצרו בידי אנשים המתפלשים בעבָר ואשר, כמו אשת לוט, אינם מסוגלים ללכת הלאה. לסיפורים מהסוג הזה אין סוף טוב; רק עוד דמעות ואסונות. דרכו של אברהם בפרשת חיי שרה היא אחרת. בְּנֵה את העתיד - ורק אז פְּנֵה להתאבל על העבר.

חיי שרה

תפילה ושיחה

רגע המפגש של יצחק עם אשתו לעתיד רבקה, עת יצא "לָשׂוּחַ בַּשָּׂדֶה לִפְנוֹת עָרֶב" (בראשית כד, סג) הוא, על פי מדרש חז"ל, רגע הולדתה של תפילת מנחה. זיהוי זה הוא חלק ממחלוקת תַנאים המופיעה במסכת ברכות בשאלה אם תפילות החול תוקנו כנגד שלושת האבות, או כנגד קרבנות התמיד.[1] המחלוקת אינה רק היסטורית, אלא נוגעת למהות התפילה.

שתי מסורות רוחניות נבדלות מתהלכות במקרא. האחת היא זו של האבות והנביאים. הם היו, אפשר לומר, אנשים רגילים בעלי כישורים חריגים, ובראשם היכולת לדבר אל אלוהים ולשמוע אותו. שלושת האבות, כמוהם כמשה רבנו, חיו הרחק מן ההמון המתהולל, ולא עטו מַדֵּי שְׂרד. הם שמעו את דבר האל לבדם. הם התפללו על פי הצורך. תפילה אחת שלהם לא דמתה לחברתה.

המסורת השנייה היא זו של הכוהן. הוא נחשב לאדם קדוש, כלומר נבדל. הוא לבש בגדי כהונה. עבודת ה' שלו הייתה, בראש ובראשונה, הקרבת קרבנות. עבודה זו התנהלה על פי כללים מדוקדקים וקבועים. קרבנות התמיד, כשמם כן הם, הועלו כסדרם וכהלכתם. הספונטניות, תכונתו של הנביא, הרסנית לכוהן. נדב ואביהוא שילמו עליה בחייהם.

הנביא הוא נציג הדינמיות המשתנה של החיים הדתיים, ואילו הכוהן מייצג את הנצח. הם מדברים אל צדדים שונים בנפש וממלאים צרכים שונים של החברה. בלי ספונטניות, הנפש מתייבשת; אך בלי מבנה, היא גולשת לכאוס. בלי נביאים, אמונת ישראל הייתה מתנוונת; בלי כוהנים, היא הייתה מתקשה להיעשות לחוקה לאומית.

זהו אפוא עומק מחלוקת התנאים על מקור התפילה: לאיזו משתי המסורות היא שייכת? לאבות או לכוהנים? האם התפילה היא שיח לב היחיד, או פולחן לאומי קולקטיבי?

1. ברכות כו ע"ב.

למעשה, שתי התשובות נתקבלו. זהו, למשל, ההסבר לכפילות של תפילת הלחש וחזרת הש"ץ: הראשונה היא תפילת היחיד, והשנייה תפילת הקהילה. תפילת הלחש באה מעולמם של אברהם, יצחק, יעקב, רחל וחנה. היא פרטית, ואפשר להוסיף לה בקשות אישיות. לא כן חזרת הש"ץ הפומבית, המשותפת והקשיחה. ראיה לכך היא היעדר חזרת הש"ץ מתפילת ערבית, שאינה באה כנגד קרבן תמיד.

הרב עמנואל יעקובוביץ' ז"ל, קודמי בתפקיד הרב הראשי לבריטניה, קישר בין מקומה של השמש בשמים לאורך היום לבין שלושת האבות. בבוקר השמש במזרח - כאברהם שהתחיל את חייו במזרח, באור כשדים. לעת מנחה, השמש ברום השמים - כיצחק, שלא יצא מימיו מארץ ישראל. בהערב היום השמש במערב, כיעקב, מתקנה של תפילת ערבית, שסיים את חייו בגלות מצרים שממערב לנו.

מעניינים גם הפעלים השונים המופיעים בפסוקים שהסוגיה במסכת ברכות פירשה כמציינים את תפילת האבות. על אברהם נאמר שהשכים בבוקר אל המקום "אֲשֶׁר **עָמַד** שָׁם אֶת פְּנֵי ה'" (בראשית יט, כז). אברהם נעמד. הוא היוזם של תפילותיו. הוא האיש שעם כל ענוותנותו עמד לפני ה' בנועזת שבכל התפילות, תפילתו על אנשי סדום, שבה שאל, "הֲשֹׁפֵט כָּל הָאָרֶץ לֹא יַעֲשֶׂה מִשְׁפָּט?" (יח, כה).

תפילת ערבית של יעקב, לעומת זאת, נלמדת בסוגיה מהפועל "**פגע**", הנאמר עליו בהגיעו לבית אל לעת ערב (כח, יא). הוא לא תכנן את המפגש עם ה'. ה' הוא שחיפש אותו. כאלה הן חוויותיו הרוחניות של יעקב גם בהמשך, כגון במפגשו עם המלאך בנחל יבוק: הן באות אליו במפתיע, בשעה שהוא שרוי במצוקה ובאפלה. זוהי תפיסת התפילה של יעקב. חיי הרוח שלנו אינם תמיד בשליטתנו. החוויות המפעימות ביותר - התאהבות, הצפה בתחושת יופי, פרץ אושר - באות בלי תכנון.

ויש סוג שלישי של תפילה. יצחק יצא "**לָשׂוּחַ**". "אין שיחה אלא תפילה", אומרת על כך הסוגיה במסכת ברכות. כל שיחה, שיחת אמת, היא מעין תפילה. תפילה היא שיחה בין שמים לארץ; אבל גם שיחה בין בני אדם דומה לתפילה, כי אדם נפתח בה אל ממשותו של אדם אחר. הוא נכנס בה לעולמו של הזולת. הוא מתחיל לראות דברים מנקודת מבט שאינה שלו. כששתי נפשות באות במגע, שתיהן משתנות. וזה הרי מה שקורה בתפילה: המתפלל נפתח בפני ממשות שאיננה הוא עצמו, למציאות אלוהית אינסופית. הוא מכוון את הקשב שלו לתדר אלוהי. הוא משתנה. התפילה אינה מונולוג, אלא דיאלוג.

כמה יפה אפוא שתפילת השיח של יצחק מתקיימת רגע לפני שהוא מתוודע לאישה שתהיה אשתו. אברהם ויעקב נמצאו לבדם כשהתפללו. יצחק, לעומת זאת, עומד לפגוש את מי שתחלוק איתו את חייו. תפילתו היא מבוא למערכת יחסים

אנושית. הפתיחות שלנו לאלוהים מעצבת את פתיחותנו לזולת, ומתעצבת על ידיה. אהבתנו לה׳ שזורה באהבתנו לבני אדם - או כך לפחות היא צריכה להיות.

"ה׳ שפתיי תפתח ופי יגיד תהילתך", אנו מבקשים בתחילת תפילת הלחש. אכן: בתפילה איננו רק מדברים, אלא גם מְדֻבְּרים. אנו משתמשים לא במילים שלנו, אלא במילים שהתגבשו באלפי שנות היסטוריה לאומית, פרי אינספור מפגשים עם אלוהים. על גבי המילים הללו נישאות מאיתנו ואלינו אנרגיות קוסמיות והיסטוריות, כוחות של בריאה ודחפים של גאולה.

וכך, מדי יום ביומו אנו חווים שלושה סוגים של רוחניות. היוזמה האנושית בבוקר, עם אברהם; המפגש האלוהי בערב, עם יעקב; ולעת המנחה, עם יצחק - הדיאלוג. אירועי שיא בחייהם של אבותינו הופכים מאפיזודות נקודתיות בעבר הרחוק להזדמנות יום־יומית מתמדת הניתנת לנו, השואפים ללכת בעקבותיהם.

תולדות

על שיבוט וזהות

הכפילות בפסוק הפותח את פרשתנו, "וְאֵלֶּה תּוֹלְדֹת יִצְחָק בֶּן אַבְרָהָם: אַבְרָהָם הוֹלִיד אֶת יִצְחָק", הפליאה את חז"ל. הם תירצו שהמחצית השנייה, המיותרת לכאורה מבחינה הגיונית, נדרשה כמענה לרכילות של ליצני הדור. הרי שנים רבות שהתה שרה עם אברהם ולא הרתה - והנה נתעברה סמוך לאחר שנלקחה להרמונו של אבימלך מלך גרר. "מה עשה הקב"ה? צר קלסתר פניו של יצחק דומה לאברהם, והעידו הכול: אברהם הוליד את יצחק" (רש"י לבראשית כה, יט).

מתברר שזהו רק חלק מהסיפור. חז"ל הבחינו בכפילות נוספת, אף היא מיותרת למראית עין, בפרשת השבוע שעבר: "וְאַבְרָהָם זָקֵן בָּא בַּיָּמִים, וַה' בֵּרַךְ אֶת אַבְרָהָם בַּכֹּל" (בראשית כד, א). למה גם זקן וגם בא בימים? יתרה מכך: אברהם ושרה הם הראשונים המתוארים בתורה כ"זקנים", אף כי רוב האישים שהזכירה קודם לכן האריכו ימים הרבה יותר מהם. מצירוף שני העניינים - הדמיון החיצוני הרב עד כדי בלבול בין יצחק לאברהם, וציון זקנתו של אברהם - התרקם מדרש נאה:

> אמר רב יהודה בר סימון: אברהם תבע זקנה. אמר לפניו: "ריבון העולמים, אדם ובנו נכנסין למקום ואין אדם יודע למי מכבד. מתוך שאתה מעטרו בזקנה, אדם יודע למי מכבד". אמר לו הקב"ה: "חייך, דבר טוב תבעת - וממך הוא מתחיל". מתחילת הספר ועד כאן אין כתיב זקנה. וכיון שעמד אברהם, נתן לו זקנה: "וְאַבְרָהָם זָקֵן בָּא בַּיָּמִים".[1]

הזקנה, כשינוי המראה החיצוני, נוצרה לבקשתו של אברהם, שכן זהות המראֶה בינו לבין בנו הֵעִיבה על האינדיבידואליות שלהם. מבט רחב יותר ילמדנו שאין זה רק

1. בראשית רבה סה, ט.

מדרש המתרץ קושיה, אלא גם תובנת עומק על סיפורו של יצחק. כמו אברהם, גם יצחק נדחק ברעב לארץ פלשתים (אך לא למצרים, שמחוץ לגבולות ארץ ישראל). כמוהו, נתקל באבימלך. כאביו גם הוא חש אילוץ לומר שאשתו היא אחותו. הוא חפר את בארות אביו שנסתמו. דומה שיצחק מיעט לעשות דברים שייחדו אותו. מכאן שאבו חכמינו ברגישותם את הרעיון בדבר תפילתו של אברהם לסימני זיהוי שיבחינו בין האב לבן.

דומני שטכנולוגיה רפואית בת זמננו, השיבוט, המאפשרת יצירת ברייה הזהה לחלוטין בגנום שלה להורתה האחת, מעוררת את בעייתו זו של אברהם לחיים חדשים. השיבוט מעלה שאלות אתיות שחידושים קודמים, כגון הפריית המבחנה, לא העלו.

השיבוט המלאכותי, העברה של גרעין תא, הוא צורה של רבייה א־מינית: רבייה שבה כל החומר הגנטי מגיע מפרט אחד. איננו יודעים אל נכון מדוע כל היצורים הגדולים ומאריכי הימים מתרבים באופן מיני, זוגי. מנקודת מבט אבולוציונית, רבייה א־מינית פשוטה הרבה יותר. לדעת כמה מן הביולוגים, הטעם הוא שרק צירוף בלתי ניתן לחיזוי של חומר גנטי משני הורים שונים (כלומר של ארבעה הורי הורים וכן הלאה) מספק למין ביולוגי את המגוון הדרוש להישרדותו. המין האנושי כבר פגע קשות ברבגוניות הביולוגית של מינים שונים בכדור הארץ; אם יסתכן עתה בפגיעה ברבגוניות הגנטית שלו עצמו, יהיה זה חוסר אחריות משווע.

התנגדות נוספת לשיבוט מנומקת בחשש לגורלם של הילדים שייוולדו בדרך זו. נכון, זהות גנטית כבר קיימת בעולמנו, אצל תאומים זהים. אך אין דומה המִקְרִי לַמתוכנן. בשיבוט גלומה סכנה מוסרית שאין בתופעה המתרחשת באופן טבעי. אי־אפשר להוליד בכוונה תאומים זהים כדי שאחד ישמש תחליף לשני. השיבוט, לעומת זאת, עלול להובילנו לראות בבני אדם אמצעים ולא מטרות. האדם עלול להיעשות לסחורה. כמה ממאפייני היסוד של האנושיות עצמה עלולים להיעלם.

כל ילד שנוצר מתערובת גנטית שבאה משני הורים הוא בלתי ניתן לחיזוי; דומה לאלה שהביאוהו לעולם, אך גם שונה מהם. תמהיל זה של קרבה והבדל הוא מגדיר יסוד של היחסים בין בני אדם. הוא הבסיס להכרה הנמצאת במרכזה של אמונת ישראל, שכל יחיד הוא יחידי וייחודי ואינו בר החלפה. כמאמר המשנה במסכת סנהדרין (ד, ה): "שאדם טובע כמה מטבעות בחותם אחד וכלן דומין זה לזה, ומלך מלכי המלכים הקדוש ברוך הוא טבע כל אדם בחותמו של אדם הראשון ואין אחד מהן דומה לחברו".

זוהי תהילתו של בורא עולם: שהאחדות שבשמים יצרה רבגוניות על הארץ. כדברי הפילוסוף הילרי פאטנם במאמרו "שיבוט אנשים",[2] "לכל ילד נתונה הזכות להיות הפתעה גמורה להוריו" – כלומר הזכות שלא להיות שיבוט של שום אדם. מה יהיה על האהבה אם נדע שבאַבְּדֵנו את אהובנו נוכל ליצור לו רפליקה? מה יקרה לתחושת העצמי שלנו אם נגלה שיוצַרנו בהזמנה?

המדרש על אברהם ויצחק אינו נוגע ישירות לשיבוט. גם אילו היה כך, אגדה אינה הלכה. אבל יש בסיפור הזה תשתית עומק מוסרית. יצחק נראה בתחילה כשיבוט של אביו, כדי להודיע לכל באי עולם שהוא בנו; אך הדמיון הציק כל כך, שאברהם התפלל שיבוטל.

בלב הקיום האנושי שוכנת תעלומת **האחרות**: אחרותם של איש ואישה, אחרותם של הורה וילד. המקום שאנחנו מפַנים לאחרות הוא הגורם לָאַהבה להיות שונָה מנרקיסיזם, ולַהוֹרוּת להיות גדולה מן השכפול העצמי. האחרות היא הנותנת לכל ילד אנושי את הזכות להיות הוא עצמו, לדעת שאינו שכפול ואינו מוצר מתוכנן. בלי האחרות הזו, האם הייתה הי‍ַלדות נסבלת? האם הייתה האהבה שורדת? האם עולם של שיבוטים עדיין יהיה עולם אנושי? כל אדם עשוי בצלם אלוהים – ולא בצלמה של שום ישות אחרת.

2. Hilary Putnam, "Cloning People," in Justine Burley, ed., *The Genetic Revolution and Human Rights,* Oxford: Oxford University Press, 1999.

תולדות

למה אהב יצחק את עשו?

יעקב ועשו נאבקו זה בזה עוד בהיותם ברחם אמם. דומה שנגזר עליהם להיות אויבי נצח. לא רק שהיו שונים באופי ובחזות, הם נִפלו זה מזה גם בלב הוריהם: "וַיִּגְדְּלוּ הַנְּעָרִים. וַיְהִי עֵשָׂו אִישׁ יֹדֵעַ צַיִד אִישׁ שָׂדֶה, וְיַעֲקֹב אִישׁ תָּם יֹשֵׁב אֹהָלִים. וַיֶּאֱהַב יִצְחָק אֶת עֵשָׂו, כִּי צַיִד בְּפִיו, וְרִבְקָה אֹהֶבֶת אֶת יַעֲקֹב" (בראשית כה, כז-כח).

מדוע אהבה רבקה את יעקב - אנו יודעים. עוד לפני הולדת התאומים הכאיבה לה כל כך התרוצצותם ברחמה, שהיא הלכה "לִדְרֹשׁ אֶת ה'". וכך נענתה:

שְׁנֵי גוֹיִם בְּבִטְנֵךְ,
וּשְׁנֵי לְאֻמִּים מִמֵּעַיִךְ יִפָּרֵדוּ;
וּלְאֹם מִלְאֹם יֶאֱמָץ,
וְרַב יַעֲבֹד צָעִיר. (בראשית כה, כג)

רבקה הבינה כנראה את הדברים כך: בנה הצעיר יגבר על בנה הבכור וישעבד אותו, ויהיה ממשיכם ההיסטורי שלה ושל יצחק, אבי עַם הברית. לכן, משנולדו, אהבה את הצעיר. אבל אם כך, מדוע אהב יצחק דווקא את עשו? האם לא סיפרה לו רבקה מה שמעה כשדרשה את ה'? ומשגדלו הנערים, האם לא ידע יצחק שעֵשָׂו פרוע ופזיז? האם אפשר להעלות על הדעת שאכן, כפשוטו של מקרא, יצחק אהב את עשו רק "כִּי צַיִד בְּפִיו", כאילו הקיבה קובעת את האהבה? קשה להאמין. הרי על כפות המאזניים מונחת שאלת ירושת הברית עם ה'.

התשובה הקלסית, שבפי רש"י, מדייקת בלשון התורה וגוזרת ממנה משמעות נוספת, מדרשית. "איש יודע ציד" הוא איש היודע כיצד "לצוד ולרמות את אביו בפיו, ושואלו: אבא, היאך מעשרין את המלח ואת התבן? - כסבור אביו שהוא מדקדק במצוות" (רש"י לבראשית כה, כז). עשו ידע היטב שדין מעשרות אינו חל על מלח ועל תבן, אך רצה להיראות בעיני אביו אדוק במיוחד. וממשיך רש"י בביאורו למילים

"כי ציד בפיו": "כתרגומו: בפיו של יצחק. ומדרשו: בפיו של עשו, שהיה צד אותו ומרמהו בדבריו" (רש"י לבראשית כה, כח). עשו השתמש באמרי פיו כדי לצוד את לבו של יצחק.

המגיד מדובנה מוסיף ומסביר שרק יצחק התפתה להאמין לעשו, מפני שרבקה גדלה לצד אחיה הרמאי לבן. היא למדה לזהות הונאה. יצחק, לעומת זאת, גדל באוהל אברהם ושרה. הוא הכיר רק יושר מוחלט, ועל כן לא חשד שמרמים אותו (הפילוסוף ברטרנד ראסל סיפר פעם על עמיתו הפילוסוף ג'ורג' אדוארד מור כי הוא שמע אותו משקר רק פעם אחת: כששאל את מור אם שיקר אי־פעם, ומור השיב "כן").

יצחק אהב אפוא את עשו משום שלא ידע מיהו ומהו באמת. זו התשובה הקלסית. אבל יש תשובה אפשרית אחרת: יצחק אהב את עשו דווקא מפני שידע היטב מיהו ומה מעשיו.

פעם פנה אדם לראי"ה קוק וביקש עצה בענייני חינוך. הוא סיפר לו שבנו סר מדרך התורה והמצוות, למרות החינוך הדתי המסור שהעניק לו כל השנים. הבן, אמר האב שבור הלב, מסרב אפילו לראות בעצמו יהודי. מה לעשות?

"אהבת את הבן שלך כששמר מצוות?", שאל הרב קוק. "כמובן", השיב האב. "אם כן", אמר הרב, "מעתה והלאה אֱהַב אותו אפילו יותר".

לפעמים גדול כוח האהבה מכוח הנזיפה. ייתכן שכאשר התורה אומרת לנו שיצחק אהב את עשו בגלל הציד שבפיו, כוונתה ללמדנו שהוא לא היה עיוור למעשיו ולטיבו. אם יש לכם שני ילדים, האחד ילד טוב ירושלים והשני משרך דרכיו, למי תקדישו יותר תשומת לב? עם מי חשוב שתבלו זמן רב יותר? ייתכן שיצחק אהב את עשו לא מתוך עיוורון אלא בעיניים פקוחות: בידיעה שבנו יגרום לו אכזבות רבות, אבל גם בידיעה שהאחריות המוסרית של ההורות תובעת מאיתנו לא להתייאש מבן שסר מהדרך, ודאי לא להרחיקו.

האם, במבחן התוצאה, אהבתו של יצחק הועילה? כן ולא. ברור שהיה קשר חם ומיוחד בין עשו ליצחק. חז"ל זיהו אותו היטב: "אמר רבן שמעון בן גמליאל: לא כיבד בריה את אבותיו כמו אני את אבותיי, ומצאתי שכיבד עשו לאביו יותר ממני". הרשב"ג מסביר שם שלעשו היו בגדי חמודות מיוחדים ששימשו אותו כששירת את אביו; את הבגדים הללו נתנה רבקה ליעקב כששלחה אותו להתחזות לעשו ולהתברך אצל אביו. אני עצמי, אמר הרשב"ג, כמו רוב האנשים, שימשתי את אבי בבגדיי הרגילים.[1]

1. דברים רבה א, טו. בגדי החמודות של עשו - על פי בראשית כז, טו.

בספר דברים אוסר ה׳ על בני ישראל ליזום מלחמה נגד צאצאי עשו. הוא אומר למשה, ״וְאֶת הָעָם צַו לֵאמֹר: אַתֶּם עֹבְרִים בִּגְבוּל אֲחֵיכֶם בְּנֵי עֵשָׂו הַיֹּשְׁבִים בְּשֵׂעִיר. וְיִירְאוּ מִכֶּם, וְנִשְׁמַרְתֶּם מְאֹד. אַל תִּתְגָּרוּ בָם, כִּי לֹא אֶתֵּן לָכֶם מֵאַרְצָם עַד מִדְרַךְ כַּף רָגֶל כִּי יְרֻשָּׁה לְעֵשָׂו נָתַתִּי אֶת הַר שֵׂעִיר״ (דברים ב, ד-ה). בהמשך ספר דברים מופיעה מצווה נוספת בעניין בני עשו, האדומים: ״לֹא תְתַעֵב אֲדֹמִי כִּי אָחִיךָ הוּא״ (כג, ח). חז״ל ראו את שני הציוויים הללו כגמול טוב לעשו על שכיבד את אביו.

עשו החזיר אפוא אהבה ליצחק - ובכל זאת הוא נשאר עשו, הצייד, איש השדה, לא האדם המתאים לשאת בעול הברית התובענית עם האל הבלתי נראה, לא סוג האדם שיהיה נכון להקרבה הרוחנית הנדרשת בברית כזו. לא כל הילדים הולכים בדרכי הוריהם. אם יצחק התכוון שעשו ישנה את אורחותיו ויהיה ממשיך דרכו שלו, הוא נכשל. אבל ישנם כישלונות מעוררי כבוד. אהבתנו לילדינו, גם כאשר הם מאכזבים אותנו, היא כישלון מן הסוג הזה. הרי כך בדיוק גם ה׳ אוהב אותנו.

תולדות

למי נועדה ברכת עשו?

האם צדק יעקב כשלקח את ברכות עשו באמצעות התחזות, ורימה את אביו? האם צדקה רבקה כשהגתה את התכנית ועודדה את יעקב לבצעה? אלו הן שאלות יסוד. על כפות המאזניים עומדים לא רק פרשנותה של פרשה בתורה, אלא החיים המוסריים עצמם. דרך קריאתנו בטקסט מעצבת לעתים את אישיותנו.

הנה דרך אחת לפרש את הסיפור. רבקה צדקה כשחשבה שיש לה וליעקב זכות לחטוף את הברכה. היא ידעה שיעקב, לא עשו, נועד להמשיך את הברית עם הקב"ה ולגלגל את שליחותו של אברהם אל הדורות הבאים. היא ידעה זאת על סמך שני דברים שונים. ראשית, היא שמעה את הדבר מאלוהים עצמו, בנבואה שקיבלה לפני שהתאומים נולדו:

שְׁנֵי גוֹיִם בְּבִטְנֵךְ,
וּשְׁנֵי לְאֻמִּים מִמֵּעַיִךְ יִפָּרֵדוּ;
וּלְאֹם מִלְאֹם יֶאֱמָץ,
וְרַב יַעֲבֹד צָעִיר. (בראשית כה, כג)

עשו היה הבכור, ה"רב", ויעקב - הצעיר. יעקב נועד אפוא להיות בעל הכוח, ה"אומץ", ועשו נועד לעבוד אותו. יעקב נבחר בידי אלוהים.

שנית, רבקה ראתה כיצד התאומים גדלים. היא ידעה שעשו הוא צייד, איש של אלימות. היא ראתה שהוא פזיז, תזזיתי, איש של דחפים ולא של התבוננות רוגעת. היא ראתה כיצד הוא מכר את בכורתו בנזיד עדשים. היא צפתה בו בשעה שאכל ושתה וקם והלך ובז לבכורה (בראשית כה, לד). על מי שבז לבכורתו ומעדיף את הרגע החולף אי־אפשר לסמוך שיהיה שומרה של ברית נצח.

ועוד ראיה, שלישית. ממש לפני פרשת הברכות מספרת לנו התורה: "וַיְהִי עֵשָׂו בֶּן אַרְבָּעִים שָׁנָה, וַיִּקַּח אִשָּׁה אֶת יְהוּדִית בַּת בְּאֵרִי הַחִתִּי וְאֶת בָּשְׂמַת בַּת אֵילֹן

הַחֹתִּי. וַתִּהְיֶיןָ מֹרַת רוּחַ לְיִצְחָק וּלְרִבְקָה" (בראשית כו, לד-לה). גם מאורע זה מלמדנו שעשו לא הבין מה דורשת ממנו הברית. כשנשא לו נשים חתיות הפגין אדישות כלפי רגשות הוריו, וגם כלפי הצורך לשמור על איפוק ולברור היטב את שותפתו לירושה הרוחנית של אברהם.

הברכה הייתה צריכה להגיע ליעקב. אילו היו לכם שני בנים, אחד אדיש כלפי אמנות, השני חובב אמנות ואסתטיקן מושבע, למי הייתם מורישים את הרמברנדט המקורי שעבר במשפחתכם מדור לדור? ואם יצחק לא עמד על טיבם האמתי של בניו, אם היה עיוור לא רק בגופו אלא גם בהכרתו - כלום לא היה זה נכון, ואפילו נחוץ, לרמות אותו? אם רבקה לא הצליחה לשכנע את יצחק כשהיה צעיר יותר - האם יש לה סיכויים סבירים לשכנעו עכשיו, כשהוא זקן ומן הסתם גם מקובע?

ככלות הכול, זה לא היה רק עניין של יחסים במשפחה. על הפרק עמדו נושאים כבדי משקל מאין כמותם: אלוהים, ייעוד, שליחות רוחנית. על הפרק עמד עתידו של עם שלם, שהרי ה׳ אמר לאברהם שוב ושוב שהוא יהיה אביה של אומה גדולה אשר תהיה ברכה לכל משפחות האדמה, לאנושות בכללותה. ואם רבקה צודקת, צודק גם יעקב הממלא אחר הוראותיה.

רבקה לא הייתה לֵיידי מַקְבֶּת חורשת מזימות. רבקה הייתה האישה שעֶבד אברהם בחר בה להיות אשת בן אדונו משום שעשתה חסד, והשקתה איש זר ואפילו את גמליו. רבקה הייתה גילומו של החסד. היא לא פעלה מתוך העדפה אישית או שאפתנות. לא הייתה לה דרך אחרת להבטיח שהברכה תגיע למי שיוקיר אותה ויצדיק אותה, לבד ממעשה המרמה. זהו מקרה שבו המטרה מקדשת את האמצעים.

זוהי דרך אחת לקרוא את הסיפור, ופרשנים רבים הולכים בה. אבל אין היא הדרך היחידה.[1]

הביטו למשל בסצנה המתרחשת מיד לאחר שיעקב עוזב את אביו. עשו חזר מהציד והביא ליצחק את האוכל אשר אהב. עשו אמר ליצחק שהוא עשו. ואז -

וַיֶּחֱרַד יִצְחָק חֲרָדָה גְּדֹלָה עַד מְאֹד, וַיֹּאמֶר, "מִי אֵפוֹא הוּא הַצָּד צַיִד וַיָּבֵא לִי, וָאֹכַל מִכֹּל בְּטֶרֶם תָּבוֹא, וָאֲבָרְכֵהוּ גַּם בָּרוּךְ יִהְיֶה?"

1. קריאה ביקורתית של התנהגותם של רבקה או יעקב מופיעה בכמה קובצי מדרשים: בראשית רבה, תנחומא (בובר), ילקוט ראובני, מדרש הנעלם ומדרש שוחר טוב (לתהלים פ, ו). בין מפרשי המקרא הנוקטים גישה כזו רבי אליעזר אשכנזי, רבי יששכר בר איילנבורג בעל **צידה לדרך**, ורבי יעקב צבי מקלנבורג בעל **הכתב והקבלה**. הפירושים הללו מתבססים כולם על הרמזים הנמצאים בכתוב והם יובאו להלן.

כִּשְׁמֹעַ עֵשָׂו אֶת דִּבְרֵי אָבִיו וַיִּצְעַק צְעָקָה גְּדֹלָה וּמָרָה עַד מְאֹד, וַיֹּאמֶר לְאָבִיו, "בָּרְכֵנִי גַם אָנִי, אָבִי!"

וַיֹּאמֶר, "בָּא אָחִיךָ בְּמִרְמָה וַיִּקַּח בִּרְכָתֶךָ".

וַיֹּאמֶר, "הֲכִי קָרָא שְׁמוֹ יַעֲקֹב? וַיַּעְקְבֵנִי זֶה פַעֲמַיִם: אֶת בְּכֹרָתִי לָקָח, וְהִנֵּה עַתָּה לָקַח בִּרְכָתִי!" וַיֹּאמַר, "הֲלֹא אָצַלְתָּ לִּי בְּרָכָה?". (בראשית כז, לג-לו)

הקורא את הפרק הזה, פרק כז, בלי מפרשים, על כורחו יחוש אהדה כלפי יצחק ועשו דווקא, ולא כלפי רבקה ויעקב. התורה מקמצת בדרך כלל בביטויי רגש. היא נמנעת למשל מלספר לנו איך הרגישו אברהם ויצחק בדרכם אל העקדה. אז כשהיא נוקטת בביטויים כדוגמת "חֲרָדָה גְּדֹלָה עַד מְאֹד" או "וַיִּצְעַק צְעָקָה גְּדֹלָה וּמָרָה עַד מְאֹד" איננו יכולים שלא לחוש רעדה. לפנינו ישיש שרומה בידי בנו הצעיר, ועלם המרגיש שנושל בהונאה מנחלתו החוקית. הרגשות שתמונה זו מעוררת בנו הם מן הסוג הנחרת בזיכרון.

הַביטו עכשיו בתוצאות. יעקב נאלץ לעזוב את ביתו, מחשש לחייו, ליותר מעשרים שנה. בגלותו הוא קרבן לתרמית זהה כמעט לזו שביצע, כאשר לבן מחליף לו את רחל בלאה. כשיעקב מתאונן "לָמָּה רִמִּיתָנִי?" עונה לו לבן: "לֹא יֵעָשֶׂה כֵן בִּמְקוֹמֵנוּ, לָתֵת הַצְּעִירָה לִפְנֵי הַבְּכִירָה" (בראשית כט, כה-כו). לא רק המעשה אלא אפילו המילים הן רמז לעונש, מידה כנגד מידה. ה"מרמה", שיעקב מאשים בה את לבן, היא אותה מילה שיצחק מתאר בה את מעשהו של יעקב. תשובתו של לבן נשמעת כאזכור כמעט מפורש של מה שיעקב עשה: החלפת צעיר בבכור. לבן בעצם אמר, "מה שעשית אתה במקום שבאת ממנו - לא ייעשה כן במקומנו".

חייו של יעקב עמדו מכאן והלאה בצל תוצאות התרמית שרימהו לבן. המתח בין רחל ללאה; השנאה בין ילדיהן; התרמית הבאה שספג יעקב על רקע מתיחות זו, הפעם מבניו שהביאו לו את כתונת הפסים של יוסף מגואלת בדם: שוב תרמית של אב בידי ילדיו הכוללת שימוש בבגדים. בגללה איבד יעקב את בנו האהוב יוסף למשך עשרים ושתיים שנה; בדיוק אותו משך זמן שיעקב רחק מיצחק אביו.

כשפרעה שאל את יעקב בערוב ימיו בן כמה הוא, ענה יעקב, "מְעַט וְרָעִים הָיוּ יְמֵי שְׁנֵי חַיַּי" (בראשית מז, ט). יעקב הוא הדמות היחידה בתורה האומרת דבר מסוג זה. קשה שלא לקרוא את הדברים כהצהרה על עקרון מידה כנגד מידה: כאשר עשית כן ייעשה לך. המרמה גרמה סבל רב לכל המעורבים בה, והיא והסבל יחדיו גם עברו בירושה לדור הבא.

זוהי אפוא הקריאה שלי בפרשת יעקב ועשו. הביטוי האמור בנבואתה של רבקה ההרה, "וְרַב יַעֲבֹד צָעִיר", הוא בעצם דו־משמעי. ייתכן ש"רב" הוא הנושא

ו"צעיר" הוא המושא, והרב ישרת את הצעיר - אך ייתכן גם שהנושא הוא "צעיר", המושא הוא "רב", והצעיר הוא אשר יעבוד את הרב. לכך קוראת התורה "חידה" (במדבר יב, ח): מסר עמום ורב־משמעי במתכוון. השתמע ממנו סכסוך מתמשך בין שני הבנים ובין צאצאיהם, אך לא השתמע ממנו בבירור מי ינצח.

יצחק עמד היטב על טיבם של שני בניו. הוא אהב את עשו, אך הדבר לא גרם לו להיות עיוור לעובדה שיעקב יהיה יורש הברית. משום כך הכין יצחק שתי מערכות של ברכות - האחת לעשו, האחרת ליעקב. כאשר חשב שהבן העומד לפניו לקבל ברכה הוא עשו, בירך אותו במתנות שישמחו אותו - עושר וכוח: "וְיִתֶּן לְךָ הָאֱלֹהִים מִטַּל הַשָּׁמַיִם וּמִשְׁמַנֵּי הָאָרֶץ וְרֹב דָּגָן וְתִירֹשׁ", כלומר עושר. "יַעַבְדוּךָ עַמִּים וְיִשְׁתַּחֲוֻ לְךָ לְאֻמִּים. הֱוֵה גְבִיר לְאַחֶיךָ וְיִשְׁתַּחֲווּ לְךָ בְּנֵי אִמֶּךָ", כלומר כוח (בראשית כז, כח-כט). אלו **אינן** ברכות הברית.

ברכות הברית שה' נתן לאברהם וליצחק היו אחרות לגמרי. הן עסקו **בילדים ובארץ**. יצחק אכן בירך את יעקב בברכה זו סמוך לאחר מכן, כאשר יעקב עמד לעזוב את הבית ולצאת לחרן: "וְאֵל שַׁדַּי יְבָרֵךְ אֹתְךָ וְיַפְרְךָ וְיַרְבֶּךָ וְהָיִיתָ לִקְהַל עַמִּים" - אלה הילדים. "וְיִתֶּן לְךָ אֶת בִּרְכַּת אַבְרָהָם לְךָ וּלְזַרְעֲךָ אִתָּךְ לְרִשְׁתְּךָ אֶת אֶרֶץ מְגֻרֶיךָ אֲשֶׁר נָתַן אֱלֹהִים לְאַבְרָהָם" - זו הארץ (בראשית כח, ג-ד). **זוהי הברכה שיצחק תכנן מלכתחילה לברך בה את יעקב**. לא היה שום צורך במרמה ובתחפושת.

יעקב הבין זאת בסופו של דבר, אולי כאשר נאבק עם המלאך בדרך לפגישתו עם עשו שתשים קץ לשנות הניכור הארוכות. אי־אפשר למצוא פשר למה שקרה בפגישה ההיא, אלא אם מבינים שיעקב החזיר בה לעשו את הברכות שלקח ממנו שלא כדין. המתנה הענקית שנתן לו בצאן, בבקר, בגמלים ובשאר בעלי החיים ייצגה את "טל השמים" ואת "שמני הארץ", את העושר. ושבע ההשתחוויות שלו לעשו היו דרכו להגשים את הברכה "וְיִשְׁתַּחֲווּ לְךָ בְּנֵי אִמֶּךָ", ברכת הכוח.

יעקב החזיר את הברכות. הוא אפילו אמר זאת במפורש בפגישה ההיא. הוא אמר לעשו, "קַח נָא אֶת בִּרְכָתִי אֲשֶׁר הֻבָאת לָךְ, כִּי חַנַּנִי אֱלֹהִים וְכִי יֶשׁ לִי כֹל" (בראשית לג, יא). על פי קריאה זו של הסיפור, רבקה ויעקב שגו. שגיאה נסלחת, שגיאה מובנת, אך עדיין שגיאה. **הברכה שיצחק רצה לתת לעשו לא הייתה ברכת אברהם**. הוא התכוון לתת לעשו ברכה המתאימה לו. לנגד עיניו עמד תקדים. ה' בירך את ישמעאל במילים "לְגוֹי גָּדוֹל אֲשִׂימֶנּוּ" (בראשית כא, יח). זו הייתה הגשמת ההבטחה שנתן אלוהים לאברהם שנים רבות קודם לכן, כאשר אמר לו שיצחק, לא ישמעאל, הוא אשר ימשיך את הברית:

וַיֹּאמֶר אַבְרָהָם אֶל הָאֱלֹהִים, "לוּ יִשְׁמָעֵאל יִחְיֶה לְפָנֶיךָ". וַיֹּאמֶר אֱלֹהִים, "אֲבָל שָׂרָה אִשְׁתְּךָ יֹלֶדֶת לְךָ בֵּן, וְקָרָאתָ אֶת שְׁמוֹ יִצְחָק. וַהֲקִמֹתִי אֶת בְּרִיתִי אִתּוֹ לִבְרִית עוֹלָם לְזַרְעוֹ אַחֲרָיו. וּלְיִשְׁמָעֵאל, שְׁמַעְתִּיךָ: **הִנֵּה בֵּרַכְתִּי אֹתוֹ**; וְהִפְרֵיתִי אֹתוֹ וְהִרְבֵּיתִי אֹתוֹ בִּמְאֹד מְאֹד. שְׁנֵים עָשָׂר נְשִׂיאִם יוֹלִיד, וּנְתַתִּיו לְגוֹי גָּדוֹל. וְאֶת בְּרִיתִי אָקִים אֶת יִצְחָק, אֲשֶׁר תֵּלֵד לְךָ שָׂרָה לַמּוֹעֵד הַזֶּה בַּשָּׁנָה הָאַחֶרֶת".
(בראשית יז, יח-כא)

יצחק ודאי ידע זאת. על פי המדרש, הוא וישמעאל השלימו ביניהם לאחר זמן. התורה עצמה מספרת שהם עמדו יחד על קברו של אברהם (בראשית כה, ט). ייתכן שעובדה זו נעלמה מידיעתה של רבקה. היא זיהתה ברכה עם ברית. היא לא ידעה שאברהם רצה שישמעאל יבורך אף שלא יירש את הברית, ושאלוהים נענה לרצונו זה.

ואם כך הוא, **אפשר שכל ארבע הדמויות פעלו נכונה לאור מה שהיה ידוע להן, ובכל זאת התרחשה טרגדיה.** יצחק צדק כשרצה שעשו יתברך כשם שאברהם רצה שישמעאל יתברך. עשו נהג באביו בכבוד. רבקה שאפה להבטיח את עתיד הברית. יעקב חש נקיפות מצפון אך שמע בקול אמו, ביודעו שהיא לא הייתה זוממת מעשה הונאה אלמלא הייתה לה סיבה מוסרית טובה מאוד.

האם לפנינו סיפור אחד עם שתי פרשנויות אפשריות? אולי, אבל אין זה התיאור הטוב ביותר של פני הדברים. מדויק יותר לומר שלפנינו תופעה הקיימת בעוד מקומות בספר בראשית: סיפור שאנו מבינים בדרך אחת בקריאה ראשונה, ובדרך אחרת לאחר שגילינו כל מה שקרה אחר כך והתבוננו לאחור. רק לאחר שנלמד על קורותיו של יעקב בבית לבן, על המתח בין לאה לרחל, על האיבה בין יוסף לאחיו, נוכל לשוב ולקרוא את פרק כז, פרק מעשה הברכות, באור חדש ובמשנה עומק.

ישנן בעולם שגיאות שנעשות ביושר. וכשיעקב מכיר בשגיאתו, ומתקן אותה בהחזירו את הברכה לעשו, זהו סימן לגדולתו. עשרים ושתיים שנים לאחר פרידתם האחים הזרים נפגשים, מתחבקים, נפרדים כידידים ופונים לדרכיהם השונות. אבל קודם לכן צריך יעקב להיאבק עם מלאך.

כאלה הם החיים המוסריים. אנחנו לומדים מתוך כך שאנחנו שוגים. חיינו נעים קדימה, אבל אנחנו מבינים אותם רק בהביטנו לאחור. רק אז אנחנו רואים את הפְּנִיּוֹת הלא נכונות שעשינו בדרך. גילוי זה הוא לפעמים רגע האמת המוסרית הגדול ביותר שלנו. לכל אחד מאיתנו יש ברכה שהיא שלו. לא רק ליצחק, אלא גם לישמעאל;

לא רק ליעקב, אלא גם לעשו. אין לך מוסר השכל נאה יותר מזה: לעולם אל תבקש את ברכתו של אחיך. שמח בברכתך שלך.[2]

2. לקח זה התנסח בדיבר העשירי: לא תחמוד.

ויצא

וכך נכנס האור

למה יעקב? בקוראנו בסיפורי בראשית אנו שואלים זאת שוב ושוב. יעקב איננו מה שהיה נוח - צדיק תמים בדורותיו המתהלך עם האלוהים. שלא כאברהם, הוא לא עזב את ארצו, את מולדתו ואת בית אביו למשמע קול משמים. שלא כיצחק, הוא לא העמיד את עצמו לעקדה. גם לא היו לו כמו למשה בצעירותו חוש צדק בוער ונכונות להתערב במריבות ולהילחם בעוול. ובכל זאת, אנו קרויים מאז ומתמיד "עם ישראל", צאצאיו של יעקב. דווקא על שמו, דווקא הוא. למה?

נראה לי שהתשובה רמוזה בפתח פרשתנו. יעקב נתון בעיצומו של מסע בין סכנות. הוא עזב את ביתו כי עשו נשבע להורגו אחרי מות יצחק. הוא עומד להצטרף למשק הבית של דודו לָבָן, מקום שבו אורבות לו סכנות אחרות. הוא רחוק מהבית, בודד, פגיע עד מאוד. השמש שוקעת. הלילה יורד. יעקב שוכב לישון, ורואה חיזיון מופלא:

> וַיַּחֲלֹם וְהִנֵּה סֻלָּם מֻצָּב אַרְצָה וְרֹאשׁוֹ מַגִּיעַ הַשָּׁמָיְמָה, וְהִנֵּה מַלְאֲכֵי אֱלֹהִים עֹלִים וְיֹרְדִים בּוֹ. וְהִנֵּה ה׳ נִצָּב עָלָיו, וַיֹּאמַר, "אֲנִי ה׳ אֱלֹהֵי אַבְרָהָם אָבִיךָ וֵאלֹהֵי יִצְחָק; הָאָרֶץ אֲשֶׁר אַתָּה שֹׁכֵב עָלֶיהָ לְךָ אֶתְּנֶנָּה וּלְזַרְעֶךָ. וְהָיָה זַרְעֲךָ כַּעֲפַר הָאָרֶץ, וּפָרַצְתָּ יָמָּה וָקֵדְמָה, וְצָפֹנָה וָנֶגְבָּה, וְנִבְרְכוּ בְךָ כָּל מִשְׁפְּחֹת הָאֲדָמָה וּבְזַרְעֶךָ. וְהִנֵּה אָנֹכִי עִמָּךְ, וּשְׁמַרְתִּיךָ בְּכֹל אֲשֶׁר תֵּלֵךְ וַהֲשִׁבֹתִיךָ אֶל הָאֲדָמָה הַזֹּאת; כִּי לֹא אֶעֱזָבְךָ עַד אֲשֶׁר אִם עָשִׂיתִי אֵת אֲשֶׁר דִּבַּרְתִּי לָךְ". וַיִּיקַץ יַעֲקֹב מִשְּׁנָתוֹ, וַיֹּאמֶר, "אָכֵן יֵשׁ ה׳ בַּמָּקוֹם הַזֶּה, וְאָנֹכִי לֹא יָדָעְתִּי". וַיִּירָא וַיֹּאמַר, "מַה נּוֹרָא הַמָּקוֹם הַזֶּה! אֵין זֶה כִּי אִם בֵּית אֱלֹהִים וְזֶה שַׁעַר הַשָּׁמָיִם". (בראשית כח, יב–יז)

שימו לב לחזרה המרובעת על המילה "וְהִנֵּה" - ביטוי של הפתעה. שום דבר לא הכין את יעקב לפגישה הזו, ויעקב אף אומר זאת במפורש: "אָכֵן יֵשׁ ה׳ בַּמָּקוֹם הַזֶּה, וְאָנֹכִי לֹא יָדָעְתִּי". גם הפועַל המספר על הגעתו של יעקב למקום, "וַיִּפְגַּע בַּמָּקוֹם"

(פסוק יא), מבטא פגישה לא מתוכננת. לימים, בלשון חז"ל, נוספה למילה "המקום" המשמעות "הקב"ה" - וכך, על דרך הדרש, אפשר לומר שהפסוק מספר שיעקב נתקל בקב"ה במקרה.

הוסיפו לזאת את מאבקו הלילי של יעקב עם המלאך בפרשת השבוע הבא, והנה לנו תשובה לשאלתנו. גם עם המלאך נאבק יעקב בודד, בלילה, ערב פגישה מפחידה עם עשו. **יעקב הוא האיש שחוויותיו הרוחניות העמוקות ביותר באות לו כשהוא לבדו, בלילה, הרחק מהבית, אל מול פני סכנה.** הוא האיש הפוגש את אלוהים דווקא כשאינו מצפה לכך כלל, כשדעתו נתונה לדברים אחרים, כשהוא מפחד ואולי אפילו על סף ייאוש. יעקב הוא האיש שבמרחב הלימינלי, באמצע המסע, מגלה כי "אָכֵן יֵשׁ ה' בַּמָּקוֹם הַזֶּה, וְאָנֹכִי לֹא יָדָעְתִּי".

ואכן, יעקב היה לימים לאביהו של עם שמפגשו הקרוב ביותר עם אלוהים התקיים "בְּאֶרֶץ מִדְבָּר וּבְתֹהוּ יְלֵל יְשִׁמֹן", כתיאורו של משה רבנו בשירת האזינו (דברים לב, י). ומאז, זהו ייחודו של עם ישראל: היהודים שרדו בגלות אחר גלות, ואף כי תהו תחילה "אֵיךְ נָשִׁיר אֶת שִׁיר ה' עַל אַדְמַת נֵכָר?" (תהלים קלז, ד), גילו כי השכינה עדיין שורה בקרבם. גם כשאיבדו את כל אשר להם, לא איבדו את הקשר לאל חי. שוב ושוב מגלה היהודי: "יֵשׁ ה' בַּמָּקוֹם הַזֶּה, וְאָנֹכִי לֹא יָדָעְתִּי".

אברהם נתן לעם ישראל את האומץ להתנגד לאלילי הזמן. יצחק נתן להם את יכולת ההקרבה העצמית. משה לימד אותם להיות לוחמי צדק נלהבים. אבל יעקב נתן להם את הידיעה כי דווקא כאשר הם מרגישים בודדים במיוחד, אלוהים עדיין איתם, עדיין נוסך בהם אומץ לקוות וכוח לחלום.

דוד המלך, משורר תהלים, הוא שנתן לכך את הביטוי הפיוטי העמוק ביותר. שוב ושוב הוא קורא אל ה' מלב המאפליה, פגוע, בודד, כאוב, פוחד:

הוֹשִׁיעֵנִי, אֱלֹהִים,
כִּי בָאוּ מַיִם עַד נָפֶשׁ.
טָבַעְתִּי בִּיוֵן מְצוּלָה
וְאֵין מָעֳמָד.
בָּאתִי בְמַעֲמַקֵּי מַיִם
וְשִׁבֹּלֶת שְׁטָפָתְנִי. (תהלים סט, ב–ג)

מִמַּעֲמַקִּים קְרָאתִיךָ ה'. (תהלים קל, א)

העזות שבחוויותינו הרוחניות מתרגשות עלינו לא פעם דווקא כשאיננו מצפים להן כלל, כשאנו קרובים יותר מתמיד לייאוש. כי בזמנים האלה מוסרות מפנינו מסכות המגן. אנחנו חשופים מתמיד - ועל כן גם פתוחים מתמיד אל ה׳, וה׳ פותח את שעריו בפנינו. ״קָרוֹב ה׳ לְנִשְׁבְּרֵי לֵב וְאֶת דַּכְּאֵי רוּחַ יוֹשִׁיעַ״ (תהלים לד, יט). ״זִבְחֵי אֱלֹהִים רוּחַ נִשְׁבָּרָה; לֵב נִשְׁבָּר וְנִדְכֶּה, אֱלֹהִים, לֹא תִבְזֶה״ (תהלים נא, יט); ה׳ הוא ״הָרֹפֵא לִשְׁבוּרֵי לֵב וּמְחַבֵּשׁ לְעַצְּבוֹתָם״ (תהלים קמז, ג).

רבי נחמן מברסלב היה אומר כי אדם ״צריך לצעוק לאביו שבשמים בקול חזק מעמקי הלב, ואזי השם יתברך שומע קולו ופונה לצעקתו. ויכול להיות שמזה בעצמו ייפול ויתבטל לגמרי כל הקושיות והמניעות הנ״ל״ - אותן קושיות ומניעות שהרחיקו אותו מן היכולת להתפלל.[1]

אנו מוצאים את אלוהים לא רק במקומות הקדושים או המוכרים, אלא גם באמצע המסע, לבדנו, בלילה. ״גַּם כִּי אֵלֵךְ בְּגֵיא צַלְמָוֶת לֹא אִירָא רָע כִּי אַתָּה עִמָּדִי״ (תהלים כג, ד). העמוקה מכל החוויות הרוחניות, הבסיס לכל האחרות, היא הידיעה שאיננו לבדנו. ה׳ אוחז בנו בידנו, נותן לנו מקלט, מרים אותנו כשאנו נופלים, סולח לנו כשאנו כושלים, מרפא את פצעי נשמתנו בכוח אהבתו.

אבי מורי ז״ל לא היה תלמיד חכם. לא הייתה לו הזדמנות ללמוד כל צורכו. הוא הגיע לבריטניה בילדותו כפליט. הוא נאלץ להפסיק ללמוד בבית הספר, וכמו כן אפשרויות החינוך היהודי בימים ההם היו מוגבלות. השגת צורכי המחיה גזלה את מרב זמנה של המשפחה. אבל ראיתי אותו הולך זקוף כיהודי, לא פוחד, לפעמים אפילו קורא תיגר; משום שכאשר הוא התפלל או קרא תהלים הוא הרגיש בעוז שה׳ איתו. אמונה פשוטה זו נסכה בו אצילות אנושית וחוסן נפשי.

זו הייתה ירושתו מיעקב אבינו, וזו ירושתנו. גם כי ניפול, ניפול אל זרועותיו המקבלות של אלוהים. גם כי יאַבדו אנשים את אמונתם בנו, גם כי נאבֵּד אנו את אמונתנו בעצמנו, ה׳ תמיד יאמין בנו. וגם אם נרגיש בודדים עד מאוד, לא נהיה בודדים באמת. ה׳ איתנו, לצדנו, בקרבנו, קורא לנו לקום על הרגליים ולהמשיך ללכת, כי יש לנו משימה לעשות, משימה שעוד לא השלמנו, משימה שנוצרנו לבצע. לאונרד כהן אומר באחד משיריו כי ״בכל דבר יש סדק, וכך נכנס האור״. מבעד לסדק שבלב הנשבר חודר אורו של אלוהים. וזה שער השמים.

1. ליקוטי מוהר״ן תניינא מו.

ויצא

סולם התפילה

פשרים רבים ניתנו לחלום יעקב, אך על פי פשוטו של חלום ועל פי דבריו של יעקב בהתעוררו, זהו מפגש בין אדם לאלוהים, מפגש שלימים ייוודע בַּשם תפילה, ב"בית אלוהים", בית אל, מושג שעתיד היה להתממש בדורות הבאים במקדש ובבית הכנסת. ספר הזוהר[1] מזהה את הסולם מחלום יעקב עם התפילה: המתפלל נמצא בארץ, אך תפילותיו נשמעות בשמים. כמאמר שלמה בתפילתו בחנוכת המקדש: "וְאַתָּה תִּשְׁמַע הַשָּׁמַיִם מְכוֹן שִׁבְתֶּךָ" (מלכים א' ח, לט).

חזון מכונן זה של יעקב הוא לדעתי לא רק גרעינו של רעיון התפילה, אלא גם מקור השפעה על תבניתה. צורתה של התפילה היהודית משקפת את מודל הסולם שמלאכים עולים ויורדים בו. בחינה מדוקדקת של תפילותינו תגלה תבנית יסוד סימטרית ששלושת חלקיה הם עלייה, עמידה לנוכח השכינה, וירידה. תפילת שחרית, למשל, מתחילה בפסוקי דזמרה, שהם הכנה לתפילה; מגיעה לתפילה גופא, קריאת שמע וברכותיה ותפילת עמידה; ונגמרת בשורה של דברי תהילה לה', ביניהם, שוב, מזמור "אשרי" (תהלים פד) שאמרנו בפסוקי דזמרה.

יסוד המבנה המשולש הזה הוא הברייתא "המתפלל צריך שישהא שעה אחת קודם תפלתו ושעה אחת אחר תפלתו".[2] כסימוכין לכך מובא הפסוק "אַשְׁרֵי יוֹשְׁבֵי בֵיתֶךָ" (תהלים פד, ה). ברור שהפסוק אינו מקור המנהג לשהות לפני התפילה ואחריה, אלא אסמכתא לו בלבד; אך עתה אנו מבינים מדוע דווקא מזמור "אשרי" הוא שנבחר להיאמר גם לפני לב התפילה וגם אחריו.

בצמצמנו את המבט אל לב זה של התפילה, נגלה שגם תפילת העמידה עשויה במבנה המשולש: תחילתה ברכות שבח, סופה ברכות הודיה, ובתווך נמצא גוף התפילה: ברכות בקשה בימי חול, ברכות היום בשבת ובמועד. השֶבח הוא הֲכָנָה.

1. זוהר, השמטות כרך א, רסו, ב.
2. ברכות לב ע"ב.

הוא הפרוזדור שלפני הטרקלין. ההודיה היא הפרידה והיציאה. ובאמצע, בטרקלין עצמו, אנו עומדים לפני המלך ומְחַלים את פניו בבקשות. הכוריאוגרפיה של התפילה ממחישה זאת: שלוש פסיעות קדימה בתחילת העמידה, שלוש פסיעות לאחור בסופה. מעין עלייה, עמידה וירידה.

כך גם בתפילות הקדושה, העשויות על פי אותם חזיונות נבואיים מן המקרא שיש בהם אזכור מפורש למלאכים. בלב הקדושה נמצאים הפסוקים שהנביאים ישעיהו ויחזקאל שמעו מפי המלאכים שסביב כיסא הכבוד. הקדושה נאמרת שלוש פעמים בתפילת שחרית (בשבת, בשל אריכות התפילה, הפעם השלישית נדחית לתפילת מנחה). הקדושה הראשונה היא "קדושת יוצר", הנאמרת בברכת "יוצר אור" שלפני קריאת שמע. השלישית היא "קדושא דסדרא", אותו פרק תפילה הפותח במילים "ובא לציון גואל". ואילו הקדושה האמצעית נאמרת כידוע בחזרת הש"ץ.

הראשונה והשלישית שונות מהאמצעית. אפשר לאומרן גם שלא במניין, ובמיושב. הרמב"ם מסביר שההבדל טמון בכך שבקדושת יוצר ובקדושא דסדרא אנו **מתארים** את מה שהמלאכים אומרים בהללם את ה' – ואילו בקדושה שבחזרת הש"ץ אנו **משחזרים** את מעשה האמירה שלהם.[3] במילים אחרות, הקדושה הראשונה והשלישית הן הכנה לאירוע והתבוננות בו, ואילו הקדושה השנייה היא האירוע עצמו, שאנו חווים שוב.

יש דוגמאות נוספות למבנה המשולש בתפילה, אך נסתפק באלו. הדוגמאות שהבאנו מלמדות שיש לתפילה צורה בסיסית, דקדוק עומק. היא מורכבת מעלייה, עמידה לנוכח וירידה. ההשראה לכך היא, בלי ספק, חלום יעקב.

התפילה היא סולם הנפרש מן הארץ לשמים. בסולם זה של מילים, מחשבות ורגשות אנו משתחררים בהדרגה משדה הכבידה של הארץ. אנו נעים מן העולם שסביבנו, העולם הנתפס בחושים, לעבר המודעות לבוראו הנשגב. בהגיענו לראש הסולם אנו עומדים לפני השכינה – כפי שהגדיר הרמב"ם בהלכות תפילה (ד, טז) את לב מהותה של הכוונה בתפילה. ואז, אט אט, אנו שבים אל הארץ, אל טרדות היום־יום שלנו, אל זירת המעשים והמגעים שאנו חיים בה. אבל אם תפילתנו עשתה את שלה, בסוף התפילה אנו אנשים אחרים משהיינו בתחילתה. שכן, כמו יעקב המקיץ מחלומו, ראינו כי "אָכֵן יֵשׁ ה' בַּמָּקוֹם הַזֶּה וְאָנֹכִי לֹא יָדָעְתִּי".

3. מובא בחידושים שבתחילת **מעשה רוקח**, וכן בפירוש "יד פשוטה" להלכות תפילה ז, יז וברמב"ם **לעם** שם.

אם השלב הראשון הוא הטיפוס, והשני הוא העמידה בשמים, הנה השלב השלישי הוא הורדתה של פיסת שמים אל הארץ. שהרי תגליתו של יעקב בהתעוררו הייתה שיש ה׳ במקום **הזה**. השמים, אם נרצה, יכולים להיות ממש כאן. אנו יכולים אפילו להיות כמלאכים, סוכניו ושלוחיו של ה׳, לעלות אליו ולרדת; ואפילו, כיעקב, ״לשרות עם אלוהים ועם אנשים״ - אם, כמוהו, יש לנו היכולת להתפלל, העוז לחלום, והפתיחות להשתנות במרווחים המפחידים שבין ודאות לוודאות.

ויצא

אהבה זה לא מספיק

היהדות היא דת של אהבה: של שלוש אהבות גדולות. "וְאָהַבְתָּ אֵת ה' אֱלֹהֶיךָ בְּכָל לְבָבְךָ וּבְכָל נַפְשְׁךָ וּבְכָל מְאֹדֶךָ"; "וְאָהַבְתָּ לְרֵעֲךָ כָּמוֹךָ"; "וַאֲהַבְתֶּם אֶת הַגֵּר, כִּי גֵרִים הֱיִיתֶם בְּאֶרֶץ מִצְרָיִם".[1]

ולא רק שהיהדות היא דת של אהבה, היא גם הייתה הציוויליזציה הראשונה שהעמידה את האהבה במרכז החיים המוסריים. הסופר ק"ס לואיס, וכמוהו אחרים, ציינו כי בכל הציוויליזציות הגדולות יש רעיון מרכזי הדומה לכלל הזהב, "נהג באחרים כפי שאתה רוצה שינהגו בך",[2] או בניסוח השלילי של הלל, "מה ששנוא עליך לא תעשה לחברך".[3] חכמי תורת המשחקים קוראים לזה "אלטרואיזם הדדי", או "מידה כנגד מידה". הדמיות מחשב הוכיחו כי בצורות מסוימות שלה (ובייחוד בווריאציה ה"נדיבה" שתכנן מרטין נובאק מהארוורד), זוהי האסטרטגיה הטובה ביותר להישרדותה של כל קבוצה.[4]

היהדות היא גם דת של צדק. אלברט איינשטיין דיבר על "האהבה הכמעט קנאית לצדק" שגרמה לו להודות למזלו שהוליד אותו יהודי.[5] ההסבר היחיד הניתן בתורה לבחירתו של אברהם להיות מייסדה של אמונת ה' הוא "כִּי יְדַעְתִּיו לְמַעַן אֲשֶׁר יְצַוֶּה אֶת בָּנָיו וְאֶת בֵּיתוֹ אַחֲרָיו וְשָׁמְרוּ דֶּרֶךְ ה' לַעֲשׂוֹת צְדָקָה וּמִשְׁפָּט" (בראשית יח, יט). מדוע נדרש השילוב של אהבה וצדק? האם אין די באהבה?

1. דברים ו, ה; ויקרא יט, יח; דברים י, יט, ובדומה לכך ויקרא יט, לג-לד.
2. ק"ס לואיס, **ביטול האדם**, עברית: להד לזר, ירושלים: הוצאת שלם, 2005.
3. שבת לא ע"א.
4. ראו למשל Martin Nowak and Roger Highfield, *Super Cooperators: Altruism, Evolution and Mathematics (or, Why We Need Each Other to Succeed)*, Melbourne: Text, 2011.
5. אלברט איינשטיין, **דמות עולמי: העולם כפי שהוא מצטייר לי**, עברית: שמואל אטינגר, תל אביב: א"י שטיבל, תרצ"ה.

התשובה טמונה בקטע קצרצר ומטלטל בפרשתנו, כולו כמה מילים בודדות. הן באות לאחר שמסופר כי לבן נתן ליעקב, סוף סוף, את רחל לאישה - תמורת שבע שנות עבודה נוספות. כדי להבין את עוצמתן, עלינו לזכור שעד המצאת הדפוס הספרים היו נדירים, ורוב מתפללי בית הכנסת, למעט אלה שעמדו ליד ספר התורה שעל הבימה, לא קראו את המילים בפרשת השבוע אלא רק שמעו אותן.[6] תהליכי עיבוד המידע בשמיעה ובקריאה שונים מאוד זה מזה. כשאנחנו קוראים, אנחנו רואים את הטקסט כולו - המשפט, הפִסקה - בבת אחת. בשמיעה זה בלתי אפשרי. אנחנו שומעים מילה אחר מילה, ואיננו יכולים לדעת מראש כיצד משפט יסתיים. כמה מן האפקטים הספרותיים החזקים ביותר בתרבות שבעל־פה נובעים מכך שמילותיו הראשונות של משפט יוצרות ציפיות להמשך מסוים, אך ההמשך אחר.

הנה הן המילים שאנו שומעים לאחר נישואי יעקב לרחל: "וַיֶּאֱהַב גַּם אֶת רָחֵל" (בראשית כט, ל). לכך ציפינו וקיווינו. ליעקב יש עכשיו שתי נשים, אחיות, דבר שיהיה לימים אסור על פי ההלכה. זהו מצב טעון במתח. אבל הרושם הראשון שלנו הוא שאצל יעקב הכול יהיה בסדר. הוא אוהב את שתיהן.

ציפייה זו מופרת במילה הבאה: "מִלֵּאָה". "וַיֶּאֱהַב גַּם אֶת רָחֵל מִלֵּאָה". זו איננה רק הפתעה; הדבר אינו אפשרי מבחינה תחבירית. "מִלאה" משמעו כאן "יותר מכפי שאהב את לאה". אלא שמשפט במתכונת "א אהב **גם** את ב **יותר מאת** ג" איננו מן האפשר. המילים "גם" ו"מ" (במובן "יותר מ-") סותרות זו את זו. זהו אחד מאותם מקרים נדירים ואדירים, שהתורה משתמשת במתכוון בתחביר שבור כדי לבטא מערכת יחסים שבורה.[7]

ואז מגיע הפסוק הבא - וטורף את הקלפים: "וַיַּרְא ה' כִּי שְׂנוּאָה לֵאָה". האם לאה הייתה שנואה? לא. הרי בפסוק הקודם נאמר לנו שיעקב אהב אותה. למה מתכוונת אפוא התורה באומרה "שנואה"? היא מתכוונת למה שלאה הרגישה. נכון, היא הייתה אהובה, אבל אהובה פחות מאחותה. מבחינתה זה אומר שהיא שנואה. לאה יודעת - יודעת עכשיו, וידעה לכל אורך שבע השנים שהייתה אשתו היחידה

6. המילה "קריאה" בביטוי "קריאת התורה" משמעה כמובן הקראה בקול, לא קריאה בעיניים. ואכן, על פי רוב הראשונים, קריאת התורה היא חובת הציבור, לא חובתו של כל מתפלל יחיד (להבדיל מקריאת המגילה בפורים).

7. הדוגמה הקלסית לכך היא הפסוק המקוטע "וַיֹּאמֶר קַיִן אֶל הֶבֶל אָחִיו וַיְהִי בִּהְיוֹתָם בַּשָּׂדֶה וַיָּקָם קַיִן אֶל הֶבֶל אָחִיו וַיַּהַרְגֵהוּ" (בראשית ד, ח). שבירת המשפט (מה אמר קין אל הבל אחיו?) מבטאת את שבירת היחסים שהובילה לשבירת המוסר - לרצח הראשון.

של יעקב - שיעקב מאוהב עד כלות באחותה הצעירה רחל. התורה מספרת ששבע השנים שעבד בשביל רחל היו בעיניו "כְּיָמִים אֲחָדִים בְּאַהֲבָתוֹ אֹתָהּ" (כט, כ).

לאה לא הייתה שנואה. היא הייתה אהובה פחות. אבל אדם הנתון במצב כזה אינו יכול שלא להרגיש דחוי. התורה מטעימה אותנו מכאבה של לאה בשמות שהיא נותנת לילדיה. לבכור היא קוראת ראובן, "כִּי רָאָה ה' בְּעָנְיִי כִּי עַתָּה יֶאֱהָבַנִי אִישִׁי". לשני היא קוראת שמעון, "כִּי שָׁמַע ה' כִּי שְׂנוּאָה אָנֹכִי וַיִּתֶּן לִי גַּם אֶת זֶה". לשלישי היא נותנת את השם לוי, כי אמרה "עַתָּה הַפַּעַם יִלָּוֶה אִישִׁי אֵלַי כִּי יָלַדְתִּי לוֹ שְׁלֹשָׁה בָנִים" (כט, לב-לה). יגון רב שנים נסוך על הפסוקים הללו. כך גם בפרק הבא, כאשר ראובן מביא ללאה דודאים מעוררי אהבה, שתמשוך בעזרתם את יעקב אליה, ורחל, החווה כאב מסוג אחר, צער העקרות, מבקשת מלאה כמה מן הדודאים. לאה אומרת לה, "הַמְעַט קַחְתֵּךְ אֶת אִישִׁי - וְלָקַחַת גַּם אֶת דּוּדָאֵי בְּנִי?" (ל, טו). אומללותה משוועת.

שימו לב מה קרה. זה התחיל באהבה. זה גם המשיך באהבה. יעקב אהב את רחל. הוא אהב אותה ממבט ראשון. אין עוד סיפור אהבה כזה בתורה כולה. כשאנחנו מתוודעים לראשונה לאברהם ולשרה, הם כבר נשואים. אשתו של יצחק נבחרת לו בידי עבד אביו. אבל יעקב אוהב. הוא רגשי יותר מהאבות האחרים. וזו הבעיה. האהבה מאחדת, אבל גם מפלגת. היא גורמת לזה שאינו אהוב, או אפילו לזה האהוב פחות, להרגיש דחוי, נטוש, נשכח, בודד. משום כך אי־אפשר לבנות חברה, קהילה או אפילו משפחה על האהבה לבדה. נדרשת גם תשתית של צדק, של הוגנות.

אם נביט באחת־עשרה הופעותיו של השורש אה"ב בספר בראשית, נגלה תופעה יוצאת דופן. בכל פעם שהאהבה נזכרת, היא מחוללת עימות. יצחק אוהב את עשו אבל רבקה אוהבת את יעקב. יעקב אוהב את יוסף, בנה הבכור של רחל, יותר משהוא אוהב את שאר בניו. כך נוצרו שתיים מיריבויות האחים הגורליות ביותר בתולדות עמנו.

אבל אפילו הן מתגמדות בהביטנו אל הופעתו הראשונה של השורש הזה בתורה, במילות הפתיחה של פרשת עקדת יצחק: "קַח נָא אֶת בִּנְךָ אֶת יְחִידְךָ אֲשֶׁר אָהַבְתָּ אֶת יִצְחָק" (כב, ב). רש"י אומר - בעקבות מדרש, שמצדו קיבל את השראתו מן ההשוואה המתבקשת בין עקדת יצחק לספר איוב - שכאשר אברהם ערך סעודה לחוג את היגמל בנו יצחק אמר השטן לאלוהים, "מכל סעודה שעשה אברהם לא הקריב לפניך פר אחד או איל אחד"; כלומר, אברהם אוהב את יצחק יותר מכפי שהוא אוהב אותך. הקב"ה השיב לו, "אילו הייתי אומר לו 'זבח אותו לפנַי', לא היה מעכב".[8] כלומר, זו הייתה הסיבה לניסיון העקדה: להראות שההאשמה שבפי השטן כוזבת.

8. רש"י לבראשית כב, א.

היהדות היא דת של אהבה. היא כזו מסיבות תיאולוגיות עמוקות. בעולם המיתוס, האלים היו עוינים כלפי בני האדם, או במקרה הטוב אדישים להם. גם באתיאיזם בן זמננו היקום והחיים קיימים בלי שום סיבה. אנחנו תאונות חומר, פרי מקריות עיוורת וברירה טבעית. גישתה של היהדות היא היפה ביותר המוכרת לי. אנחנו כאן מפני שאלוהים ברא אותנו באהבה ובסליחה, וביקש מאיתנו שכמוהו נאהב את זולתנו ונסלח להם. האהבה, אהבת ה׳, מובלעת בעצם הווייתנו.

רבים מן הטקסטים המרכזיים שלנו מבטאים את האהבה הזו: הברכה שלפני קריאת שמע, המדברת על ״אהבת עולם״ או ״אהבה רבה״; קריאת שמע עצמה, המצווה לאהוב את ה׳; ברכת הכוהנים, שהברכה המקדימה אותה היא ״אשר קידשנו במצוותיו וציוונו לברך את עמו ישראל באהבה״; שיר השירים, שירת האהבה הגדולה; ״לכה דודי לקראת כלה״ של רבי שלמה אלקבץ; ״ידיד נפש״ של רבי אליעזר אזכרי. אם רצונכם לחיות היטב, אהבו. אם חפצתם להתקרב לאלוהים, אהבו. אם תאבו שביתכם יתמלא באור השכינה, אהבו. האהבה היא מקומו של ה׳.

אבל אהבה אינה מספיקה. אי־אפשר לבנות משפחה, ועל אחת כמה וכמה חברה, על אהבה לבדה. נדרש גם צדק. האהבה משוחדת, הצדק נקי כפיים. האהבה פרטיקולרית, הצדק אוניברסלי. האהבה מופנית לאדם זה ולא לאחר, ואילו הצדק שווה לכול. על המתח הזה שבין אהבה לצדק נוצר עיקר חיינו המוסריים. לא מקרה הוא שזהו נושאם של רבים מסיפורי ספר בראשית. הספר הזה עוסק באנשים וביחסים ביניהם, בעוד שאר התורה מתמקדת בעיקר בחברה.

הצדק בלי האהבה הוא צחיח. האהבה שאין עמה צדק עושה עוול, או כך לפחות נראה לזה האהוב פחות. אלא שכמעט אי־אפשר לחוות את האהבה ואת הצדק בעת ובעונה אחת. היטיב לבטא זאת נילס בוהר, הפיזיקאי חתן פרס נובל, כשגילה שבנו גנב חפץ מחנות מקומית: הוא יכול לראות את הדבר מנקודת מבט של שופט (צדק) ומנקודת מבט של אב (אהבה), אך לא משתי הנקודות בו־זמנית.

בלב חיי המוסר שלנו נמצא עימות שאין לו פתרון פשוט. אין חוק אצבע שיאמר לנו מתי התגובה הנכונה היא אהבה, ומתי היא צדק. בשנות השישים שרו הביטלס ״כל מה שאתה צריך הוא אהבה״. הלוואי שזה היה נכון. הבה נאהב - אבל הבה לא נשכח את אלה המרגישים לא אהובים. גם הם בני אדם. גם להם יש רגשות. גם הם עשויים בצלם אלוהים.

וישלח

היֵה אַתה

יש כמה הצעות באשר לזהותו של "האיש" שנאבק עם יעקב אבינו עד עלות השחר. התורה קוראת לו "אִישׁ" (בראשית לב, כד). הנביא הושע קורא לו "מַלְאָךְ" (הושע יב, ה). חז"ל אמרו שהוא היה סמאל, מלאך רע, ושרו של עשו.[1] יעקב עצמו היה משוכנע כי זהו אלוהים: "וַיִּקְרָא יַעֲקֹב שֵׁם הַמָּקוֹם פְּנִיאֵל כִּי רָאִיתִי אֱלֹהִים פָּנִים אֶל פָּנִים וַתִּנָּצֵל נַפְשִׁי" (בראשית לב, לא).

נראה לי שאפשר להבין את הפרשה הזו רק על רקע המהלך הכולל של חיי יעקב. יעקב נולד כשהוא אוחז בעקב עשו אחיו. הוא קנה מעשו את הבכורה. הוא גנב את ברכתו של עשו. כשאביו העיוור שאל אותו מיהו, השיב, "אָנֹכִי עֵשָׂו בְּכֹרֶךָ" (בראשית כז, יט). יעקב הוא הילד שרצה להיות עשו.

מדוע? מפני שעשו היה הגדול. מפני שעשו היה החזק, בעל הבשלות הגופנית, הצייד. ויותר מכול, מפני שעשו היה הבן שיצחק אביהם העדיף: "וַיֶּאֱהַב יִצְחָק אֶת עֵשָׂו כִּי צַיִד בְּפִיו וְרִבְקָה אֹהֶבֶת אֶת יַעֲקֹב" (כה, כח). יעקב הוא המקרה הפרדיגמטי למה שחוקר הספרות והאנתרופולוג הצרפתי רנא ז'יראר קרא "התשוקה המימטית" - לאמור: אנחנו רוצים מה שאדם אחר רוצה משום שאנחנו רוצים **להיות** האדם ההוא.[2] התוצאה היא מתיחות בין יעקב לעשו, המטפסת לעוצמה בלתי נסבלת כשעשו מגלה שיעקב לקח את הברכה שיצחק שמר לו, וגומר אומר להורגו לכשימות יצחק.

יעקב ברח אל לבן, ושם הוא נקלע לעימות מתמשך נוסף. עכשיו הוא בדרכו חזרה משם, והוא שומע שעשו בא לפגוש אותו בראש כוח של ארבע מאות איש. התורה חורגת מהאיפוק הרגשי האופייני לה ומתארת - "וַיִּירָא יַעֲקֹב מְאֹד וַיֵּצֶר לוֹ" (לב, ח). הוא ירא פן עשו מבקש להורגו, ואולי גם צר לו על כי איבת אחיו כלפיו לא הייתה חסרת סיבה.

1. בראשית רבה עז, ג; רש"י לבראשית לב, כד; זוהר, וישלח פז-פח.
2. רנא ז'יראר, **האלימות והקדושה**, עברית: יותם ראובני, תל אביב: נמרוד, תשס"ט.

כי אכן, יעקב חטא לעשו. יצחק אמר לעשו, "בָּא אָחִיךָ בְּמִרְמָה וַיִּקַּח בִּרְכָתֶךָ" (כז, לה). מאות שנים לאחר מכן יתנבא הושע: "וְרִיב לַה' עִם יְהוּדָה, וְלִפְקֹד עַל יַעֲקֹב כִּדְרָכָיו, כְּמַעֲלָלָיו יָשִׁיב לוֹ. בַּבֶּטֶן עָקַב אֶת אָחִיו וּבְאוֹנוֹ שָׂרָה אֶת אֱלֹהִים" (הושע יב, ג-ד). ירמיהו הנביא משתמש בפועל "עקב", ודווקא בהטיה "יעקב", כדי לתאר רמאי: "אִישׁ מֵרֵעֵהוּ הִשָּׁמֵרוּ וְעַל כָּל אָח אַל תִּבְטָחוּ, כִּי כָל אָח עָקוֹב יַעְקֹב וְכָל רֵעַ רָכִיל יַהֲלֹךְ" (ירמיהו ט, ג).

כל עוד ניסה יעקב להיות עשו שררו ביניהם יריבות ומתח. עשו חש מרומה; יעקב חש פחד. בלילה ההוא, לקראת פגישתו עם עשו לאחר עשרים ושתיים שנות היעדרות, **יעקב נאבק עם עצמו ולבסוף השיל מעליו את צלם עשו, את תשוקתו רבת השנים להיות עשו.** זהו הרגע המכריע בחייו של יעקב. מעתה והלאה ירצה להיות הוא עצמו. רק כאשר אנחנו חדלים לרצות להיות מישהו אחר (שייקספיר היטיב לתאר רצון מציק זה: "גּוֹרָל זָרִים אֶחְמֹד: פְּלוֹנִי כִּשְׁרוֹנוֹתָיו... עֵינִי צָרָה בָּאִישׁ כִּי מְרֻבִּים רֵעָיו"[3]), אנו יכולים לחיות בשלום עם עצמנו ועם העולם.

התורה מנדבת לנו שפע מידע על מאבק הזהות של יעקב, מפני שמאבק זה איננו רק שלו. הוא קורה לרובנו (המילה "אבות" מציינת גם אבות טיפוס, כמו בביטוי "אבות מלאכה"). לא קל לגבור על התשוקה להיות מישהו אחר, לרצות את מה שיש לו, להיות מה שהוא. רובנו נתקפים ברגשות כאלה מפעם לפעם. ז'יראר טוען שזה המקור העיקרי לסכסוכים לאורך ההיסטוריה. לפעמים עוברים על אדם חיים שלמים של מאבק לפני שהוא מבין מי הוא ומוותר על התשוקה להיות מי שאיננו.

יותר מכל גיבוריו האחרים של ספר בראשית, יעקב מוקף בסכסוכים: לא רק בינו לבין עשו, אלא גם בינו לבין לבן, בין רחל ללאה, ובין ילדיו - בין יוסף לאחיו. דומה שהתורה מבקשת לספר לנו שכל עוד יהיה סכסוך **בתוכנו**, יהיה גם סכסוך **סביבנו**. אם לא נשכיל ליישב את המתיחות שבתוכנו, לא נצליח לעשות זאת בעולם החיצון. רק אם נחיה בשלום עם עצמנו נוכל לחיות בשלום עם העולם.

זה מה שקורה בפרשת השבוע שלנו. אחרי מאבקו עם הזר המסתורי יעקב חווה שינוי אישיות. מגעו של הזר בכף ירכו כמו החזיר את יעקב לנקודה שלפני אחיזתו בעקב עשו. יעקב מחזיר לעשו את הברכה שלקח ממנו. יום קודם לכן החזיר לו את הברכה החומרית, בשולחו אליו מאות בני צאן ובקר, גמלים וחמורים. עכשיו הוא מחזיר לו גם את הברכה שקיבל במקומו, "הֱוֵה גְבִיר לְאַחֶיךָ וְיִשְׁתַּחֲווּ

3. ויליאם שייקספיר, סונטה 29, מאנגלית: אריה סתיו, בתוך סתיו, **סונטות שייקספיר**, לוד: דביר, 2000 , עמ' 84.

לְךָ בְּנֵי אִמֶּךָ" (בראשית כז, כט). יעקב משתחווה שבע פעמים לעשו. הוא קורא לו "אֲדֹנִי" ולעצמו "עַבְדּוֹ" (בראשית לג, יד). הוא אף משתמש במילה "ברכה". הוא אומר לעשו, "קַח נָא אֶת בִּרְכָתִי אֲשֶׁר הֻבָאת לָךְ" (שם, יא). התוצאה: האחים נפגשים בשלום ונפרדים לשלום.

בני אדם מתעמתים. יש להם אינטרסים שונים, רצונות מתנגשים, חשקים סותרים, תכונות מנוגדות. לפעמים העימות אינו יוצא לפועל, אך הוא מתחולל בחדרי לבו של אדם. התשובה היחידה היא "דע את עצמך" - להיאבק עם עצמך כמו שעשה יעקב באותו לילה גורלי, להשיל מעליך את הדמות שאולי אתה רוצה להיות אבל אינך, להשלים עם הידיעה שיהיו אנשים שיאהבו את מה שהנך ואת מה שאתה מייצג אך יהיו אנשים שלא יאהבו זאת, ולדעת שמוטב לשאוף להוקרה מחלק מהציבור מלשאוף לאהדה מכולו. לפעמים הדבר כרוך במאבק הנמשך רוב שנות חייו של אדם, אך שכרו של מאבק זה הוא כוחות נפש כבירים. אין חזק מהיודע מיהו ומהו.

וישלח

להרגיש את הפחד

תמונת יעקב הנאבק עד עלות השחר עם אדם שאין לו שם היא מן התמונות החידתיות ביותר במקרא - אך גם מן החשובות ביותר. שכן זהו האירוע שנתן לעמנו את שמו, ישראל, "כִּי שָׂרִיתָ עִם אֱלֹהִים וְעִם אֲנָשִׁים וַתּוּכָל" (בראשית לב, כח).

תזכורת קצרה. יעקב השב מחרן לארץ ישראל שמע כי עשו אחיו מתכונן להיפגש עמו בראש כוח בן ארבע מאות איש, והוא מבוהל: "וַיִּירָא יַעֲקֹב מְאֹד וַיֵּצֶר לוֹ" (לב, ח). הוא מתכונן בשלוש דרכים: דורון, תפילה ומלחמה (ראו רש"י לבראשית לב, ט). הוא שולח לעשו שליחים עם עדרי בקר וצאן כמתנה. הוא מתפלל לה', "הַצִּילֵנִי נָא מִיַּד אָחִי מִיַּד עֵשָׂו" (לב, יב). והוא מחלק את מחנהו לשניים, כדי שאם האחד ייספה יישאר השני.

ועדיין הוא חרד. ואז, בהיותו לבדו בלילה, מגיע זר ונאבק עמו עד עלות השחר. מי היה יריבו חסר השם של יעקב? פירושים רבים ניתנו לחידה.[1] אחד מהם מרתק במיוחד, הן בסגנונו הן בתוכנו. זהו פירושו של הרשב"ם, רבי שמואל בן מאיר, נכדו של רש"י. לרשב"ם הייתה גישה מקורית להפליא לפרשנות המקרא.[2] הוא סבר שפרשנות חז"ל, שבראש מעייניה איתור השתמעויות הלכתיות של הכתוב, מחמיצה לפעמים את מה שהוא כינה "עומק פשוטו של מקרא". גם סבו רש"י נטה לדעתו לפרשנות דרשנית מדי, המתעלמת לעתים מפשוטם של דברים - והרשב"ם מספר שהוא וסבו התווכחו על כך. רש"י עצמו הודה שאילו היה לו זמן היה מוסיף על פירושו לתורה "לפי הפשטות המתחדשים בכל יום".

סיפור המאבק עם המלאך הוא לדעת הרשב"ם סיפור מהסוג שבימינו כינה חוקר הספרות רוברט אורי אלטר "סצנת דפוס":[3] סצנה סיפורית מסוגננת, שבתנ"ך

1. אחדים מהם מצוינים בתחילת המאמר הקודם.
2. הוא מציג אותה בפירושו לבראשית לז, ב.
3. בספרו **אמנות הסיפור במקרא**, עברית: שושנה צינגל, תל אביב: אדם, תשמ"ח.

מופיעות דומות לה, בעלות אותו דפוס. דוגמה מתבקשת לדפוס שכזה היא "האיש הצעיר הפוגש את אשתו לעתיד בבאר": וריאציות על הדפוס הזה מופיעות שלוש פעמים בתורה - אליעזר עבד אברהם הפוגש (כנציג יצחק) את רבקה, יעקב הפוגש את רחל, משה הפוגש את ציפורה. יש ביניהן הבדלים, אך יש גם די קווי דמיון כדי שנבין שעניין לנו במוסכמה קבועה. עוד דוגמה, המתרחשת בתנ"ך פעמים רבות, היא "אישה שהייתה עד כה עקרה יולדת את גיבור הסיפור" (וראו עוד על סצנות הדפוס במאמר "חזות וממשות" לפרשת מקץ, להלן).

זיהוי של אירוע כסצנת דפוס מסייע להבנתו, בעזרת עמידה על הדומה והשונה בינו לבין סצנות אחרות מאותו דפוס. ואכן, הרשב"ם לומד מן הדמיון בין מאבק יעקב עם המלאך לבין אפיזודות אחרות במקרא, ובייחוד שתיים: סיפור יונה הנביא, והחוויה המסתורית שאירעה למשה בדרכו מאוהל יתרו חזרה למצרים - "וַיְהִי בַדֶּרֶךְ בַּמָּלוֹן וַיִּפְגְּשֵׁהוּ ה׳ וַיְבַקֵּשׁ הֲמִיתוֹ" (שמות ד, כד). ציפורה הצילה אז את חיי משה על ידי כך שמָּלָה מיד את בנם (שם, כה-כו). מהו הדפוס החוזר כאן? לדברי הרשב"ם, כל אלה הם מקרים של "ההולכים בדרך שלא ברצון הקב"ה, או ממאנים ללכת, שנענשו".[4]

בסיפור יונה הדבר גלוי, והוא הנותן בידנו את המפתח להבנת הסיפורים המקבילים. כזכור, ה׳ ציווה על יונה ללכת לנינווה ולהזהיר את תושביה שאם לא יחזרו בתשובה תיהפך עירם, ויונה ניסה לברוח ממשימה זו. הוא עלה על אונייה שנסעה לתרשיש, אך ה׳ חולל סערה שאיימה להטביע את האונייה. הנביא הושלך לים, ודג גדול בלע אותו והקיאו חי. כך הבין יונה שאי־אפשר לברוח מה׳.

אותו דבר, אומר הרשב"ם, נכון גם לגבי משה ומה שאירע לו במלון. קודם לכן, בהתגלות בסנה, היסס משה לקבל על עצמו את המשימה שה׳ הטיל עליו. ככל הנראה, חששו של משה מן השליחות נמשך גם לאחר מכן, במסעו למצרים. ולכן כעס עליו ה׳ בדרך ובא להענישו.

כזה, כך עולה מדברי הרשב"ם, הוא גם מקרהו של יעקב במאבק עם המלאך. יעקב ירא מפני המפגש עם עשו, אף על פי שה׳ הבטיח לו שיחזור בשלום. יעקב נבהל וניסה לברוח. וה׳ שלח מלאך לעצור את הבריחה.

זהו פירוש ייחודי ומעורר מחשבה. לפנינו שלושה אישים דגולים, יעקב, משה ויונה - והנה שלושתם, על פי הרשב"ם, פחדו. ממה? הרי איש מהם לא היה פחדן.

4. רשב"ם לבראשית לב, כט. הרשב"ם מציין עוד היקרות של סצנת דפוס זו: חסימת דרכם של בלעם ואתונו בידי המלאך.

הם פחדו משליחותם. משה חזר ואמר בסנה הבוער: מי אני? הן לא יאמינו בי. לא איש דברים אנוכי. יונה חשש להעביר מסר מה׳ לאויבי ישראל. ויעקב אך זה אמר לה׳, ״קָטֹנְתִּי מִכֹּל הַחֲסָדִים וּמִכָּל הָאֱמֶת אֲשֶׁר עָשִׂיתָ אֶת עַבְדֶּךָ״ (בראשית לב, י). והיו עוד כמותם במקרא, שנבהלו מהשליחות שה׳ הטיל עליהם. ישעיהו אמר לה׳, בחזון התקדשותו לנבואה, ״אוֹי לִי כִי נִדְמֵיתִי כִּי אִישׁ טְמֵא שְׂפָתַיִם אָנֹכִי״ (ישעיהו ו, ה). וכך גם ירמיהו: ״הִנֵּה לֹא יָדַעְתִּי דַּבֵּר כִּי נַעַר אָנֹכִי״ (ירמיהו א, ו).

אין זה פחד פיזי. זה הפחד הבא מתוך תחושה אישית של ״אינני ראוי״. מי אני שאנהיג את בני ישראל? - כך תהה משה. מי אני שאשא את דבר ה׳ לעולם? - חרדו הנביאים. איך אעמוד מול אחי עשו בידיעה שאני ממשיך הברית ולא הוא? - חשש יעקב. לפעמים, דווקא לגדולים מכולנו יש ביטחון עצמי קטן במיוחד, מפני שהם יודעים כמה עצומה היא האחריות ומרגישים קטנים לעומתה. להיות אמיץ, אין פירושו לא לפחד - אלא לפחֵד ולהתגבר על הפחד. כך הוא הדבר באומץ פיזי, וכך גם באומץ מוסרי ורוחני.

דבריה של הסופרת מריאן ויליאמסון בעניין זה זכו לפרסום רב, ובצדק. כך כתבה:

> הפחד העמוק ביותר שלנו הוא לא שמא אנחנו חלשים מדי. הפחד העמוק ביותר שלנו הוא שאנחנו בעלי עוצמה שמעל לכל שיעור. האור שבנו, לא האפלה שבתוכנו, הוא שמפחיד אותנו יותר מכול. אנחנו שואלים את עצמנו, ״איזו זכות יש לי להיות מבריק, יפהפה, מוכשר ואהוב?״ למען האמת, איזו זכות יש לכם לא להיות? אתם ילדיו של אלוהים. כשאתם בוחרים לשחק בקטן, אתם לא משרתים את העולם. אין שום דבר נאור בצמצום האישיות שלנו כדי שאחרים לא ירגישו חסרי ביטחון. נולדנו כדי לממש את הקסם האלוהי הגלום בנו. הוא לא גלום רק בחלק מאיתנו; כל אחד מאיתנו נושא את הקסם הזה בתוכו. כאשר אנחנו נותנים לאור הפנימי שלנו לזרוח אנחנו מעניקים, בלי מודע, רשות לאחרים לעשות כמונו. כשאנחנו משתחררים מהפחדים שלנו, הנוכחות שלנו משחררת אחרים.[5]

5. מריאן ויליאמסון, **בחזרה לאהבה: הרהורים על עקרונות ״הקורס בניסים״**, עברית: אסתר וכטל, תל אביב: אורעם, 1993.

וכמו שקורה לא פעם, שייקספיר אומר זאת יפה מכולם: "אל תִּפחַד מן הגדולה. יש שנולדים גדולים, יש שמשיגים גדולה, ויש שהגדולה נופלת עליהם".[6]

לפעמים אני מרגיש שחלק מן הבורחים מיהדותם עושים זאת, אם במודע ואם באופן תת־מודע, מן הסיבה הזו ממש. מי אני שאהיה עֵדוֹ של ה' בעולם, אור לגויים, מופת לעמים? אם אפילו ענקי רוח כיעקב, משה ויונה ניסו לברוח, מי אני ומה אני שלא אברח? רובנו חווים מפעם לפעם את הפחד הזה, **הפחד שאינני ראוי.**

הפחד הזה הוא שגיאה - ולא מפני שאינו אמתי, אלא מפני שאינו רלוונטי. מובן שאנו מרגישים לא ראויים למשימות גדולות לפני שאנחנו מקבלים אותן על עצמנו. האומץ לקבל על עצמנו את המשימה הוא העושה אותנו לגדולים דיינו. מנהיגים צומחים מתוך כך שהם מנהיגים. סופרים צומחים באמצעות הכתיבה. מורים צומחים על ידי כך שהם מלמדים. רק משאנו מתגברים על תחושת הקַטנוּת והבלתי ראויוּת, וקופצים למים הקרים של המשימה, אנו מגלים שהתרוממנו וגדלנו: העשייה היא שהִגדילה אותנו. כלשונה של כותרת ספר פופולרי - "הַרגישו את הפחד, וַעֲשו את זה בכל זאת".

אל תפחדו מן הגדולה. משום כך נאבק ה' עם יעקב, עם משה ועם יונה ולא נתן להם לברוח. אולי איננו נולדים גדולים, אבל מתוך כך שנולדנו יהודים (או בחרנו להתגייר) הגדולה נופלת עלינו. וכמו שאמרה בצדק מריאן ויליאמסון, ההשתחררות שלנו מפחדינו עוזרת לאחרים להשתחרר מפחדיהם שלהם. זה הדבר שאנו, בני ישראל, בניו של האיש ששָׂרה עם אלוהים ועם אנשים ויכול להם, נועדנו לעשות: לאזור אומץ להיות שונים; לערער על אלילי הזמן; להיות נאמנים לאמונתנו ובו בזמן לשאוף להיות ברכה לבני כל האמונות.

אין זו משימה קלה; אך ממתי משימה ראויה לשמה היא משימה קלה? אנחנו גדולים כגודֶל האתגרים שיש לנו אומץ לקבל על עצמנו. ואם לפעמים אנו מרגישים רצון לברוח, איננו צריכים להרגיש רע; זה קרה גם לגדולים ביותר.

להרגיש פחד - זה בסדר גמור. להיכנע לפחד הזה - לא. כי ה' מאמין בנו גם אם לפעמים אנחנו, וטובים מאיתנו, איננו מאמינים בעצמנו.

6. ויליאם שייקספיר, **הלילה השנים־עשר**, עברית: דורי פרנס, אתר "שייקספיר ושות'", מערכה שנייה, תמונה 5.

וישלח

אף אחד לא יוצא מזה טוב

סיפור נורא מגולל לעינינו פרק לד בספר בראשית. דינה בת יעקב, הבת היחידה של אבות האומה הנזכרת בסיפורי האבות בשמה, עוזבת את הבית הבטוח ויוצאת "לִרְאוֹת בִּבְנוֹת הָאָרֶץ" (לד, א). היא נאנסת ונחטפת בידי הנסיך המקומי, שכם, בנו של מלך העיר שכם. יעקב שומע על כך, אבל אינו עושה דבר עד שבניו חוזרים. שמעון ולוי, אחי דינה, מבינים מיד שיש לפעול להצלתה. זוהי משימה כמעט בלתי אפשרית. החוטף אינו אדם מן השורה. הוא בנו של מלך, ואין להתעמת איתו ישירות. גם עם המלך אין מה לדבר. קשה להניח שהוא יורה לבנו לשחרר את השבויה. שאר אנשי העיר, אם תופנה אליהם האצבע, יקומו להגנת הנסיך. שמעון ולוי עומדים נגד עיר שלמה: שניים נגד רבים. גם אם יגייסו את כל בני יעקב, עדיין יהיו בודדים מול רבים.

שמעון ולוי מטכסים אפוא תחבולה. הם מסכימים שהנסיך ייקח את דינה לאישה, אבל מעמידים תנאי אחד: תושבי העיר צריכים למול את עורלת בשרם. התושבים, המזהים יתרונות ארוכי טווח בכריתת ברית עם השבט השכן, מסכימים. הניתוח מחליש את הגברים בעיר, וביום השלישי הכאב חריף במיוחד. או־אז נכנסים שמעון ולוי לעיר והורגים את כל הזכרים בה. הם מצילים את דינה ומביאים אותה הביתה. שאר האחים בוזזים את העיר. יעקב מבועת. "עֲכַרְתֶּם אֹתִי לְהַבְאִישֵׁנִי בְּיֹשֵׁב הָאָרֶץ", הוא אומר. מה היינו אמורים לעשות, שואלים האחים; "הַכְזוֹנָה יַעֲשֶׂה אֶת אֲחוֹתֵנוּ?" (לד, ל-לא). עם השאלה הרטורית הזו בא הסיפור אל קצו הפתאומי, והעלילה המקראית מפליגה למחוז אחר. אבל חרדתו של יעקב לנוכח מעשה בניו איננה פגה כאן. הוא חוזר אליה על ערש דווי, ובברכו את בניו הוא מקלל את שמעון ואת לוי:

שִׁמְעוֹן וְלֵוִי אַחִים -
כְּלֵי חָמָס מְכֵרֹתֵיהֶם.
בְּסֹדָם אַל תָּבֹא נַפְשִׁי,

בִּקְהָלָם אַל תֵּחַד כְּבֹדִי,
כִּי בְאַפָּם הָרְגוּ אִישׁ
וּבִרְצֹנָם עִקְּרוּ שׁוֹר.
אָרוּר אַפָּם כִּי עָז,
וְעֶבְרָתָם כִּי קָשָׁתָה!
אֲחַלְּקֵם בְּיַעֲקֹב
וַאֲפִיצֵם בְּיִשְׂרָאֵל. (בראשית מט, ה-ז)

זוהי פרשה חריגה. למראית עין, היא נטולת מסר מוסרי. איש איננו מצטייר בה באור מחמיא. שכם הוא כמדומה הנבל הראשי. הוא התחיל; הוא אשר חטף את דינה ואנסהּ. חמור, אביו, אינו מוכיח אותו ואינו מורה לו לשחרר את דינה. שמעון ולוי אשמים במעשה אלימות מחריד. שאר האחים שולחים ידם בביזה.[1] יעקב נותר סביל לכל אורך הדרך. הוא איננו פועל בעצמו, ואיננו אומר לבניו איך לפעול. אפילו דינה עצמה נהגה בפזיזות כשהלכה אל העיר אף שהיה ברור שהדבר מסוכן: כזכור, הן יצחק סבה של דינה הן אברהם אבי סבה חששו לחייהם בשל אורחות הבליעל שפָּשׂוּ בין יושבי הארץ.[2] מי צודק ומי טועה בסיפור הזה - את זאת משאיר הכתוב בלא הכרע, והוא עושה זאת ביודעין. יעקב מוקיע את בניו - אבל הבנים דוחים את הביקורת.

הוויכוח הלא מוכרע הזה התגלגל גם אל חכמי ימי הביניים. הרמב"ם צידד בשמעון ולוי. הם פעלו כפי שהיה עליהם לפעול, אומר הרמב"ם. תושבי שכם ראו מה שכם עשה, ידעו שזהו פשע, אך לא העמידוהו לדין וגם לא הצילו את הנערה. על כן היו שותפים לפשע. שכם ביצע עברה שעונשה מוות, ותושבי העיר שנתנו לו מחסה היו צריכים לשאת בתוצאות.[3] זוהי פסיקה מרתקת, כיוון שהיא מלמדת כי לדעת הרמב"ם הכלל "כל ישראל ערבים זה בזה" חל לא רק על ישראל, אלא על כל חברה. כדברי רבי יצחק עראמה, בן המאה החמש-עשרה, כל פשע שהקהילה יודעת עליו ומאפשרת לו להימשך חדֵל להיות עברה של יחידים ונעשה חטאה של הקהילה בשלמותה.[4]

1. המקרא מתנגד בעקביות לביזה. ראו דברים יג, יג-יט; שמואל א' טו, יג-כו; אסתר ט, י, טו-טז.
2. ספרות המדרש ביקורתית כלפי דינה. ראו מדרש אגדה (בובר) לבראשית לד, א. מדרש שֵׂכל טוב ביקורתי אף יותר כלפי לאה, אמה של דינה, שנתנה לה לצאת.
3. **משנה תורה**, הלכות מלכים ומלחמותיהם ט, יד.
4. **עקדת יצחק**, בראשית, וירא, שער כ, ד"ה "ובמדרש".

הרמב"ן חולק על כך.[5] לדעתו, עקרון האחריות הקולקטיבית איננו חל על חברות שאינן יהודיות. מצוות בני נוח מחייבות כל חברה אנושית להקים בתי משפט, אך אין זה אומר שאם עבריין אינו מועמד לדין עלול דין מוות לחול על החברה כולה.

הוויכוח נמשך גם היום בקרב חכמי המקרא וחוקריו. שניים מהם העמידו את פרקנו לניתוח ספרותי של קריאה צמודה: מאיר שטרנברג בספרו **הפואטיקה של הסיפור המקראי**,[6] והרב אלחנן סמט בעיוניו בתורה.[7] הם הגיעו למסקנות מנוגדות. פרופ' שטרנברג טוען כי הכתוב ביקורתי כלפי יעקב: על חדלון המעש שלו, ועל דברי הגנאי שהטיח בבניו. הרב סמט מוצא את עיקר האשמה אצל שכם וחמור.

אולם למרות המחלוקת, שני הקוראים הללו עומדים על עובדה ראויה לציון: הכתוב מעמיק במתכוון את העמימות המוסרית, בסרבו לצייר אפילו את הנבלים המובהקים של הסיפור באור שלילי שאינו הכרחי. חשבו נא על המנוול הראשי, הנסיך הצעיר שכם. הכתוב מספר לנו, מיד לאחר ציון העובדה ששכם שכב עם דינה ועינה אותה, "וַתִּדְבַּק נַפְשׁוֹ בְּדִינָה בַּת יַעֲקֹב וַיֶּאֱהַב אֶת הַנַּעֲרָ וַיְדַבֵּר עַל לֵב הַנַּעֲרָ. וַיֹּאמֶר שְׁכֶם אֶל חֲמוֹר אָבִיו לֵאמֹר, קַח לִי אֶת הַיַּלְדָּה הַזֹּאת לְאִשָּׁה" (לד, ג-ד). השוו זאת למסופר על אמנון בן דוד, שאנס את אחותו למחצה תמר. גם הסיפור ההוא הוא סיפור של נקמת דם. אבל שם מספר הכתוב על אמנון, לאחר שכמעשה שכם בדינה עינה את תמר ושכב עמה, "וַיִּשְׂנָאֶהָ אַמְנוֹן שִׂנְאָה גְּדוֹלָה מְאֹד, כִּי גְדוֹלָה הַשִּׂנְאָה אֲשֶׁר שְׂנֵאָהּ מֵאַהֲבָה אֲשֶׁר אֲהֵבָהּ. וַיֹּאמֶר לָהּ אַמְנוֹן, 'קוּמִי לֵכִי!'" (שמואל א' יג, טו). שכם איננו כזה. הוא מתאהב בדינה ורוצה לשאת אותה לאישה. המלך, אביו של שכם, ואנשי העיר, מקבלים ברצון את דרישתם של שמעון ולוי שיימולו.

ובעוד את שכם, האיש והעיר, הכתוב נמנע מלהשחיר כליל, את משפחת יעקב הוא נזהר מלצבוע בלָבן מטהֵר. התורה מספרת ששמעון ולוי דיברו אל שכם וחמור "בְּמִרְמָה" (לד, יג) - אותה מילה עצמה שהתורה נקטה לא מכבר, כאשר סיפרה על יעקב שלקח את ברכתו של עשָׂו ועל לבן שהחליף את רחל בלאה. בתיאורי כל הדמויות - מְדינה המשוטטת, דרך מציליה האלימים מדי, ועד האחים נוטלי השלל ויעקב הסָביל - ניכר כי הכתוב משתדל לעורר בנו ניכור כלפיהן, לא אהדה.

5. בפירושו לבראשית לד, יג.
6. Meir Sternberg, *The Poetics of Biblical Narrative: Ideological Literature and the Drama of Reading*, Bloomington: Indiana University Press, 1985, pp. 444–481.
7. אלחנן סמט, **עיונים בפרשת השבוע**, סדרה שלישית, תל אביב: ידיעות ספרים, תשע"ב, עמ' 149-171.

התוצר הכולל הוא סיפור שאין בו לא נבלים שאין להם תקנה ולא גיבורים שאין בהם רבב. מדוע אפוא הוא מסופר בכלל? התורה אינה נוהגת לספר לנו סיפורים סתם מפני שהם קרו. היא אינה ספר היסטוריה. תקופות חשובות בחיי גיבוריה עוברות בה בשתיקה גמורה. היא איננה מספרת דבר, למשל, על ילדותו של אברהם, או על שלושים ושמונה מתוך ארבעים השנים שעברו על בני ישראל במדבר. מה התורה רוצה שנלמד מהסיפור הזה, ששום דמות בו אינה מעמידה מופת?

הסופר האמריקני אנדרו שמוקלר המציא ניסוי מחשבתי חשוב, הידוע בכינוי "מְשַׁל השבטים".[8] דַמיינו קבוצה של שבטים החיים בסמיכות. כולם בוחרים לחיות בשלום, למעט שבט אחד המעדיף לממש את מטרותיו באמצעות הפעלת אלימות. מה קורה לשבטים שוחרי השלום? אחד מובס ומושמד בידי השבט האַלים. השני נכבש על ידיו ומשתעבד לו. שבט שלישי בורח לאזור רחוק ונידח. אם השבט הרביעי יחליט להתגונן, הוא ייאלץ להפעיל לשם כך אלימות. "האירוניה היא שכדי לקיים הגנה מוצלחת מפני תוקפן כוחני נדרשת החברה המתגוננת להידמות לחברה המאיימת עליה. כוח אפשר לבלום רק בכוח".[9]

ישנן, במילים אחרות, ארבע תוצאות אפשריות: חורבן, שעבוד, נסיגה, חיקוי. "**בכל אחת מן התוצאות הללו, הכוחנות מופצת ברחבי המערכת.** זהו משל השבטים". זכרו שכל השבטים, למעט אחד, מבקשים שלום ואינם רוצים להפעיל כוח על שכניהם. אך די בשבט אלים אחד הנמצא באזור כדי להשליט את האלימות על כל השבטים, יבחרו להגיב כאשר יבחרו. זוהי הטרגדיה שבמצבו של האדם.

כשכתבתי את המאמר הזה, בקיץ תשע"ד, הייתה ישראל נתונה במאבק מר עם חמאס ברצועת עזה, שעלה בחיים רבים. מדינת ישראל אינה רוצה לנהל מלחמות, כמוה כיעקב אבינו. במהלך מבצע 'צוק איתן' מצאתי את עצמי הוגה במילים מתחילת פרשתנו, על רגשותיו של יעקב לפני פגישתו עם עשו: "וַיִּירָא יַעֲקֹב מְאֹד וַיֵּצֶר לוֹ" (לב, ח). חז"ל דרשו אותן כך: "ויירא - שמא ייהרג; ויצר לו - אם יהרוג הוא את אחרים".[10] פרשת דינה איננה מבקשת ללמדנו שמישהו צדק, יעקב או אולי שמעון ולוי, אלא שייתכנו מצבים שאין בהם מהלך פעולה פשוט. כל דבר שנעשה עלול להיזקף לרעתנו, וכל אפשרות כוללת התפשרות על עיקרון מוסרי זה או אחר.

8. Andrew Bard Schmookler, *The Parable of the Tribes: The Problem of Power in Social Evolution*, Berkeley: University of California, 1984.
9. שם, עמ' 21.
10. מובא ברש"י על אתר.

לכך כיוון שמוקלר באומרו כי "הכוח דומה למחלה זיהומית, שמרגע התפרצותה היא כובשת, בהדרגה אך בנחישות, את כל חלקיה של מערכת החברות המתחרות".[11] פעולתו האלימה האחת של שכם כלפי דינה גררה את שני בני יעקב לנקמה אלימה, ועד שחלפה המערבולת כל הצדדים המעורבלים כבר היו מזוהמים או מתים. עמקותה המוסרית של התורה ניכרת כאן היטב, באשר היא אינה מסתירה מאיתנו את האמת הנוראה באמצעות ניסיון להציג צד אחד אשם וצד אחר טהור.

האלימות מחללת את כולנו. כך היה אז. כך גם היום.

11. Schmookler, *The Parable of the Tribes*, p. 22.

וישב

איך לשנות את העולם

אחת מן האמירות המעצימות ביותר בכל הספרות הדתית נמצאת בהלכות תשובה **במשנה תורה** לרמב"ם. הרמב"ם מסביר שהאדם היחיד, וגם העולם כולו, נידונים על פי רוב מעשיהם, ומוסיף: "לפיכך צריך כל אדם שיראה עצמו כל השנה כולה כאילו חציו זכאי וחציו חייב; וכן כל העולם, חציו זכאי וחציו חייב: חטא חטא אחד - הרי הכריע עצמו והכריע את כל העולם כולו לכף חובה, וגרם להם השחתה; עשה מצווה אחת - הרי הכריע את עצמו והכריע את כל העולם כולו לכף זכות, וגרם להן תשועה והצלה".[1] אנחנו יכולים לשַנות - ואפילו לשנות את העולם. עלינו לשַוות זאת לנגדנו תמיד.

אמרנו שזו אמירה מעצימה; אך זו גם אמירה המנוגדת לחלוטין להרגשתנו הטבעית. כל אחד מאיתנו יודע שהוא עצמו רק אחד - והאחרים בעולם הם מיליארדים. מה אנחנו כבר יכולים לשנות? אנחנו לא יותר מטיפה בים, גרגיר חול על החוף, חלקיק אבק על פני האינסוף. האם מתקבל על הדעת שבמעשה אחד אנחנו יכולים להטות את מסלול חיינו, שלא לדבר על ההיסטוריה האנושית כולה? לפרשת השבוע שלנו יש תשובה לתמיהה הזו: אכן כן.

בפתיחת פרשתנו, המתח בין יוסף לאחיו גובר במהירות, ומאיים לגלוש לאלימות. יוסף, בנו האחד־עשר של יעקב, הוא הבן המועדף. הוא בן זקונים ליעקב, כדברי התורה, וחשוב מכך, הוא בנה בכורה של אשתו האהובה והמתה רחל. יעקב "אָהַב אֶת יוֹסֵף מִכָּל בָּנָיו", אומרת התורה (בראשית לז, ג), והבנים ידעו זאת וחרקו שיניים. הם קינאו בו על אהבת אביהם. חלומות הגדולה של יוסף השניאו אותו עליהם עוד. מראה כתונת הפסים, מִנְחַת האהבה של יעקב ליוסף, היה לצנינים בעיניהם.

1. **משנה תורה**, הלכות תשובה ג, ד.

ההזדמנות הגיעה כשרעו את צאן אביהם הרחק מהבית. הם זיהו את יוסף מתקרב, בשליחות אביהם. הקנאה והכעס הגיעו לנקודת רתיחה. הגיע זמן הנקמה האלימה. "וַיֹּאמְרוּ אִישׁ אֶל אָחִיו: הִנֵּה בַּעַל הַחֲלֹמוֹת הַלָּזֶה בָּא! וְעַתָּה לְכוּ וְנַהַרְגֵהוּ וְנַשְׁלִכֵהוּ בְּאַחַד הַבֹּרוֹת, וְאָמַרְנוּ חַיָּה רָעָה אֲכָלָתְהוּ. וְנִרְאֶה מַה יִּהְיוּ חֲלֹמֹתָיו" (לז, יט-כ).

רק אחד מן האחים לא הסכים: ראובן. הוא ידע שההצעה רעה, ומחה. כאן עושה התורה מעשה יוצא דופן. היא אומרת דבר שאיננו יכול להיות נכון אם מבינים אותו כפשוטו, וגם אנו הקוראים את הסיפור יודעים זאת. הכתוב אומר, "וַיִּשְׁמַע רְאוּבֵן וַיַּצִּלֵהוּ מִיָּדָם" (שם, כא).

אנו יודעים שראובן לא הצליח להציל את יוסף, שהרי על כך מעיד המשך הסיפור. ראובן מבין שהוא אחד נגד רבים, והוגה תחבולה. הוא אומר, הבה לא נהרוג אותו. הבה נזרוק אותו חי לאחד הבורות, ונניח לו למות שם. כך, לא נהיה אשמים ישירות ברצח. הוא התכוון לחזור אחר כך לבור, כשיתר האחים לא יהיו בסביבה, ולהעלות ממנו את יוסף וכך להצילו. התורה אומרת, "וַיִּשְׁמַע רְאוּבֵן וַיַּצִּלֵהוּ מִיָּדָם" בבחינת "מחשבה טובה - הקב"ה מצרפה למעשה".[2] ראובן רצה להציל את יוסף והתכוון לעשות זאת, אך למעשה נכשל. חלון ההזדמנויות נסגר, וכשראובן פעל כבר היה מאוחר מדי: בשובו לבור גילה שיוסף איננו בו. יוסף כבר הוצא מן הבור ונמכר.

על כך אומר המדרש: "אילו היה ראובן יודע שהקב"ה מַכתיב עליו 'וַיִּשְׁמַע רְאוּבֵן וַיַּצִּלֵהוּ מִיָּדָם' - היה טוענו ומוליכו אצל אביו".[3] כלומר, אילו ידע ראובן שהתורה עתידה לכתוב שהציל את יוסף, היה נושא את יוסף על כתפיו ומביא אותו אל יעקב. למה מתכוון המדרש?

חשבו מה היה קורה אילו ראובן פעל ברגע הנכון. יוסף לא היה נמכר לעבדות. הוא לא היה נלקח למצרים. הוא לא היה עובד בבית פוטיפר. הוא לא היה מושך את אשת פוטיפר. הוא לא היה נזרק לכלא באישום כוזב. הוא לא היה פותר את חלומות שר המשקים ושר האופים, ולא את חלומות פרעה מקץ שנתיים ימים. הוא לא היה מתמנה מִשְׁנֶה למלך מצרים. הוא לא היה מביא את משפחתו להשתקע שם.

נכון, ה' אמר לאברהם שנים רבות קודם לכן, "יָדֹעַ תֵּדַע כִּי גֵר יִהְיֶה זַרְעֲךָ בְּאֶרֶץ לֹא לָהֶם וַעֲבָדוּם וְעִנּוּ אֹתָם אַרְבַּע מֵאוֹת שָׁנָה" (טו, יג). בני ישראל היו נעשים עבדים, אם לא בדרך זו אז בדרך אחרת. אבל לכל הפחות זה לא היה קורה מחוסר תפקוד משפחתי. פרק שלם של אשמה וחרפה יהודית היה נחסך.

2. תוספתא, פאה א, ד.
3. ויקרא רבה לד, ח; רות רבה ה; תנחומא (בובר), וישב יג; ילקוט שמעוני, רות תרד.

לו רק ידע ראובן מה שאנו יודעים. **לו רק היה יכול לקרוא את הספר.** אבל אף פעם איננו יכולים לקרוא את הספר המספר לנו את התוצאות ארוכות הטווח של מעשינו. אף פעם איננו יודעים עד כמה השפענו על חייהם של אחרים.

יש סיפור מרגש בעיניי, על ילד שחור בן 11 שעבר עם הוריו ובני משפחתו לגור בשכונה לבנה בוושינגטון. זה קרה ב־1966.[4] עם אחיו ואחיותיו הוא ישב במדרגות הכניסה לבית והמתין לראות כיצד יקבלו השכנים את פניהם - אולם איש לא קיבל את פניהם. עוברים ושבים הביטו בהם, אך אף לא אחד מהם חנן אותם בחיוך, או אפילו במבט של הכרה. הוא חש שכל הסיפורים המפחידים ששמע על יחסם של לבנים לשחורים הופכים למציאות חייו שלו. לאחר שנים כתב על ימיו הראשונים בבית החדש: "ידעתי שלא היינו רצויים כאן. ידעתי שלא יאהבו אותנו כאן. ידעתי שלא יהיו לנו כאן חברים. ידעתי שלא היינו צריכים לעבור לכאן...".

בעוד הוא חושב את המחשבות הללו, אישה לבנה ששבה מעבודתה עברה בצדו האחר של הרחוב. היא פנתה אל הילדים ואמרה בחיוך רחב: "ברוכים הבאים!". היא נכנסה לביתה, ולאחר כמה דקות הופיעה ובידיה מגש עמוס במשקאות ובכריכי גבינה וריבה, והגישה לילדים. הרגע ההוא, כתב הילד לאחר שנים, שינה את חייו. הוא נתן לו תחושת שייכות שלא זכה לה קודם לכן. הוא גרם לו להבין, בימים שהיחסים הבין־גזעיים בארצות הברית עדיין היו טעונים, שמשפחה שחורה יכולה להרגיש בבית גם באזור לבן, ושיחסים המבוססים על עיוורון צבעים הם בגדר האפשר. עם השנים הוא למד להוקיר עוד את האישה שמעבר לרחוב, אבל אותו מעשה ראשון, ספונטני, של קבלת פנים, הוא שנחרת בזיכרונו. הוא הפיל חומה של הפרדה והפך זרים לחברים.

הילד, סטיבן קַרטר, הוא כיום פרופסור למשפטים באוניברסיטת ייל, ועל מה שלמד באותו יום הוא כתב ספר. הוא קרא לו *Civility* (ציוויליות - כלומר אדיבות, נימוס ותרבותיות). שמה של האישה, הוא מספר לנו, היה שרה קסטנבאום, והיא נפטרה בגיל צעיר. הוא מוסיף כי אין זה מקרה שהיא הייתה יהודייה דתית. "במסורת היהודית", הוא מציין, ציוויליות כגון זו קרויה "חסד, מונח שנגזר מההבנה שבני אדם עשויים בצלם אלוהים". את הציוויליות עצמה, הוא מוסיף, "אפשר לראות כחלק מרעיון החסד: היא דורשת לנהוג אדיבות כלפי אזרחים אחרים, ובכלל זה זרים, אפילו אם הדבר קשה לנו". והוא מסכם, "עד היום אני יכול לעצום את עיניי ולחוש על לשוני את מתיקותם הרכה והחלקה של כריכי הגבינה והריבה שטרפתי באותו אחר צהריים קיצי שבו גיליתי כיצד מעשה אחד, כן וצנוע, של טוב לב יכול לשנות חיים".

4. Stephen Carter, *Civility*, New York: Basic Books, 1999, pp. 61–75.

חייה של נפש אחת, אומרת המשנה, שקולים לעולם שלם.[5] אם שיניתם חיים של אדם, התחלתם לשנות את העולם. כך מתקנים את העולם: צעד אחר צעד, מעשה אחד בכל פעם, נפש אחת בכל פעם. לעולם איננו יודעים מראש איזו השפעה תהיה למעשה אחד שלנו. במקרים רבים איננו יודעים גם לאחר מעשה. לשרה קסטנבאום, ממש כמו לראובן, לא ניתנה ההזדמנות לקרוא בספר את סיפור ההשפעות ארוכות הטווח של המעשה שלה. אבל היא עשתה. היא לא היססה. וגם אנו, אומר לנו הרמב"ם, בל נהסס. המעשה הבא שלנו עשוי לשנות את מאזן חייו של מישהו, וגם את המאזן שלנו.

איננו עלים נידפים ברוח. אנחנו יכולים לשנות משהו בעולמנו. וכשאנו עושים כך, אנו נעשים שותפיו של אלוהים בעבודת הגאולה: אנו מצעידים את העולם המצוי עוד צעד קטן אל עבר העולם הרצוי.

5. משנה, סנהדרין ד, ה (על פי כתב יד).

וישב

למאן להינחם

"הַכֶּר נָא", שואלים בני יעקב את אביהם, "הַכְּתֹנֶת בִּנְךָ הִוא אִם לֹא?" ויעקב מכיר גם מכיר. "כְּתֹנֶת בְּנִי", הוא מזהה. "חַיָּה רָעָה אֲכָלָתְהוּ. טָרֹף טֹרַף יוֹסֵף!" והכתוב ממשיך ומספר: "וַיִּקְרַע יַעֲקֹב שִׂמְלֹתָיו וַיָּשֶׂם שַׂק בְּמָתְנָיו וַיִּתְאַבֵּל עַל בְּנוֹ יָמִים רַבִּים. וַיָּקֻמוּ כָל בָּנָיו וְכָל בְּנֹתָיו לְנַחֲמוֹ, וַיְמָאֵן לְהִתְנַחֵם. וַיֹּאמֶר: כִּי אֵרֵד אֶל בְּנִי אָבֵל שְׁאֹלָה" (בראשית לז, לג-לה).

ההלכה שָׂמה גבולות לאבל. שבעה, שלושים, שנה, ולא יותר. אדם אינו מתאבל עד סוף ימיו. על המתאבלים יתר על המידה אומר ה', "אין אתם רחמנים יותר ממני".[1] אך יעקב מודיע שיתאבל עד מותו. המדרש (מובא ברש"י) מציע הסבר מאיר עיניים: "אין מקבלין תנחומים על החי"; במילים אחרות, יעקב מסרב להתנחם כי לא איבד את תקוותו שעוד יוסף חי.

מצבו של יעקב מזכיר את מצבם הנורא של הורי חיילים נעדרים. הם אינם יכולים לעבור את השלבים הנורמליים של האבל מפני שאינם יכולים לוותר על האפשרות שיקירם הנעדר עשוי להימצא. אבלם המתמשך הוא סוג של נאמנות; הוויתור, ההתנחמות, ההשלמה עם האבדן, הם בעיניהם בגידה. במקרים האלה, הסירוב להתנחם הוא סירוב לוותר על התקווה.

על סמך מה המשיך יעקב לקוות? הרי הוא ראה את הכותונת המגואלת בדם, ואמר במו פיו, "חַיָּה רָעָה אֲכָלָתְהוּ. טָרֹף טֹרַף יוֹסֵף"! חוקר המשפט המקראי דיוויד דאוּבֶּה ז"ל העלה הצעה הנראית לי משכנעת. למילים שנאמרו ליעקב "הַכֶּר נָא" יש משמעות סמי־משפטית. דאובה מקשר אותן, ואת עניננו, לדין שומר שכר שבפרשת משפטים:

1. מועד קטן כז ע"ב.

כִּי יִתֵּן אִישׁ אֶל רֵעֵהוּ חֲמוֹר אוֹ שׁוֹר אוֹ שֶׂה וְכָל בְּהֵמָה לִשְׁמֹר, וּמֵת אוֹ נִשְׁבַּר אוֹ נִשְׁבָּה, אֵין רֹאֶה - שְׁבֻעַת ה׳ תִּהְיֶה בֵּין שְׁנֵיהֶם, אִם לֹא שָׁלַח יָדוֹ בִּמְלֶאכֶת רֵעֵהוּ וְלָקַח בְּעָלָיו וְלֹא יְשַׁלֵּם... אִם טָרֹף יִטָּרֵף יְבִאֵהוּ עֵד, הַטְּרֵפָה לֹא יְשַׁלֵּם. (שמות כב, ט-יג)

השומר צריך לשלם את הנזק אם התרשל, אך לא אם שמר כראוי ואירע מקרה בִּיש בלתי צפוי. הטריפה היא מקרה מסוג זה, והמילים "טָרֹף יִטָּרֵף" מהדהדות את "טָרֹף טֹרַף יוֹסֵף". חוקים ומשפטים התקיימו גם לפני מתן תורה. יעקב עצמו אמר ללבן, שהפקיד בידו את צאנו, שהוא פעל לפנים משורת הדין וספג מכיסו נזקי טריפות: "טְרֵפָה לֹא הֵבֵאתִי אֵלֶיךָ; אָנֹכִי אֲחַטֶּנָּה, מִיָּדִי תְּבַקְשֶׁנָּה" (בראשית לא, לט). עוד ידוע לנו כי הבחנה דומה בין שגגה לאונס הייתה נהוגה לגבי אחריותו של אח בכור לגורלו של אח צעיר שהופקד בידו למשמרת. מכאן טענתו המתחמקת של קין, "הֲשֹׁמֵר אָחִי אָנֹכִי?"

לאור זאת נבין את שהתרחש במפגש בין יעקב לבניו כששבו בלי יוסף. הם היו אחראים על אחיהם הקטן, והיו צריכים לתת את הדין על אבדנו. לכן הביאו איתם, בהתאם לְדין השומר, את ה"עֵד", הראָיה, לכך שהוא נטרף: אם הוא נטרף, הם פטורים. בקשתם מיעקב "הכר נא" כמוה כבקשה לבחון את הראיה. ליעקב לא הייתה ברֵרה אלא לעשות זאת - ולזַכּוֹתָם. ואולם שופט עשוי לזכות נאשם בשל ראיות לא מספקות, ועדיין לחשוד בו בלבו. באופן דומה, יעקב לא האמין לבניו, אף שפטר אותם מאשמה פורמלית. מיאונו להתנחם מעיד על כך. תקוותו שעוד יוסף חי עתידה הייתה, כידוע, להתאמת.

המיאון להינחם מוכר לנו מעוד מקרים במקורותינו. הנה הנביא ירמיהו על אמו של יוסף:

כֹּה אָמַר ה׳: קוֹל בְּרָמָה נִשְׁמָע, נְהִי בְּכִי תַמְרוּרִים: רָחֵל מְבַכָּה עַל בָּנֶיהָ, מֵאֲנָה לְהִנָּחֵם עַל בָּנֶיהָ כִּי אֵינֶנּוּ. כֹּה אָמַר ה׳: מִנְעִי קוֹלֵךְ מִבֶּכִי וְעֵינַיִךְ מִדִּמְעָה, כִּי יֵשׁ שָׂכָר לִפְעֻלָּתֵךְ, נְאֻם ה׳, וְשָׁבוּ מֵאֶרֶץ אוֹיֵב. וְיֵשׁ תִּקְוָה לְאַחֲרִיתֵךְ, נְאֻם ה׳, וְשָׁבוּ בָנִים לִגְבוּלָם. (ירמיהו לא, טו-יז)

מאין ידע ירמיהו שהבנים ישובו לגבולם? משום שרחל - ובניה, ועם ישראל כולו - מיאנו להינחם, כלומר סירבו לוותר על התקווה. כך היה גם בימי גלות בבל; מזמור תהלים קלז הוא מן הביטויים הפרדיגמטיים של המיאון להינחם:

עַל נַהֲרוֹת בָּבֶל שָׁם יָשַׁבְנוּ גַּם בָּכִינוּ בְּזָכְרֵנוּ אֶת צִיּוֹן... אֵיךְ נָשִׁיר אֶת שִׁיר ה׳ עַל אַדְמַת נֵכָר? אִם אֶשְׁכָּחֵךְ יְרוּשָׁלָם תִּשְׁכַּח יְמִינִי; תִּדְבַּק לְשׁוֹנִי לְחִכִּי אִם לֹא אֶזְכְּרֵכִי, אִם לֹא אַעֲלֶה אֶת יְרוּשָׁלִַם עַל רֹאשׁ שִׂמְחָתִי. (תהלים קלז, א-ו)

ידוע הסיפור על נפוליאון, שהתפלא למשמע קינות היהודים בתשעה באב, והשתומם כפליים כששמע שהם אבלים על חורבן בן יותר מ־1,700 שנה. "עם המתאבל על ארצו שנים כה רבות, חזקה עליו שעוד יחזור אליה", הכריז.

היהודים הם העם שסירב להתנחם, כי לא נטש את התקווה. יעקב זכה לשוב ולראות את יוסף. בניה של רחל שבו לגבולם. עם ישראל שב לציון. כל הסימנים הראו אחרת: הכותונת המגואלת, הגלות המתארכת, שממותיה של הארץ. גזר דינה של ההיסטוריה נראה בלתי הפיך. עם ישראל לא השלים עם הנתונים ולא קיבל את הראיות, כי לעומתם היו לו אמונה, ביטחון ותקוות ברזל שהתגלתה כחזקה מן הכורח ההיסטורי. לא נגזים אם נאמר שהעם היהודי שרד באמצעות התקווה. תקווה זו נולדה בפסוק אחד פשוט, או אולי לא כל כך פשוט, בסיפורו של יעקב. הוא מיאן להינחם. ואנו, אף כי עולמנו עוד מצולק באלימות, בעוני ובעוול, חייבים לעשות כמוהו.

וישב

נושאו הלא צפוי של ספר בראשית

אחת השאלות היסודיות ביותר על התורה והקשה מכולן היא: מהו העיקרון הדתי הבסיסי שמלמדים אותנו סיפורי האבות והבנים בספר בראשית, מפרשת לך לך עד סוף החומש? מהו הדבר הגדול שהם באים להשמיענו? כמובן, אברהם הביא את אמונת הייחוד לעולם ששכח אותה, אך הקורא בחומש כמעט שאינו נתקל בעניין זה.

בשאר התורה השאלה פשוטה. פרשות בראשית ונוח מלמדות אותנו יסודות אמונה רבים: שאלוהים ברא את העולם ואמר כי טוב; שאלוהים ברא את האדם בצלמו; שאלוהים נתן לנו את החופש, ומתוך כך את היכולת לעשות את הטוב וגם את הרע; שיש שכר על הטוב ועונש על הרע, ויש לנו אחריות מוסרית למעשינו. פרקים ח-ט בספר בראשית גם מלמדים אותנו שאלוהים כרת ברית עם נוח, ודרכו עם כל האנושות.

כך גם בחומשים שאינם בראשית. ספרי שמות, ויקרא, במדבר ודברים מלמדים אותנו שה׳ פדה את בני ישראל מעבדות והוציאם לדרך אל החופש ואל הארץ המובטחת; שה׳ כרת ברית עם העם כולו בהר סיני, נתן לו תרי״ג מצוות והטיל עליו לכונן ממלכת כוהנים וגוי קדוש. בקיצור - פרשות בראשית ונוח עוסקות בבריאה. ארבעת החומשים האחרונים עניינם התגלות וגאולה. אך מה עניינו של רוב ספר בראשית, מפרק יב עד פרק נ?

תאמרו, גילוי האמונה בה׳? נכון, אברהם, יצחק ויעקב מכירים בה׳ ומאמינים בו. אבל כך גם גויים כגון מלכיצדק, בן זמנו של אברהם, המתואר כ״כֹהֵן לְאֵל עֶלְיוֹן״ (בראשית יד, יח). אפילו פרעה מכיר בה׳, ואומר על יוסף, ״הֲנִמְצָא כָזֶה אִישׁ אֲשֶׁר רוּחַ אֱלֹהִים בּוֹ?״ (מא, לח). ה׳ מדבר אל אברהם, אל יצחק ואל יעקב, אבל גם אל אבימלך מלך גרר (כ, ג-ז) ואל לבן הארמי (לא, כד). מה מיוחד אפוא באבות?

דומה שהאבות אינם מלמדים אותנו עיקרי אמונה חדשים. ה׳, מצדו, אמנם מחולל להם נסים כדי להצילם מסכנה וכדי לתת להם זרע, אך אינו משנה בשבילם סדרי עולם. הם אינם נושאים נבואות באוזני בני דורם. לא ידוע לנו על חסידים שהלכו אחריהם, לבד מרמז עמום אחד על כך שאברהם ושרה לקחו איתם למסע את "הַנֶּפֶשׁ אֲשֶׁר עָשׂוּ בְחָרָן" (יב, ה); אפשר להבין זאת כגיור, אך באותה מידה ייתכן שמדובר ברכישת עבדים. בתורה אין שום אמירה מפורשת על כך שהאבות שכנעו אנשים באמתותה של אמונת הייחוד, או שהם נלחמו נגד עבודת האלילים. הקרוב ביותר לכך הוא הסיפור על רחל שגנבה מאביה את התרפים (לא, יט), שאולי הם אלילים ואולי לא.

נכון, נושא מרכזי בסיפורי האבות הוא הבטחות הארץ והזרע שה׳ חזר ונתן להם. אך ה׳ מבטיח הבטחות דומות גם לישמעאל ולעשו, והתורה כמו יוצאת מגדרה לספר לנו שהן התגשמו עוד לפני שהתגשמו ההבטחות לבני בריתו של ה׳ (ראו בראשית כה, יב-יח, על ילדיו של ישמעאל; ובפרק לו על צאצאי עשו).

השאלה היא אפוא אמתית ומביכה. מה שונה באבות? מה הם חידשו בעולם? במה הייתה אמונת ה׳ שלהם שונה מאחרות בזמנם? יש לכך תשובה - והיא אינה מן הצפויות. יש נושא אחד המופיע בחלק זה של התורה שש ואולי שבע פעמים. בכל פעם שאחד מבני משפחת הברית ובנותיה עוזב את מקומו ואת ביתו ובא בשערי העולם החברתי החיצון, הוא נתקל בעולם של מין־זמין־לכול.

שלוש פעמים נאלצים אברהם (פרקים יב ו-כ) ויצחק (פרק כו) לעזוב את ביתם בגלל רעב. שניהם יורדים לגרר, ואברהם גם למצרים. בכל שלושת המקרים, הבעל ירא פן ירצחוהו כדי לקחת את רעייתו להרמונו של השליט. בכל שלושת המקרים הוא מספר שהיא אחותו. זהו שקר, או במקרה הטוב חצי אמת. בכל המקרים השליט מוחה על כך כשהאמת מתגלה. ברור שאלמלא הייתה הסכנה אמתית לא היו האבות בוחרים בדרך המרמה.

במקרה הרביעי, אצל לוט בסדום, תושבי העיר מתגודדים סביב בית לוט ודורשים לאנוס את אורחיו (פרק יט). לוט מציע להם כתחליף את בנותיו הבתולות. רק פעולתם המהירה של האורחים, המלאכים, שהִכו את האנשים בסנוורים, מצילה את משפחתו של לוט מהאלימות.

במקרה החמישי, שכם, בנו של נשיא ארץ שכם, אונס וחוטף את דינה שיצאה "לִרְאוֹת בִּבְנוֹת הָאָרֶץ" (פרק לד). הוא מחזיק אותה כבת ערובה, וגורם לשמעון ולוי לרמות את תושבי העיר ולשפוך את דמם כדי להצילה.

ישנו עוד מקרה גבולי, פרשת יהודה ותמר (פרק לח), שהוא מסובך מן האחרים ושונה מהם. וישנו, לבסוף, המקרה השישי שבפרשת השבוע שלנו, שבו מנסה אשת פוטיפר לפתות את יוסף, ומִשהוא נמלט ממנה היא מאשימה אותו באונס וגורמת למאסרו.

כללו של דבר, בפרקי האבות והבנים בספר בראשית שזור נושא מתמשך: ניגוד בין בני בריתו של אברהם אבינו לבין שכניהם, ניגוד שעניינו לא אמונה (במובנה השגור של המילה) אלא מיניות. מחוץ לבית הברית שוררות מתירנות, הפקרות, פתיינות ואלימות מינית. סיפור האבות קרוב עד להפתיע לתפיסתו של פרויד, שהארוס הוא (לצד תנטוס, יצר המוות) אחד משני הדחפים העיקריים המושלים בהתנהגות האנושית; וכן לתפיסתו של פסיכולוג אבולוציוני אחד לפחות, דיוויד באס (בספריו **האבולוציה של התשוקה** ו**הרוצח שבבית השכן**), הגורסת שהמין הוא הגורם העיקרי לאלימות בקרב בני אדם.

מכאן דרך חדשה להבין מהי אמונת אברהם. המילה "אמונה" מתפרשת בדרך כלל, ודאי בתרגומיה הלועזיים אך גם בשפת היום־יום שלנו, כמערכת של תפיסות, עקרונות וידיעות לא מוכחות, שבסיסה אינו רציונלי. אך לא מכאן באה המילה הזו. "אמונה" קשורה ב"נאמנות", ב"אמונים" וב"אמון". אמונה היא יושר, היא כיבוד מחויבויות, היא עמידה בהבטחה, היא התנהגות המעוררת אמון. האמונה מתקיימת במערכות יחסים, ובראש ובראשונה בנישואים.

בתפיסתה של התורה, מקומו הנכון של המין הוא במסגרת הנישואים; והנישואים הם במקרא תיבת התהודה המובהקת של רעיון הברית. הנישואים הם פעולה הדדית של התחייבות, שבה שני אנשים, המכבדים את ההבדלים ביניהם ומוקירים איש את יחידותו האנושית של רעהו, מצרפים את גורלותיהם יחדיו בקשר של אהבה וסוללים עתיד של צוותא. כשהנביאים רוצים לדבר על יחסי הברית בין אלוהים לבין עמו, הם משתמשים תמיד במטפורת הנישואים.

אלוהי אברהם הוא אלוהי האהבה והאמון, שאינו כופה את רצונו בכוח הזרוע אלא מדבר אלינו בעדינות המזמנת אותנו להחזיר לו אהבה ואמון. הטיעון של ספר בראשית נגד עבודת האלילים, טיעון שכוחו הרטורי טמון דווקא בכך שהוא מבוטא בעקיפין, באמצעות סדרת סיפורים, הוא זה: האלילות יוצרת עולם של יצריות מינית בלתי מרוסנת, של היעדר קוד מוסרי של שליטה עצמית, ושל סגידה לכוח – וצירוף זה מוביל לאלימות ולניצול.

אלימות וניצול מיני במשפחה קיימים גם כיום, גם בקרב יהודים דתיים, וזוהי חרפה נוראה. כנגדה עומדת עדותו של ספר בראשית כי אמונה באלוהים משמעה

המחייב הוא גם נאמנות ואמון בנישואים. האמונה - זו שבין אדם למקום וזו שבין אדם לחברו - מחייבת אהבה, נאמנות וריסון יצרים. סיפורי האבות והאימהות מלמדים אותנו שאמונה איננה מערכת קדם־מדעית או פסבדו־מדעית המבקשת להסביר מדוע עולם הטבע הוא מה שהנו. אמונה היא שפת היחסים, היא הכוריאוגרפיה של האהבה. לב האמונה הוא החיבור המוסרי, בייחוד כאשר הוא נוגע ליחסים האינטימיים שלנו. המיניות חשובה ליהדות לא מפני שהיהדות פוריטנית, אלא מפני שהמיניות מגלמת את האהבה המביאה לעולם חיים חדשים.

חברה שאיבדה את האמונה, סופה שהיא זונחת את עצם הרעיון של המוסר המיני, והתוצאה בטווח הארוך היא אלימות וניצול החלשים בידי החזקים. נשים סובלות. ילדים סובלים. האמון נשבר דווקא במקום שהוא חיוני. כך היה בעולם בימי האבות. לצערנו, כך הוא גם כיום. היהדות, מנגד, מקדשת מערכות יחסים, ובראשן זו שבין איש לאשתו - שבהבינינו אותה אנו מתקרבים, ככל שיכול אדם להתקרב, להבנת אהבתו של אלוהים כלפינו.

מקץ

הסופר הכותב את חיינו

הפרשה הקודמת נגמרה בניסיונו הראשון של יוסף לקחת את גורלו בידיו. הניסיון נכשל. או כך היה נראה.

חשבו על סיפור יוסף שקראנו עד כה, סיפורו שקראנו בפרשת וישב. כמעט כל מה שקרה ליוסף בחלק זה של חייו שייך לאחת משתי קבוצות. הראשונה היא הדברים שאחרים עשו ליוסף. אביו אהב אותו יתר על אחיו ועשה לו כתונת פסים. אחיו קינאו בו ושנאו אותו. אביו שלח אותו לראות בשלומם במרעה. זר הראה לו לאן הלכו. הם זממו להורגו ומכרו אותו לעבדות. הוא הובא למצרים. הוא נרכש בידי פוטיפר. אשת פוטיפר נמשכה אליו, ניסתה לפתותו, ומשנכשלה האשימה אותו בניסיון אונס. יוסף נאסר. הדבר אומר דרשני. הרי יוסף נמצא במוקד תשומת לבנו. הבמה שלו. ובכל זאת, פעם אחר פעם, הוא זה שעושים לו, ולא זה שעושה. מושא ולא נושא.

הקבוצה השנייה אומרת דרשני אפילו ביתר שאת. יוסף כן עושה כמה דברים, ואפילו מנהל אחרים. הוא מנהל את משק הבית של פוטיפר. הוא ממונה מטעם שר בית הסוהר על חבריו האסירים. הוא פותר את חלומות שר המשקים ושר האופים. אך באופן עקבי, את כל מעשיו והצלחותיו מייחסת התורה במפורש לה׳. כך בבית פוטיפר: "וַיְהִי ה׳ אֶת יוֹסֵף, וַיְהִי אִישׁ מַצְלִיחַ וַיְהִי בְּבֵית אֲדֹנָיו הַמִּצְרִי. וַיַּרְא אֲדֹנָיו כִּי ה׳ אִתּוֹ וְכֹל אֲשֶׁר הוּא עֹשֶׂה ה׳ מַצְלִיחַ בְּיָדוֹ" (לט, ב-ג); "וַיְהִי מֵאָז הִפְקִיד אֹתוֹ בְּבֵיתוֹ וְעַל כָּל אֲשֶׁר יֶשׁ לוֹ, וַיְבָרֶךְ ה׳ אֶת בֵּית הַמִּצְרִי בִּגְלַל יוֹסֵף, וַיְהִי בִּרְכַּת ה׳ בְּכָל אֲשֶׁר יֶשׁ לוֹ בַּבַּיִת וּבַשָּׂדֶה" (שם, ה). כך בכלא: "וַיְהִי ה׳ אֶת יוֹסֵף וַיֵּט אֵלָיו חָסֶד וַיִּתֵּן חִנּוֹ בְּעֵינֵי שַׂר בֵּית הַסֹּהַר. וַיִּתֵּן שַׂר בֵּית הַסֹּהַר בְּיַד יוֹסֵף אֵת כָּל הָאֲסִירִם אֲשֶׁר בְּבֵית הַסֹּהַר וְאֵת כָּל אֲשֶׁר עֹשִׂים שָׁם הוּא הָיָה עֹשֶׂה. אֵין שַׂר בֵּית הַסֹּהַר רֹאֶה אֶת כָּל מְאוּמָה בְּיָדוֹ, בַּאֲשֶׁר ה׳ אִתּוֹ וַאֲשֶׁר הוּא עֹשֶׂה ה׳ מַצְלִיחַ" (שם, כא-כג). וכך גם כשהוא פותר חלומות: "וַיֹּאמֶר אֲלֵהֶם יוֹסֵף: הֲלוֹא לֵאלֹהִים פִּתְרֹנִים! סַפְּרוּ נָא לִי" (מ, ח).

על שום דמות אחרת במקרא לא נאמר הדבר ברצף עקבי וחזרתי כזה. יוסף נראה בעיני הקורא, ובעיני הסובבים אותו, אדם החלטי, מסודר ומצליח. אבל, אומרת התורה וחוזרת ואומרת, לא הוא אחראי למעשיו ולהצלחותיו, אלא אלוהים. אפילו כאשר יוסף דוחה את מדוחיה של אשת פוטיפר, הוא מנמק זאת במפורש במוסר האלוהי: "וְאֵיךְ אֶעֱשֶׂה הָרָעָה הַגְּדֹלָה הַזֹּאת וְחָטָאתִי לֵאלֹהִים?" (לט, ט).

המעשה היחיד המיוחס בבירור ליוסף נעשה בתחילת הסיפור ממש, בנערותו, כאשר נמצא עם בני השפחות בלהה וזלפה והביא "אֶת דִּבָּתָם רָעָה" ליעקב אביהם (לט, ב). אבל חוץ ממאורע זה, כל פיתול וכל מפנה במסלול חייו התזזיתי של יוסף הוא תוצאת מעשה של מישהו אחר - אדם אחר, או אלוהים (וישנם גם החלומות שחלם, שאפשר לשאול אם הם רמז אלוהי או פרי דמיונו - אבל כך או כך, חלומות הם ולא מעשים).

על הרקע הזה בולט מעשהו של יוסף בסוף הפרשה הקודמת: הוא לוקח את גורלו בידיו. משסיפר לשר המשקים כי בעוד שלושת ימים יישא פרעה את ראשו וישיבו על כנו, ומתוך ודאות גמורה שכך יקרה, הוא מבקש מהשר להזכיר את מקרהו באוזני פרעה ולהשתדל למענו: "כִּי אִם זְכַרְתַּנִי אִתְּךָ כַּאֲשֶׁר יִיטַב לָךְ, וְעָשִׂיתָ נָּא עִמָּדִי חָסֶד וְהִזְכַּרְתַּנִי אֶל פַּרְעֹה וְהוֹצֵאתַנִי מִן הַבַּיִת הַזֶּה" (מ, יד). ומה קורה אז? השר אכן משתחרר וחוזר לארמון - "וְלֹא זָכַר שַׂר הַמַּשְׁקִים אֶת יוֹסֵף וַיִּשְׁכָּחֵהוּ" (שם, כג). הכפילות מעצימה את הרושם. השר לא זכר. והוא גם שכח. הנה כי כן, בפעם היחידה שיוסף מנסה להיות אדון לגורלו הוא נכשל כישלון מהדהד.

מסורת ישראל מחדדת את הדרמה. באמצעות חלוקת התורה לפרשות השבוע, היא הופכת את המשפט העצוב הזה לפסוק המסיים את פרשת וישב. סיום הקריאה בתורה בשבוע שעבר הותיר אותנו עם תקוותיו המנופצות של יוסף. מה יהיה עכשיו? האם הוא יעלה לגדולה? האם חלומות נעוריו יתגשמו? השאלה "מה קרה אחר כך?" מסעירה אותנו. ואנחנו צריכים לחכות שבוע כדי לקבל תשובה.

הזמן עובר. שבוע עובר עלינו, שנתיים עוברות על יוסף: "וַיְהִי מִקֵּץ שְׁנָתַיִם יָמִים". רק אז מגיעה התשובה. מילים אלו הפותחות את הפרשה הן מילות מפתח: יוסף הצליח, ומה שהוא רצה שיקרה קרה: הוא יצא לחופשי מהכלא. אבל - רק מקץ שנתיים ימים. רק אז קורה הדבר.

בין המעשה לבין התוצאה הייתה התערבות של איזה גורם. כאן חשיבותה של העובדה שחלפו שנתיים. יוסף תכנן את שחרורו, ולאחר זמן אכן השתחרר, אבל זה קרה לא מפני שהוא תכנן זאת. הניסיון שלו נגמר בכישלון. שר המשקים לא זכר

אותו, ושכח אותו. אבל ה׳ זכר ולא שכח. ה׳, לא יוסף, גלגל את האירועים, הלוא הם חלומות פרעה, שהובילו לשחרורו (ובדרך משונה וחריגה: עצם העובדה שחלומות מגלגלים את המציאות, ויתרה מכך, כישלונם המפתיע של חרטומי מצרים, המומחים הגדולים לפתרון חלומות, לעשות את המלאכה שהם אמונים עליה).

מה שאנחנו רוצים שיקרה קורה, אך לא תמיד בזמן שאנחנו מצפים לו, ולא תמיד באופן שאנחנו מצפים לו, ולא תמיד מפני שרצינו. אלוהים הוא המחבר־השותף של תסריט חיינו, ולפעמים, כמו בסיפור יוסף, הוא מזכיר לנו את זאת על ידי כך שהוא גורם לנו לחכות - ואז מפתיע אותנו.

זהו, בעיני היהדות, הפרדוקס שבמצבו של האדם. מצד אחד אנחנו חופשיים. אין עוד דת אחרת העומדת בתוקף כזה על החופש והאחריות של האדם. אדם וחווה היו חופשיים לא לחטוא. קין היה חופשי לא להרוג את הבל. אנחנו מוצאים תירוצים לכישלונות שלנו - זה לא היה אני; זו אשמתו של מישהו אחר; לא הייתה לי בְּרֵרה. אבל תירוצים הם רק תירוצים. הם אינם נכונים. אנחנו חופשיים לבחור, ואנחנו נושאים באחריות.

ועם זה, כמאמר הַמְלֶט, ״יש כוח נשגב שמעצב את גורלנו, / לא משנה כמה נחצוב בכוח״.[1] אלוהים מעורב בחיינו מקרוב. בהביטנו לאחור ממרום שנותינו אנחנו מצליחים לעתים להבחין בתוך ערפילי העבר בקווי המִתאר של סיפור שהתרקם לאטו, של ייעוד שהתברר לנו בהדרגה, קווים שחלקם שורטטו בידי מאורעות שלא היו בשליטתנו. בזמן אמת לא יכולנו לחזות כי התאונה שקרתה לנו, המחלה שפקדה אותנו, הכישלון שנחלנו נגד כל הסיכויים, הפגישה המקרית לכאורה, יובילו אותנו לאן שהובילו. אבל במבט לאחור נדמה לפעמים כי היינו כלי שחמט וקודמנו ביד בלתי נראית שידעה בדיוק היכן היא רוצה שנהיה.

1. ויליאם שייקספיר, **המלט**, עברית: דורי פרנס, אתר ״שייקספיר ושות׳״, מערכה חמישית, תמונה 2.

מקץ

כוחם של חלומות

זהו אחד המהפכים הגדולים בספרות העולמית: בן לילה הופך יוסף מאסיר למשנה למלך. מה היה בו, ביוסף - זר לחלוטין לתרבות מצרים, "עברי", אדם שנרקב שנים בכלא באשמת שווא של ניסיון אונס - מה היה בו שהכשיר אותו להיות מנהיג האימפריה הגדולה ביותר בעולם העתיק?

ליוסף היו שלושה כישרונות, אשר כל אחד מהם לבדו הוא נחלת רבים, אך צירוף שלושתם יחדיו הוא נדיר. הכישרון הראשון: לחלום חלומות. כשאנו קוראים בפרשת וישב על שני חלומות הנעורים שלו - על אלומות אחיו המשתחוות לאלומתו, ועל השמש, הירח ואחד־עשר הכוכבים המשתחווים לו - עדיין איננו יודעים אם הם תחושה מוקדמת של עתיד מפואר, או רק ביטוי לדמיונות פרועים של ילד מפונק המתגדר בהזיות גדולה.

רק בפרשת השבוע הזה מתגלה לנו פיסת מידע חיונית שהוסתרה מאיתנו עד כה. יוסף אומר לפרעה, שחלם אף הוא שני חלומות מקבילים: "וְעַל הִשָּׁנוֹת הַחֲלוֹם אֶל פַּרְעֹה פַּעֲמָיִם - כִּי נָכוֹן הַדָּבָר מֵעִם הָאֱלֹהִים וּמְמַהֵר הָאֱלֹהִים לַעֲשֹׂתוֹ" (בראשית מא, לב). עכשיו, במבט לאחור, אנחנו מבינים שהִישָּׁנוּת חלומו של יוסף הייתה אף היא סימן שאין מדובר בדמיונות שווא. יוסף אכן נועד מנערותו להיות מנהיג שמשפחתו תשתחווה לו.

שנית, כמו זיגמונד פרויד אלפי שנים אחריו, יוסף ידע לפתור חלומות של אחרים. הוא פתר את חלומותיהם של שר המשקים ושר האופים בבית הסוהר, ועכשיו, בפרשת מקץ, את חלומות פרעה. פתרונותיו לא היו כישוף ולא נס. במקרה של שר המשקים ושר האופים, הוא זכר שיום הולדתו של פרעה יחול שלושה ימים לאחר מכן (בראשית מ, כ). מנהג שליטי קדם היה לחוג את יום הולדתם במשתה ולחרוץ בו את גורלם של אנשים כאלה ואחרים (הד לכך יש במתן תוארי הכבוד ביום ההולדת של מלכת בריטניה בזמננו). מסתבר היה אפוא להניח שחלומות שר המשקים ושר

האופים קשורים למאורע הצפוי ומשקפים את התקוות והחששות הלא מודעים שלהם (אבן עזרא **ובכור שור** מציעים שניהם פירושים ברוח זו).

ואשר לחלומות פרעה, ייתכן שיוסף הכיר מסורות מצריות קדומות בדבר תקופות רעב שאורכן שבע שנים. ידועה למשל אסטלת הרעב, כתובת מצרית המתעדת שנות רעב, ומושמת בפיו של המלך ג'וֹסֶר שמשל בתחילת המאה העשרים ושבע לפני הספירה. חוקר המקרא נחום סרנה ציטט אותה בספרו על ספר בראשית. הנה שורותיה הראשונות:

> ישבתי אָבֵל על כיסאי הרם, ואנשי החצר אחוזי צער. לבי היה דוויי עליי, כי היאור לא בא במועדו מזה תקופה בת שבע שנים. התבואה הייתה בצמצום, הגרעינים מיובשים, וכל דבר אשר ייאכל היה יקר המציאות.[1]

אולם ההישג המרשים ביותר של יוסף היה כישרונו השלישי: היכולת להוציא חלומות לפועל, לפתור את הבעיה שהחלום הזהיר מפניה. מיד לאחר שפענח את החלום ובישר לפרעה על שבע שנות הרעב הוסיף וסיפק פתרון:

> וְעַתָּה יֵרֶא פַרְעֹה אִישׁ נָבוֹן וְחָכָם וִישִׁיתֵהוּ עַל אֶרֶץ מִצְרָיִם. יַעֲשֶׂה פַרְעֹה וְיַפְקֵד פְּקִדִים עַל הָאָרֶץ וְחִמֵּשׁ אֶת אֶרֶץ מִצְרַיִם בְּשֶׁבַע שְׁנֵי הַשָּׂבָע. וְיִקְבְּצוּ אֶת כָּל אֹכֶל הַשָּׁנִים הַטֹּבֹת הַבָּאֹת הָאֵלֶּה וְיִצְבְּרוּ בָר תַּחַת יַד פַּרְעֹה, אֹכֶל בֶּעָרִים, וְשָׁמָרוּ. וְהָיָה הָאֹכֶל לְפִקָּדוֹן לָאָרֶץ לְשֶׁבַע שְׁנֵי הָרָעָב אֲשֶׁר תִּהְיֶיןָ בְּאֶרֶץ מִצְרָיִם וְלֹא תִכָּרֵת הָאָרֶץ בָּרָעָב. (בראשית מא, לג-לו)

אנחנו כבר מכירים את כישורי הניהול המעולים של יוסף. ראינו אותם בבית פוטיפר, וגם בבית הסוהר. כישרון זה, שהופגן בדיוק ברגע הנכון, הוא אשר הוביל למינוי יוסף למשנה למלך מצרים.

אם כן, יוסף מלמדנו שלושה עקרונות מנהיגותיים. הראשון: חִלמו חלומות. אל תקשרו את כנפי הדמיון שלכם. כשאנשים באים אליי לבקש עצה בנושא מנהיגות, אני נוהג להציע להם לתת לעצמם את הזמן, המרחב והדמיון לחלום. בחלומות אנחנו

1. Nahum Sarna, *Understanding Genesis*, New York: Schocken, 1966, p. 219. הטקסט למאמר זה תורגם מאנגלית על פי Miriam Lichtheim, *Ancient Egyptian Literature: A Book of Readings*, vol. 3, Berkeley: University of California Press, 1980, pp. 94–100.

מגלים את נהיית לבנו המיוחדת, וההליכה אחרי הלב היא הדרך הטובה ביותר לחיות חיים מתגמלים.[2]

חלימת חלומות נחשבת בדרך כלל לדבר לא מעשי. טעות: זהו אחד הדברים המעשיים ביותר שישנם. יש אנשים המבלים חודשים ארוכים בתכנון חופשה, אך אינם מקדישים אפילו יום אחד לתכנון החיים. הם מפקירים את עצמם לרוחות המקרה והנסיבות. זו שגיאה. מסורת חז״ל היא כי ״כל מקום שנאמר [בתורה] ׳וַיְהִי׳, אינו אלא לשון צער״.[3] חיים של ״וַיְהִי״ הם חיים פסיביים, חיים של המתנה לדברים שיקרו, של ״שיהיה״, של ״זה מה יש״. לעומתם, ישנם חיים של ״יְהִי!״. בחיים של ״יהי!״ אנחנו גורמים לדברים לקרות - והחלומות שלנו הם הנותנים לנו קריאת כיוון.

״אם תרצו אין זו אגדה״, אמר האיש שאנו חבים לו את הקמת מדינת ישראל יותר מלכל אדם יחיד אחר. שמעתי פעם מאלי ויזל סיפור נפלא. במשך זמן מה התגוררו הרצל וזיגמונד פרויד באותו רובע בווינה. ״למזלנו״, אמר ויזל, ״הם לא נפגשו. תאר לך מה היה קורה אילו שוחחו. הרצל היה אומר, ׳יש לי חלום על מדינה יהודית׳. פרויד היה עונה, ׳ספר לי, הֶר הרצל, ממתי אתה חולם את החלום הזה? בוא, שכב על הספה ונעשה פסיכואנליזה׳. הרצל היה נרפא מחלומותיו, והמדינה היהודית לא הייתה קמה״. לשמחתנו, עם ישראל לא נרפא אף פעם מחלומותיו.

העיקרון השני נלמד מכישרונו השני של יוסף. מנהיגים פותרים חלומות של אנשים אחרים. הם משכללים את הגולמי. הם מוצאים דרך לביטוי תקוותיו ופחדיו של דור. נאום ״יש לי חלום״ של מרטין לותר קינג לקח את התקוות של האפרו־אמריקנים ונתן להן כנפיים. לא חלומותיו של יוסף עשו אותו למנהיג, אלא חלומותיו של פרעה. החלומות שלנו נותנים לנו כיוון; אבל החלומות של אחרים נותנים לנו הזדמנות.

והעיקרון השלישי: מְצאו דרך ליישם את החלומות במציאות. פתרון חלום הוא לפעמים דרך לפתרון בעיה. תחילה אַתרו את הבעיה שהחלום מעלה, ואז מְצאו דרך לפתור אותה. הרבי מקוצק הצביע פעם על קושי ברש״י. בפסוק הראשון של פרשת יתרו (שמות יח, א) מבאר רש״י את שבעת שמותיו של כוהן מדיין, ואומר שהשם יֶתֶר ניתן לו ״על שם שיתר״, כלומר הוסיף, ״פרשה אחת בתורה: ׳וְאַתָּה תֶחֱזֶה׳״. הכוונה להצעתו של יתרו למשה הפותחת במילים ״וְאַתָּה תֶחֱזֶה מִכָּל הָעָם אַנְשֵׁי חַיִל יִרְאֵי אֱלֹהִים אַנְשֵׁי אֱמֶת שֹׂנְאֵי בָצַע״ (יח, כא ואילך). כזכור, יתרו ראה שמשה

2. לאחרונה הופיע, גם בעברית, ספר המפתח רעיון זה ומבססו בדוגמאות: קן רובינסון (בשיתוף לו ארוניקה), **המקום הנכון: למה חשוב לעשות את מה שאוהבים**, עברית: שרון פרמינגר, ירושלים: כתר, 2011.
3. מגילה י ע״ב.

נשחק תחת עומס ההנהגה והשיפוט היום־יומי של כל בני ישראל, והוא והעם כאחד עלולים כלשונו ״לנבול״, והציע לו לחלוק את המעמסה עם שכבות נוספות של מנהיגות זוטרה.

הרבי מקוצק מזכיר שהפרשה שיתרו הוסיף, כלומר דבריו אל משה, מתחילה לא מ״וְאַתָּה תֶחֱזֶה״, אלא כמה פסוקים קודם לכן, מהמילים ״לֹא טוֹב הַדָּבָר אֲשֶׁר אַתָּה עֹשֶׂה״ (יח, יז). תירוצו של הרבי מקוצק פשוט. כשיתרו אומר, ״לֹא טוֹב הַדָּבָר אֲשֶׁר אַתָּה עֹשֶׂה״ הוא איננו מוסיף משהו לתורה: הוא רק מציג בעיה. התוספת מגיעה כשהוא מגיע לפתרון.

מנהיגים טובים הם הפותרים בעיות, או המקיפים את עצמם בפותרי בעיות. קל לראות מה לא בסדר; המנהיגות מתגלמת ביכולת למצוא דרך לתקן. גאוניותו של יוסף טמונה לא בכך שחזה שבע שנות שובע ושבע שנות רעב, אלא בכך שהגה שיטה לאגירת תבואה שתבטיח אספקת מזון לעם בשבע השנים הרעות.

חִלמו חלומות; פִּתרו חלומות של אחרים; ומִצאו דרכים להפוך חלום למציאות. שלושה כישורים אלה הם תמצית המנהיגות על פי יוסף.

מקץ
חזות וממשות

בתום עשרים ושתיים שנות פרידה, ורוב נפתולים ומעקשים, יוסף ואחיו סוף סוף נפגשים. הדרמה באוויר. בפעם האחרונה שראינו אותם ביחד, האחים תכננו להרוג את יוסף ולבסוף מכרו אותו לעבדות. אחת הסיבות לכך הייתה כעסם על סיפורי חלומותיו. פעמיים חלם שאחיו ישתחוו לו. לדידם אלה היו דברי רהב, ראווה וזחיחות.

על רהב נענשים בדרך כלל במפָּלה, וכך אירע גם ליוסף. אחיו הפכוהו לעבד במקום לאדון שחלם שיהיה - אך כידוע, זה לא היה סוף הסיפור כי אם תחילתו. בפרשתנו, חלומו של יוסף מתגשם במפתיע. אחיו באים ומשתחווים לו "אַפַּיִם אָרְצָה" (בראשית מב, ו). עכשיו, כך אנו מרגישים, הגיע סוף הסיפור. אבל שוב מתברר שאנחנו רק בתחילתו של סיפור אחר, אחר לגמרי, סיפור על חטא, על תשובה ועל סליחה. סיפורי התורה אוהבים לערער על המוסכמות הספרותיות.

לכך שהסיפור אינו נגמר פה יש סיבה עלילתית: במפגש בין יוסף לאחיו רק אדם אחד שנוכח במקום, יוסף עצמו, יודע שזוהי פגישה. "וַיַּרְא יוֹסֵף אֶת אֶחָיו **וַיַּכִּרֵם** וַיִּתְנַכֵּר אֲלֵיהֶם וַיְדַבֵּר אִתָּם קָשׁוֹת... **וַיַּכֵּר יוֹסֵף אֶת אֶחָיו וְהֵם לֹא הִכִּרֻהוּ**" (מב, ו-ז).

יש סיבות רבות לכך שהם לא הכירוהו. הם כלל לא ידעו שהוא במצרים. הם חשבו שהוא עדיין עבד, ואילו האיש שהם השתחוו לו היה משנה למלך. ולא זו אף זו, הוא נראה מצרי, דיבר מצרית ונשא שם מצרי, צפנת פענח. וחשוב מכל זה, הוא לבש בגדים של מצרים מן המעמד העליון. אלה הבגדים שנתן לו פרעה כשפתר את חלומותיו, כסמל להעלאתו לגדולה:

> וַיֹּאמֶר פַּרְעֹה אֶל יוֹסֵף, "רְאֵה, נָתַתִּי אֹתְךָ עַל כָּל אֶרֶץ מִצְרָיִם". וַיָּסַר פַּרְעֹה אֶת טַבַּעְתּוֹ מֵעַל יָדוֹ וַיִּתֵּן אֹתָהּ עַל יַד יוֹסֵף, וַיַּלְבֵּשׁ אֹתוֹ בִּגְדֵי שֵׁשׁ. וַיָּשֶׂם רְבִד הַזָּהָב עַל צַוָּארוֹ, וַיַּרְכֵּב אֹתוֹ בְּמִרְכֶּבֶת הַמִּשְׁנֶה אֲשֶׁר לוֹ, וַיִּקְרְאוּ לְפָנָיו "אַבְרֵךְ". וְנָתוֹן אֹתוֹ עַל כָּל אֶרֶץ מִצְרָיִם. (מא, מא-מג)

מציורי הקיר העתיקים שנתגלו במצרים, כגון אלה שבקבר תות־ענח׳־אמון, ידוע לנו כמה מסוגננות ומקושטות היו גלימותיהם של בעלי השררה במצרים. בעלי דרגות שונות לבשו בגדים שונים. לפרעונים המוקדמים היו שני כיסויי ראש, האחד לבן לאות כי הם מלכי מצרים העליונה, והשני אדום לציון מלכותם על מצרים התחתונה. מדים, ולבוש בכלל, מספרים סיפור, או כלשוננו היום ״מהווים הצהרה״. הם מכריזים על מעמדו של אדם. אדם הלבוש כמו המצרי שהאחים השתחוו לו, ודאי אינו יכול להיות אחיהם האבוד זה מכבר יוסף. אלא אם הוא כן...

עניין המלבוש נראה כזוטה. אבל אני רוצה לטעון שהוא איננו כזה כלל. הבגדים מתגלים כעניין גדול מאוד. תחילה עלינו לזכור שלתורה בכלל, ולספר בראשית בפרט, יש דרך מיוחדת למקד את תשומת לבנו בתֶמָה חשובה: היא מפגישה אותנו עם תמה זו באפיזודות חוזרות ונשנות. חוקר הסיפור המקראי רוברט אורי אלטר מכנה אותן ״סצנות דפוס״.[1] כך למשל תֶמת יריבות האחים חוזרת בספר בראשית בארבע אפיזודות: קין והבל, יצחק וישמעאל, יעקב ועשו, יוסף ואחָיו. שלוש פעמים מופיעה בספר תמת האב הנאלץ לעזוב את ארצו בגלל רעב, ומבין שיצטרך לבקש מאשתו להציג את עצמה כאחותו; כך לא ירצחו אותו כדי לקחת אותה להרמון המלכותי. וישנה גם התמה של מציאת אישה־לעתיד ליד הבאר, ואף היא חוזרת שלוש פעמים: רבקה, רחל וציפורה בת יתרו.

גם המפגש בין יוסף לאחיו משתייך לסדרת אפיזודות שכזו. התמה היא בגדים הממלאים תפקיד מפתח בסיפור. סיפורנו הוא החמישי בסדרה. הראשון הוא סיפור יעקב הלובש את בגדי עשו ומביא לאביו ארוחה כדי לקחת את ברכת אחיו. השני הוא סיפור כתונת הפסים של יוסף, שאחיו מספיגים בדם ומביאים לאביהם כדי לומר לו שחיה רעה אכלתהו. השלישי הוא סיפור תמר המסירה את בגדי אלמנותה, מתכסה בצעיף, ומתחזה לזונה. הרביעי: הבגד שיוסף משאיר בידי אשת פוטיפר במנוסתו מפניה. והנה לנו החמישי, שבו פרעה מלביש את יוסף כמצרי רם מעלה, בבגדי שש וברביד זהב ובטבעת מלכות.

המשותף לכל הסיפורים הללו הוא שהלבוש מסייע בהם למעשה מרמה. בכולם נוצר מצב שבו הדברים אינם כפי שהם נראים. יעקב לובש את בגדי עשו כי הוא חושש פן אביו העיוור ימשש אותו ויגלה על סמך עורו החלק שהוא יעקב ולא עשו. יצחק הולך שולל לא רק בעקבות מרקם הבגדים, אלא גם בעקבות ריחם: ״רְאֵה רֵיחַ

1. אורי אלטר, **אמנות הסיפור במקרא**, עברית: שושנה צינגל, תל אביב: אדם, תשמ״ח, עמ׳ 61–77. וראו דוגמאות נוספות במאמר ״להרגיש את הפחד״ לפרשת וישלח לעיל.

בְּנִי כְּרֵיחַ שָׂדֶה אֲשֶׁר בֵּרֲכוֹ ה'" (בראשית כז, כז). כותונתו המוכתמת של יוסף נועדה להסוות את אחריותם של האחים להיעלמו. ואכן, "וַיַּכִּירָהּ, וַיֹּאמֶר: כְּתֹנֶת בְּנִי! חַיָּה רָעָה אֲכָלָתְהוּ. טָרֹף טֹרַף יוֹסֵף" (לז, לג). התחפשותה של תמר לזונה נועדה לגרום ליהודה לשכב איתה, כיוון שהיא רצתה בבן ש"יקים זרע" לבעלה המת ער. נראה שעל פי חוק הייבום שלפני מתן תורה, גם אביו של הבעל המת יכול לייבם, ולא רק אחיו. יהודה נענה להונאה, ורק כעבור שלושה חודשים, כאשר תמר ההרה הציגה לפניו את משכון הפתיל והמטה שהשאיר לה, הבין עם מי שכב. אשת פוטיפר השתמשה בבגדו של יוסף שנשאר בידה כדי להוכיח שניסה כביכול לאונסה. ולבסוף, בסיפור החמישי, יוסף ניצל את העובדה שאחיו אינם מכירים אותו כדי לביים סדרת אירועים שיבחנו אם האחים עדיין מסוגלים למכור אח לעבד, או שחל בהם שינוי.

חמשת סיפורי הבגדים מספרים אפוא סיפור אחד: **הדברים אינם בהכרח כפי שהם נראים**. החזות החיצונית מטעה. על כך מרמזת משמעותו הכפולה של השורש בג"ד - בגד כמלבוש, בגד של בגידה. האם הרמיזה לכפל משמעויותיה של מילה זו היא רק תחבולה ספרותית, דרך לשזור סדרת אירועים שאין ביניהם קשר אחר? או שמא לפנינו רעיון מהותי?

ההיסטוריון היהודי בן המאה התשע-עשרה צבי (היינריך) גרץ הצביע על הבדל יסודי בין היהדות לבין תרבויות קדומות אחרות: "הפָּגָן תופס את האלוהי שבטבע באמצעות העין, ומתרגל להכירו כדבר שמסתכלים עליו. מנגד, יהודי תופס את אלוהים כנמצא מחוץ לטבע ואשר קָדם לו, ועל כן האלוהי מתגלה דרך הרצון ובאמצעות האוזן... הפָּגָן חוזה באלוהיו, היהודי שומע אותו; כלומר, מבין את רצונו".[2]

במאה העשרים עמד חוקר הספרות אריך אוארבך על הבדל מקביל בין סגנונם הספרותי של האפוסים ההומריים לבין סגנונו של המקרא.[3] **באיליאדה** **ובאודיסיאה** של הומרוס מתקיימים משחקי תאורה וצבע. הן גדושות בתיאורים ויזואליים. הסיפור המקראי, לעומת זאת, ממעט מאוד בתיאורים. איננו יודעים אם אברהם היה גבוה או נמוך, ולא מה היה צבע שערו של יצחק, ולא מה היה מראה פניו של משה. הפרטים הוויזואליים נדירים, ונמסרים רק כאשר הם חיוניים להבנת

2. Heinrich Graetz, *The Structure of Jewish History, and Other Essays*, New York: Ktav Publishing House, 1975, p. 68.
3. אריך אוארבך, **מימזיס: התגלמות המציאות בספרות המערב**, עברית: ברוך קרוא, ירושלים: מוסד ביאליק, תשי"ח, עמ' 3-19.

המתרחש. מסופר לנו, למשל, שיוסף היה "יְפֵה תֹאַר וִיפֵה מַרְאֶה" (לט, ו) רק כדי שנבין מדוע, כמסופר בפסוק הבא, אשת פוטיפר חושקת בו.

המפתח להבנת חמישיית הסיפורים מצוי בהמשך התנ"ך, בסיפוריהם של שני מלכי ישראל הראשונים. לשאול היה מראה מלכותי. הוא היה "מִשִּׁכְמוֹ וָמַעְלָה גָּבֹהַּ מִכָּל הָעָם" (שמואל א' ט, ב). הוא היה תמיר. הייתה לו נוכחות. אבל חסר לו ביטחון עצמי. הוא הלך אחרי העם במקום להובילו. שמואל נאלץ לגעור בו ולהזכיר לו, "הֲלוֹא אִם **קָטֹן אַתָּה בְּעֵינֶיךָ**, רֹאשׁ שִׁבְטֵי יִשְׂרָאֵל אָתָּה!" (שם טו, יז). החזות והמציאות היו מנוגדות. לשאול היה שיעור קומה פיזי, אך לא שיעור קומה מוסרי.

והיפוכם של דברים אצל דוד. כשציווה ה' על שמואל ללכת אל ביתו של ישי בבית לחם ולמצוא שם את מלך ישראל הבא, איש לא העלה בדעתו שמדובר בדוד, צעיר הבנים. הדחף הראשון של שמואל היה למשוח את אליאב, שכמו שאול היה גבה קומה ומרשים למראה. אך ה' אמר לו, "אַל תַּבֵּט אֶל מַרְאֵהוּ וְאֶל גְּבֹהַּ קוֹמָתוֹ, כִּי מְאַסְתִּיהוּ. כִּי לֹא אֲשֶׁר יִרְאֶה הָאָדָם, **כִּי הָאָדָם יִרְאֶה לַעֵינַיִם וַה' יִרְאֶה לַלֵּבָב**" (שם טז, ז).

רק משקראנו את כל הסיפורים הללו, אנו יכולים לשוב לסיפור שטרם הזכרנו, שבעצם הוא הראשון לכל הסיפורים שבגדים מופיעים בהם: סיפור אדם וחווה שאכלו מעץ הדעת וגילו שעירומים הם. הם התביישו, וה' עשה להם "כָּתְנוֹת עוֹר". זהו סיפור על עיניים ואוזניים, על ראייה ושמיעה. חטאם של אדם וחווה לא היה קשור לפירות או למיניות כפי שיש האוהבים לחשוב, אלא לכך שהם נתנו למראה עיניהם לדחוק אל הצד את משמע אוזניהם.[4]

"וַיַּכֵּר יוֹסֵף אֶת אֶחָיו וְהֵם לֹא הִכִּרֻהוּ". מדוע לא הכירוהו? מפני שעוד מן ההתחלה הם נתנו לִלבם לָתור אחר מראה עיניהם, אחר כתונת הפסים שהציתה את קנאתם באחיהם הצעיר. שָׁפטו אנשים ומצבים על פי ההופעה החיצונית – ותחמיצו את האמת שמתחתיה. גם את הקב"ה עצמו תחמיצו, כי אותו אי־אפשר לראות אלא רק לשמוע. משום כך צו היסוד של היהדות הוא "שמע ישראל", ומשום כך אנו מכסים את עינינו באומרנו את המילים הללו. לשמוע, ולא לנהות אחר המראה הכוזב.

החזות מטעה. הבגדים בוגדים. כדי להבין אנשים אחרים, וגם כדי להבין את רצון ה', נדרשת היכולת להקשיב.

4. ראו את המאמר "אמנות ההקשבה" לפרשת בראשית לעיל.

ויגש

הצדיק ובעל התשובה

פרשות וישב-מקץ-וייגש-ויחי הן הרצף הסיפורי הארוך ביותר בתורה. גיבורן המובהק הוא יוסף. הסיפור מתחיל בו ונגמר בו. אנחנו רואים אותו ילד שאביו אוהב ואף מפנק; נער חולמני המרגיז את אחיו; עבד, ואז אסיר, במצרים; ולפתע - דמות השנייה בעוצמתה באימפריה הגדולה ביותר בעולם העתיק. בכל שלב ושלב הסיפור חג סביבו וסביב השפעתו על אחרים. יוסף מושל בשליש השלישי של חומש בראשית ומטיל את צלו על כל היתר. כבר בתחילת הסיפור ניכר כי הוא נועד לגדולות.

אלא שההיסטוריה פנתה לכיוון אחר. כחלוף הדורות התחוור כי אח אחר טבע חותם בעם היהודי, האח שהעם היהודי נושא את שמו. משפחת הברית נודעה בכמה שמות. ישנו "עברים", שם שייתכן כי הוא קשור ל"חבירו" הנזכרים בתעודות קדומות, ואשר שורש מובנו מציין זרות ונדודים. בשם הזה נתכנו אברהם וילדיו. השם הבא בתור הוא "בני ישראל", בעקבות השם שניתן ליעקב על כי שׂרה עם אלוהים ואנשים ויכול להם. אחרי חלוקת הממלכה, ובפרט אחרי חורבן ממלכת ישראל בידי האשורים, נותרה ממלכת יהודה. העם היושב בה, רובו משבט יהודה, החל להיקרא "יהודים". יהודה, אם כן, הוא שבטווח הארוך נתן לעם את זהותו; הוא שהעמיד את בית דוד, בית המלוכה שממנו עתיד גם לבוא המשיח. למה יהודה ולא יוסף?

התשובה טמונה בתחילת פרשתנו: בעימות בין שני האחים, כשיהודה מפציר ביוסף לשחרר את בנימין. אך כדי להבינה עלינו לחזור תחילה אל סמוך לתחילת הסיפור: אל שפת הבור בעמק דותן. יהודה הוא שהציע למכור את יוסף לעבדות: "וַיֹּאמֶר יְהוּדָה אֶל אֶחָיו: מַה בֶּצַע כִּי נַהֲרֹג אֶת אָחִינוּ וְכִסִּינוּ אֶת דָּמוֹ? לְכוּ וְנִמְכְּרֶנּוּ לַיִּשְׁמְעֵאלִים, וְיָדֵנוּ אַל תְּהִי בוֹ, כִּי אָחִינוּ בְשָׂרֵנוּ הוּא. וַיִּשְׁמְעוּ אֶחָיו" (בראשית לז, כו-כז).

אטימות איומה מהדהדת במשפטים הללו. אין בהם ולו מילה אחת על הרוע שברצח, אלא רק חישוב תועלתני ("מַה בֶּצַע?"). בנשימה אחת יהודה מציין שיוסף הוא "אָחִינוּ בְשָׂרֵנוּ" ומציע למכור אותו לעבדות. אין ליהודה שמץ מהאצילות הטרגית

של ראובן, אשר יחיד מכל אחיו הבין שהם עושים מעשה רע וניסה - לשווא - להציל את יוסף. בשלב זה בסיפור, יהודה הוא האדם האחרון שאפשר לצפות ממנו לגדולה.

אלא שיהודה - יותר מכל דמות אחרת בתורה - משתנה. האיש שאנו פוגשים בפרשתנו איננו האיש שהכרנו. אז הוא היה מוכן לראות את אחיו נמכר לעבדות. עכשיו הוא מוכן למסור לעבדות את עצמו ובלבד שאחיו הקטן לא יוחזק כעבד. אלה דבריו אל יוסף: "וְעַתָּה יֵשֶׁב נָא עַבְדְּךָ תַּחַת הַנַּעַר עֶבֶד לַאדֹנִי, וְהַנַּעַר יַעַל עִם אֶחָיו. כִּי אֵיךְ אֶעֱלֶה אֶל אָבִי וְהַנַּעַר אֵינֶנּוּ אִתִּי? פֶּן אֶרְאֶה בָרָע אֲשֶׁר יִמְצָא אֶת אָבִי" (מד, לג-לד).

לפנינו מהפך אישיותי מדויק כתמונת ראי. האַפָּתי נעשה אכפתי. האדישות לגורל אח קטן אחד הייתה לנחישות להצלת אח קטן ממנו. יהודה מתנדב לסבול את הסבל שגרם פעם ליוסף כדי שסבל זה לא ייפול בחלקו של בנימין. בשלב הזה מתוודע יוסף אל אחיו. ברור לנו למה: יהודה עבר את המבחן שיוסף הכין לו בקפידה. יוסף רצה לדעת אם יהודה השתנה. והוא גילה שהתשובה חיובית. עכשיו הוא יכול לעצור את המבחן.

זהו רגע מכריע בתולדות רוח האדם. יהודה הוא בעל התשובה הראשון בתורה. מאיפה באה התמורה הזו באישיותו? הפתרון יימצא, גם הפעם, בדפדוף לאחור. הפעם לא עד תחילת הסיפור בפרק לז אלא אל פרק לח, אל סיפור תמר.

כזכור, תמר נישאה, בזה אחר זה, לשני בניו של יהודה, ומכל אחד מהם בתורו התאלמנה בלי שהרתה. יהודה חשש לגורלו של בנו השלישי אם ייקח את תמר לאישה, והרחיק אותה ממנו, ועל ידי כך מנע ממנה כל אפשרות לנישואים ולאימהוּת. כדי להיחלץ ממצבה התחפשה לזונה, והסתירה את פניה. יהודה יְדָעָהּ. היא הרתה לו. משהודיעו לו כי כלתו האלמנה הרתה לזנונים ציווה להוציאה לשרפה. תמר, שכאשר התחפשה לקחה מיהודה כעירבון לאתנן את חותמו, את פתילו ואת מטהו, שלחה לו אותם. "לְאִישׁ אֲשֶׁר אֵלֶּה לּוֹ אָנֹכִי הָרָה", אמרה לו. עכשיו הבין יהודה את הסיפור כולו. הוא הבין כי גזר על תמר אלמנוּת מתמדת. הוא הבין שהוא עצמו אבי העוּבּר. והוא גם הבין שתמר נהגה בו בהגינות יוצאת דופן כאשר הקפידה שקלונו לא ייוודע ברבים אף כי איפוק זה סיכן אותה (ממעשה זה שלה למדו חכמים כי "נוח לו לאדם שיפיל עצמו לכבשן האש ואל ילבין פני חברו ברבים"[1]).

מעשה הגבורה של תמר הוליד בשורה רוחנית. יהודה הודה שלא פעל כשורה. "צָדְקָה מִמֶּנִּי", אמר. זו הפעם הראשונה בתורה שאדם מודה באשמה. זו גם נקודת

1. ברכות מג ע"ב.

המפנה בחייו של יהודה. כאן נולדה יכולתו של האדם להכיר בחטאי עצמו, להתחרט ולהשתנות: אותה תופעה מורכבת הידועה בשם "תשובה". שינוי זה סלל את הדרך לסצנה הכבירה בפרשת ויגש, שבה הפגין יהודה נכונות להפוך את התנהגותו הישנה על קודקודה ולעשות ההפך ממה שעשה פעם. יהודה הוא איש התשובה.

שמו של יהודה בא לו ממשמעות אחת של המילה "להודות": לומר תודה. "הַפַּעַם אוֹדֶה אֶת ה'", אמרה לאה בהולדתו ונתנה לו את שמו. אך "להודות" הוא גם להודות באשמה. התורה משתמשת בדרך כלל לעניין זה בצורה "התוודה", שממנה נגזרה גם המילה "וידוי" שהיא, על פי הרמב"ם, אחד החלקים החיוניים בתהליך התשובה. לשמו של יהודה כמו נוסף מעתה מִשְׁנֶה משמעות: יהודה הוא האיש שהודה בחטאו.

לאור זאת נוכל להבין מחדש את המימרה הידועה של רבי אבהו "מקום שבעלי תשובה עומדין - צדיקים גמורים אינם עומדין",[2] כלומר בעלי תשובה נמצאים במדרגה גבוהה אפילו מזו של צדיקים גמורים. פסוק הסמך של רבי אבהו במדרש הזה הוא "שָׁלוֹם שָׁלוֹם לָרָחוֹק וְלַקָּרוֹב, אָמַר ה'" (ישעיהו נז, יט). הנביא ישעיהו מקדים בפסוק זה את הרחוק לקרוב, כלומר זה שהיה רחוק מה' קודם לזה שהיה קרוב אליו. אלא שפירוש זה של רבי אבהו של הפסוק בישעיהו שנוי במחלוקת. לדעת רבי יוחנן, המובאת שם בסוגיה, "רחוק" בפסוק הזה פירושו לא רחוק מה' אלא רחוק מחטא.

נראה שההוכחה האמתית למימרת רבי אבהו היא יהודה. יהודה הוא בעל תשובה, הראשון בתורה. יוסף, לעומת זאת, ידוע בכינוי "יוסף הצדיק". יוסף הצדיק היה משנה למלך מצרים, אך יהודה בעל התשובה נעשה אביהם של מלכי ישראל. במקום שיהודה בעל התשובה עומד היום, אפילו יוסף הצדיק הגמור אינו עומד. אכן, יהיה אדם גדול ככל שיהיה במידותיו ובסגולותיו, עדיין גדול ממנו יהיה האדם המסוגל לצמיחה ולשינוי. זה כוחה של תשובה. וראשיתה של התשובה - ביהודה.

2. ברכות לד ע"ב.

ויגש

הולדת הסליחה

יש רגעים המשנים את העולם. בשנת 1439, למשל, כשיוהנס גוטנברג המציא את מכבש הדפוס עם אותיות הבֶּלט הניידות (אף כי הסינים פיתחו מכשיר כזה ארבע מאות שנה קודם לכן). או בשנת 1821, כשמייקל פאראדיי המציא את המנוע החשמלי. או בשנת 1990, כשטים בֶּרנֶרס-לי יצר את "הרשת הכלל-עולמית" (www), הלוא היא רשת האינטרנט. גם בפרשת השבוע שלנו יש רגע כזה, ובדרכו הוא היה מהפכני לא פחות מאלה שהזכרנו. זה קרה רגע לאחר שיוסף גילה לאחיו את זהותו. כשהדיבר ניטל מפיהם, הוא המשיך ואמר:

> אֲנִי יוֹסֵף אֲחִיכֶם אֲשֶׁר מְכַרְתֶּם אֹתִי מִצְרָיְמָה. וְעַתָּה, אַל תֵּעָצְבוּ וְאַל יִחַר בְּעֵינֵיכֶם כִּי מְכַרְתֶּם אֹתִי הֵנָּה, כִּי לְמִחְיָה שְׁלָחַנִי אֱלֹהִים לִפְנֵיכֶם. כִּי זֶה שְׁנָתַיִם הָרָעָב בְּקֶרֶב הָאָרֶץ, וְעוֹד חָמֵשׁ שָׁנִים אֲשֶׁר אֵין חָרִישׁ וְקָצִיר. וַיִּשְׁלָחֵנִי אֱלֹהִים לִפְנֵיכֶם לָשׂוּם לָכֶם שְׁאֵרִית בָּאָרֶץ וּלְהַחֲיוֹת לָכֶם לִפְלֵיטָה גְּדֹלָה. וְעַתָּה, לֹא אַתֶּם שְׁלַחְתֶּם אֹתִי הֵנָּה, כִּי הָאֱלֹהִים... (בראשית מה, ד-ח)

זהו הרגע המתועד הראשון בהיסטוריה שבו אדם אחד סולח לזולתו.

על פי המדרש, הקב"ה סלח לבני אדם עוד קודם לכן,[1] אך לא על פי פשט הכתובים. חסרונו של רכיב הסליחה מהדהד בסיפורי המבול, מגדל בבל ומהפכת סדום ועמורה. כשאברהם נשא את תפילתו הנועזת למען אנשי סדום, הוא לא ביקש מאלוהים לסלוח להם. טיעוניו נסבו על צדק, לא על מחילה: אולי יש שם חמישים

1. ישנם מדרשים האומרים שה' סלח לאדם וחווה ולקין באופן חלקי, או לפחות הקל בעונשם. על ישמעאל נאמר במדרש שחזר בתשובה, ויש מחכמי המדרש המזהים את קטורה, האישה שאברהם לקח אחרי מות שרה, עם הגר – ומכאן משמע שאברהם ויצחק שבו והתפייסו עם שפחת שרה ועם בנה.

צדיקים, או אפילו עשרה. לא הוגן שהם ימותו. ובזכותם, אומר אברהם, יש להציל את כולם. טיעון כזה שונה תכלית שוני מבקשה למחול לרשעים.

יוסף סלח. זה היה תקדים היסטורי. ובכל זאת, התורה רומזת שהאחים לא עמדו על מלוא משמעותן של מילותיו. הוא אמנם לא אמר את המילה המפורשת "סלחתי". הוא אמר להם שלא יצטערו. הוא אמר: לא אתם עשיתם זאת, אלא אלוהים. הוא אמר להם שמן המעשה שלהם התגלגלה תוצאה חיובית. אך כל זאת עדיין יכול, תיאורטית, להתיישב עם תפיסתם כאשמים וכראויים להיענש. כדי להוציאנו מכלל ספק זה, מספרת התורה על מאורע נוסף, שהתרחש שנים לאחר מכן, אחרי מות יעקב. האחים רצו להיפגש עם יוסף, מחשש שעתה ינקום בהם. הם המציאו סיפור:

> וַיְצַוּוּ אֶל יוֹסֵף לֵאמֹר, "אָבִיךָ צִוָּה לִפְנֵי מוֹתוֹ לֵאמֹר: 'כֹּה תֹאמְרוּ לְיוֹסֵף, אָנָּא **שָׂא** נָא פֶּשַׁע אַחֶיךָ וְחַטָּאתָם, כִּי רָעָה גְמָלוּךָ'. וְעַתָּה, **שָׂא** נָא לְפֶשַׁע עַבְדֵי אֱלֹהֵי אָבִיךָ". (בראשית נ, טז-יז)

זה היה שקר לָבָן, ויוסף הבין מדוע סיפרו אותו. האחים השתמשו במילה "שָׂא", סְלַח, משום שעדיין לא היו בטוחים למה התכוון יוסף בדברי הסליחה שלו. האם יכול אדם לסלוח באמת ובתמים למי שמכר אותו לעבדות? אולם יוסף אכן סלח. הוא לא רצה ברעתם. לא היה לו עוד כעס ולא משקעי טינה ולא תשוקת נקם. הוא כבש את רגשותיו ויצר מסגרת מארגנת חדשה לאירועי העבר.

הסליחה אינה קיימת בכל תרבות. היא איננה מאפיין אנושי אוניברסלי וגם לא תכתיב ביולוגי. מלמד על כך מחקר מרתק של הקלסיציסט האמריקני דיוויד קונסטן, **לפני הסליחה: שורשיו של רעיון מוסרי**.[2] קונסטן מראה שם כי בספרות יוון הקדומה אין מושג של סליחה. יש שם דבר אחר, שרבים מבלבלים אותו עם סליחה: שיכוך הכעס.

כשאדם פוגע בזולתו, הנפגע כועס ומבקש נקמה. הפוגע חש בסכנה, ומנסה להרגיע את הנפגע הזועם. לעתים הוא יתרץ תירוצים: "זה לא היה אני, זה היה מישהו אחר". או, "זה היה אני אבל לא הייתה לי בְּרֵרָה". או, "זה היה אני אבל זה לא כל כך נורא, ובעבר עשיתי לך דברים טובים, אז במאזן הכולל אתה לא צריך לכעוס".

2. David Konstan, *Before Forgiveness: The Origins of a Moral Idea*, Cambridge: Cambridge University Press, 2010.

לחלופין, או לצד אסטרטגיות אחרות, הפוגע עשוי להתחנן, להפציר ולבצע טקס כלשהו של השפלה עצמית. זו דרך לומר לנפגע, "אינני איום אמתי". המילה היוונית "סוּגְנוֹמֶה", המתורגמת לעתים ל"סליחה", פירושה האמתי לדברי קונסטן הוא "זיכוי" או "כפרה". הנפגע החונן את הפוגע בסוגנומה אומר לו בכך: אינני סולח לך על מה שעשית, אבל אני מבין למה עשית זאת (כי לא יכולת להתגבר על כך, כי נלכדת בנסיבות שמעבר לשליטתך); או, לחלופין: אינני צריך לנקום בך, מפני שהרכנת ראשך כלפיי והראית שאתה חולק לי את הכבוד הראוי. כבודי הושב על כנו.

בתורה יש דוגמה קלסית לפיוס שכזה: התנהגותו של יעקב כלפי עשו בפגישתם במעבר יבוק, בשובו של יעקב ממנוסתו הארוכה מפני אחיו. כזכור, יעקב נס לחרן עשרים ושתיים שנה קודם לכן, לאחר שרבקה סיפרה לו כי שמעה שעשו מתכנן להורגו לאחר מות יצחק (בראשית כז, מא). לקראת המפגש המחודש שולח יעקב לעשו מתנת ענק של צאן ובקר, ואומר "**אֲכַפְּרָה** פָנָיו בַּמִּנְחָה הַהֹלֶכֶת לְפָנָי, וְאַחֲרֵי כֵן אֶרְאֶה פָנָיו: אוּלַי יִשָּׂא פָנָי" (לב, כא). בפגישה עצמה יעקב משתחווה לעשו שבע פעמים, מחווה קלסית של השפלה עצמית. האחים מתנשקים, מתחבקים ויוצאים לדרכיהם הנפרדות, אך זאת לא מפני שעשו סלח ליעקב אלא מפני ששכח או מפני שזעמו שוכַּך.

הפיוס הוא צורה של ניהול סכסוכים הקיימת אפילו בקרב בעלי חיים. חוקר קופי האדם פראנס דה־ואל תיאר טקסי שלום בקרב שימפנזים, בונובואים וגורילות הרים.[3] בקרב בעלי החיים החברתיים יש מאבקי שליטה, אך מוכרחות להיות גם דרכים להשבת ההרמוניה לקבוצה, אם חפצת חיים היא. צורות פיוס והשלמה אלו הן קדם־מוסריות, והן מלוות את האנושות מהולדתה.

לא כן הסליחה. קונסטן טוען שהופעתה הראשונה בהיסטוריה נמצאת בתנ"ך - בסליחתו של יוסף לאחיו. אולם הוא איננו מסביר **מדוע** יוסף סולח, ומדוע רעיון הסליחה ומוסד הסליחה נולדו דווקא ביהדות.

התשובה היא שהיהדות הולידה צורה חדשה של מוסריות. היהדות מציעה אתיקה של אשמה - בניגוד לאתיקת הבושה שהציעו מערכות אחרות. אחד ההבדלים היסודיים בין שתי האתיקות הללו הוא שהבושה נצמדת לאדם, ואילו האשמה - לַמעשה. בתרבויות בושה, כשאדם עושה רע הוא כביכול מוחתם, מסומן, נטמא.

3. Frans de Waal, *Peacemaking among Primates*, Cambridge, Mass.: Harvard University Press, 1989.

בתרבויות אשמה, לא העושה הוא הרַע, אלא המעשה. לא החוטא, אלא החֵטא. האדם שחָטא שומר על ערכו האנושי הבסיסי (כמאמר ברכת השחר, "אלוהיי, נשמה שנתת בי טהורה היא"). המעשה הוא אשר צריך להימחק. על כן בתרבויות האשמה ישנם תהליכים של תשובה, טהרת הלב וסליחה.

זה ההסבר להתנהגותו של יוסף במצרים, מרגע שאחיו הגיעו אליו לראשונה ועד לרגע שהוא מבשר להם על זהותו ועל סליחתו. יוסף מכניס את אחיו לתהליך קלסי, הראשון המתועד בספרות העולם, של כפרת עוונות. בכך הוא מלמד אותנו, והתורה מלמדת אותנו, כיצד מרוויחים סליחה ביושר.

ניזכר במה שקרה. תחילה האשים יוסף את אחיו בפשע שלא ביצעו. הוא אמר להם שהם מרגלים. הוא כלא אותם לשלושה ימים. ואז השאיר את שמעון כבן ערובה, והורה לשאר לחזור לביתם ולהביא משם את אחיהם הצעיר בנימין. במילים אחרות, הוא הכריח אותם לשחזר את המעמד הקודם, שבו חזרו לאביהם כשאחד מהם, יוסף, חסר. ראו מה קרה אחר כך:

> וַיֹּאמְרוּ אִישׁ אֶל אָחִיו, "אֲבָל אֲשֵׁמִים אֲנַחְנוּ עַל אָחִינוּ, אֲשֶׁר רָאִינוּ צָרַת נַפְשׁוֹ בְּהִתְחַנְנוֹ אֵלֵינוּ וְלֹא שָׁמָעְנוּ; עַל כֵּן בָּאָה אֵלֵינוּ הַצָּרָה הַזֹּאת"... וְהֵם לֹא יָדְעוּ כִּי שֹׁמֵעַ יוֹסֵף, כִּי הַמֵּלִיץ בֵּינֹתָם. (בראשית מב, כא-כג)

זהו השלב הראשון בתשובה. הם **הכירו בחטאם**.

בהמשך, לאחר הפגישה השנייה, יוסף ציווה להכמין את גביע הכסף המיוחד שלו באמתחת בנימין. הגביע נמצא והאחים הושבו על עקביהם. נאמר להם שבנימין צריך להיענש ולהישאר עבד במצרים.

> וַיֹּאמֶר יְהוּדָה, "מַה נֹּאמַר לַאדֹנִי? מַה נְּדַבֵּר וּמַה נִּצְטַדָּק? הָאֱלֹהִים מָצָא אֶת עֲוֹן עֲבָדֶיךָ. הִנֶּנּוּ עֲבָדִים לַאדֹנִי - גַּם אֲנַחְנוּ, גַּם אֲשֶׁר נִמְצָא הַגָּבִיעַ בְּיָדוֹ". (מד, טז)

זהו השלב השני בתשובה. הם **מתוודים**. והם עושים יותר מכך: הם מודים באחריותם המשותפת. זו התפתחות חשובה. כאשר האחים מכרו את יוסף לעבדות, יהודה הוא שהציע את הרעיון (לז, כו-כז), אבל כולם חוץ מראובן אימצו אותו.

ולבסוף, בשיאו של הסיפור, יהודה מציע את עצמו תמורת בנימין: "וְעַתָּה יֵשֶׁב נָא עַבְדְּךָ תַּחַת הַנַּעַר עֶבֶד לַאדֹנִי, וְהַנַּעַר יַעַל עִם אֶחָיו" (מד, לג). יהודה, שמכר את אחיו יוסף לעבד, מביע נכונות להיעשות עבד כדי לשחרר את אחיו בנימין. זה הדבר

שחז"ל והרמב"ם מגדירים **כתשובה שלמה**: כשהנסיבות שהיו בעת החטא מתקיימות בשנית, ויש לחוטא הזדמנות לחטוא שוב, אך הוא נמנע מכך כי **הוא השתנה**.

עכשיו יוסף יכול לסלוח, שכן אחיו, בהנהגת יהודה, עברו את תהליך התשובה על כל שלביו: (1) הכרת החטא, (2) וידוי ו־(3) שינוי התנהגותי.

סליחה קיימת רק בתרבות שתשובה קיימת בה. רעיון התשובה מתבסס על הנחת היסוד שאנחנו חופשיים ואחראים למעשינו, ושאנחנו מסוגלים להשתנות - ובפרט להשתנות בעקבות ההכרה בכך שחטאנו, שאנחנו אחראים לחטא הזה, ושאנחנו מתחייבים שלא לחזור עליו. האפשרות לסוג כזה של תמורה מוסרית לא התקיימה ביוון העתיקה ולא בשום תרבות אלילית אחרת. יוון הייתה תרבות של "בושה וכבוד", שהושתתה על צמד המושגים אופי וגורל.[4] היהדות היא תרבות של "תשובה וסליחה", שמושגי היסוד שלה הם רצון ובחירה. רעיון הסליחה היהודי אומץ בידי הנצרות, וכך הייתה האתיקה היודיאו־נוצרית לנשאית ההיסטורית הראשית של רעיון הסליחה.

התשובה והסליחה אינן רק שני רעיונות מני רבים. הן שינו את המצב האנושי. התשובה כוננה לראשונה את האפשרות שהאדם לא נידון לחזור על עברו עד אין קץ. כשאני עושה תשובה, אני מראה שבכוחי להשתנות. העתיד אינו כתוב מראש. אני יכול לעשותו אחר מכפי שהסתמן. הסליחה משחררת אותנו מן העבר. **הסליחה שוברת את הבלתי־הפיכות של מעגל התגובה והנקמה.** את הנעשה אפשר להשיב.[5]

האנושות השתנתה ביום שיוסף סלח לאחיו. כשאנחנו סולחים, וכשאנחנו ראויים להיסלח, אנו חדלים להיות אסיריו של עבָרֵנו.

4. ראו Bernard Williams, *Shame and Necessity*, Berkeley: University of California Press, 1993.
5. חנה ארנדט עומדת על כך בספרה **המצב האנושי**, עברית: אריאלה אזולאי ועדי אופיר, תל אביב: הקיבוץ המאוחד וקרן פרידריך אברט, תשע"ד, עמ' 276-277.

ויגש

מסגור מחדש

הרמב"ם כינה את החכם, הדמות האנושית האידיאלית בעיניו, "רופא נפשות".[1] כיום אנו קוראים לאדם כזה פסיכותרפיסט, מילה שנטבעה בתקופה מאוחרת למדי מן המילים היווניות "פסיכֶה", נפש, ו"תרפיה", ריפוי. מדהים לראות כמה מחלוצי רפואת הנפש בעידן המודרני היו יהודים.

כמעט כל הפסיכואנליטיקנים הראשונים היו יהודים - ובהם זיגמונד פרויד, אלפרד אדלר, אוטו ראנק ומלאני קליין. עובדה זו הייתה כה בולטת, שבגרמניה הנאצית הייתה הפסיכואנליזה ידועה בכינוי "המדע היהודי". בהמשך, בלטו בקבוצת הפסיכולוגים היהודים חוקר הקונפורמיות סולומון אָש, הפסיכולוג ההתפתחותי לורנס קולברג ופסיכולוג הילדים ברונו בטלהיים. ולא רק הם. לאון פסטינגר הוא הפסיכולוג שטבע את המונח דיסוננס קוגניטיבי, הווארד גרדנר הוא אבי רעיון האינטליגנציות המרובות, ומפיטר סאלוביי ודניאל גולמן יצאה תורת האינטליגנציה הרגשית. אברהם מאסלו הנחיל לנו מבט חדש על המוטיבציה; וולטר מישל לימדנו על השליטה העצמית ב"ניסוי המרשמלו" המפורסם; דניאל כהנמן ועמוס טברסקי הביאו לעולם את תורת הערך ואת הכלכלה ההתנהגותית; ולאחרונה זכינו במחקרם האמפירי החלוצי של ג'ונתן היידט וג'ושוע גרין על הרגשות המוסריים. וזו רשימה חלקית מאוד של היהודים שפרצו דרכים חדשות בפסיכולוגיה.

בעיניי, התרומות היהודיות החשובות ביותר לפסיכולוגיה ולרפואת הנפש באו משלוש דמויות מַרשימות נוספות: ויקטור פראנקל, אהרון בק ומרטין סֶליגמן. פראנקל יצר את הלוגותרפיה, שיטת טיפול המבוססת על כך שכל אדם מחפש משמעות. בק הוא מאבותיה של צורת הטיפול המצליחה ביותר, טיפול קוגניטיבי־התנהגותי (CBT). סליגמן הנחיל לנו את הפסיכולוגיה החיובית: פסיכולוגיה המתמקדת ברגשות

1. **שמונה פרקים**, פרק שלישי.

החיוביים, וכנגד הטיפול בדיכאון שמציעות שיטות אחרות חותרת להבאת המטופל לאושר ולשמחת חיים באמצעות רכישת אופטימיות.

אלו הן שלוש גישות שונות, אך יש להן דבר אחד במשותף. הן מבוססות על רעיון שהציג עוד לפניהן האדמו"ר הראשון מחב"ד בספר **התניא**: אם נשנה את צורת החשיבה שלנו, נוכל לשנות את הרגשתנו. היגד זה היה, בהישמעו לראשונה מפי פסיכולוגים, היגד מהפכני שעמד בניגוד חריף לתיאוריות המוכרות על נפש האדם. היו שגרסו שהאופי שלנו נקבע באופן תורשתי. אחרים סברו שחיי הרגש שלנו נשלטים בידי חוויות מן הילדות המוקדמת ודחפים לא מודעים. עוד אחרים, כגון איוון פבלוב, האמינו שההתנהגות נקבעת בהתניה. בכל התיאוריות הללו, החופש הפנימי שלנו נתפס כמוגבל ביותר. מהותנו, מִיהוּתֵנו והרגשתנו מוכתבות בעיקרן בידי גורמים שאינם התודעה המודעת שלנו.

ויקטור פראנקל הראה כי יש דרך אחרת - והוא עשה זאת בתנאים האיומים ביותר שבני אדם חוו אי־פעם: במחנה אושוויץ. לפני השואה היה פראנקל פסיכותרפיסט שהתמחה בריפוי בעלי נטיות אבדניות. באושוויץ הוא התמסר ככל שיכול לייעוד מיוחד: לנטוע בחבריו האסירים רצון לחיות. הוא ידע שרק אם יצליחו לשמר רצון זה יש סיכוי שיחזיקו מעמד. שם גילה פראנקל את התגלית היסודית שלימים הקנתה לו את פרסומו:

> אנו, שחיינו במחנות ריכוז, זוכרים את האנשים אשר היו עוברים מצריף לצריף כדי לעודד רוחם של אחרים, כדי לפרוס להם מפרוסת לחמם האחרונה. אולי הם היו מעטים, אך די בהם להוכיח כי אפשר ליטול מן האדם את הכול חוץ מדבר אחד: **את האחרונה שבחירויות אנוש - לבחור את עמדתו במערכת נסיבות מסוימת, לבוֹר את דרכו.**[2]

מה שנתן לאנשים את הרצון לחיות היה אמונתם שיש להם משימה לבצע, שליחות למלא, דבר־מה חשוב שהם עדיין לא השלימו ואשר מחכה להם שיעשוהו בעתיד. "צריכים היינו ללמוד בעצמנו וללמד את האנשים המיואשים", כותב פראנקל, "כי בעצם לא הייתה חשיבות למה שאנחנו קיווינו לקבל מן החיים, אלא למה שביקשו

2. פראנקל, **האדם מחפש משמעות**, עמ' 85–86.

החיים לקבל מאיתנו".[3] פראנקל נטע באסירים את ההכרה שהעתיד שלהם קורא להם, וכך הצליח לעזור להם בעודם בגיא צלמוות לגלות את ייעודם בחיים.

השינוי המנטלי שחוו אנשים אלה ידוע כיום, בעיקר בקרב אנשי הטיפול הקוגניטיבי־התנהגותי, כ"מִסגוּר מחדש". תמונה של צייר עשויה להיראות אחרת כאשר מחליפים את המסגרת שלה. וכמו התמונה גם החיים. העובדות אינן משתנות, אך משתנה האופן שאנו תופסים בו אותן. פראנקל כותב שהוא הצליח לשרוד באושוויץ על ידי כך שבכל יום ויום דמיין את עצמו מרצה באוניברסיטה על הפסיכולוגיה של מחנה הריכוז. כל מה שקרה לו בהווה הותמר, באמצעות פעולה תודעתית זו, לכדי המחשה של הרעיונות שיסביר בהרצאה. "בדרך זו הצלחתי איך־שהוא להתעלות על המצב, על סבלות השעה, והתבוננתי בהם כאילו היו נחלת העבר".[4]

תגלית מודרנית זו היא בעצם תגלית מחודשת, מפני שראשון גדולי הממסגרים מחדש בהיסטוריה היה יוסף - כמתואר בפרשיות השבוע הזה והשבוע הבא. כזכור, יוסף נמכר לעבדות בידי אחיו. הוא איבד את חירותו למשך שלוש־עשרה שנה, והיה מנותק ממשפחתו למשך עשרים שנה. אילו נטר לאחָיו טינה והשתוקק לנקום בהם, היה אפשר להבין אותו. ובכל זאת הוא התרומם מעל לרגשות הללו, ועשה זאת באמצעות הכנסת הזיכרונות למסגרת חדשה. הנה דבריו אל אחיו בהתוודעוֹ אליהם לראשונה:

> אֲנִי יוֹסֵף אֲחִיכֶם אֲשֶׁר מְכַרְתֶּם אֹתִי מִצְרָיְמָה. וְעַתָּה אַל תֵּעָצְבוּ וְאַל יִחַר בְּעֵינֵיכֶם כִּי מְכַרְתֶּם אֹתִי הֵנָּה, כִּי לְמִחְיָה **שְׁלָחַנִי אֱלֹהִים** לִפְנֵיכֶם. כִּי זֶה שְׁנָתַיִם הָרָעָב בְּקֶרֶב הָאָרֶץ, וְעוֹד חָמֵשׁ שָׁנִים אֲשֶׁר אֵין חָרִישׁ וְקָצִיר - **וַיִּשְׁלָחֵנִי אֱלֹהִים** לִפְנֵיכֶם לָשׂוּם לָכֶם שְׁאֵרִית בָּאָרֶץ וּלְהַחֲיוֹת לָכֶם לִפְלֵיטָה גְּדֹלָה. וְעַתָּה, **לֹא אַתֶּם שְׁלַחְתֶּם אֹתִי הֵנָּה, כִּי הָאֱלֹהִים**, וַיְשִׂימֵנִי לְאָב לְפַרְעֹה וּלְאָדוֹן לְכָל בֵּיתוֹ וּמֹשֵׁל בְּכָל אֶרֶץ מִצְרָיִם. (בראשית מה, ד–ח)

והנה דבריו אל אחיו כעבור שנים, לאחר שיעקב אביהם נפטר והם פחדו שיוסף שמר למועד זה את נקמתו:

3. שם, עמ' 98.
4. שם, עמ' 95.

אַל תִּירָאוּ! כִּי הֲתַחַת אֱלֹהִים אָנִי? **וְאַתֶּם חֲשַׁבְתֶּם עָלַי רָעָה – אֱלֹהִים חֲשָׁבָהּ לְטֹבָה** לְמַעַן עֲשֹׂה כַּיּוֹם הַזֶּה לְהַחֲיֹת עַם רָב. וְעַתָּה אַל תִּירָאוּ, אָנֹכִי אֲכַלְכֵּל אֶתְכֶם וְאֶת טַפְּכֶם. (בראשית נ, יט-כא)

יוסף מִסגר את כל עברו מחדש. הוא לא ראה עוד את עצמו כאדם שאחיו עשו לו עוול. הוא הגיע לידי ראיית עצמו כאדם שאלוהים שלח אותו למשימה מצילת חיים. כל מה שקרה לו היה הכרחי, כי קורותיו אלו הובילו אותו לעמדה שיוכל להגשים מעל גביה את מטרתו בחיים: להציל אזור שלם מגוויעה ברעב, ולהכין חוף מבטחים למשפחתו.

מעשה תודעתי זה, המסגור מחדש, אפשר ליוסף לחיות בלי צריבה מתמדת של כעס ותרעומת. הוא אפשר ליוסף לסלוח לאחיו ולהתפייס איתם. הוא התמיר את האנרגיות השליליות של הרגשת העבר לאנרגיות של קשב ממוקד אל העתיד. מבלי שידע זאת היה יוסף מבשרה של אחת התנועות החשובות בפסיכותרפיה המודרנית. הוא הראה מה גדול כוחו של מסגור מחדש. איננו יכולים לשנות את העבר. אבל בשַׁנותנו את האופן שאנו **חושבים** בו על העבר, אנו יכולים לשנות את העתיד.

כל מצב שאנו מצויים בו, מסגור מחדש יכול לשנות את תגובתנו אליו ולנסוך בנו כוח לשרוד, אומץ להתמיד, ונחישות להמריא מהצד האפל של הקיום אל אורו המרפא של יום חדש.

ויחי

הבן יזכיר לי אפרים

דרמת האחים הצעירים והבכורים שוזרה את ספר בראשית כולו, מקין והבל ואילך. עכשיו, בהגיעה אל שני בני יוסף, מנשה ואפרים, נרשם בה פרק יוצא דופן. בסצנה היחידה בחומש בראשית שיש בה סב ונכדים, יוסף מביא את בניו להתברך מאביו ישראל שעל ערש דווי - וישראל סבא מתעקש, למרות הסבריו של בנו, לשכל את ידיו ולתת את יד ימינו על ראש אפרים, הצעיר. "יָדַעְתִּי בְנִי, יָדַעְתִּי", אומר ישראל על מנשה הבכור, "גַּם הוּא יִהְיֶה לְּעָם וְגַם הוּא יִגְדָּל. וְאוּלָם אָחִיו הַקָּטֹן יִגְדַּל מִמֶּנּוּ וְזַרְעוֹ יִהְיֶה מְלֹא הַגּוֹיִם" (בראשית מח, כ).

לא קשה להבין מדוע היה חשוב כל כך ליוסף שאביו יברך את בנו הבכור. שלוש פעמים הקדים יעקב צעיר לבכור. תחילה, כשקנה את הבכורה מאחיו עשו, וכשרימה את יצחק כדי לקבל את הברכה שיועדה לו. אחר כך כשהעדיף את רחל מִלֵּאָה הגדולה ממנה. ולבסוף כשביכר את בניו הצעירים יוסף ובנימין על פני הגדולים. התוצאות ידועות. הבריחה מעשו ואימת המלחמה איתו; השעבוד הכפול ללבן והמתח בין הרעיה האהובה לשנואה באוהל יעקב; ואסון מכירת יוסף עצמו, עבדותו ומאסרו, שיוסף עוד נושא את צלקותיו. האם יעקב לא למד לקח? האם הוא רוצה להוריש את הקללה הזו לדור נוסף? או שמא פשוט אינו יודע שמנשה הוא הבכור?

ובכל מקרה, מדוע העדיף ישראל את אפרים? זו פגישתו הראשונה עם נכדיו אפרים ומנשה. לא הייתה לו הזדמנות להתרשם מאישיותם. הגורמים שהובילוהו להכרעות הקודמות לא היו קיימים הפעם.

התורה השאירה לנו כאן, כבמקרים נוספים, את מלאכת הפענוח. בכתוב, אנו מוצאים דבר אחד שישראל ודאי ידע על נכדיו: את שמותיהם. ייתכן שהשמות ומה שעומד מאחוריהם גרמו לו להעדיף את אפרים, שכן בשמות בניו קודד יוסף את סיפור גלותו מבית יעקב. כזכור, בני יוסף נולדו לו מאסנת בת פוטי־פרע לאחר שנתמנה משנה למלך, לפני שנות הרעב. "וַיִּקְרָא יוֹסֵף אֶת שֵׁם הַבְּכוֹר מְנַשֶּׁה, כִּי נַשַּׁנִי

אֱלֹהִים אֶת כָּל עֲמָלִי וְאֵת כָּל בֵּית אָבִי. וְאֵת שֵׁם הַשֵּׁנִי קָרָא אֶפְרָיִם כִּי הִפְרַנִי אֱלֹהִים בְּאֶרֶץ עָנְיִי" (מא, נא-נב).

בתמציתיות עילאית רומזת כאן התורה לאופייה של חוויית הגלות בשני שלבים שעברו על יוסף בהיותו משנה למלך. תחילה, הוא חש הקלה. הוא כבר אינו עבד ואינו אסיר. הוא עלה לגדולה. בארץ כנען הוא היה צעיר הבנים במשפחת רועים נוודים. והנה הוא גדול האומה החזקה בעולם, שני רק לפרעה בדרגה ובכוח. אין בארמון מי שיזכיר לו מאין בא. בטבעת פרעה שעל ידו, בבגדי השש שלו וברביד הזהב שעל צווארו, הוא נסיך מצרי (כמשה, לימים). עברו נשתכח ממנו וצלל בתהום הנשייה. זה פירוש שמו של מנשה.

בחלוף העתים התדפקו רגשות חדשים על לוח לבו של יוסף. נכון, הוא נסיך והוא הגשים את חלום נעוריו. אבל העם המצרי אינו עַמו ותרבות מצרים אינה תרבותו. משפחתו, העוסקת במקצוע הרעייה הבזוי במצרים, החיה בפריפריית כנען הפרימיטיבית, היא בכל זאת משפחתו וצור מחצבתו. ועם כל עליבותה לכאורה, דווקא אליה דיבר האלוהים; לא אלֵי השמש והנהר והמוות מהפנתיאון המצרי, אלא אלוהים בורא שמים וארץ, השוכן לא במקדשים ובפירמידות ובמרכבות מופזות אלא בלב האדם, ומשם הוא מדבר באוזניו ומרומם משפחה פשוטה אל פסגות הרוח.

תמורה חלה ביוסף. שינוי עומק. הצלחתו החומרית עוד הייתה בשיאה - "הִפְרַנִי אֱלֹהִים" - אך מצרים הייתה בעיניו לארץ עוניו. למה? כי היא גלות. אבחנה סוציולוגית ידועה על אוכלוסיות מהגרים, המוכרת בשם "חוק הַנְסֶן", אומרת כי הדור השני מנסה לזכור מה שהדור הראשון ניסה לשכוח. יוסף עבר בעצמו את השינוי הזה, ובמהירות רבה: עוד לפני הולדת בנו השני. כשקרא לו בשם אפרים ודאי עוד זכר כי אך לא מכבר, בהולדת מנשה, ניסה לשכוח מיהו, מאין בא, לאן הוא שייך. עכשיו הוא רוצה לזכור.

ואם כך, העדפתו של ישראל כלפי אפרים אינה קשורה לגילים, כי אם לשמות. הוא ידע ששהות משפחתו במצרים עתידה להיות ממושכת. טרם צאתו מכנען לראות את יוסף נגלה אליו ה' במראות הלילה ואמר לו, "אָנֹכִי הָאֵל אֱלֹהֵי אָבִיךָ. אַל תִּירָא מֵרְדָה מִצְרַיְמָה, כִּי לְגוֹי גָּדוֹל אֲשִׂימְךָ שָׁם. אָנֹכִי אֵרֵד עִמְּךָ מִצְרַיְמָה, וְאָנֹכִי אַעַלְךָ גַם עָלֹה. וְיוֹסֵף יָשִׁית יָדוֹ עַל עֵינֶיךָ" (מו, ג-ד). יעקב ידע שזו תחילתן של הגלות והעבדות ארוכות השנים שה' הודיע לאברהם, תוך ש"אֵימָה חֲשֵׁכָה גְדֹלָה נֹפֶלֶת עָלָיו", שיהיו מנת חלקם של צאצאיו (טו, יב-יג). זו תהיה לפרקים גלות איומה וחשוכה - ומנשה ואפרים הם הראשונים שנולדו בה.

ישראל רצה לאותת לדורות הבאים, דורות הגלות, ממנשה ואפרים והלאה, כי תמיד יהיה מתח בין התשוקה לשכוח לבין חיק הזיכרון: בין החשק להתבולל, לאמץ את התרבות המקומית, לאלחש את תקוות השיבה - לבין הידיעה שזוהי "גלות", שאנחנו חלק מסיפור גדול יותר, שבסוף הדרך מחכה לנו המולדת. יש ברכה בנשייה של מנשה, אך גדולה ממנה ברכת הזיכרון של אפרים, זיכרון העבר הרחוק והעתיד המתקרב. כשהיינו ילדים שיבשנו לפעמים בטעות את המילים שבפסוק ובשיר "הֲבֵן יַקִּיר לִי אֶפְרַיִם", ואמרנו "הַבֵּן יַזְכִּיר לי אפרים"; מתברר שיש משהו בטעות הזאת. בגלות נוח לִנְשׁוֹת כמנשה, אך חשוב מכך לזכור כאפרים.

ויחי

מתי מותר לשקר?

אחרי מות יעקב, אחיו של יוסף מפחדים. לפני שנים, כשגילה להם את זהותו האמתית, הוא נתן להם להבין שהוא סולח להם על שמכרו אותו לעבדות. בכך עסקנו בשיחתנו בפרשה הקודמת. כזכור, האחים לא היו בטוחים לגמרי שיוסף אכן סלח להם. אולי הוא לא התכוון למה שאמר? אולי הוא עדיין שומר טינה? ושמא הדבר היחיד שמנע ממנו עד כה לנקום בהם היה הכבוד ליעקב אביהם? בימים ההם היה מקובל שאחים לא סוגרים חשבונות כל עוד אביהם חי. אנו מכירים זאת מסיפור מוקדם יותר. לאחר שיעקב לקח את ברכת אחיו, עשו אמר, "יִקְרְבוּ יְמֵי אֵבֶל אָבִי וְאַהַרְגָה אֶת יַעֲקֹב אָחִי" (בראשית כז, מא). על כן באים אחי יוסף אליו ואומרים לו:

> "אָבִיךָ צִוָּה לִפְנֵי מוֹתוֹ לֵאמֹר, 'כֹּה תֹאמְרוּ לְיוֹסֵף: אָנָּא שָׂא נָא פֶּשַׁע אַחֶיךָ וְחַטָּאתָם, כִּי רָעָה גְמָלוּךָ'. וְעַתָּה שָׂא נָא לְפֶשַׁע עַבְדֵי אֱלֹהֵי אָבִיךָ". וַיֵּבְךְּ יוֹסֵף בְּדַבְּרָם אֵלָיו. (נ, טז-יז)

מהכתובים משתמע בבירור שסיפור זה שסיפרו אחי יוסף, על צוואתו־כביכול של יעקב, לא היה ולא נברא. אילו אמר יעקב את הדברים הללו, היה אומרם ליוסף עצמו, ולא מבקש מהאחים שיאמרו לו. הזמן המתאים לומר דברים כאלו היה על ערש דווי, בפרק הקודם. סיפורם של האחים היה "שקר לבן". מטרתו הראשית איננה לרמות, אלא להפחית את דרגת המתח בסיטואציה טעונה מאוד. אולי על כן בכה יוסף: הוא הבין שהאחים עדיין חושבים שהוא מסוגל לנקום בהם.

חז"ל למדו מכאן עיקרון: "מותר לשַנות מפני השלום".[1] שקר לבָן מותר בהלכה. אין זה המקום היחיד שחז"ל הזכירו בו עיקרון זה. הם אפילו ייחסו "שינוי"

1. יבמות סה ע"ב.

מן האמת לקב"ה עצמו.[2] כשהמלאכים באו לאוהל אברהם, לספר לו ולשרה שהיא עתידה להרות וללדת, שרה צחקה בלבה: "וַתִּצְחַק שָׂרָה בְּקִרְבָּהּ לֵאמֹר, אַחֲרֵי בְלֹתִי הָיְתָה לִּי עֶדְנָה וַאדֹנִי זָקֵן? וַיֹּאמֶר ה' אֶל אַבְרָהָם, לָמָּה זֶּה צָחֲקָה שָׂרָה לֵאמֹר 'הַאַף אֻמְנָם אֵלֵד וַאֲנִי זָקַנְתִּי?'" (יח, יב–יג). ה' סיפר לאברהם ששרה אמרה שהיא זקנה מכדי ללדת, אך השמיט את טענתה שגם אברהם זקן מכדי להוליד (טענה שהייתה עתידה להתגלות כמוטעית: אברהם הוליד עוד שישה ילדים אחרי מות שרה). חז"ל שיערו שה' שינה את דברי שרה כשמְסָרָם לאברהם מפני שלא רצה לעורר מדנים בין בעל לאשתו. גם כאן אמרו חז"ל: מותר לשנות מפני השלום.

ברור שחז"ל נזקקו לשני הסיפורים כדי לכונן את העיקרון הזה. לו היה בידינו רק המקרה של שרה, לא היה בו כדי להוכיח שאפשר לומר שקר לבן, שכן הקב"ה לא אמר דבר שקר, אלא סיפר חצי מהאמת. ואילו היה לפנינו רק המקרה של אחי יוסף, שאמנם אמרו דבר שקר, לא היינו יודעים אם הדבר אכן מותר. אולי עשו דבר אסור, ולכן יוסף בכה. רק בזכות הידיעה שהקב"ה עצמו עשה דבר דומה עם אברהם יכלו חז"ל לקבוע שמעשה זה של האחים היה מוצדק. עניין לנו כאן במאפיין חשוב של חיינו המוסריים, חשוב גם אם נדמה כי הוא בגדר מותרות של עידון חברתי: טקט.

ישעיה ברלין המנוח הֶראה שלא כל הערכים מתקיימים יחדיו בהרמוניה אפלטונית. הדוגמה החביבה עליו הייתה החופש והשוויון. אפשר לשמור על חופש כלכלי, אבל התוצאה תהיה אי־שוויון. אפשר גם לקיים שוויון כלכלי, קומוניזם, אבל התוצאה תהיה אבדן החופש. בעולם שאנו חיים בו, התנגשות מוסרית היא בלתי נמנעת.[3]

זו עובדה חשובה, ודומה שהיהדות מעולם לא הטילה בה ספק. קחו לדוגמה את סיפור מרד אבשלום. אבשלום ביצע הפיכת חצר ואביו המלך דוד נאלץ לברוח. לבסוף הגיעו הדברים לידי מלחמה בין חיילי אבשלום לחיילי דוד. אבשלום יפה התואר והשׂער נלכד בשערו הארוך בענפי האלה, ויואב שר צבא דוד ניצל את ההזדמנות והרגו. כשדוד שמע את בשורת הניצחון הזו חשך עליו עולמו. "וַיִּרְגַּז הַמֶּלֶךְ וַיַּעַל עַל עֲלִיַּת הַשַּׁעַר וַיֵּבְךְּ, וְכֹה אָמַר בְּלֶכְתּוֹ: בְּנִי אַבְשָׁלוֹם! בְּנִי בְנִי אַבְשָׁלוֹם! מִי יִתֵּן מוּתִי אֲנִי תַחְתֶּיךָ, אַבְשָׁלוֹם בְּנִי בְנִי!" (שמואל ב' יט, א). באטימות רגשית גמורה הטיח יואב בַּמלך השכול: "הֹבַשְׁתָּ הַיּוֹם אֶת פְּנֵי כָל עֲבָדֶיךָ הַמְמַלְּטִים אֶת נַפְשְׁךָ הַיּוֹם... לְאַהֲבָה

2. מדרש שֵׂכל טוב, תולדות כז, יט.
3. ישעיה ברלין, "שני מושגים של חירות", **ארבע מסות על חירות**, עברית: יעקב שרת, תל אביב: רשפים, תשל"א. וראו גם חיבורו החשוב של סטיוארט המפשייר Stuart Hampshire, *Morality and Conflict*, Cambridge, Mass.: Harvard University Press, 1983.

אֶת שֹׂנְאֶיךָ וְלִשְׂנֹא אֶת אֹהֲבֶיךָ... וְעַתָּה קוּם צֵא וְדַבֵּר עַל לֵב עֲבָדֶיךָ" (שם, ו-ח). אבלו של דוד על מות בנו מתנגש עם אחריותו כראש מדינה ועם נאמנותו לחיילים שהצילו את חייו. מה קודם למה: חובת אב או חובת מלך?

מקיומן של התנגשויות ערכיות נובע שסוג המוסריות ואופי החברה שלנו תלויים לא רק בערכים שאנו בוחרים לאמץ, אלא גם בדרך שאנו מתעדפים אותם. העדפת השוויון על פני החופש יוצרת סוג מסוים של חברה - הקומוניזם הסובייטי למשל. העדפת החופש על השוויון מובילה לחברה של כלכלת שוק. ייתכן שבשתי החברות דוגלים באותם ערכים, ורק מדרגים אותם באופן שונה, ובהתאם לכך שונות הכרעותיהן במקרים של התנגשות.

זו גם הסוגיה הנבחנת בסיפורים על שרה ועל אחי יוסף. האמת והשלום שניהם ערכים חשובים, אך באיזה מהם נבחר כשהם מתנגשים? לחכמינו היו תשובות שונות על כך.

ישנה למשל מחלוקת מפורסמת בין בית שמאי לבית הלל, מה אומרים לכלה בחתונתה.[4] המנהג היה לומר "כלה נאה וחסודה", אך חכמי בית שמאי טענו שאין לומר זאת אם הכלה אינה יפה וחסודה בעיני האומר. לדבריהם, כאן גובר הערך של צו התורה "מִדְּבַר שֶׁקֶר תִּרְחָק" (שמות כג, ז). חכמי בית הלל לא השתכנעו. מי צריך לשפוט אם הכלה יפה וחסודה? ודאי החתן עצמו. על כן, חלוקת שבחים לכלה איננה הצהרה אובייקטיבית שאפשר לבחון אותה באופן אמפירי. היא פשוט קילוס בחירתו של החתן. היא דרך לחגוג את אושרם של בני הזוג.

כזה הוא הטקט. כשאנו אומרים למי שנתן לנו מתנה שמתנתו יפה בעינינו, גם אם אין זה נכון, או כשאנו אומרים לזולתנו "כמה טוב לראות אותך" גם אם קיווינו להשתמט מפניו - אמירות אלו נתפסות כנימוסים נאים ולא כניסיון לרמות. כולנו יודעים זאת, ולכן שום נזק אינו נגרם - להבדיל ממקרה שבו השקר פוגע באינטרס מהותי של אחד הצדדים.

יסודי ופילוסופי יותר הוא מדרש ידוע על שיחה בין הקב"ה למלאכים בשאלה אם ראוי לברוא את האדם:

> אמר רבי סימון: בשעה שבא הקב"ה לברוא את אדם הראשון נעשו מלאכי השרת כיתים כיתים וחבורות חבורות. מהם אומרים אַל ייבָּרא, ומהם אומרים ייברא. וזהו מה שכתוב "חֶסֶד וֶאֱמֶת נִפְגָּשׁוּ, צֶדֶק וְשָׁלוֹם נָשָׁקוּ" (תהלים פה, יא).

4. כתובות טז ע"ב.

חסד אומר: "ייברא, שהוא גומל חסדים".
אמת אומר: "אַל ייברא, שכולו שקרים".
צדק אומר: "ייברא, שהוא עושה צדקות".
שלום אומר: "אל ייברא, שכולו קטטה".
מה עשה הקדוש ברוך הוא? נטל אמת והשליכו לארץ. וזהו מה שכתוב "וְתַשְׁלֵךְ אֱמֶת אַרְצָה" (דניאל ח, יב).
אמרו מלאכי השרת לפני הקב"ה: "ריבון העולמים, מה אתה מבזה את חותם המלכות שלך? תעלה אמת מן הארץ". וזהו מה שכתוב "אֱמֶת מֵאֶרֶץ תִּצְמָח" (תהלים פה, יב).[5]

זהו מדרש מאתגר. מה בדיוק אומרים המלאכים? למה מכוון הדרשן באומרו שהקב"ה "נטל אמת והשליכו לארץ"? האם, לאחר מעשה, צדק מלאך השלום כשאמר שהאדם "כולו קטטה"?

לדעתי הכוונה היא שבני האדם נידונו להתקוטט כל עוד קבוצות מתחרות יטענו כל אחת למונופול על האמת. בני האדם ילמדו לחיות בשלום אך ורק אם יבינו שכיוון שהם סופיים, בני תמותה, הם לא ישיגו בחייהם אף פעם את האמת כפי שהיא בשמים. האמת שבידינו תהיה תמיד חלקית, מקוטעת - המראֶה הנשקף ממקום מסוים ולא, כפי שהפילוסופים אומרים לפעמים, "המראה הנשקף משום מקום".[6]

סבורני כי תובנה זו היא הסיבה לכך שהתורה היא ספר הכתוב מנקודות מבט רבות, ולכך שהתנ"ך מכיל סוגים כה מרובים של קולות, ולכך שהמשנה והגמרא מאורגנות סביב מחלוקות, ולכך שהמדרש מבוסס על ההנחה שיש שבעים פנים לתורה. היהדות לדורותיה מחזיקה בהבנה דקה ומורכבת מאין כמוה בדבר אופייה של האמת; דקה ומורכבת מזו שיש, למיטב ידיעתי, בכל ציוויליזציה אחרת.

ייחודית במורכבותה ובחלוציותה היא גם תפיסת השלום ביהדות. אמונתנו איננה פציפיסטית ומעולם לא הייתה כזו. היא יודעת כי כדי להתגונן ולשמור על חייה נאלצת אומה לפעמים להשיב מלחמה. ובכל זאת, הנביאים ישעיהו ומיכה היו הראשונים בעולם כולו להעמיד חזון מוסרי של עולם שבו "לֹא יִשָּׂא גוֹי אֶל גּוֹי חֶרֶב". ישעיהו היה משורר החצר של השלום.

5. בראשית רבה ח, ה.
6. Thomas Nagel, *The View From Nowhere*, New York: Oxford University Press, 1986. האדם היחיד שהגיע לידי ראיית עולם שאינה אנתרופוצנטרית, להסתכלות על העולם מנקודת מבטו של הקב"ה כביכול, הוא איוב - בדבריו בפרקים לח-מא בספר הנושא את שמו.

כאשר ההתנגשות בין אמת לשלום נוגעת ליחסים שבין אדם לחברו, הנטייה בקרב חז״ל היא להעדיף את השלום, בין היתר מפני שבמצב של שלום יכולה האמת לשגשג, ואילו במלחמה ובריב האמת היא לא פעם הנפגעת הראשונה. על כן האחים לא חטאו כשסיפרו ליוסף שֶׁקֶר לבָן למען שמירת השלום והאחווה במשפחה. הם אף היו נאמנים לאמת עמוקה יותר: שאביהם האנושי, שאינו חי עוד, ולא פחות מכך גם אביהם שבשמים, חי העולמים, רוצים שהם וצאצאיהם, מייסדיו ובניו של עם הברית, יחיו זה עם זה בשלום; שכן כיצד יוכל עם ישראל לחיות בשלום עם העולם, אם לא ייכון שלום בתוכו?

ויחי

על אי־חיזוי העתיד

יעקב שכב על ערש דווי. הוא קרא לבניו. הוא רצה לברך אותם לפני מותו. אלא שנאום ברכתו מתחיל במעין חזרה תמוהה:

> הֵאָסְפוּ וְאַגִּידָה לָכֶם אֵת אֲשֶׁר יִקְרָא אֶתְכֶם בְּאַחֲרִית הַיָּמִים.
> הִקָּבְצוּ וְשִׁמְעוּ בְּנֵי יַעֲקֹב וְשִׁמְעוּ אֶל יִשְׂרָאֵל אֲבִיכֶם. (בראשית מט, א–ב)

יעקב חוזר לכאורה על אותה אמירה פעמיים, בהבדל אחד. במשפט הראשון הוא מתייחס למה שיקרה בעתיד, "בְּאַחֲרִית הַיָּמִים". לא כן במשפט השני. רש"י, בעקבות התלמוד ומדרש בראשית רבה,[1] אומר כי יעקב "ביקש לגלות את הקץ ונסתלקה ממנו שכינה והתחיל אומר דברים אחרים". יעקב ניסה לחזות את העתיד אך גילה שאיננו יכול.

אין זה פרט שולי. זוהי תכונה יסודית של הרוחניות היהודית. אנחנו מאמינים שאיננו יכולים לחזות את עתידם של בני אדם. אנחנו מעצבים את עתידנו באמצעות הבחירות שלנו. התסריט עוד לא נכתב. העתיד פתוח.

זה היה אחד ההבדלים המרכזיים בין ישראל הקדומה ליוון העתיקה. היוונים האמינו בגורל, מוֹירָה, ואפילו בגורל העיוור, אנאנקֶה. כשהאוראקל מדלפי אמר ללאיוס שיהיה לו בן שירצח אותו, לאיוס עשה כל שלאל ידו לסכל זאת. בהיוולד הבן, לאיוס מְסמֵר את רגלו אל סלע ונטש אותו למות. אלא שרועה צאן שעבר שם הציל אותו, והילד גדל אצל המלך והמלכה של קורינתוס. בשל המום שנוצר ברגלו הוא נודע בשם אדיפוס - נְפוּחַ הרֶגל. המשך הסיפור ידוע. כל מה שניבא האוראקל קרה, וכל פעולות המנע רק עזרו לכך לקרות. משאמר האוראקל את דברו, הגורל

1. רש"י לבראשית מט, א; פסחים נו ע"א; בראשית רבה מט, ה.

נחתם ואין להשיבו. רעיונות אלה הם תשתיתה של אחת התרומות הגדולות ביותר של יוון לתרבות העולם: הטרגדיה.

למרבה הפלא, למרות כל הצרות והייסורים והחורבנות שבתנ"ך, בעברית המקראית אין מילה המציינת טרגדיה. "אסון" ויתר נרדפותיו המקראיות איננו טרגדיה במובן הקלסי של המילה. בטרגדיה הגיבור נידון למפלה או לחורבן שיבואו לו בשל ליקוי באופיו או בהתנגשות עם כוח־על כגון הגורל. ליהדות אין מילה לתופעה הזו, משום שאיננו מאמינים בגורל שרירותי, הכרחי ובלתי נמנע. אנחנו חופשיים. בידנו לבחור. כפי שאמר בשנינותו יצחק בשביס זינגר: "אנחנו **חייבים** להיות חופשיים, אין לנו בְרֵרה!"

רעיון זה מבוטא בעוצמה ובחריפות בפיוט לימים נוראים "ונתנה תוקף". הוא מתאר כיצד "בראש השנה ייכתבון וביום צום כיפור ייחתמון" - "מי יחיה ומי ימות, מי בקצו ומי לא בקצו", וכן הלאה - אבל אז מגיע המהפך: "ותשובה ותפילה וצדקה מעבירין את רוע הגזרה". גזר הדין היוצא מלפני הקב"ה נתון תמיד לערעור. אין גזרה שאיננו יכולים להמתיקה ולבטלה בהראותנו שחזרנו בתשובה ונשתנינו.

בתנ"ך יש דוגמה קלסית לכך:

> בַּיָּמִים הָהֵם חָלָה חִזְקִיָּהוּ לָמוּת. וַיָּבֹא אֵלָיו יְשַׁעְיָהוּ בֶן אָמוֹץ הַנָּבִיא וַיֹּאמֶר אֵלָיו, "כֹּה אָמַר ה': צַו לְבֵיתֶךָ כִּי מֵת אַתָּה וְלֹא תִחְיֶה". וַיַּסֵּב אֶת פָּנָיו אֶל הַקִּיר וַיִּתְפַּלֵּל אֶל ה' לֵאמֹר, "אָנָּה ה', זְכָר נָא אֵת אֲשֶׁר הִתְהַלַּכְתִּי לְפָנֶיךָ בֶּאֱמֶת וּבְלֵבָב שָׁלֵם וְהַטּוֹב בְּעֵינֶיךָ עָשִׂיתִי". וַיֵּבְךְּ חִזְקִיָּהוּ בְּכִי גָדוֹל. וַיְהִי יְשַׁעְיָהוּ לֹא יָצָא חָצֵר הַתִּיכֹנָה, וּדְבַר ה' הָיָה אֵלָיו לֵאמֹר, "שׁוּב וְאָמַרְתָּ אֶל חִזְקִיָּהוּ נְגִיד עַמִּי, כֹּה אָמַר ה' אֱלֹהֵי דָּוִד אָבִיךָ: שָׁמַעְתִּי אֶת תְּפִלָּתֶךָ רָאִיתִי אֶת דִּמְעָתֶךָ הִנְנִי רֹפֵא לָךְ". (מלכים ב' כ, א-ה, ובנוסח דומה ישעיהו לח, א-ה).

הנביא ישעיהו אמר למלך חזקיהו שהוא לא יקום ממחלתו, אך חזקיהו נרפא. הוא חי עוד חמש־עשרה שנה. ה' שמע לתפילתו וחנן אותו בחיים. מכך מסיקה הגמרא, "אפילו חרב חדה מונחת על צווארו של אדם, אל ימנע עצמו מן הרחמים".[2] אנחנו מתפללים לגורל טוב, אך איננו מוסרים את עצמנו ביד הגורל.

2. ברכות י ע"א.

נבואה איננה חיזוי. **אם חיזוי מתגשם, הוא הצליח. אם נבואה מתגשמת, היא נכשלה.** נביא משמיע לא חיזוי אלא אזהרה. הוא איננו אומר סתם "זה יקרה", אלא "זה יקרה **אם לא** תשתנו". הנביא מדבר אל החופש האנושי, לא אל כורח הגורל.

נכחתי פעם באספה שבה נתבקש ברנרד לואיס, היסטוריון האסלאם הדגול, לחזות את תוצאתה של התערבות צבאית אמריקנית במדינה זרה שהחלה אז. תשובתו הייתה נהדרת. "אני היסטוריון, ולכן אני מנבא רק את העבר. יתרה מכך, אני היסטוריון בגמלאות, ולכן אפילו העבר שאני מנבא עבר זמנו". זו הייתה תשובה יהודית מאוד.

במאה העשרים ואחת אנחנו יודעים הרבה ברמת המאקרו וברמת המיקרו. אנחנו מסתכלים כלפי מעלה ורואים יקום ובו מאה מיליארד גלקסיות שבכל אחת מהן מאה מיליארד כוכבים. אנחנו מסתכלים כלפי מטה ורואים גוף אנושי המכיל מאה טריליון תאים, ובתוך כל אחד מהם עותק כפול של הגנום האנושי, 3.1 מיליארד "אותיות" אורכו, כדי מילוי ספרייה בת 5,000 כרכים. אבל נשאר דבר אחד שאיננו יודעים ושלעולם לא נדע: מה יביא המחר בכנפיו. העבר, אמר הסופר ל"פ הארטלי, הוא ארץ נוכרייה, אך העתיד הוא ארץ לא נודעת. משום כך תחזיות כה רבות נכשלות.

זהו ההבדל המהותי בין הטבע לבין טבע **האדם**. הבבלים הקדמונים כבר ידעו לחזות במדויק את תנועת כוכבי הלכת ברקיע - אבל אפילו בימינו, עם כל סריקות המוח ומדע המוח, עדיין איננו יכולים לחזות מה אנשים יעשו. תכופות הם מפתיעים אותנו.

הסיבה לכך היא שאנחנו חופשיים. אנחנו בוחרים, אנחנו טועים, אנחנו לומדים, אנחנו משתנים, אנחנו צומחים. הכישלון המהלֵך בבית הספר נעשה זוכה פרס נובל. המנהיג שהכזיב מפגין פתאום אומץ ותבונה בשעת משבר. איש העסקים השאפתן חושב פתאום על יום מותו ומחליט להקדיש את שארית חייו לעזרה לעניים. כמה מהאנשים המצליחים ביותר שפגשתי היו ילדים שמוריהם נואשו מהם ואמרו שלא יצלחו לְדָבָר. אנחנו מתגרים תמיד בתחזיות. יש המאמינים שהחופש הוא אשליה. הם טועים. החופש הוא העושה אותנו לבני אדם.

אנחנו חופשיים מפני שאיננו רק אובייקטים. אנחנו סובייקטים. אנחנו מגיבים לא רק למאורעות פיזיקליים, אלא גם לאופן שאנו תופסים בו את האירועים הללו. יש לנו תודעה, לא רק מוח. יש לנו מחשבות, לא רק חישות. אנחנו מגיבים, אבל אנחנו יכולים גם לבחור שלא להגיב. יש בנו משהו שאי־אפשר לצמצמו לכדי חומר, לכדי תהליכים פיזיים של סיבה ותוצאה.

מה שאמרו על כך קדמונינו נותר רענן, אמתי ועמוק. אנחנו חופשיים מפני שאלוהים חופשי והוא עשה אותנו בצלמו. לכך מכוונות שלוש המילים שאמר ה'

למשה כשהתגלה אליו בסנה ומשה שאל לשמו. ה׳ ענה, ״אהיה אשר אהיה״. מקובל לתרגם ביטוי זה כאילו שיעורו הוא ״אני מי שאני״, אך פירושו האמתי הוא ״אהיה מי ומה שאבחר להיות״. אני אלוהי החופש. אי־אפשר לחזות אותי. ה׳ אומר זאת דווקא כאשר הוא מטיל על משה את המשימה להוציא עם מעבדות לחופש. הוא רצה שבני ישראל יהיו עדות חיה לעוצמתו של החופש.

אל תאמינו שהעתיד כבר כתוב. אין גורל שאינו יכול להשתנות, ואין חיזוי שאיננו יכולים להפר. לא נידונו להיכשל, וגם לא נולדנו להיות הצלחה. איננו חוזים את העתיד, מפני שאנחנו עושים את העתיד: בבחירות שלנו, בכוח הרצון שלנו, בהתמדתנו ובנחישותנו להמשיך הלאה.

העדות לכך היא, כאמור, עם ישראל עצמו. האזכור הראשון לישראל מחוץ למקרא חקוק על אסטלת מרנפתח, כתובת ניצחון על עמים רבים שחקק בסביבות שנת 1225 לפני הספירה פרעה מרנפתח הרביעי, יורשו של פרעה רעמסס השני. על ישראל כתוב בה כך: ״ישראל הוּשַׁם, אין זֶרע לו״. לפנינו הֶסְפֵּד. עם ישראל הוספד שוב ושוב בפי אויביו, אך מספיד מי שמספיד אחרון. ארבעת אלפים שנה עם ישראל חי, ועוד כוחו במותניו.

לכן ניטלה רוח הקודש מיעקב כשרצה לספר לילדיו מה יקרה להם בעתיד. ילדינו ממשיכים להפתיע אותנו, כשם שאנחנו ממשיכים להפתיע אחרים. נבראנו בצלם אלוהים, ופירוש הדבר שאנחנו חופשיים. בברכת ה׳ ובעזרתו, בכוחנו לגדול ולפרוח יותר מכפי שאֵי־מי, אפילו אנו עצמנו, יכול לחזות.

ספר שמות

שמות

יושבים על המשבר

ספר בראשית נחתם בנעימה שלווה למדי. יעקב מצא את בנו האובד. המשפחה התאחדה. יוסף סלח לאחיו. בחסותו ובהשפעתו התיישבה המשפחה בארץ גושן, מהפורחים בחבליה של מצרים. יש להם בתים, רכוש ומזון. הם נהנים מחסותו של יוסף ומחסדו של פרעה. דומה שמשפחת צאצאי אברהם הגיעה אל המנוחה ואל הנחלה.

ואז, כמו שקורה לא פעם, קם מלך חדש על מצרים אשר לא ידע את יוסף. האקלים הפוליטי השתנה. חסדה של המלכות סר מעם המשפחה. פרעה אמר ליועציו "הִנֵּה עַם בְּנֵי יִשְׂרָאֵל רַב וְעָצוּם מִמֶּנּוּ" (שמות א, ט).[1] זו הפעם הראשונה בתורה שהמונח "עם" מציין את בני ישראל. מנגנון הדיכוי מותנע: עבודת פרך, המתגלגלת לשעבוד, המתגלגל לכדי ניסיון לרצח עם.

הסיפור חרות בזיכרוננו. אנו מספרים אותו מדי שנה, ובצורה מתומצתת, בתפילה, גם מדי יום. הוא מאבני היסוד של החוויה היהודית. אך ביטוי אחד בוהק מתוכו באור יקרות: "וְכַאֲשֶׁר יְעַנּוּ אֹתוֹ כֵּן יִרְבֶּה וְכֵן יִפְרֹץ" (א, יב). הוא מבטא את ההוויה היהודית לפחות כמו השעבוד: להיות יהודי הוא לִרְבּוֹת ולפרוץ מתוך הסבל. ככל שהמצב מחמיר כך אנו מתחזקים. עם ישראל הוא העם שלא רק שורד, אלא משגשג מתוך המצוקה.

ההיסטוריה היהודית איננה רק סיפורו של עם הנתון לאסונות שלכל עם אחר, נחוש פחות, היו גורמים לרדת מבמת ההיסטוריה - אלא גם סיפורו של עם שידע להיוולד מחדש אחרי כל אסון שכזה; למצוא בכל פעם מצבורי אנרגיה לא נודעים, שהֵזינו צורות ביטוי לאומיות חדשות של היות העם הזה נושא דבר ה׳ לעולם.

1. זהו הרמז הראשון בהיסטוריה למה שעתיד להתגלגל בעידן המודרני לזיוף הרוסי המפורסם **הפרוטוקולים של זקני ציון**. היהודים בגולה היו נטולי עוצמה אך נתפסו תכופות כבעלי עוצמה מוחלטת. לא פעם מבטא הדבר תהייה בלתי אמורה: איך הצליחו היהודים לחמוק מהמעמד השולי שהקצֵינו להם?

כל טרגדיה לאומית בעם ישראל הולידה בו יצירתיות חדשה. אחרי התפלגות ממלכת שלמה קמו נביאי הכתב הגדולים עמוס והושע, ישעיהו וירמיהו. חורבן בית ראשון וגלות בבל הובילו להתחדשות התורה בחיי האומה, בתהליך שראשיתו בנבואות יחזקאל ושׂיאו במיזם החינוך האדיר של עזרא ונחמיה. מחורבן בית שני צמחה הספרות העצומה של התורה שבעל־פה. מסעי הצלב הולידו את חסידות אשכנז, אסכולה מפוארת של דבקות ורוחניות. מגירוש ספרד התגלגלה קבלת האר״י וגוריו בצפת, על השתלשלויותיה בפיוט ובתפילה. הרדיפות והעוני במזרח אירופה הובילו להיווצרות החסידות, שהורידה את עבודת ה׳ אל העם באמצעות הסיפור והניגון. ומן האסון הנורא ביותר בתולדות האנושות, השואה, באה הולדתה של מדינת ישראל, התחייה היהודית הקולקטיבית המרשימה ביותר זה אלפיים שנה ומעלה.

האות־תמונה בכתב הסיני המציינת ״משבר״ מציינת גם ״הזדמנות״. אכן, כל תרבות המסוגלת לראות את הברכה הטמונה בקללה, את נצנוץ האור שבלב האופל, היא תרבות בת קיימא. אולם בעברית גלום במילה ״משבר״ רעיון מרחיק לכת יותר: מַשְׁבֵּר הוא בעברית מקראית כיסאה של היולדת. בסמנטיקת העומק של הנפש היהודית טמונה ההכרה שהכאב הלאומי בזמנים קשים הוא מקבילם הקולקטיבי של צירי הלידה. משהו חדש נולד מן המצר. זוהי צורת החשיבה של העם שנאמר עליו לפני שנים כה רבות כי ״כַּאֲשֶׁר יְעַנּוּ אֹתוֹ כֵּן יִרְבֶּה וְכֵן יִפְרֹץ״ (שמות א, יב).

מאין היא באה, היכולת היהודית הזאת להפוך חולשה לחוזק, מצוקה ליתרון, חושך לאור? שורשיה עוד לפני שעבוד מצרים: אצל יעקב אבינו, שנאבק לבדו בלילה עם המלאך, ועם שחר הפציר בו יריבו המובס שישלח אותו לדרכו. ״לֹא אֲשַׁלֵּחֲךָ כִּי אִם בֵּרַכְתָּנִי״, השיב לו יעקב (בראשית לב, כז). זהו מקור עקשנותנו המיוחדת והמייחדת. גם אם נלחמנו כל הלילה, גם אם אנו על סף שבירה, גם אם אנו צולעים על ירכנו כיעקב, איננו משלחים את אסוננו לדרכו עד שנחלֵץ מהמִפגש איתו ברכה. מאבק יעקב והמלאך לא היה אפיזודה שולית, וברכת המלאך לא הייתה ברכת עראי. האירוע והברכה היו למקור שמו החדש של יעקב, ישראל, ולשורש זהותנו. ישראל, העם ששרה עם אלוהים ואנשים ויכול להם, הוא העם המתחזק מכל עימות ומכל מכה.

חשבתי על תכונה לאומית יוצאת דופן זו שלנו לפני שנים אחדות, כשנתקלתי במאמר שהופיע בעיתון בריטי סמוך לפרוץ גל הטרור הפלסטיני הרצחני ברחובות ישראל. הוא נפתח במילים אלו: ״ישראל היא מדינה מדהימה, רוחשת מרץ וביטחון עצמי, אבן שואבת לכישרונות ולהשקעות - קלחת של חדשנות״. המאמר סקר את

ההצטיינות העולמית של ישראל בתחומי התעופה והחלל, הטכנולוגיה הנקייה, מערכות ההשקיה, התוכנה, ביטחון הסייבר, הרוקחות ומערכות ההגנה.[2]

"כל זה", המשיך מחבר המאמר לוק ג'ונסון, "מגיע מכוח המוח, כי לישראל אין משאבי טבע והיא מוקפת שכנות עוינות". ישראל היא הוכחה חיה ל"כוחם של חינוך טכנולוגי, הגירה, ויתרונות הסוג הנכון של השירות הצבאי". אך לא ייתכן שזה הכול, הוא כותב, שהרי היהודים הגיעו להישגים מופלגים גם לפני קום המדינה, בכל מקום שהיו ושניתנה להם ההזדמנות. ג'ונסון סוקר הסברים שהוצעו להצטיינות היהודים: חוסנה של המשפחה היהודית, הדגשת החינוך וההשכלה, חתירה לעצמאות כלכלית, הסתכנות כדרך חיים, ואפילו ההיסטוריה העתיקה של עם ישראל. הסהר הפורה היה אזור מחייתן של החברות החקלאיות הראשונות, ובו צמחו גם ראשוני הסוחרים. ואם כן, אולי הנטייה ליזמות נצרבה בגנום היהודי כבר בימי קדם. ובכל זאת, מסקנתו של ג'ונסון היא שהסיבות העיקריות קשורות "בתרבות ובקהילות".

רכיב מכריע בתרבות הזאת הוא צורת ההתמודדות היהודית עם משברים. לכל צרה וצוקה ענו יורשי תכונותיו של יעקב "לא אשלֵחך כי אם ברכתָני". כך הפריחו החלוצים הישראלים את ישימון הנגב. בראותם נוף שומם וזנוח, הם נטעו עצים ויערות. בצבוא עליהם אויב בגבולות, הם פיתחו טכנולוגיות נשק ואז מצאו להן גם יישומים של שלום. המלחמות והטרור דחפו אותם לפיתוח טכניקות רפואיות מתקדמות ולהובלה בין־לאומית בתחום ליווי נפגעי הטראומה. הם מצאו דרכים להפוך כל קללה לברכה. ג'ונסון אחֵר, ההיסטוריון פול ג'ונסון, ביטא זאת ברהיטות:

> לאורך ארבעת אלפים שנה הוכיחו היהודים את עצמם לא רק כשׂורדים דגולים, אלא גם כבעלי כושר יוצא מגדר הרגיל להסתגל לחברות שגורלם גרם להם להתפזר ביניהן, ובליקוט כל נחמה אנושית שהן יכלו להציע. לא היה עוד עַם שהצליח כל כך להעשיר את העוני, להאניש את העושר ולהפוך את הצרות והצירים ליצרנות ויצירתיות.[3]

יש משהו רוחני מאוד, אבל גם מעשי ביותר, ביכולת הזאת להתמיר רגעים רעים בחיים לדִרְבּוּן ליצירתיות. כאילו איזה קול, עמוק בתוך תוכנו, אומר לנו "הגעת לנסיבות

2. Luke Johnson, "Animal Spirits: Israel and Its Tribe of Risk-Taking Entrepreneurs," *Sunday Times*, 4 October 2015.

3. Paul Johnson, *The History of the Jews*, London: Weidenfeld and Nicolson, 1987, p. 58.

הנוראות הללו לא סתם, אלא משום שיש משימה המחכה למילויה, ידע הממתין שתרכוש אותו, יכולת שעליך לפתח, לֶקח שזה הזמן ללמוד, רוע הממתין לגאולתו, שביב אור שצריך לחלץ, ברכה שעוד צריכה להתגלות; כי בחרתי בך להעיד באוזני האנושות כולה שמהייסורים יכולה לצמוח ברכה גדולה, אם נאבקים בהם באורך נשימה ובחוסן אמונה".

בעידן שבו אנשי דמים עושים מעשי אכזריות בשם אלוהי החמלה, בניו ובנותיו של עם ישראל מוכיחים מדי יום שזו איננה דרכו של אלוהי אברהם, אלוהי החיים וקדושת החיים. ברגעים שלבנו נמוג ואנו שואלים מתי יבוא הסוף לכל זה, עלינו לזכור את המילים: "וכאשר יענו אותו, כן ירבה וכן יפרוץ". עם שעליו נאמר כך הוא עם שעשוי לקבל מכות אך לעולם לא יוכרע. דרך ה' היא דרך החיים.

שמות

אי־ציות לפקודות לא מוסריות

פרקי הפתיחה של ספר שמות מטילים אותנו אל נהר עלילתי גועש. כמעט בחטף הופכים בני ישראל ממיעוט מוגן לעבדים. משה מתגלגל מנסיך מצרי לרועה מדייני, ואז, במפגש משַׁנה היסטוריה בסנה הבוער, נעשה למנהיגם של בני ישראל. אבל דווקא אפיזודה קטנה בפרשה ראויה להיחשב נקודת מפנה בתולדות האנושות. גיבורותיה הן שתי נשים מַרשימות, שפרה ופועה.

איננו יודעים מי הן היו. התורה מקמצת בדברים, ומספרת רק שהן היו מיילדות שנצטוו בידי פרעה "בְּיַלֶּדְכֶן אֶת הָעִבְרִיּוֹת וּרְאִיתֶן עַל הָאָבְנָיִם: אִם בֵּן הוּא וַהֲמִתֶּן אֹתוֹ, וְאִם בַּת הִיא וָחָיָה" (שמות א, טז). מובנו הפשוט של הביטוי "המיילדות העבריות" הוא מיילדות שהנן עבריות, וכך הבינו רוב המפרשים והמתרגמים. אך אפשר להבינו גם כ"המיילדות את העבריות", ולסבור שהן עצמן היו מצריות. כך הבינו יוספוס,[1] אברבנאל ושד"ל. לטענתם, אין זה סביר שפרעה ייעד נשים עבריות להיות חלק ממנגנון השמדת העם העברי.

כך או כך, הן סירבו למלא את הפקודה: "וַתִּירֶאןָ הַמְיַלְּדֹת אֶת הָאֱלֹהִים, וְלֹא עָשׂוּ כַּאֲשֶׁר דִּבֶּר אֲלֵיהֶן מֶלֶךְ מִצְרָיִם, וַתְּחַיֶּיןָ אֶת הַיְלָדִים" (א, יז). זהו **המקרה הראשון של אי־ציות אזרחי המתועד בהיסטוריה:** סירוב למלא פקודה שנתן האיש החזק ביותר באימפריה החזקה ביותר בעולם העתיק, פשוט מפני שהיא לא מוסרית, לא אתית ולא אנושית.

מן הכתובים משתמע שהן עשו זאת בלי רעש וצלצולים. כשפרעה דרש מהן להסביר את התנהגותן, הן ענו: "כִּי לֹא כַנָּשִׁים הַמִּצְרִיֹּת הָעִבְרִיֹּת, כִּי חָיוֹת הֵנָּה בְּטֶרֶם תָּבוֹא אֲלֵהֶן הַמְיַלֶּדֶת וְיָלָדוּ" (א, יט), כלומר הנשים העבריות יולדות עוד לפני שהמיילדת מגיעה. על כך לא הייתה לפרעה תשובה. הנון־שלנטיות של ההתרחשות כולה מעלה על הדעת ממצא בולט באשר לחסידי אומות העולם בימי השואה: הדבר

1. יוספוס פלביוס, **קדמוניות היהודים** ב, ט, ב.

היחיד המשותף לרובם הגדול הוא שהם סברו שאינם עושים שום דבר מיוחד.[2] לא פעם, זהו אות ההיכר של גיבורים מוסריים: שהם אינם רואים עצמם גיבורים מוסריים. הם עושים מה שהם עושים מפני שכך מצופה מכל אדם לעשות. לכך מכוון הכתוב, כנראה, באומרו "וַתִּירֶאןָ הַמְיַלְּדֹת אֶת הָאֱלֹהִים": בלקסיקון של התורה, "ירא אלוהים" הוא אדם בעל חוש מוסרי.[3]

יותר משלושת אלפים שנה עברו משעה שהמיילדות עשו מה שעשו עד שהמעשה שלהן התקדש בחוק הבין־לאומי. הנאשמים הנאצים במשפטי נירנברג ב־1946 טענו להגנתם שהם רק מילאו פקודות שניתנו בידי ממשלה חוקית שנבחרה באורח דמוקרטי. על פי דוקטרינת הריבונות הלאומית, לכל ממשלה יש זכות לחוקק חוקים משלה ולנהל את ענייני ארצה. נדרש מושג משפטי חדש, "פשע נגד האנושות", כדי לבסס את אשמתם של מתכנני רצח העם ומנהליו.

עקרון נירנברג נתן תוקף חוקי למה שהמיילדות הבינו מעצמן: שיש פקודות שאסור למלא, מפני שאינן מוסריות. החוק המוסרי נשגב מחוק המדינה, ובעת התנגשות הוא גובר עליו. כשאלתם הרטורית של חז"ל, "דברי הרב ודברי תלמיד - דברי מי שומעים?"[4]

משפטי נירנברג לא היו הפעם הראשונה שבה סיפור המיילדות השפיע על מהלך ההיסטוריה. בימי הביניים אסרה הכנסייה לתרגם את התנ"ך ללשונות מקומיות, מתוך מחשבה שיֶדע הוא כוח ולכן מוטב שיישמר בידי הכמרים בלבד. שלוש התפתחויות שאירעו במאה השש־עשרה שינו מציאות זו לבלי שוב. הראשונה הייתה הרפורמציה. בסיסמתה "סוֹלָה סְקְרִיפְּטוּרָה", "כתבי הקודש לבדם", היא העמידה את התנ"ך ואת הברית החדשה במרכז החיים הדתיים. שנייה הייתה התפשטות מכבש הדפוס, שהומצא באמצע המאה החמש־עשרה. הלותרנים האמינו שהמצאה צעירה זו היא יד ההשגחה; אלוהים הוריד לעולם את מכבש הדפוס כדי שמשנת הכנסייה הפרוטסטנטית תופץ בעולם.

שלישית הייתה העובדה שלמרות האיסור היו אנשים שתרגמו את התנ"ך ואת הברית החדשה. ג'ון ויקליף וממשיכיו עשו זאת במאה הארבע־עשרה, אך המשפיע ביותר היה ויליאם טינדייל, שהחל לתרגם את הברית החדשה ב־1525 ותרגומו זה היה הנוסח האנגלי הראשון של הברית החדשה שהודפס. הדבר עלה לו בחייו.

2. ראו James Q. Wilson, *The Moral Sense*, New York: Free Press, 1993, pp. 35–39, והספרות המצוטטת שם.
3. ראו למשל בראשית כ, יא.
4. קידושין מב ע"ב.

כשהמלכה מרי הראשונה החזירה את אנגליה אל הכנסייה הקתולית, פרוטסטנטים אנגלים רבים נמלטו לז'נבה הקלוויניסטית, ושם שקדו על תרגום חדש, על בסיס תרגומו של טינדייל. תרגומם זכה לכינוי תנ"ך ז'נבה. הוא הודפס במהדורת כיס זולה, וכך הוברחו עותקים רבים לאנגליה.

עתה, כשהם יכולים לראשונה לקרוא בתנ"ך בעצמם, גילו אנשים רבים כי בכל הקשור למלוכה התנ"ך הוא מסמך ממריד. הוא מספר כיצד אמר ה' לשמואל שבני ישראל המבקשים למנות מלך מואסים בעצם בו, בה', כריבונם היחיד. הוא מתאר בצבעים חיים כיצד העזו הנביאים לקרוא תיגר על מלכים - אך לא על מלכות ה'. והוא מספר את סיפורן של המיילדות, שסירבו למלא את פקודת פרעה. בהערות השוליים שלו שיבח תנ"ך ז'נבה את הסירוב הזה, ומתח ביקורת רק על כך שהן שיקרו כשהסבירו לפרעה את מעשיהן. כך אומרת ההערה שם: "מְריין מוצדק, אך התחזותן רעה". המלך ג'יימס הבין היטב את משמעותו המפחידה של משפט אחד זה: הפרכה קטגורית של רעיון הסמכות האלוהית של המלכים. בשם יראת האלוהים יוכלו אנשים להמרות את פי מלכם. את פיהו שלו למשל.[5]

משהבין שלא יוכל לסכור את שיטפון התנ"כים האנגליים מז'נבה החליט המלך ג'יימס לתת את חסותו להכנת גרסה אנגלית חדשה, וזו הופיעה ב־1611. אך הנזק כבר נעשה, וזרעי מה שעתיד היה להיות המהפכה האנגלית נזרעו. לכל אורך המאה השבע־עשרה, הכוח המשפיע ביותר בפוליטיקה האנגלית היה, בלי שום מתחרים, התנ"ך בהבנתו הפוריטנית. "האבות הצליינים", נוסעי האונייה מייפלאואר ב־1620, לקחו איתם את האמונה הזו אל מסעם - המסע המכונן של ארצות הברית.

כמאה ומחצית המאה לאחר מכן פעל רדיקל אנגלי אחר, תומס פֵּיין, שלהגותו הייתה השפעה מכרעת על המהפכה האמריקנית. נייר העמדה שלו **שכל ישר** הופיע באמריקה בינואר 1776, ונמכר מיד במאה אלף עותקים: רב מכר ענק במושגי הזמן והמקום. פיין היה אתיאיסט, אך עמודי הפתיחה של חיבורו, המוקדשים לצידוק מרידות נגד מלכים עריצים, מבוססים כולם על ציטוטים מהתנ"ך. באותו רוח עיצב בקיץ של השנה ההיא בנג'מין פרנקלין את הצעתו לסמל הרשמי של המדינה המתהווה: ציור של המצרים טובעים בים סוף, עם הכיתוב "מרד בעריצים הוא ציות לאלוהים". תומס ג'פרסון נפעם כל כך מהמשפט הזה, שהמליץ להשתמש בו בסמל מדינת וירג'יניה, ובהמשך שילב אותו בסמלו האישי.

5. ראו Christopher Hill, *The English Bible and the Seventeenth-Century Revolution*, London: Allen Lane, 1993.

סיפור המיילדות הוא חלק מחזון רחב יותר, המובלע בתנ"ך כולו: שהזכות עליונה על הכוח, ושאפילו עם אלוהים עצמו אפשר לריב את ריב הצדק; והרי את זאת הסמיך אלוהים את אברהם לעשות. הריבונות שייכת בסופו של דבר לאלוהים, ועל כן כל מעשה או פקודה אנושיים העוברים על רצונו הם חריגה מסמכות. רעיונות מהפכניים אלה נמצאים בפילוסופיה הפוליטית של המקרא.

ובכל זאת, דווקא הסיפור הזה, דווקא אומץ לבן של שתי נשים מיוחדות, הוא אשר חולל את התקדים שכעבור אלפי שנים יצטט ההוגה האמריקני הנרי דיוויד תורו במסתו הקלסית **אי־ציות אזרחי** (1849).[6] זו, מצדה, השפיעה על מהאטמה גנדי ועל מרטין לותר קינג במאה העשרים. סיפורן נחתם בנימה מלבבת. הכתוב מספר, "וַיֵּיטֶב אֱלֹהִים לַמְיַלְּדֹת, וַיִּרֶב הָעָם וַיַּעַצְמוּ מְאֹד. וַיְהִי כִּי יָרְאוּ הַמְיַלְּדֹת אֶת הָאֱלֹהִים, וַיַּעַשׂ לָהֶם בָּתִּים" (כ-כא).

מהם ה"בתים" שאלוהים "עשה" למיילדות? שד"ל מפרש שה' נתן להן משפחות משלהן. הוא מסביר שמיילדות רבות הן עקרות, וה' בירך את שפרה ופועה בילדים כפי שעשה לשרה, רבקה ורחל.

גם פרט זה איננו שולי. בכל ספרות יוון הקלסית, הדבר הקרוב ביותר לרעיון האי־ציות האזרחי נמצא בסיפורה של אנטיגונה - האישה שהתעקשה לקבור את גופת אחיה פוליניקס בניגוד לפקודתו של המלך קריאון שהכריז כי האח בגד בתבי. **אנטיגונה** של סופוקלס היא טרגדיה: הגיבורה מוכרחה למות בגלל נאמנותה לאחיה ואי־ציותה למלך. התנ"ך איננו טרגדיה. בעברית המקראית אפילו אין מילה שמשמעותה "טרגדיה" במובנה היווני של המילה. אדם שעשה טוב מתוגמל, לא נענש, מפני שהעולם, יצירת האמנות של אלוהים, הוא מקום שבו התנהגות מוסרית היא מבורכת, והרע, במוקדם או במאוחר, מובס.

שפרה ופועה הן מן הגיבורות הגדולות של ספרות העולם. הן הראשונות שלימדו את האנושות על גבולותיו המוסריים של הכוח.

6. הנרי דויד ת'ורו, **אי־ציות אזרחי**, עברית: דפנה לוי, תל אביב: רסלינג, 2005.

שמות

מי אנוכי?

השאלה השנייה שמשה שאל את ה׳ בסנה הייתה השאלה ״מי אתה?״: ״הִנֵּה אָנֹכִי בָא אֶל בְּנֵי יִשְׂרָאֵל וְאָמַרְתִּי לָהֶם, ׳אֱלֹהֵי אֲבוֹתֵיכֶם שְׁלָחַנִי אֲלֵיכֶם׳; וְאָמְרוּ לִי, ׳מַה שְּׁמוֹ?׳ - מָה אֹמַר אֲלֵהֶם?״ (שמות ג, יג). תשובתו של ה׳, ״אֶהְיֶה אֲשֶׁר אֶהְיֶה״ (שם, יד), היא בעלת חשיבות תיאולוגית רבה, וראויה לדיון נרחב בפני עצמה; תוכלו למצוא דיון כזה בפרק השלישי בספרי **השותפות הגדולה**. כאן נאמר בתמצית כי פירושה הוא שה׳ הוא אל המתערב בהיסטוריה ובמהלך המציאות.

מי אתה - זו השאלה השנייה. אך מהי הראשונה? השאלה הראשונה שמשה שאל את ה׳, עוד לפני שְׁאֵלַת ״מי אתה?״, היא שאלת ״״מי אני?״: ״מִי אָנֹכִי כִּי אֵלֵךְ אֶל פַּרְעֹה וְכִי אוֹצִיא אֶת בְּנֵי יִשְׂרָאֵל מִמִּצְרָיִם?״ (שם, יא).

במבט שטחי, משמעות השאלות נראית פשוטה. תחילה שואל-טוען משה שאיננו ראוי לשליחות הגורלית: ״מִי אָנֹכִי כִּי אֵלֵךְ...?״. ואז הוא מתעניין איך יוכל למלא אותה בהצלחה: מה אומר לבני ישראל אם ישאלו מי שלח אותי. ה׳ עונה לשאלה השנייה. הוא מסביר למשה שהוא, ה׳, יהיה איתו. שה׳ יהיה מעורב במהלך הדברים, ולא הכול מוטל על שכמו של משה. אתה, משה, תהיה הנציג שלי אצל פרעה, הדובר שלי, הקול שלי.

אבל לשאלה הראשונה, שאלת ״מי אנוכי?״, ה׳ לא ענה. אפשר לומר שמשה ענה לה בעצמו במעשיו. בתנ״ך כולו, האנשים המתגלים כראויים ביותר הם אלה הטוענים שאינם ראויים. הנביא ישעיהו נבהל מפני חזון הקדושה וקורא ״כִּי אִישׁ טְמֵא שְׂפָתַיִם אָנֹכִי״ (ו, ה). הנביא ירמיהו נרתע בהקדשתו לנבואה: ״הִנֵּה לֹא יָדַעְתִּי דַּבֵּר כִּי נַעַר אָנֹכִי״ (א, ו). דוד, הגדול במלכי ישראל, מהדהד את מילותיו של משה בשואלו ״מִי אָנֹכִי?״ (שמואל ב׳ ז, יח). יונה ניסה לברוח מהשליחות שה׳ הטיל

עליו. על פי פירוש הרשב"ם, גם יעקב אבינו ניסה להימלט מהמפגש הגורלי עם עשו, ועל כן המלאך נאבק עמו במעבר יבוק.[1]

גיבורי המקרא אינם כגיבורי המיתולוגיות. אין אלה אנשים אחוזי תחושת ייעוד הנחושים עוד משחר נעוריהם להבקיע אל היכל התהילה. אין להם מה שהיוונים כינו מגאלופסיכיה, תחושה ברורה של ערך עצמי, הרגשת עליונות המכנפת את בעליה בחינניות קלילה. גיבורי המקרא לא נולדו עם כפית זהב בפה. הם לא נולדו לשלוט. הם פקפקו בעצמם וביכולותיהם. לפעמים אפילו עמדו לוותר. משה, אליהו, ירמיהו ויונה הגיעו כולם אל תחתית תהום הייאוש ושאלו נפשם למות. הם נעשו לגיבורי המוסר שלנו בלי שביקשו זאת. הייתה להם מלאכה לעשותה - אלוהים אמר להם כך - והם עשוה. דומה כמעט שתחושת קַטְנוּת היא סימן לגַדְלוּת. ה' לא ענה אפוא לשאלת "מי אני?" של משה. הוא פשוט הטיל עליו את השליחות.

אבל בתוך שאלת "מי אנוכי?" מסתתרת שאלה נוספת. "מי אנוכי?" איננה רק שאלה של ראוי או לא ראוי. היא עשויה להיות גם שאלה על זהות. משה, לבדו מול הסנה בהר חורב, לבדו למשמע הקריאה אליו להוציא את ישראל ממצרים, פונה בשאלתו זו לא רק אל אלוהים. הוא גם מדבר אל עצמו. הוא שואל את עצמו - מי אני? מהי הזהות שלי? האם אני שייך לבני ישראל?

על פי קורות חייו של משה עד כה, נראה שהתשובה שלילית. משה אינו חלק מבני ישראל. מה הוא כן? יש שתי תשובות אפשריות. הראשונה: משה הוא נסיך מצרים. בת פרעה אימצה אותו כשהיה תינוק. הוא גדל בארמון המלוכה. הוא היה לבוש כמצרי, נראה כמצרי ודיבר כמצרי. כשהציל את בנות יתרו מתגרת ידם של רועים בריונים, הן סיפרו לאביהן בבית: "אִישׁ מִצְרִי הִצִּילָנוּ" (שמות ב, יט). אפילו שמו, משה, ניתן לו בידי בת פרעה (שם, י). זהו כנראה שם מצרי. פירושו במצרית עתיקה "ילד". האטימולוגיה המוצעת בתורה, "כִּי מִן הַמַּיִם מְשִׁיתִהוּ", רק מספרת לנו כיצד התפרש השם המצרי הזה באוזן העברית. משה הוא מצרי.

התשובה השנייה הייתה שמשה הוא מדייני. כי אף על פי שחונך כמצרי, הוא נאלץ לעזוב את מצרים. הוא קבע את ביתו במדיין, התחתן עם אישה מדיינית ושמה ציפורה, בתו של כוהן מדייני, והסכים לשבת שם ולחיות חיי רועים שלווים. אנו נוטים לשכוח שמשה בילה שם שנים רבות. הוא עזב את מצרים כאיש צעיר, ואילו בתחילת שליחותו, כשדיבר לראשונה אל פרעה, היה בן שמונים שנה (שמות ז, ז).

1. רשב"ם לבראשית לב, כג.

ככל הנראה חי את רובם המכריע של חייו הבוגרים במדיין, הרחק מבני ישראל והרחק מן המצרים.

משה הוא, לכאורה, מצרי או מדייני. על כן, כאשר הוא שואל "מי אנוכי?" הוא תוהה לא רק אם הוא ראוי - אלא גם אם הוא שייך. הוא נולד עברי, אבל לא סבל כאחיו העברים בעבודת הפרך. הוא לא גדל כעברי. הוא לא חי בין בני ישראל. הייתה לו סיבה טובה לחשוש שבני ישראל לא יכירו בו כאחד משלהם; קל וחומר לא כמנהיגם. וגם הוא עצמו: איך יכול הוא עצמו לראות את עצמו כמנהיגם? גורלם אינו גורלו. סבלם אינו מנת חלקו. חייו אינם שזורים בחייהם.

יתרה מכך. בפעם היחידה עד כה שמשה ניסה להתערב בענייניהם, כשהרג שוטר מצרי שהרג עבד עברי, ולמחרת ניסה להפריד בין שני עברים ניצים, התערבותו לא התקבלה בברכה. "מִי שָׂמְךָ לְאִישׁ שַׂר וְשֹׁפֵט עָלֵינוּ?", שאל אותו האיש המכֶּה (ב, יד). אלו הם דבריו הראשונים של עברי כלשהו למשה המתועדים בתורה. מנהיגותו של משה נתקלה בהתנגדות עוד לפני שמשה פילל שאולי יהיה מנהיג.

חשבו על האפשרויות וההחמצות שהיו למשה עד כה. הוא היה יכול לחיות חיי נוחות ופאר כנסיך מצרים, אלמלא התערב בריב. עכשיו הוא יכול להמשיך לחיות חיי שלווה כרועה במשפחת חותנו המדייני. גם מן הבחינה הזו, התנגדותו הראשונית לקבלת השליחות היא מתבקשת.

מדוע אפוא הסכים? או, אם לנסח זאת אחרת, איזו סגולה הייתה בו שבשלה ידע אלוהים שהוא האיש הנכון? רמז אחד נמצא בשם שנתן לבנו הבכור. הוא קרא לו גרשם כי אמר, "גֵּר הָיִיתִי בְּאֶרֶץ נָכְרִיָּה" (ב, כב). מתברר שמשה לא הרגיש בבית במדיין. שם הוא גָּר, אך להרגשתו הוא עדיין גֵּר ונוכרי. הוא נמצא במדיין - אך בהכרתו איננו מדייני.

אבל הרמז האמתי נמצא בפסוק מוקדם יותר, הפסוק המתאר את נסיבות התערבותו במריבות המצרים והעברים. "וַיִּגְדַּל מֹשֶׁה וַיֵּצֵא אֶל אֶחָיו וַיַּרְא בְּסִבְלֹתָם" (ב, יא). אלה הם אחיו, ואת אחיו הוא מבקש. אולי הוא נראה כמצרי, אבל הוא ידע ששורש מהותו אחר. זה היה רגע מכונן, רגע מחולֵל, הדומה לאותו רגע שרות המואבייה אמרה לחמותה הישראלית נעמי, "עַמֵּךְ עַמִּי וֵאלֹהַיִךְ אֱלֹהָי" (רות א, טז). רות הייתה בת נכר מהולדתה. משה היה בן נכר בגידולו ובחינוכו. אבל כל אחד מהם, כאשר ראה בסבלותם של אנשים והזדהה איתם, ידע שדרכו לא תיפרד מדרכם.

זוהי, במושגיו של הרב סולובייצ'יק, "ברית הגורל". ברית זו היא ליבת הזהות היהודית עד ימינו. יש יהודים מאמינים, ויש יהודים שאינם. יש יהודים שומרי מצוות,

ויש יהודים שאינם. אבל כמעט שאין יהודים המסוגלים, בשעה שעמם נמצא בצרה גדולה, להתבדל ולומר "מה לי ולהם?". הרמב"ם מגדיר אדם שאומר כך "פורש מדרכי הציבור", ואומר שאין לו חלק לעולם הבא.[2] לכך מכוונים דברי ההגדה של פסח על הבן הרשע, "לפי שהוציא את עצמו מן הכלל כפר בעיקר". לראות את עצמך חלק מכלל ישראל - הוא עיקר אמונה.

מי אנוכי, שאל משה, אך בלבו ידע את התשובה. אינני משה המצרי ואינני משה המדייני. כשאני רואה את אחיי בסבלותם אני משה העברי, ואינני יכול שלא להיות כזה. ואם הכרה זו מטילה על שכמי אחריות כבדה ומשימה נועזת, עליי לשאת בעול. שהרי אני מי שאני משום שעמי הוא מה שהוא. זוהי הזהות היהודית - כאז כן עתה.

2. **משנה תורה**, הלכות תשובה ג, יא.

וארא

העולם הבא שלך, העולם הזה של חברך

התורה אומרת לפעמים דבר בעל חשיבות יסודית במה שנדמה כהערת אגב צדדית. דוגמה נאה לכך נמצאת סמוך לתחילת פרשתנו.

בשבוע שעבר קראנו כיצד משה נשלח בידי ה' להוציא את בני ישראל לחופשי, וכיצד נכשלו ניסיונותיו הראשונים. לא רק שפרעה לא הסכים לשלח את העם - הוא אף החמיר את תנאֵי עבדותם. מכסת הלבנים שבני ישראל נדרשו לייצר נשארה כשהייתה, אלא שמעכשיו נתבעו גם לקושש את התבן לייצורן. הם התלוננו באוזני פרעה, ואז התלוננו באוזני משה, ולבסוף משה התלונן בפני ה': "לָמָה הֲרֵעֹתָה לָעָם הַזֶּה? לָמָּה זֶּה שְׁלַחְתָּנִי?" (שמות ה, כב).

בפתח פרשתנו מודיע ה' למשה שהוא אכן יוציא את בני ישראל לחופשי, ומורה לו לבשר את הבשורה לעם. ואז אומר הכתוב כך:

> וַיְדַבֵּר מֹשֶׁה כֵּן אֶל בְּנֵי יִשְׂרָאֵל, וְלֹא שָׁמְעוּ אֶל מֹשֶׁה **מִקֹּצֶר רוּחַ וּמֵעֲבֹדָה קָשָׁה**.
> (שמות ו, ט)

המילים שהדגשנו נראות פשוטות למדי. בני ישראל לא הקשיבו למשה מפני שמשה השמיע להם את דבר ה' לפני שהצליח לעשות ולו דבר אחד לשיפור מצבם. הם היו נתונים לעבודת פרך ולמאמצי הישרדות יום־יומיים. לא היה להם זמן להבטחות אוטופיות הנראות מנותקות מן המציאות. משה לא הצליח לשחררם בעבר - ולכן לא הייתה להם סיבה לחשוב שהוא יצליח בעתיד. עד כאן, הכול פשוט ומובן.

אלא שמתחת לפני השטח מסתתר דבר־מה מעודן יותר. כאשר נתגלה ה' למשה לראשונה, בסנה הבוער, הוא הורה לו להנהיג את העם, ומשה ניסה שוב ושוב לומר שאינו האיש הנכון. הוא חושש שלא ישמעו לו: "וְהֵן לֹא יַאֲמִינוּ לִי וְלֹא יִשְׁמְעוּ

בְקֹלִי" (שמות ד, א). הוא איננו איש דברים. הוא "כְבַד פֶּה וּכְבַד לָשׁוֹן" (שם, י). הוא אינו רהוט. הוא אינו סוחף את הקהל. הוא איננו מנהיג מעורר השראה.

והנה התברר שמשה צדק וטעה. צדק בכך שבני ישראל לא ישמעו אליו, וטעה בסיבה לכך. הם לא שמעו אליו לא משום שחסרו לו כישורי הנהגה ונאום, ולא משום סיבה אחרת הנוגעת למשה עצמו. הם לא שמעו "מִקֹּצֶר רוּחַ וּמֵעֲבֹדָה קָשָׁה". במילים אחרות, **אם רצונכם לשפר את מצבם הרוחני של אנשים, שפרו קודם את מצבם הגשמי**. הנה לנו אחת מתובנותיה האנושיות המובהקות של היהדות.

הרמב"ם מדגיש זאת **במורה הנבוכים**.[1] לתורה, הוא אומר, שתי מטרות: תיקון הנפש ותיקון הגוף. תיקון הנפש הוא עניין פנימי ורוחני, ואילו תיקון הגוף מצריך חברה חזקה בעלת כלכלה איתנה, שלטון חוק, חלוקת עבודה הרמונית וקידום המסחר. תיקון הגוף מתקיים כאשר כל צרכינו החומריים מסופקים. והיות שאיש מאיתנו אינו יכול לספק את צורכי עצמו לבדו, אלא לכל אחד תחומי התמחות מסוימים הטעונים השלמה באמצעות חליפין עם הזולת, דרושה התארגנות חברתית, ודרושים חוקים שיעשו אותה לחברה טובה, חזקה והוגנת.

תיקון הנפש, ממשיך הרמב"ם ואומר, נכבד יותר מתיקון הגוף - אולם מטרת תיקון הגוף "קודמת בטבע ובזמן", והיא תנאי לתיקון הנפש, "לפי שהאדם אי אפשר לו לצייר מושכל ואפילו יסבירוהו לו, וכל שכן שיתעורר לכך מעצמו, כשיש בו כאב או רעב גדול או צמא או חום או קור חזק". במילים אחרות, השגות רוחניות אינן אפשריות כל עוד לא ניתנו לגוף צרכיו הבסיסיים. כאשר עבודת פרך שוברת את רוחו של אדם, הוא אינו מסוגל להקשיב לדברי חזון. אם רצונכם לשפר את מצבם הרוחני של אנשים, שפרו קודם את תנאי המחיה שלהם.

במאה העשרים ניתן לרעיון זה ניסוח קלסי בידי שני פסיכולוגים יהודים מניו יורק, אברהם מאסלו (1908–1970) ופרדריק הרצברג (1923–2000). מאסלו תהה מדוע אנשים רבים אינם מגיעים לידי מיצוי יכולתם. הוא גרס - כפי שהיה עתיד לגרוס מרטין סליגמן, יוצר הפסיכולוגיה החיובית - שהפסיכולוגיה צריכה להתמקד לא רק בריפוי הפרעות אלא גם בקידום חיובי של בריאות הנפש. תרומתו המפורסמת ביותר לחקר הנפש האנושית הייתה "מִדְרַג הצרכים" שניסח.

האדם, אומר מאסלו, אינו פקעת של רצונות ותשוקות. לדברים המעניינים אותו יש סדר ברור. מאסלו תיאר סולם בן חמישה שלבים. השלב הנמוך והבסיסי הוא הצרכים **הפיזיולוגיים**: מזון ומקלָט, צורכי ההישרדות הבסיסיים. מעליו באים

1. **מורה הנבוכים**, ג, כז.

צורכי **הביטחון**: הגנה מפני תגרת ידם של אחרים. שלישי הוא הצורך **באהבה והשתייכות**. מעליו באה הכמיהה **להכרה וכבוד**, ולבסוף בא תורו של הצורך **במימוש עצמי**: להגשים את הפוטנציאל שלנו, להיות האדם שאנחנו מרגישים שאנו יכולים להיות ושראוי שנהיה. לימים הוסיף מאסלו למדרג שלב שישי: **שֶׂגב והִתעלות**. שלב זה חורג מהעצמי אל עבר האלטרואיזם והרוחניות.

הרצברג פישט את המבנה, והבחין רק בין שתי קטגוריות: גורמים פיזיים וגורמים פסיכולוגיים. לצרכים הפיזיים קרא **צורכי אדם**, על שם אדם הראשון. לצורכי הנפש - **צורכי אברהם**. הרצברג התעניין במיוחד בשאלה מה מניע אנשים בעבודה. בשלהי שנות החמישים הוא הגיע למסקנה (שפותחה לימים בידי הכלכלן הישראלי דן אריאלי) כי הכסף, השכר והתגמולים הפיננסיים (אופציות של מניות וכיוצא בזה) אינם המניע היחיד. אם משלמים לאנשים יותר, הם לא בהכרח עובדים טוב יותר, קשה יותר או באופן יצירתי יותר. הכסף ממלא תפקיד מרכזי עד לרמה בסיסית מסוימת, אך מעבר לה המניע האמתי של העובד הוא אתגר הצמיחה, היצירה, מציאת המשמעות, ורתימת מיטב כישרונותיו למען מטרה חשובה. הכסף ממלא את "צורכי אדם" שלנו, אך המשמעות שאנו שואבים מעבודתנו מספקת את "צורכי אברהם".

היהודים והיהדות נטו לאורך הדורות יותר מתרבויות ודתות אחרות להכיר באמיתה הזאת ולחיות לאורה. רוב הדתות הן **תרבויות של השלמה**. לדידן, העוני, הרעב והמחלות קיימים כי זו דרך העולם; אלוהים ברא אותם ורוצה בהם. נכון, אנו יכולים למצוא אושר, נירוואנה או שלוות עולמים, אבל כדי להגיע אליהם צריך לברוח מהעולם: בפרישה למנזר, במדיטציה, בסמים, בכניסה לטראנס, או בהמתנה סבלנית לעונג המחכה לנו בעולם הבא. רוב הדתות שואפות להרדימנו לבל נחוש בכאב.

לא כן היהדות. ביחסה לעוני ולסבל בעולם, היהדות היא **דת של מחאה**, לא של השלמה. אלוהים איננו רוצה שאנשים יהיו עניים, רעבים, חולים, נדכאים, נבערים, מנוצלים או נטולי זכויות. הוא ברא אותנו להיות שליחיו במאבק הזה. הוא רוצה שנהיה שותפיו במלאכת גאולת העולם. לכן יהודים כה רבים הם רופאים הנלחמים במחלות, משפטנים הנלחמים בעוולות ומחנכים הנלחמים בבערות. זו גם הסיבה לכך שעם ישראל העמיד כלכלנים פורצי דרך (וזוכי נובל) כה רבים. כפי שכתב מייקל נובאק (בעקבות אירווינג קריסטול):

מחשבת היהדות חשה תמיד בנוח עם ארציות מיושבת ועם העולם הזה, ואילו מקבילתה הנוצרית נהתה תמיד אחר עולמות אחרים. להגות היהודית יש נטייה

כנה לטובת הקניין הפרטי, בעוד זו הנוצרית, שנוסחה עוד מראשיתה בעיקר בידי כמרים ונזירים, ניסתה תמיד להטות את תשומת לבם של המאמינים אל מעבר לפעילויות ולאינטרסים של העולם הזה, ולכוונה אל העולם הבא. כתוצאה מכך, היהודי מן השורה, חניכם של ההלכה ומוסר הנביאים, הרגיש תמיד בעולם הזה כבביתו, בעוד הקתולי מן השורה תפס את העולם הזה כמנהרה של פיתויים המסיחים את הדעת ממה שחשוב באמת, ההכנה לעולם הבא.[2]

ה׳ נמצא כאן, בעולם הזה, לא רק בעולם הבא. אך כדי לטפס לפסגות רוחניות ולהגיע אליו עלינו למלא תחילה את צרכינו החומריים. אברהם אבינו היה גדול מאדם הראשון, אך אדם בא לפני אברהם. כשהעולם הגשמי קשה, הרוח האנושית נשברת, והבריות אינן מסוגלות לשמוע את דבר האלוהים – אפילו אם הוא נישא בפי אדם גדול כמשה.

רבי לוי יצחק מברדיצ׳ב ניסח זאת יפה: ״אל תדאג לעולם הבא של חברך ולעולם הזה שלך. דאג לעולם הבא שלך ולעולם הזה של חברך״.

הקלת העוני, ריפוי המחלות, הבטחת שלטון החוק וכיבוד זכויות האדם: אלו הן משימות רוחניות לא פחות מכפי שתפילה ולימוד תורה הן משימות רוחניות. מובן שהתפילה והלימוד נשגבים יותר, אך המשימות הראשונות קודמות להם. אנשים החיים בקוצר רוח ובעבודה קשה אינם יכולים לשמוע את דבר ה׳.

2. Michael Novak, *This Hemisphere of Liberty*, Washington, DC: American Enterprise Institute, 1990, p. 64.

וארא

הקרב על הרצון החופשי

השאלה עתיקה. אם ה׳ הקשה את לב פרעה, כי אז ה׳ הוא שגרם לכך שפרעה יסרב לשלח את עם ישראל, לא פרעה עצמו. ואם כן, איפה הצדק? איך אפשר להעניש את פרעה ואת עמו על סדרת החלטות שהם לא קיבלו באופן חופשי? תנאי לענישה הוא אשמה. תנאי לאשמה הוא אחריות. תנאי לאחריות הוא חופש. איננו מאשימים אבנים בכך שהן נופלות, ולא את השמש על שהיא זורחת. כוחות הטבע אינם בחירות הנעשות מתוך בחינת חלופות. רק האדם חופשי. טלו ממנו חופש זה, ונטלתם את אנושיותו. איך אפשר אפוא לומר, כאמור שוב ושוב בפרשתנו, שה׳ הקשה, חיזק והכביד את לב פרעה?

כל המפרשים הוטרדו משאלה זו. גישה אחת היא זו של הרמב״ם ואחרים, המצביעים על מאפיין מפליא של הסיפור. בחמש המכות הראשונות מסופר שפרעה עצמו הקשה את לבו. רק אחר כך, בחמש המכות האחרונות, מסופר שה׳ עשה זאת. ואם כן, אפשר להבין שחמש המכות האחרונות היו עונש על חמשת הסירובים הראשונים שפרעה נקט מרצונו החופשי.[1]

גישה שנייה, הפוכה תכלית היפוך, אומרת שבחמש המכות האחרונות ה׳ התערב לא בהקשיית לב פרעה אלא בחיזוק לב פרעה. הוא פעל כדי להבטיח שפרעה ישמור על החופש שלו ולא יאבד אותו. המכות היו כה חזקות, שבמהלך נורמלי של מאורעות לא הייתה למלך בשר ודם הסופג אותן בְרֵרה אלא להיכנע לכוח העליון. כדברי עבדי פרעה אליו לפני המכה השמינית, שהפצירו בו לשלח את בני ישראל: ״הֲטֶרֶם תֵּדַע כִּי אָבְדָה מִצְרָיִם?״ (שמות י, ז). כניעה של פרעה בשלב זה הייתה פעולה תחת לחץ, ולא שינוי לב אמתי. זו גישתם של רבי יוסף אלבו ושל רבי עובדיה ספוֹרנו.[2]

1. **משנה תורה**, הלכות תשובה ו, ג.
2. רבי יוסף אלבו, **ספר העיקרים**, ד, כה; פירוש ספורנו לתורה, שמות ז, ג.

גישה שלישית תוהה על עצם משמעותו של הביטוי "ה' הקשה את לב פרעה" לצורותיו. בעומק המציאות, ה', יוצרה של ההיסטוריה, עומד מאחורי כל מאורע, כל פעולה, כל אוושת עלים ברוח, כל טיפת גשם שיורדת. ובכל זאת בדרך כלל איננו מייחסים לו את מעשיהם של בני אדם. אנחנו מה שהננו מפני שבחרנו להיות כאלה, אפילו אם הדבר נכתב מראש בתסריט האלוהי של קורות האנושות. מה אנחנו כן רואים כמעשה אלוהים? מה שאינו רגיל, שמתרחק כל כך מנורמות ההתנהגות האנושות עד שקשה לנו להסבירו בלי לומר "זה בטח חלק מאיזו תכנית".

ה' עצמו אומר כי עיקשותו של פרעה מאפשרת לו, לה', לספר את שמו בכל הארץ: להראות לַכול שאפילו האימפריה החזקה בעולם חסרת אונים אל מול עוצם ידו. פרעה פעל בחופשיות, אך סירוביו האחרונים היו כה תמוהים שברור היה לכול כי ה' ציפה לכך. זה היה חזוי, חלק מן התסריט. ה' גילה זאת לאברהם מאות שנים קודם לכן, כשסיפר לו בחזון בלהות כי זרעו יהיה גר בארץ לא להם (בראשית טו, יג-יד).

כל אלה הסברים מעניינים ואפשריים. אולם נראה לי שהתורה מספרת לנו כאן סיפור עמוק יותר, סיפור שלעולם אינו מאבד את הרלוונטיות שלו. פילוסופים ומדענים נוטים לחשוב בהפשטות ובהכללות. חלקם הגיעו למסקנה שיש לנו רצון חופשי, אחרים הגיעו למסקנה שלא. בין שתי העמדות הללו לא נותר מרווח מושגי.

אלא שבחיים, החופש בכלל אינו פועל כך. חִשבו על התמכרויות. בפעמים הראשונות שאתם מעשנים סיגריה, שותים אלכוהול או צורכים סמים, אתם עושים זאת מרצונכם החופשי. אתם מכירים את הסיכונים, אך מתעלמים מהם. אתם ממשיכים, התלות שלכם גוברת, עד שההשתוקקות כה חזקה שאתם כמעט חסרי אונים למולה. בשלב הזה, אם רצונכם לצאת מן ההתמכרות, אתם צריכים ללכת לטיפול גמילה. לכם עצמכם כבר אין יכולת להפסיק. כדברי חז"ל, "אין חבוש מתיר עצמו מבית האסורים".[3]

התמכרות היא תופעה גופנית. אבל יש לה מקבילות מוסריות. נניח למשל ששיקרתם בעניין משמעותי. אנשים מאמינים עכשיו לדבר־מה על אודותיכם שאיננו אמת. כשהם שואלים אתכם על כך, או כשזה עולה בשיחה, אתם נאלצים להוסיף ולספר כזבים כדי לקיים את השקר הראשון. "מִשֶּׁרִאשׁוֹן שְׁקָרֵינוּ קָם - אָרִיג כְּזָבִים סָבוּךְ נִרְקָם", כתב המשורר ולטר סקוט.

כל זאת אצל יחידים. כשמדובר בארגונים הסכנה גדולה אף יותר. נניח שחבר הנהלה בכיר עשה טעות רבתי, שאם תתגלה תעמיד בסימן שאלה את עתיד החברה

3. ברכות ה ע"ב.

כולה. הוא ינסה לכסות על הטעות. לשם כך יצטרך לגייס את עמיתיו, שיהיו מעתה שותפיו לקשר. כשמעגל המִרמה מתרחב, הרמייה נעשית חלק מהתרבות התאגידית, והדבר מקשה עוד ועוד על אנשים ישרים בארגון להתנגד או למחות. בשלב זה נדרש אומץ יקר מציאות, האומץ של חושפי שחיתויות המגלים לרשויות או לעיתונות את אשר נעשה, מביאים להפסקתו ומסתכנים באבדן פרנסתם. סיפורים רבים מסוג זה אירעו בשנים האחרונות.[4]

וכשמדובר במדינות, בייחוד מדינות לא דמוקרטיות, המצב מחמיר עוד. בעולם העסקים, הפסדים ניתנים לכימות. היכנשהו יש מישהו שיודע כמה ירד לטמיון, כמה חובות אבדו ואיפה. במדינאות אין אמת מידה אובייקטיבית כגון זו. קל לטעון שמדיניות מסוימת פועלת כמתוכנן ולדחות בקש סימנים הפוכים. נוצר נרטיב מתרץ ההופך לחוכמה המקובלת. אגדת בגדי המלך החדשים של אנדרסן היא המשל הקלסי לתופעה הזו. ילד רואה את האמת ואומר אותה לתומו, וכך מבתק את קשר השתיקה של יועצי המלך.

אבדן החופש שלנו מתרחש בהדרגה, ולפעמים איננו מבחינים בו כלל. התורה מדברת על כך עוד מבראשית. ההצהרה הקלסית על הרצון החופשי מופיעה בסיפור קין והבל. בראות אלוהים שקין כועס על דחיית מנחתו, הוא אומר לו, "הֲלוֹא אִם תֵּיטִיב - שְׂאֵת. וְאִם לֹא תֵיטִיב - לַפֶּתַח חַטָּאת רֹבֵץ; וְאֵלֶיךָ תְּשׁוּקָתוֹ, וְאַתָּה תִּמְשָׁל בּוֹ" (בראשית ד, ז). בלשון פשוטה: אם תעשה את הטוב, מנחתך תירצה. ואם לא, החטא יארוב לך וישתוקק להכשילך, ועליך להתאמץ למשול בו. כדי לשמור על הרצון החופשי, בייחוד בעת הצפה רגשית כגון בזמן כעס, נדרש כוח רצון. במקרים כאלה עלול להתחולל מה שהפסיכולוג דניאל גולמן מכנה "מחטף האמיגדלה", שבו התגובה היִצרית באה במקום החלטה מושכלת, ואנו עושים דברים שמזיקים לנו וגם לאחרים.[5] זהו האיום הרגשי על החופש.

וישנו גם איום חברתי. אחרי השואה נעשו כמה ניסויים פורצי דרך שביקשו לבחון את כוחם של הקונפורמיזם ושל הציות לסמכות. בסדרת ניסויים של סולומון אַש הוכנסו בכל פעם שמונה אנשים לחדר אחד, ונתבקשו לומר איזה מבין שלושה קווים שווה באורכו לקו רביעי. רק אחד מהשמונה היה משתתף תמים; היתר היו עוזריו של הנסיין ומילאו את הוראותיו. לעתים נתנו השִבעה תשובה שגויה בעליל,

4. על מקרה בולט במיוחד, פרשת אנרון, ראו Bethany McLean and Peter Elkind, *The Smartest Guys in the Room: The Amazing Rise and Scandalous Fall of Enron*, New York: Portfolio, 2003.
5. דניאל גולמן, **אינטליגנציה רגשית**, עברית: עמוס כרמל, תל אביב: מטר, 1997.

והצביעו על קו שברור שאורכו שונה בבירור מאורך הקו הרביעי; ב־75 אחוזים מן המקרים הללו המשתתף השמיני הסכים איתם, מתוך קונפורמיות קבוצתית, אף שחושיו אמרו לו שהם טועים.

הפסיכולוג סטנלי מילגרם מאוניברסיטת ייל הראה כי אנשים רגילים מוכנים לתת מכות חשמל מכאיבות להחריד (לא אמתיות, אך הם חשבו שכן) לאדם המצוי בחדר סמוך כאשר דמות סמכותית, הנסיין, אומרת להם לעשות זאת.[6] "ניסוי הכלא של סטנפורד", ככינויו של ניסוי שערך פיליפ זימברדו, היה משחק תפקידים שבו חולקו המשתתפים ל"אסירים" ול"סוהרים". בתוך ימים ספורים ה"סוהרים" החלו לנהוג ב"אסירים" באכזריות ואף באלימות. זימברדו נאלץ לקטוע בתום שישה ימים את הניסוי, שתוכנן להימשך שבועיים.[7]

אכן, כוחו של הקונפורמיזם עצום. נראה לי שזו הסיבה לכך שאברהם נצטווה לעזוב את ארצו, את מולדתו ואת בית אביו. הארץ, המולדת ובית האב, כלומר התַרבות, הקהילה ושנות החיים הראשונות, הם שלושת הגורמים התוחמים את החופש שלנו. היהודים לאורך הדורות נמצאו בחברה אך לא היו כפופים לה. להיות יהודי משמעו לשמור מרחק מכויל מהזמן ומאליליו. בשביל חופש דרושים זמן לחשיבה מדודה ומרחק של ערנות ביקורתית.

האיום המוסרי הוא הטרגי מכולם. לפעמים אנחנו שוכחים, או אפילו לא יודעים, שכמו בני ישראל גם המצרִים עצמם חוו לא פעם עבדות במצרַים. הפירמידה הגדולה בגיזה, שנבנתה יותר מאלף שנה לפני יציאת מצרים, מאות שנים לפני הולדתו של אברהם אבינו, הפכה חלק גדול ממצרים למושבת עבדים למשך עשרים שנה.[8] כשהחיים נעשים זולים ובני אדם נתפסים כאמצעי במקום מטרה, כשתועבות מתורצות בשם המסורת ושליטים נהנים מכוח מוחלט, המצפון נשחק והחופש אובד כי התרבות יצרה מרחב מבודד שצעקת הנדכאים אינה נשמעת בו.

לכך מתכוונת התורה באומרה שה' הקשה את לב פרעה. השליט ששעבד אחרים השתעבד בעצמו. הוא נעשה שבוי בידי הערכים שטיפח. החופש במובנו העמוק,

6. Stanley Milgram, *Obedience to Authority: An Experimental View*, New York: Harper & Row, 1974.

7. Philip G. Zimbardo, *The Lucifer Effect: Understanding How Good People Turn Evil*, New York: Random House, 2007.

8. בחישוב שנעשה על בסיס יום עבודה בן עשר שעות, ובהינתן כמות האבנים בפירמידה, נמצא שמדי שתי דקות, בכל יום עבודה, במשך עשרים שנה, הובאה והוצבה במקומה אבן שמשקלה יותר מטון.

החופש לעשות את הטוב והישר, אינו ניתן מעצמו. אנחנו רוכשים אותו, או מאבדים אותו, בהדרגה. בסופו של דבר, רודנים מביאים על עצמם את חורבנם, ואילו בעלי כוח הרצון, האומץ והנכונות ללכת נגד הזרם זוכים בחופש מזהיר. זו היא היהדות: הזמנה לחופש, שהדרך אליו עוברת בהתנגדות לאלילים ולשירת הסירנות בנות הזמן.

וארא

הבדיחה של אלוהים

המכה השלישית נראית ככל אחיותיה: נֶגַע, התעללות של הטבע במצרים שהתעללו בבני ישראל. הדברים מסופרים בתמציתיות ובפשטות:

...וַיֵּט אַהֲרֹן אֶת יָדוֹ בְמַטֵּהוּ וַיַּךְ אֶת עֲפַר הָאָרֶץ, וַתְּהִי הַכִּנָּם בָּאָדָם וּבַבְּהֵמָה. כָּל עֲפַר הָאָרֶץ הָיָה כִנִּים בְּכָל אֶרֶץ מִצְרָיִם. וַיַּעֲשׂוּ כֵן הַחַרְטֻמִּים בְּלָטֵיהֶם לְהוֹצִיא אֶת הַכִּנִּים וְלֹא יָכֹלוּ. וַתְּהִי הַכִּנָּם בָּאָדָם וּבַבְּהֵמָה. וַיֹּאמְרוּ הַחַרְטֻמִּים אֶל פַּרְעֹה: "אֶצְבַּע אֱלֹהִים הִוא". וַיֶּחֱזַק לֵב פַּרְעֹה וְלֹא שָׁמַע אֲלֵהֶם... (שמות ח, יג-טו).

ובכל זאת, יש באפיזודה הזו עומק חבוי. כדי להבינו, עלינו להתבונן בתופעה שתשומת לב מעטה למדי הוקדשה לה: השימוש בהומור בתורה. צורתו הבולטת ביותר היא סאטירה הלועגת ליומרותיהם של בני אדם הסבורים שבידם לחקות את אלוהים. כי יש דבר אחד הגורם לקב"ה לצחוק: מראהָ של האנושות כשהיא מנסה לקרוא תיגר על היושב במרומים:

יִתְיַצְּבוּ מַלְכֵי אֶרֶץ וְרוֹזְנִים,
נוֹסְדוּ יָחַד עַל ה' וְעַל מְשִׁיחוֹ:
"נְנַתְּקָה אֶת מוֹסְרוֹתֵימוֹ
וְנַשְׁלִיכָה מִמֶּנּוּ עֲבֹתֵימוֹ".
יוֹשֵׁב בַּשָּׁמַיִם יִשְׂחָק,
אֲדֹנָי יִלְעַג לָמוֹ. (תהלים ב, ב-ד)

דוגמה נהדרת לכך היא סיפור מגדל בבל (בראשית יא, א-ט). תושבי בקעת שִׁנער מחליטים לבנות מגדל "וְרֹאשׁוֹ בַשָּׁמַיִם". זהו מעשה של מרד בסדרי הטבע שקבע אלוהים ("הַשָּׁמַיִם שָׁמַיִם לַה', וְהָאָרֶץ נָתַן לִבְנֵי אָדָם"; תהלים קטו, טז). יש אירוניה עוקצנית באופן שהתורה מתארת בו את תגובתו של הקב"ה: "וַיֵּרֶד ה' לִרְאֹת אֶת הָעִיר

וְאֶת הַמִּגְדָּל". למטה, על פני האדמה, הבונים חשבו שהמגדל שלהם יגיע לשמים. אולם מנקודת המבט הנישאה שבשמים, המגדל נראה כה זעיר שאלוהים היה צריך "לרדת" כדי לראות אותו.

היסוד הסאטירי מהותי להבנת סיפור מכות מצרים, או לפחות סיפורן של אחדות מהן. המצרים סגדו למגוון אלים, שרובם ייצגו כוחות טבע. החרטומים, המכשפים המצרים, האמינו כי "בְּלַהֲטֵיהֶם" יוכלו לשלוט בכוחות אלה. בעידן המיתוס היו הלהטים והכשפים מה שהטכנולוגיה היא בעידן המדע. תרבות המאמינה שבידה לתמרן את האלים מאמינה גם שבסמכותה לשעבד בני אדם. זו תרבות שאינה מכירה את המושג חופש.

תגובתם של המצרים לשתי המכות הראשונות הייתה ניסיון להבינן בתוך מסגרת ההתייחסות המוכרת להם. לדידם, המכות הן כשפים, לא נסים. בעיני חרטומי פרעה, משה ואהרון הם אנשים כמוהם עצמם: להטוטנים המבצעים להטים. על כן, הם משחזרים את הלהטים הללו: הם מראים שגם הם יודעים להפוך מים לדם וליצור להקות צפרדעים. האירוניה כאן כמעט גלויה: החרטומים להוטים כל כך להוכיח בלהטיהם שהם יכולים לעשות מה שמשה ואהרון עשו, שאינם שמים לב שלא רק שאין הם מיטיבים את מצב האומה המצרית, אלא הם אף מחמירים אותו: עוד דם, עוד צפרדעים.

עתה הגיע תורה של מכה מסוג אחר. המכה השלישית, מכת כינים. הפעם חיכתה לחרטומים מכה שלא היה בידם לשחזר. הם ניסו. הם נכשלו. ומיד הם הגיעו למסקנה: "אֶצְבַּע אֱלֹהִים הִוא" (ח, טו).

זוהי הופעתו הראשונה בתורה של רעיון הנוכח, במפתיע, אפילו במחשבה הדתית בת זמננו, רעיון המכונֶה "אלוהי הפערים". על פיו, נס הוא דבר שעדיין איננו יכולים למצוא לו הסבר מדעי. המדע עוסק בטבע; הדת - בעל־טבעי. "מעשה אלוהים", או "אצבע אלוהים", הוא מה שהכלים הרציונליים שלנו אינם יכולים להכיל. מה שחרטומים (או טכנוקרטים) אינם יכולים לשחזר הוא בהכרח פרי התערבות אלוהית. המסקנה ההכרחית היא שהדת והמדע מנוגדים זה לזה. ככל שגדלה יכולתנו להסביר דברים באופן מדעי, או לשלוט בהם באמצעים טכנולוגיים, כך מצטמצם הצורך שלנו באמונה. ככל שתחומו של המדע מתרחב, מקומו של אלוהים מתכווץ אל עבר נקודת ההיעלמות.

התורה רומזת לנו שזו צורת חשיבה אלילית, לא יהודית. המצרים הודו שמשה ואהרון הם נביאי אמת כשהללו עשו נפלאות שמעבר להישג ידה של המאגיה. אבל זו איננה הסיבה שאנו מאמינים בנבואת משה ואהרון. הרמב"ם הסביר זאת באופן שאינו משתמע לשתי פנים:

משה רבנו, לא האמינו בו ישראל מפני האותות שעשה. שהמאמין על פי האותות יש בלבו דופי, שאפשר שיעשה האות בְּלָט וכישוף. אלא כל האותות שעשה משה במדבר - לפי הצורך עֲשָׂאָם, לא להביא רְאָיָה על הנבואה. היה צריך להשקיע את המצרים - קרע את הים והִצלילן בתוכו. צרכנו למזון - הוריד לנו את המן. צמאו - בקע להן את האבן. כפרו בו עדת קֹרח - בלעה אותן הארץ. וכן שאר כל האותות. ובמה האמינו בו? במעמד הר סיני, שעינינו ראו ולא זר, ואוזנינו שמעו ולא אחר...[1]

דרך המלך שלנו למפגש עם אלוהים איננה הנסים שהוא מחולל, אלא מילותיו, התגלותו: התורה, שהיא חוקתו של העם היהודי כאומה שאלוהים הוא ריבונה. נכון, אנו מזהים את אצבע אלוהים באותם אירועים הנראים לנו חורגים מגדר הטבע, אלה שאנו מכנים נִסים. אבל אלוהים נמצא גם בטבע עצמו. המדע איננו מחליף את אלוהים: הוא חושף, בדרכים מורכבות ומופלאות מאי־פעם, את התכנית הטבועה בטבע עצמו. המדע, אם מבינים אותו נכון, אינו מקהה את החוש הדתי שלנו, אלא להפך: הוא מחדד אותו, ומלמד אותנו להשתאות "מָה רַבּוּ מַעֲשֶׂיךָ ה', כֻּלָּם בְּחָכְמָה עָשִׂיתָ" (תהלים קד, כד). ולמעלה מכול - אלוהים נמצא לנו בקול שנשמע מסיני, אשר לימד אותנו איך לבנות חברה שתהיה היפוכה של מצרים, חברה שבה המעטים אינם משעבדים את הרבים והמקומיים אינם נוגשים בנוכרים.

במתקפתה הרעיונית של התורה על עולמה הרוחני של מצרים הקדומה, ההומור האלוהי מתגלה ככלי הנשק המשכנע ביותר. כוהניו ומכשפיו של הפולחן המצרי, שחשבו שבידם לשלוט בַּשֶּׁמש ובַיאוֹר, גילו שאינם מסוגלים אפילו ליצור כינה. פרעונים כגון רעמסס השני הפגינו את מעמדם, המשתווה למעמדו של אל, בעזרת אדריכלות מונומנטלית: המקדשים והארמונות הגדולים, ובייחוד הפירמידות, שממדיהם העצומים כמו רימזו על גדולה אלוהית (הגמרא מסבירה שהכשפים המצריים לא פעלו בעצמים זעירים[2]). אלוהים לועג להם כאשר הוא מגלה את נוכחותו דווקא באמצעות הבריות הזערוריות ביותר. זהו רגע המעלה על הדעת את שורותיו המפורסמות של ת"ס אליוט בפואמה **ארץ השממה:**

1. **משנה תורה**, הלכות יסודי התורה ח, א.
2. סנהדרין סז ע"ב: "'ויאמרו החרטומים אל פרעה: אצבע אלהים היא' - אמר ר' אליעזר, מיכן שאין השד יכול לבראות בריה פחות מכשעורה".

וְאַרְאֶה לְךָ דְּבַר־מָה שׁוֹנֶה
אִם מִצִּלְּךָ בַּבֹּקֶר, פּוֹסֵעַ אַחֲרֶיךָ,
וְאִם מִצִּלְּךָ בָּעֶרֶב, עוֹלֶה לִקְרָאתֶךָ;
אַרְאֶה לְךָ פַּחַד בְּחֹפֶן עָפָר.[3]

החרטומים (ויורשיִהם בתקופות אחרות) לא הבינו ששליטה בטבע איננה מטרה בפני עצמה, אלא רק אמצעי להשגת מטרות מוסריות. הכינים היו בדיחה של אלוהים על חשבון החרטומים, שהאמינו ששלטונם בכוחות הטבע הופך אותם לאדוניו של הגורל האנושי. הם טעו.

הצלחות טכנולוגיות גרמו לבני אדם, פעם אחר פעם, להאמין שכמוהם כאלים. הם יכלו להעפיל אל השמים, לרתום את הטבע לצורכיהם ולבנות בנייני ענק שיספרו את תהילתם. כולם הותירו אחריהם שובל של חורבן, והציוויליזציות שלהם שקעו וגוועו ורק הריסות וחורבות נותרו מהן. ענווה היא הנוגדן היחיד לגאווה. גדולים ככל שנהיה, תמיד נישאר רכיב זעיר בתכנית הגדולה. את זאת הראה אלוהים למצרים במכת כינים.

3. ת"ס אליוט, **ארץ השממה**, עברית: אסתר כספי, תל אביב: קשב לשירה, תשס"א, עמ' 10, שורות 27–30.

בוא

להשתחרר מהשנאה

פרט אחד בסיפור יציאת מצרים מודגש מאוד בתורה, אך במבט ראשון הוא כמעט בלתי מובן.

הנה, כך נפתח סיפורה של מכת בכורות: "וַיֹּאמֶר ה' אֶל מֹשֶׁה: עוֹד נֶגַע אֶחָד אָבִיא עַל פַּרְעֹה וְעַל מִצְרַיִם, אַחֲרֵי כֵן יְשַׁלַּח אֶתְכֶם מִזֶּה; כְּשַׁלְּחוֹ כָּלָה גָּרֵשׁ יְגָרֵשׁ אֶתְכֶם מִזֶּה. דַּבֶּר נָא בְּאָזְנֵי הָעָם וְיִשְׁאֲלוּ אִישׁ מֵאֵת רֵעֵהוּ וְאִשָּׁה מֵאֵת רְעוּתָהּ כְּלֵי כֶסֶף וּכְלֵי זָהָב" (שמות יא, א-ב).

וכך מתממש הציווי: "וַתֶּחֱזַק מִצְרַיִם עַל הָעָם לְמַהֵר לְשַׁלְּחָם מִן הָאָרֶץ, כִּי אָמְרוּ: כֻּלָּנוּ מֵתִים. וַיִּשָּׂא הָעָם אֶת בְּצֵקוֹ טֶרֶם יֶחְמָץ, מִשְׁאֲרֹתָם צְרֻרֹת בְּשִׂמְלֹתָם עַל שִׁכְמָם. וּבְנֵי יִשְׂרָאֵל עָשׂוּ כִּדְבַר מֹשֶׁה, וַיִּשְׁאֲלוּ מִמִּצְרַיִם כְּלֵי כֶסֶף וּכְלֵי זָהָב וּשְׂמָלֹת. וַה' נָתַן אֶת חֵן הָעָם בְּעֵינֵי מִצְרַיִם, וַיַּשְׁאִלוּם; וַיְנַצְּלוּ אֶת מִצְרָיִם" (שמות יב, לג-לו).

מה מטרת השאילה הבהולה הזו של כלי הכסף והזהב? בני ישראל מיהרו לברוח, והמצרים המבוהלים הזדרזו כל כך לשלח אותם, עד שלא היה זמן לבצק לתפוח. מדוע, בתוך כל המהומה, התעקש הקב"ה שבני ישראל יבקשו מהמצרים את מתנות הפרידה הללו? ומי צריך אותן? מה יוכלו בני ישראל לעשות בכלים היקרים במסע הארוך במדבר?

השתוממותנו תחריף אם נזכור מה בעצם עשו בני ישראל בזהב הזה. הם השתמשו בו לבניית עגל הזהב, חטאם הקשה מנשוא! על פי חז"ל, משה ציין עובדה זו כשניסה לסנגר על בני ישראל בפני הקב"ה. כך בערך אמר לו: אלמלא הורית להם לקחת זהב ממצרים, לא היו להם חומרי גלם לעשות את העגל![1]

החשיבות שהתורה מייחסת לשאילת כלי הכסף והזהב היא עילאית. כבר בהתגלותו הראשונה של ה' למשה, בסנה הבוער, כאשר שליחותו של משה הוצגה בפניו לראשונה, חתם ה' את תיאורה כך: "וְנָתַתִּי אֶת חֵן הָעָם הַזֶּה בְּעֵינֵי מִצְרָיִם,

1. ברכות לב ע"א.

וְהָיָה כִּי תֵלֵכוּן לֹא תֵלְכוּ רֵיקָם. וְשָׁאֲלָה אִשָּׁה מִשְּׁכֶנְתָּהּ וּמִגָּרַת בֵּיתָהּ כְּלֵי כֶסֶף וּכְלֵי זָהָב וּשְׂמָלֹת וְשַׂמְתֶּם עַל בְּנֵיכֶם וְעַל בְּנֹתֵיכֶם וְנִצַּלְתֶּם אֶת מִצְרָיִם" (שמות ג, כא-כב). מדוע העניין חשוב כל כך?

רק לקראת סוף חמשת חומשי תורה, באמצע חומש דברים, נותן לנו הכתוב כלים להבנת הדבר בדיעבד. שני פרטים מספקים לנו את המפתח.

האחד עניינו שחרור עבדים: "כִּי יִמָּכֵר לְךָ אָחִיךָ הָעִבְרִי אוֹ הָעִבְרִיָּה, וַעֲבָדְךָ שֵׁשׁ שָׁנִים וּבַשָּׁנָה הַשְּׁבִיעִת תְּשַׁלְּחֶנּוּ חָפְשִׁי מֵעִמָּךְ. וְכִי תְשַׁלְּחֶנּוּ חָפְשִׁי מֵעִמָּךְ, לֹא תְשַׁלְּחֶנּוּ רֵיקָם. הַעֲנֵיק תַּעֲנִיק לוֹ מִצֹּאנְךָ וּמִגָּרְנְךָ וּמִיִּקְבֶךָ, אֲשֶׁר בֵּרַכְךָ ה' אֱלֹהֶיךָ תִּתֶּן לוֹ. וְזָכַרְתָּ כִּי עֶבֶד הָיִיתָ בְּאֶרֶץ מִצְרַיִם וַיִּפְדְּךָ ה' אֱלֹהֶיךָ, עַל כֵּן אָנֹכִי מְצַוְּךָ אֶת הַדָּבָר הַזֶּה הַיּוֹם" (דברים טו, יב-טו). שימו לב לקישור ליציאת מצרים, ולביטוי "לֹא תְשַׁלְּחֶנּוּ רֵיקָם" המהדהד את "לֹא תֵלְכוּ רֵיקָם" ממעמד הסנה.

השני הוא מצווה מן המדהימות בתורה: "לֹא תְתַעֵב אֲדֹמִי כִּי אָחִיךָ הוּא לֹא תְתַעֵב מִצְרִי כִּי גֵר הָיִיתָ בְאַרְצוֹ" (דברים כג, ח). בני ישראל, כידוע, לא היו סתם גרים בארץ מצרים, אלא עבדים של המצרים. הם אינם חייבים למצרים שום הכרת טובה. להפך: מתבקש למדי שיהיו להם משקעי טינה כלפי העם המשעבד. אך התורה אוסרת על כך. מדוע?

במצווה הקצרה הזו טמונה תובנה עמוקה מאוד על מהותה של החברה החופשית. עַם שהשנאה מניעה אותו איננו חופשי ואיננו יכול להיות חופשי. לו המשיך עם ישראל לסחוב שק של שנאה ושל תשוקת נקם, היה אפשר לומר שהעם יצא ממצרים, אך לא שמצרים יצאה ממנו. היא הייתה מוסיפה לרדות בהם, לכבול אותם בשלשלאות זעם הקשות כשלשלאות ברזל. כדי להיות חופשיים מוכרחים להשתחרר מהשנאה.

יש הבדל יסודי בין חיים **עם** העבר לבין חיים **בתוך** העבר. היהדות היא דת של זיכרון. אנחנו מזכירים את יציאת מצרים מדי שנה, ואפילו מדי יום. אבל אנחנו עושים זאת למען העתיד, לא בשם העבר. "וְגֵר לֹא תִלְחָץ", מצווה התורה, ונימוקה עמה: "וְאַתֶּם יְדַעְתֶּם אֶת נֶפֶשׁ הַגֵּר כִּי גֵרִים הֱיִיתֶם בְּאֶרֶץ מִצְרָיִם" (שמות כג, ט). הזיכרון הוא מאמן מוסרי. כניסוחו המפורסם של הפילוסוף ג'ורג' סנטיאנה, "מי שאינם זוכרים את עברם נידונים לחזור עליו".[2] עם ישראל זוכר את עברו בדיוק משום כך: כדי **לא** לחזור עליו. המסר של התורה כאן הוא - זכרו, אבל לא כדי לשנוא.

2. George Santayana, *Reason in Common Sense*, New York: Charles Scribner's Sons, 1905, p. 284.

פירוש הדבר הוא שיש להתנתק מטינות העבר. זאת הסיבה לציווי שלא לשלח עבדים ריקם אלא לתת להם מתנות פרידה. המתנות אינן פיצוי ממשי על עובדַת העבדות. שנות העבדות אבודות ואין להשיבן. אבל זוהי דרך להבטיח שהפרידה תתקיים ברוח טובה ועם פיצוי סמלי. המתנות מאפשרות לעבד לשעבר לעשות עבודה רגשית: לציין לעצמו את סוף פרק העבדות בחייו, להניחו מאחוריו, ולפתוח דף חדש בלי כעס ובלי עלבון. מי שמקבל מתנות נדיבות מתקשה לשנוא.

מכאן חשיבותה של שאילת כלי הכסף והזהב על פי מצוותו המפורשת של ה׳. פרשן המקרא בן תחילת המאה העשרים בֶּנוֹ יעקב הסביר שה"ניצול" של מצרים האמור בפסוקים שציטטנו בפרק ג ובפרק יב הוא מלשון הצלה. ה׳ ציווה על בני ישראל לקחת את המתנות כדי לשכנע אותם שהאשמים בשעבודם אינם כל המצרים, אלא רק פרעה וההנהגה. השאילה נועדה להציל את המצרים מנקמה עתידית אפשרית מצד בני ישראל הכועסים.

מסר זה של התורה נועד גם לנו, בני תחילת המאה העשרים ואחת, תקופה ידועת עימותים אתניים ודתיים. כדי להיות חופשיים, יש להשתחרר מהשנאה.

בוא
לספר את הסיפור

סעו לוושינגטון, סיירו בין אתרי הזיכרון, ותגלו תגלית מרתקת. התחילו ביד לינקולן, פסלו הענק של האיש שהנהיג את ארצות הברית במלחמת אזרחים איומה והוביל לקץ העבדות. על צדו האחד של המונומנט תוכלו לקרוא את נאום גטיסברג, אותו מופת תמציתי ובו התפילה ל"הולדת חדשה של חופש". על צדו האחר נאום ההשבעה השני של לינקולן לנשיא, על המסר המאחה שלו: "ללא זדון כלפי איש ובצדקה לכול, עם ביטחון בַּצדק באשר האל מאיר את עינינו לראות מישרים".

המשיכו מטה, אל אגן הפוטומק, ותראו את יד מרטין לותר קינג, שמוצגים בו שישה־עשר ציטוטים מפיו של לוחם זכויות האזרח הדגול, בהם הכרזתו משנת 1963, "לא חושך יגרש את החושך, כי אם אור. לא שנאה תגרש את השנאה, כי אם אהבה". וישנו גם הציטוט שנתן למונומנט הזה את שמו, משפט מתוך נאום "יש לי חלום" - "מֵהַר הייאוש לחצוב סלע של תקווה".

המשיכו לאורך השדרה הנטועה התוחמת את קו המים, ותגיעו אל יד רוזוולט, הבנוי כסדרה בת שישה חללים, כל אחד לציון עשור מן הקריירה הציבורית שלו, בכל אחד משפט מנאום מכונן בן התקופה, והידוע שבהם: "אין לנו ממה לפחֵד כי אם מהפַּחד עצמו".

ולבסוף, מעברו הדרומי של אגן הפוטומק, מקדש יווני לזכר מחבר הכרזת העצמאות האמריקנית, תומס ג'פרסון. סביב הכיפה מתנוססות המילים שכתב לבנג'מין רַש: "על מזבח האלוהים נדרתי שִׂנְאַת נצח לכל שלטון עריצות על רוח האדם". החלל המעגלי תחום בארבעה לוחות, שעל כל אחד מהם חרותים ציטוטים ארוכים מכתבי ג'פרסון; אחד מתוך הכרזת העצמאות, אחר פותח במילים, "ריבון העולם ברא את הנפש חופשייה", ושלישי אומר, "האל שנתן לנו חיים נתן לנו חירות. הנוכל לשמור על חירויות האומה אם נחדל להאמין שחירויות אלו הן מתת האל?"

ארבעה מונומנטים שנבנו סביב טקסטים. כל אחד מהם מספר סיפור.

השוו אותם עכשיו לאתרי ההנצחה בלונדון, ובפרט לבולטים שבהם שבכיכר הפרלמנט. האתר לזכר דיוויד לויד ג'ורג' כולל שלוש מילים: "דיוויד לויד ג'ורג'". ביד נלסון מנדלה יש שתיים, נחשו אילו, ובאנדרטת צ'רצ'יל רק אחת: "צ'רצ'יל". וינסטון צ'רצ'יל היה איש של מילים. בצעירותו היה עיתונאי, ואחר כך היסטוריון, מחברם של קרוב לחמישים ספרים. הוא זכה בפרס נובל לא לשלום אלא לספרות. הוא נשא נאומים וטבע משפטים בלתי נשכחים לא פחות מג'פרסון ומלינקולן, מרוזוולט וממרטין לותר קינג, אבל על כַּן פִּסלוֹ לא חָרות ולוּ מבע מילולי אחד שלו. הוא מונצח רק בשמו.

קשה להחמיץ את ההבדל הזה שבין המונומנטים האמריקניים לבריטיים. הוא נובע מהשוני בין התרבויות הפוליטיות והמוסריות בשתי המדינות. אנגליה היא, או לפחות הייתה עד לאחרונה, חברה מבוססת מסורת. בחברות כאלו, דברים הנם כפי שהם מפני שכך היו "מאז ומתמיד". לא צריך לשאול למה. מי ששייך יודע. מי שצריך לשאול מראה שאינו שייך.

החברה האמריקנית שונה מפני שלמִן ימי האונייה מייפלאואר והלאה היא מבוססת על רעיון הברית המוצג בתנ"ך, בייחוד בספר שמות ובספר דברים. המתיישבים הראשונים היו פוריטנים, ממשיכי המסורת הקלוויניסטית. התרבות הפוליטית הקלוויניסטית היא הקרובה ביותר, בכל תולדות הנצרות, אל המחשבה הפוליטית המקראית. חברות המיוסדות על ברית אינן חברות מבוססות מסורת. הפוריטנים, כמו בני ישראל שלושת אלפים שנה לפניהם, היו מהפכנים שניסו ליצור חברה מסוג חדש: שונה מהחברה המצרית, במקרה של בני ישראל; שונה מהחברה הבריטית, במקרה האמריקני. מייקל וולצר קרא לספרו על הפוליטיקה של הפוריטנים במאה השבע־עשרה **מהפכת הקדושים**. הם דחו את המסורת שנתנה כוח מוחלט למלכים וקיימה היררכיות מעמדיות קבועות.

חברות ברית מבוססות על התחלה חדשה, מודעת, המיוצגת בדמותה של קבוצת אנשים מסורים לאידיאל. סיפורם של המייסדים, המסע שעשו, המכשולים שעמדו בפניהם והחזון שבכוחו גברו על מכשולים אלה - כל אלה הם רכיבים מהותיים בתרבות של ברית. החזרה על סיפור זה, הנחלתו מדור לדור, וההתמסרות להמשך המלאכה שהדורות הקודמים החלו בה - הם עמודי תווך באתוס של חברה כזו. אומת ברית קיימת לא רק מפני שהיא קיימת. היא קיימת כדי להגשים חזון מוסרי. משום כך כינה הסופר וההוגה ג"ק צ'סטרטון את ארצות הברית אומה "עם נפש של כנסייה", היחידה בָּעולם "המיוסדת על אמונה" (האנטישמיות של צ'סטרטון גרמה לו שלא להכיר במקורה האמתי של הפילוסופיה המדינית האמריקנית, הלוא הוא התנ"ך).

ההיסטוריה של הגדת הסיפורים כחלק מהותי מהחינוך המוסרי מתחילה בפרשת השבוע שלנו. אין זה מובן מאליו כלל שבתוך סערת החיפזון של היציאה הדרמטית ממצרים משה מוצא שלוש פעמים זמן לדבר על העתיד ועל חובת ההורים לחנך את בניהם על הסיפור העומד להתרחש ממש עכשיו: "וְהָיָה כִּי יֹאמְרוּ אֲלֵיכֶם בְּנֵיכֶם 'מָה הָעֲבֹדָה הַזֹּאת לָכֶם?' וַאֲמַרְתֶּם 'זֶבַח פֶּסַח הוּא לַה' אֲשֶׁר פָּסַח עַל בָּתֵּי בְנֵי יִשְׂרָאֵל בְּמִצְרַיִם בְּנָגְפּוֹ אֶת מִצְרַיִם וְאֶת בָּתֵּינוּ הִצִּיל'" (שמות יב, כו–כז); "וְהִגַּדְתָּ לְבִנְךָ בַּיּוֹם הַהוּא לֵאמֹר: 'בַּעֲבוּר זֶה עָשָׂה ה' לִי בְּצֵאתִי מִמִּצְרָיִם'" (יג, ח); "וְהָיָה כִּי יִשְׁאָלְךָ בִנְךָ מָחָר לֵאמֹר 'מַה זֹּאת?' וְאָמַרְתָּ אֵלָיו 'בְּחֹזֶק יָד הוֹצִיאָנוּ ה' מִמִּצְרַיִם, מִבֵּית עֲבָדִים'" (יג, יד).

זה באמת בלתי רגיל. בני ישראל עוד לא יצאו אל אורו המסחרר של החופש. הם עדיין עבדים. אך משה כבר מרים את עיניהם אל האופק הרחוק של העתיד, ומטיל עליהם את האחריות להעביר את הסיפור לדורות הבאים. כאילו אמר להם: אם תשכחו מאין באתם ולמה, סופכם שתאבדו את זהותכם, את ההמשכיות שלכם ואת טעם קיומכם. סופכם שתחשבו על עצמכם כעל עוד אומה בין האומות, עוד מוצא אתני אחד מרבים. אם תשכחו את סיפור החופש, סופכם שתאבדו את החופש עצמו.

כמעט שאין פילוסופים שכתבו על חשיבותה המוסרית של הגדת הסיפורים. אך זוהי הפרקטיקה שבזכותה נהיינו למה שהננו. יוצא הדופן הדגול בין הפילוסופים המודרניים הוא אלסדייר מקינטאייר, שכתב בספרו הקלסי **מעֵבר לַמידה הטובה** כך: "אני יכול לענות על השאלה 'מה עליי לעשות?' רק אם אענה קודם על השאלה 'באיזה סיפור או סיפורים אני משתתף?'... אם נשלול מילדים סיפורים נותיר אותם מגמגמים בלא תסריט, מפוחדים במעשיהם ובדיבוריהם".[1]

איש לא היטיב להבין זאת ממשה, שכן משה ידע כי בלי זהות מעוגנת קשה שלא להיסחף אל האלילות התקופתית – צרכנות, לאומנות, רציונליזם, אידיאליזם, פשיזם, קומוניזם, פוסט־מודרניזם, רלטיביזם, הדוניזם, אם להזכיר רק אלילויות צעירות לימים. החלופה, חברה המבוססת על המסורת לבדה, תתפורר ברגע שהמסורת תגווע, וכך קורה תמיד במוקדם או במאוחר.

זהות היא בהכרח פרטיקולרית, והיא מושתתת על סיפור: על עלילה המקשרת אותי אל העבר, מדריכה אותי בהווה, ומטילה עליי אחריות לעתיד. ושום סיפור, לפחות לא בעולם המערבי, לא השפיע יותר מסיפור יציאת מצרים. סיפור שהוא

1. אלסדייר מקינטאייר, **מעבר למידה הטובה**, עברית: יונתן לוי, ירושלים: הוצאת שלם, תשס"ז, פרק טו, עמ' 238.

זיכרון על דבר התערבותו של הכוח העליון בהיסטוריה כדי לשחרר את מי שהגיע לדיוטה התחתונה של השעבוד; ועמו זיכרון הברית שבאה לאחר השחרור, בריתם של בני ישראל עם האל. ברית זו היא הבטחה ליצור חברה שתהיה ההפך ממצרים: חברה שבה כל יחיד ייתפס כנושא צלמו של אלוהים, חברה שליום אחד מדי שבוע תַשעה את כל מִדְרְגֵי הכוח, חברה שצדק וכבוד האדם יהיו בה נחלת הכלל. אף פעם לא הגשמנו את היעד האידיאלי הזה במלואו, אבל אף פעם לא חדלנו מן המסע אליו ומן האמונה שבסוף המסע הוא מחכה לנו.

"היהודים סיפרו תמיד סיפורים בשביל כולנו", אמר הכתב הפוליטי של בי־בי־סי, אנדרו מאר. אלוהים ברא את האדם, כתב פעם אלי ויזל, מפני שאלוהים אוהב סיפורים. מה שתרבויות אחרות עשו באמצעות מערכות, היהודים עשו בעזרת סיפורים. וביהדות, הסיפורים אינם חרותים באבני מונומנטים הדורי מלכות. הם מסופרים בבית, סביב השולחן, מהורים לילדיהם, מתנה מהעבר לעתיד. כך התפתח סיפור הסיפורים ביהדות: בתוך הבית; בתוך כל בית.

המוסר הוא אוניברסלי רק ברכיבים היסודיים ביותר שלו: הפשטות "רזות" כגון צדק או חירות, הנוטות לומר דברים שונים לאנשים שונים בזמנים ובמקומות שונים. אם אנו רוצים שהילדים שלנו והחֶברה שלנו יהיו מוסריים, דרוש לנו סיפור משותף המספר לנו מאין באנו ומהי שליחותנו בעולם. סיפור יציאת מצרים, בייחוד באופן שהוא מסופר על שולחן הסדר, הוא קבוע ומשתנה־תמיד. זהו מגוון כמעט אינסופי של וריאציות על סדרה אחת של נושאים. כולנו מפנימים אותו יחד, כחברים בקהילה אחת אשר מוטות כנפיה פרושות על מאות ואלפי שנים – אך איש איש עושה זאת בדרכו.

יש סיפורים המרוממים את שומעיהם, ויש סיפורים משַתקים, המותירים את שומעיהם עבדים ליגונות עתיקים או לשאיפות חסרות שחר. הסיפור היהודי עתיק מכולם אך צעיר תמיד, וכולנו חלק ממנו. הוא מספר לנו מי אנחנו ומה קיוו אבותינו שנהיה. סיפור סיפורים הוא נַשָׂאו הגדול של החינוך המוסרי. התורה מעמידה אותנו על תובנה עמוקה: עם המספר לילדיו את סיפור החופש והאחריות הגלומה בו יישאר חופשי כל עוד האדם חי, נושם ומקַווה.

בוא

בתי ספר לחירות

וְהִגַּדְתָּ לְבִנְךָ בַּיּוֹם הַהוּא לֵאמֹר: בַּעֲבוּר זֶה עָשָׂה ה׳ לִי בְּצֵאתִי מִמִּצְרָיִם.
(שמות יג, ח)

יותר ממאתיים שנה הם חיכו לרגע הזה, והנה הוא בא. בני ישראל, עבדים במצרים, עמדו לצאת לחופשי. עשר מכות ניחתו קודם לכן על ארץ מצרים. העם היה הראשון שהבין; פרעה היה האחרון. אלוהים עמד לצד החירות וכבוד האדם. אי־אפשר, גם לא בכוחם של צבא ומשטרה חזקים, לבנות אומה על בסיס שעבוד. ההיסטוריה תקום על העריץ שיעשה זאת, כפי שקמה על כל העריצויות שידעה האנושות.

עכשיו הגיע תורו של פרעה. בני ישראל עומדים על סף הדרור. משה, מנהיגם, אסף את כולם והתכונן לפנות אליהם בדברים. מה יאמר להם בצומת גורלי זה, צומת הולדתו של עם? יש דברים רבים שהוא יכול לומר. הוא יכול לדבר איתם על חופש, על ביתוק שלשלאות, על קץ השעבוד. הוא יכול לדבר איתם על יעד המסע שהם יוצאים אליו, "אֶרֶץ זָבַת חָלָב וּדְבָשׁ" (שמות ג, יז). הוא יכול גם לבחור בנושא קודר יותר: סכנות המסע, מה שנלסון מנדלה כינה, "המסע הארוך אל החופש". כל אחד מנושאים אלה היה יכול לשמש בסיס לנאום מרשים של מנהיג דגול, ההולם את חשיבותו ההיסטורית של היום הזה בחיי האומה.

משה לא בחר אף לא באחד מהם. הוא דיבר על דברים אחרים. על ילדים, ועל העתיד הרחוק, ועל החובה להנחיל את הזיכרון לדורות שטרם באו לעולם. שלוש פעמים בפרשת בוא הוא חוזר לנושא הזה:

וְהָיָה כִּי תָבֹאוּ אֶל הָאָרֶץ אֲשֶׁר יִתֵּן ה׳ לָכֶם כַּאֲשֶׁר דִּבֵּר, וּשְׁמַרְתֶּם אֶת הָעֲבֹדָה הַזֹּאת. וְהָיָה כִּי יֹאמְרוּ אֲלֵיכֶם בְּנֵיכֶם, "מָה הָעֲבֹדָה הַזֹּאת לָכֶם?" וַאֲמַרְתֶּם, "זֶבַח

פֶּסַח הוּא לַה׳, אֲשֶׁר פָּסַח עַל בָּתֵּי בְנֵי יִשְׂרָאֵל בְּמִצְרַיִם בְּנָגְפּוֹ אֶת מִצְרַיִם וְאֶת בָּתֵּינוּ הִצִּיל״. (שמות יב, כה-כז)

וְהִגַּדְתָּ לְבִנְךָ בַּיּוֹם הַהוּא לֵאמֹר, ״בַּעֲבוּר זֶה עָשָׂה ה׳ לִי בְּצֵאתִי מִמִּצְרָיִם״. (שמות יג, ח)

וְהָיָה כִּי יִשְׁאָלְךָ בִנְךָ מָחָר לֵאמֹר, ״מַה זֹּאת?״ וְאָמַרְתָּ אֵלָיו, ״בְּחֹזֶק יָד הוֹצִיאָנוּ ה׳ מִמִּצְרַיִם, מִבֵּית עֲבָדִים״. (שמות יג, יד)

בעומדם לצאת לחופשי מתבשרים אפוא בני ישראל שעליהם להיעשות אומה של מחנכים. בבחירה זו של משה מתבהר לנו מדוע הוא אינו מנהיג דגול ״סתם״, אלא גם מנהיג מיוחד במינו. התורה מלמדת אותנו כאן שחירות משיגים לא בשדה הקרב, לא בזירה הפוליטית ולא באולמות בתי המשפט המקומיים או הבין־לאומיים - אלא במחשבותיהם וברצונותיהם של אנשים. כדי להגן על מדינה דרוש צבא; אולם כדי להגן על חברה חופשית דרושים בתי ספר. דרושות משפחות ומערכת חינוך המנחילות ערכים מדור לדור, כך שערכים אלה לעולם אינם אובדים, אינם מיטשטשים ואינם ננטשים בייאוש. משה הבין את משמעות החירות באופן שאין מעמיק ממנו. אין זה קשה, אמר משה, לזכות בחירות, אך לקיומה נחוץ עמלם של מאה דורות. אם תשכחו את החירות, תאבדוה.

שלושה מוסדות דרושים לקיום החופש: הורות, חינוך וזיכרון. חובה לספר לילדינו על העבדות ועל המסע הארוך אל החירות; הם מוכרחים לטעום מדי שנה מלחם העוני ומעשבי המרורים של הפרך; והם צריכים להכיר את טעמו של דיכוי כדי שיילחמו בו בכל אימת שיתחולל. על כן נעשו היהודים לאומה שתשוקתה אל החינוך, אומה שמִבְצריה היו בתי הספר וגיבוריה - המורים.

כך התגלגלו הדברים שכאשר חרב הבית השני בנו היהודים את המערכת הראשונה בעולם של חינוך חובה לכול הממומנת בכספי ציבור:

זכור אותו האיש לטוב, ויהושע בן גמלא שמו, שאלמלא הוא נשתכח תורה מישראל. שבתחילה מי שיש לו אב מלמדו תורה, מי שאין לו אב לא היה למד תורה... התקינו שיהו מושיבין מלמדי תינוקות בירושלים... ועדיין מי שיש לו אב היה מעלו ומלמדו, מי שאין לו אב לא היה עולה ולמד. התקינו שיהו מושיבין בכל פלך ופלך, ומכניסין אותן כבן ט״ז כבן י״ז, ומי שהיה רבו כועס עליו מבעיט

בו ויצא. עד שבא יהושע בן גמלא ותיקן שיהו מושיבין מלמדי תינוקות בכל מדינה ומדינה ובכל עיר ועיר ומכניסין אותן כבן שש כבן שבע.[1]

באנגליה, לעומת זאת, חינוך חובה לכול לא התקיים עד שנת 1870. בארצות הברית הוא הונהג לראשונה במסצ'וסטס בשנת 1852, והמדינה האחרונה שהנהיגה אותו, מיסיסיפי, חיכתה עד 1918. יחסם הרציני של חכמי ישראל לחינוך ניכר בשתי המובאות שלפנינו:

מושיבין מלמדי תינוקות בכל מדינה ומדינה ובכל פלך ופלך ובכל עיר ועיר. וכל עיר שאין בה תינוקות של בית רבן - מחרימין את אנשי העיר עד שמושיבין מלמדי תינוקות. ואם לא הושיבו מחרימין את העיר. שאין העולם מתקיים אלא בהבל פיהם של תינוקות של בית רבן.[2]

רבי יהודה הנשיא שלח את רבי חיא ורבי אסי ורבי אמי שיעברו בערי ארץ ישראל ויתקנו ספרים ומלמדים. הגיעו למקום אחד ולא מצאו לא ספר ולא מורה. אמרו לתושבים, "הביאו לנו את שומרי העיר". הביאו להם את הממונים על השמירה. אמרו להם, "אלה הם שומרי העיר? אלה הם מחריבי העיר!" אמרו להם, "ומיהם שומרי העיר?" אמרו להם, "הספרים והמורים".[3]

שום דת אחרת לא ייחסה ערך גבוה יותר ללימוד. שום דת אחרת לא נתנה לחינוך מעמד גבוה יותר בסדר העדיפויות הקהילתי. משחר ימיו ידע עם ישראל שחירות אינה נוצרת בחקיקה בלבד, ושמבנים פוליטיים לבדם אין בהם כדי לקיימה לאורך ימים. כלשונו של השופט האמריקני הנודע לֶרְנְד הֶאנד:

החירות שוכנת בלבם של אנשים ונשים; כשהיא מתה שם, לא יושיעוה לא חוקה, לא חוק ולא בית משפט - ואפילו לעזור לה בקושי יצליחו. ומהי החירות הזו שחייבת לשכון בלבות האנשים והנשים? היא איננה הרצון האכזר ושלוח הרסן; היא גם איננה החופש לעשות כל שהלב חפץ. הללו הם שולליה של

1. בבא בתרא כא ע"א.
2. רמב"ם, **משנה תורה**, הלכות תלמוד תורה ב, א.
3. תלמוד ירושלמי, חגיגה א, ו (דף ו ע"א). במקור בארמית.

החירות, והם מובילים היישר אל נפילתה. לצערנו כבר למדנו לדעת שחברה שאנשיה אינם מכירים בשום מגבלות על החופש שלהם נעשית עד מהרה לחברה שרק לבריונים מעטים יש בה חופש.[4]

אמיתה זו מתומצתת בדרשת חז"ל ידועה על פסוק המתאר את לוחות הברית, "וְהַלֻּחֹת מַעֲשֵׂה אֱלֹהִים הֵמָּה; וְהַמִּכְתָּב מִכְתַּב אֱלֹהִים הוּא, חָרוּת עַל הַלֻּחֹת" (שמות לב, טז). על כך דרש רבי יהושע בן לוי במסכת אבות, "אל תקרא חָרות אלא חֵרות, שאין לך בן חורין אלא מי שעוסק בתלמוד תורה".[5] אם החוק חרות בלבבות, אין צורך לאכוף אותו בעזרת משטרה. חופש אמתי, חירות, הוא היכולת לשלוט בעצמך בלי שתצטרך להישלט בידי אחרים. בלי קבלה מרצון של קוד מוסרי ושל מגבלות אתיות, החירות נעשית להפקרות והחברה עצמה נהיית לזירת קרב בין דחפים ותאוות סותרים.

רעיון זה, שהשלכותיו הרות גורל, נוסח לראשונה בידי משה בפרשתנו, בדבריו אל קהל בני ישראל. הוא הבהיר להם שחירות היא הרבה יותר מרגע אחד של ניצחון פוליטי. היא מאמץ תמידי הנמשך יובלות ועידנים ללמד את הבאים אחרינו על מאבקם של אבותינו ועל סיבותיו. רק כך לא יבוא החופש של אדם אחד על חשבון החופש של זולתו ולא יוקרב למענו. משום כך אנו אוכלים עד היום בחג הפסח את המצה, לחם העוני, וטועמים את טעם העבדות במרור: לזכור כמה רע הוא השעבוד ולא לנסות לעולם לשעבד אחרים.

התופעה ההיסטורית הקדומה ביותר והטרגית ביותר היא שקיעתן והיעלמותן של אימפריות ענק אשר רדו בעולם הנושב כולו. החופש נעשה לאינדיבידואליזם גמור, "אִישׁ הַיָּשָׁר בְּעֵינָיו יַעֲשֶׂה" (שופטים כא, כה), האינדיבידואליזם נעשה תוהו ובוהו, התוהו ובוהו מוליד חיפוש אחר סדר, וחיפוש זה סופו תקומתה של עריצות חדשה הכופה את רצונה בכוח הזרוע. הודות לתורה, היהודים לא שכחו אף פעם שהחירות היא מיזם חינוכי שאין לו סוף, שבו הורים, מורים, בתים ובתי ספר שותפים כולם בדו־שיח בין־דורי. תלמוד תורה הוא יסודה של היהדות, שומר החומות של מורשתנו ותקוותנו. זו הסיבה לכך שהמסורת היהודית, ברצותה להכביר על משה רבנו את הכבוד הנעלה ביותר שישנו, לא קראה לו "גיבורנו", "נביאנו" או "מלכנו". היא קראה לו פשוט "משה רבנו", משה מורנו. כי החינוך הוא הזירה שבה מוכרע, לטוב ולרע, הקרב למען חברה טובה.

4. נאום בסנטרל פארק, ניו יורק, 21 במאי 1944.
5. משנה, אבות ו, ב.

בשלח

אנרגיה מתחדשת

תרגומה הראשון של התורה לשפה אחרת - יוונית - נעשה בסביבות המאה השנייה לפני הספירה במצרים, בימי מלכותו של תלמַי השני. הוא ידוע בשם "תרגום השבעים", כי הופקד עליו צוות בן שבעים מלומדים. הגמרא מספרת שבמקומות מסוימים שינו המתרגמים את האמור במתכוון, כי סברו שתרגום מילולי יהיה חסַר מובן לקורא היווני. מקום אחד כזה הוא הפסוק "וַיְכַל אֱלֹהִים בַּיּוֹם הַשְּׁבִיעִי מְלַאכְתּוֹ אֲשֶׁר עָשָׂה" (בראשית ב, ב). השבעים שינו וכתבו "ביום השישי".[1]

מה הפריע להם? מדוע האמירה שאלוהים ברא את העולם בשישה ימים נשמעת סבירה יותר מהאמירה שהוא ברא את העולם בשבעה? התשובה פשוטה: היוונים לא יכלו להבין כיצד היום השביעי, שבת, יכול להיחשב יום של בריאה. אלוהים נח ביום הזה; איך יכולה מנוחה להיחשב למלאכת בריאה? מה אנו משיגים כש**איננו** יוצרים, כש**איננו** עובדים, כש**איננו** ממציאים? לכאורה, זה באמת לא הגיוני.

ואכן, בידינו עדויות בלתי תלויות, מתוך כתביהם של מחברים הלניסטים בני התקופה, המלמדות שמקובל היה אז ללעוג ליהודים על השבת. היהודים בטלים ממלאכה יום בשבוע, אמרו אותם הלניסטים, משום שהם עצלנים. הרעיון כי ליום השבת עצמו עשוי להיות ערך עצמאי היה כנראה מעבר להשגתם. זמן לא רב לאחר מכן החלה האימפריה של אלכסנדר הגדול להתפורר, כמוה כערי המדינה היווניות שקדמו לה ואשר הצמיחו כמה מגדולי ההוגים והכותבים בהיסטוריה. ציוויליזציות, כמוהן כבני אדם יחידים, עלולות לסבול משחיקה. זה קורה למי שבלוח הזמנים שלו אין יום קבוע של מנוחה. כדברי אחד העם, יותר משמשמרו ישראל את השבת, שמרה השבת את ישראל. הַקְצו יום שבועי למנוחה - ולא תישָׁחקו.

מצוות השבת נזכרת לראשונה בפרשתנו. השבת היא מן המוסדות החשובים שהעולם ידע אי־פעם. היא שינתה את תפיסת הזמן של האנושות. לפני הולדת

1. מגילה ט ע"א.

היהדות מדדו אנשים את הזמן על פי השמש - שנת החמה בת 365 הימים, ועונות השנה הסדורות בה - או על פי הָיָרֵחַ והיֶרח בן כשלושים הימים המציין את מחזור הימלאו והיחסרו. לשנה ולחודש יש אפוא בסיס טבעי; השבוע, לעומת זאת, אינו קשור לשום מחזור בטבע וביקום. יחידת הזמן בת שבעת הימים היא פרי רוחה של התורה, והיא נפוצה בעולם כולו דרך הנצרות והאסלאם ששאבו אותה ממנה ורק הזיזו את יום המנוחה. וכך, לאנושות יש שנים בגלל השמש, חודשים בגלל הירח, ושבועות בגלל היהודים.

השבת מחוללת בחיינו ובחברה שאנו חיים בה חלל שבתחומיו אנחנו חופשיים באמת. חופשיים מלחצי העבודה; חופשיים מדרישותיהם של מעסיקים תובעניים; חופשיים מיללות הסירנה של החברה הצרכנית המדרבנת אותנו לָרֵצֵף בכסף את דרכנו אל האושר; חופשיים להיות אנו עצמנו בקרב יקירינו. היום האחד הזה הצליח להגיש משמעות רעננה בכל דור ודור, למרות התמורות הכלכליות והתעשייתיות מרחיקות הלכת. בימי משה, פירושו היה חופש מעבדות פרעה. במאה התשע־עשרה ובתחילת המאה העשרים הוא היה יום של חופש מתנאי העבודה הקשים וארוכי השעות של סדנאות היזע. בימינו, זה יום של חופש מהדוא״ל, מהטלפון החכם על רשתותיו וקבוצותיו, ומהציפייה שנהיה זמינים מסביב לשעון.

אנו למדים מפרשתנו ששבת היא אחת המצוות הראשונות שבני ישראל קיבלו סמוך לצאתם ממצרים. הם התלוננו על מחסור באוכל, וה׳ אמר להם שיוריד להם מן משמים - אך אסר עליהם ללקט אותו ביום השביעי, והבטיח להם, כאוכל נפש לשבת, מנה כפולה ביום שישי. עד היום אנו מציינים זאת בלחם המשנֶה של ארוחות השבת.

השבת היא תופעה חסרת תקדים לא רק מבחינה תרבותית, אלא גם מבחינה מושגית. לאורך ההיסטוריה חלמו אנשים על עולם אידיאלי. חזונות כאלה קרויים אוטופיה - מונח שפירושו המילולי ביוונית הוא בעצם ״שום מקום״.[2] מונח זה יאה להם משום שאף לא אחד מהם התממש. השבת - כן. השבת היא אוטופיה עכשיו, כי אנו יוצרים בה, למשך 25 שעות בשבוע, עולם שאין בו הירככיות. לא מעסיקים מול מועסקים, לא קונים מול מוכרים, לא חוסר שוויון בהון או בכוח, לא ייצור ולא תחבורה ולא רעש החרושת ולא המולת השוק. השבת היא ״נְקֻדַּת הַדְּמָמָה שֶׁל הָעוֹלָם הַמִּסְתּוֹבֵב״;[3] היא השקט שבין שני פרקים בסימפוניה; היא השעיה של מרוץ

2. טבע אותה סר תומס מור בשנת 1516, ככותרת לספרו.
3. ת״ס אליוט, **ארבעה קוורטטים**, עברית: מאיה בז׳רנו, תל אביב: קשב לשירה, תשס״ח, קוורטט ראשון, חלק שני.

השעות; היא מקבילתם, בממד הזמן, של שמורת הטבע, הגן והשטח הפתוח, אותן ריאות ירוקות בין ערים ובין כרכים שעוד אפשר להילֵטף בהן ברוח קלה ולהתמוגג מזִמרת ציפורים. השבת היא אוטופיה - אך לא בקץ הימים אלא כאן ועכשיו ושוב ושוב. באמצע העולם ובאמצע הזמנים.

ה׳ רצה שבני ישראל יתחילו את מעגל היום־החופשי־בשבוע שלהם כבר בצאתם ממצרים, כי להשגת חופש אמתי, חופש של שבעה ימים בשבוע, דרוש זמן רב. מאות על מאות; אלפי שנים. התורה רואה את העבדות כעוול,[4] אך היא לא ביטלה אותה מיד מפני שבני האדם עוד לא היו מוכנים לכך. בריטניה וארצות הברית ביטלו את העבדות רק במאה התשע־עשרה, וגם אז עלה להן הדבר במאבקים פנימיים. אך הישג מאוחר זה של האנושות נעשה בלתי נמנע כבר ברגע שניתנה מצוות השבת - מפני שעבדים היודעים את החופש, ולו ליום אחד מדי שבוע, חזקה עליהם שביום מן הימים יקומו הם או צאצאיהם על כבליהם.

רוח האדם זקוקה לזמן לנשום, לשאוף, לצמוח. הכלל הראשון בניהול זמן הוא שיש להבחין בין דברים **חשובים** לבין דברים שהם רק **דחופים**. בעתות לחץ, הנטייה היא לדחות את הדברים החשובים מפני הדברים הדחופים. אלא שהדברים החשובים הם אלה הנחוצים יותר לאושרנו ולתחושה שאנו חיים את חיינו כראוי. שבת היא הזמן המוקדש לדברים החשובים והלא דחופים: משפחה, חברים, קהילה, חוויית קדושה, תפילה והודיה לה׳ על הדברים הטובים בחיינו, וקריאה בתורה תוך שאנו מגוללים שוב את הסיפור הארוך והדרמטי של עמנו ושל מסענו. בשבת אנו חוגגים על הנרות, היין והחלות את שלום הבית: השלום שבא מאהבה ואשר שורֶה באשר הַשכינה שורָה. זהו יופי שנוצר לא בידי מיכלאנג׳לו או ליאונרדו אלא בידינו: אי שלֵו של זמן בלב ים רוגש של עולם חסר מנוחה.

השתתפתי פעם באמריצר שבהודו, העיר הקדושה לסיקים, יחד עם הדלאי לאמה, בסמינר שארגן מכון אליהו לדיאלוג בין־דתי. במהלך השיחות, אל מול קהל בן אלפיים סטודנטים סיקים, פנה אחד המנהיגים הסיקים אל הסטודנטים ואמר,

4. על יחסה השלילי של התורה לעבדות ראו בספרו של הרב נחום רבינוביץ׳, **מסילות בלבבם** (מעלה אדומים: מעליות, תשע״ה), עמ׳ 38–45. טיעונו של הרב רבינוביץ׳ מתבסס על השקפת התורה שבכתב והתורה שבעל־פה שכל בני האדם הם בעלי מעמד אונטולוגי שווה בהיותם עשויים בצלם אלוהים וכדמותו - השקפה שהיא ניגודן הגמור של השקפות אפלטון ואריסטו, בין היתר. הרב רבינוביץ׳ מנתח את פירושי חז״ל, הרמב״ם והמאירי למילים ״לְעֹלָם בָּהֶם תַּעֲבֹדוּ״ (ויקרא כה, מו). ראו גם הפסוקים שהוא מצטט מספר איוב (לא, יג–טו), ״אִם אֶמְאַס מִשְׁפַּט עַבְדִּי וַאֲמָתִי בְּרִבָם עִמָּדִי? וּמָה אֶעֱשֶׂה כִּי יָקוּם אֵל, וְכִי יִפְקֹד מָה אֲשִׁיבֶנּוּ? הֲלֹא בַבֶּטֶן עֹשֵׂנִי עָשָׂהוּ, וַיְכֻנֶנּוּ בָּרֶחֶם אֶחָד״.

״מה שדרוש לנו הוא מה שיש ליהודים: שבת!״ נסו לדמיין, אמר להם, יום בשבוע המוקדש למשפחה, לבית ולמערכות יחסים. הוא ראה את היופי שבשבת. אנחנו יכולים לחיות אותו במציאות.

היוונים הקדומים לא הצליחו להבין איך יום מנוחה יכול להיות חלק ממעשה בריאה. אך כזה הוא יום השבת. כי אלמלא מנוחת הגוף, שלוות הנפש, רגיעת הנשמה ורענון קשרי הזהות והאהבה שלנו, תהליך היצירה היה דועך ומתנוון. אנשים ועמים כפופים לעקרון האנטרופיה, העיקרון הקובע שכל מערכת מאבדת אנרגיה לאורך הזמן. עם ישראל לא איבד את האנרגיה שלו לאורך הזמן, ונשאר חיוני ויצירתי כפי שהיה תמיד. הסיבה לכך היא השבת: משאב האנרגיה המתחדשת הגדול ביותר של האנושות, היום שנותן לנו כוח להמשיך ליצוֹר.

בשלח

מסתכלים כלפי מעלה

בני ישראל עברו ביבשה בתוך הים. הבלתי אפשרי קרה - הצבא האדיר ביותר בעולם העתיק, צבא מצרים, על סוסיו ומרכבותיו הוכה וטבע. בני ישראל חופשיים, אך לא לעולם חוסן. אך זה חצו את הים, וכבר התרגשה עליהם מתקפה עמלקית. הם הוכרחו להשיב מלחמה והפעם בלי נסים אלוהיים גלויים. הם עשו כך וניצחו. זו הייתה נקודת מפנה היסטורית בקורות ישראל וגם בקורות מנהיגותו של משה.

חד וחותך הוא הניגוד בין מה שהיה לפני קריעת ים סוף למה שהיה אחריה. לפני הקריעה, לנוכח שעטת המצרים הקרבים, אמר משה לעם, "הִתְיַצְּבוּ וּרְאוּ אֶת יְשׁוּעַת ה׳ אֲשֶׁר יַעֲשֶׂה לָכֶם הַיּוֹם... ה׳ יִלָּחֵם לָכֶם, וְאַתֶּם תַּחֲרִישׁוּן" (שמות יד, יג-יד). במילים אחרות: אל תעשו כלום, ה׳ יעשה הכול בשבילכם. ואמנם כך היה.

לעומת זאת, לקראת המלחמה בעמלק אמר משה ליהושע, "בְּחַר לָנוּ אֲנָשִׁים וְצֵא הִלָּחֵם בַּעֲמָלֵק" (שמות יז, ט). יהושע עשה כדבריו והעם יצא למלחמה. הנה לנו מציאות חדשה: עברנו ממצב שבו המנהיג בעזרת ה׳ עושה את המלאכה בשביל העם, למצב שבו המנהיג מייפה את כוחו של העם לדאוג לעצמו.

בהצביעה על מעבר זה, התורה ממקדת את תשומת לבנו בפרט אחד. כשהחל הקרב עלה משה לראש גבעה הצופה אל שדה הקרב, ובידו מטה:

> וְהָיָה כַּאֲשֶׁר יָרִים מֹשֶׁה יָדוֹ - וְגָבַר יִשְׂרָאֵל. וְכַאֲשֶׁר יָנִיחַ יָדוֹ - וְגָבַר עֲמָלֵק. וִידֵי מֹשֶׁה כְּבֵדִים; וַיִּקְחוּ אֶבֶן וַיָּשִׂימוּ תַחְתָּיו וַיֵּשֶׁב עָלֶיהָ. וְאַהֲרֹן וְחוּר תָּמְכוּ בְיָדָיו, מִזֶּה אֶחָד וּמִזֶּה אֶחָד, וַיְהִי יָדָיו אֱמוּנָה עַד בֹּא הַשָּׁמֶשׁ. (שמות יז, יא-יב)

מה קרה כאן? אפשר לקרוא קטע זה בשתי דרכים. המטה שבידי משה, אותו מטה שהיה בידיו כשחולל מופתים במצרים ועל הים, הוא אולי סימן לכך שניצחון ישראל על עמלק היה נס. מנגד ייתכן שתפקידו של המטה היה מורלי: תזכורת מעודדת לבני ישראל הלוחמים שה׳ איתם, ושהוא נותן להם כוח.

פירוש לפסוקים אלה נמצא דווקא במשנה. אף שפרשנות ודרשנות על המקרא אינן מענייניה בדרך כלל, הנה כאן יוצאת המשנה מארבע אמות של הלכה ומפרשת פסוק:

> ״וְהָיָה כַּאֲשֶׁר יָרִים מֹשֶׁה יָדוֹ - וְגָבַר יִשְׂרָאֵל״ וגו׳. וכי ידיו של משה עושות מלחמה או שוברות מלחמה? אלא לומר לך: כל זמן שהיו ישראל מסתכלים כלפי מעלה ומשעבדין את לבם לאביהם שבשמים, היו מתגברים; ואם לאו, היו נופלין. (משנה, ראש השנה ג, ח)

המשנה ברורה. לא המטה חולל נסים וגם לא ידיו המורמות של משה. המטה והידיים נועדו רק להזכיר לבני ישראל לתלות את עיניהם בשמים ולזכור שה׳ איתם. ידיעה זו נסכה בהם ביטחון ועוז לנַצֵּחַ.

התורה מלמדת כאן שיעור יסוד במנהיגות. מנהיג צריך להעצים את הקבוצה. הוא איננו יכול לעשות את העבודה במקומה. המונהגים חייבים לעשות למען עצמם. אך בה בעת, המנהיג צריך להשרות על הקבוצה ביטחון גמור בכך שהיא יכולה לעשות ולהצליח. המנהיג אחראי למצב רוחם של מונהגיו ולמורל שלהם. בשעת מלחמה אסור לו להסגיר שום סימן של חולשה, ספֵק או פחד. לא תמיד זה קל. ידיו של משה מתעייפות, נעשות ״כבדות״. לכל מנהיג יש רגעים של תשישות. ברגעים אלה המנהיג זקוק לתמיכה - משה נזקק לתמיכת ידיהם של אהרון וחור. אולם בסופו של יום, ידיו המורמות היו הסימן שבני ישראל נזקקו לו - הסימן לכך הוא שאלוהים נתן להם כוח לגבור על האויב. והם אכן גברו עליו.

במינוח עכשווי: על מנהיג להיות בעל אינטליגנציה רגשית. דניאל גולמן, שנודע במחקריו בתחום זה, טוען (עם עמיתיו ריצ׳רד בויאציס ואנני מק׳קי) שאחת המשימות החשובות ביותר של מנהיג היא לרומם את מצב רוחה של הקבוצה:

> מנהיגים גדולים מרגשים אותנו. הם מלהיבים אותנו ומעוררים את הטוב שבקרבנו. כשאנו מנסים להסביר מדוע הם תכליתיים כל כך, אנחנו מדברים על אסטרטגיה, על חזון או על רעיונות רבי עוצמה. אבל המציאות היא דבר קמאי הרבה יותר: מנהיגות גדולה פועלת באמצעות הרגשות שלנו.[1]

1. דניאל גולמן, ריצ׳רד בויאציס ואנני מק׳קי, **המנהיגים החדשים: מימוש עוצמתה של האינטליגנציה הרגשית ותפקידה במנהיגות**, עברית: ברוך קורות, תל אביב: הוצאת מטר, תשס״ב, עמ׳ 17.

לקבוצות ישנה טמפרטורה רגשית. יחידים עשויים להיות שמחים או עצובים, עצבניים או רגועים, חוששים או בוטחים. אבל כשהם מצטרפים לקבוצה מתרחש תהליך כִּוונון, מעין הידבקות רגשית, וחברי הקבוצה מתחילים לחוש רגשות זהים. בניסויים מדעיים נמצא שכאשר אנשים משוחחים זה עם זה רבע שעה, או אף פחות, מתחוללת ביניהם התכנסות של מדדים פיזיולוגיים של מצב רוח, כגון קצב הלב - וערכיהם מתקרבים זה לזה. "כששלושה אנשים זרים יושבים זה מול זה בשתיקה במשך דקה או שתיים, בעל ההבעה הרגשית החזקה ביותר מביניהם משדר את מצב רוחו לשניים האחרים - בלי להוציא הגה מפיו".[2] הבסיס הפיזיולוגי לתהליך זה, הלוא הוא מה שמכוּנֶה נוירוֹנֵי הַמַּרְאָה, נחקר רבות בשנים האחרונות ונצפה אפילו בקרב קופי אדם. הוא המאפשר את האמפתיה, שעל ידיה אנו מזדהים עם רגשותיהם של אנשים אחרים.

מכאן צומח אחד התפקידים החשובים ביותר של המנהיג. הוא, או היא, קובעים את מצב רוחה של הקבוצה יותר מכל אדם אחר. גולמן ועמיתיו מדווחים על כמה מחקרים מדעיים שהראו כיצד מנהלים ממלאים תפקיד מפתח בקביעת הרגשות שחברי הצוות חולקים זה עם זה:

> המנהלים דיברו בדרך כלל יותר מכל אדם אחר, וההקשבה לדבריהם הייתה דרוכה יותר... אבל ההשפעה על הרגשות מרחיקה מעבר למה שהמנהל אומר. במחקרים אלה התברר שגם כשהמנהל לא דיבר, האנשים התבוננו בו ביתר קפידה מאשר באנשים אחרים בקבוצה. כשאנשים הציגו שאלה הנוגעת לקבוצה, כגוף, הם היו מפנים את עיניהם אל המנהל, כדי לראות כיצד הוא מגיב. ואכן, חברי הקבוצה רואים בדרך כלל בתגובתו הרגשית של המנהל את התגובה התקֵפה ביותר ובונים את התגובה שלהם לפיה - במיוחד במצבים מעורפלים, כאשר חברים שונים מגיבים בצורה שונה. במובן מסוים המנהל מכתיב את אמת המידה הרגשית.[3]

הנה כי כן, כאשר הדברים אמורים במנהיגות גם שפת הגוף חשובה. מנהיגים חייבים לכל הפחות בהופעותיהם הפומביות להקרין ביטחון, גם אם בתוך תוכם מכרסמים בהם ספקות והיסוסים. אם יסגירו את חששותיהם בדיבור או במחוות גוף הם עלולים להשבית את הרוח ממפרשיה של הקבוצה.

2. שם, עמ' 20.
3. שם, עמ' 21.

דוגמה קלסית לכך היא התנהגותו של דוד המלך בעת מרד אבשלום. אבשלום בנו של דוד הדיח את אביו בהפיכת חצר והכריז על עצמו מלך. הכוחות הנאמנים לדוד הצליחו לדכא את המרד ובמהלך הלחימה אבשלום מת. שערו הסתבך בעץ האלה, ויואב שר צבא דוד מצא אותו שם ודקר אותו למוות.

בהגיע הבשורה אל דוד, לבו נפל בו. נכון, בנו מרד בו אבל הוא עדיין בנו. דוד השבור הליט את פניו וזעק "בְּנִי אַבְשָׁלוֹם, בְּנִי, בְנִי אַבְשָׁלוֹם, מִי יִתֵּן מוּתִי אֲנִי תַחְתֶּיךָ, אַבְשָׁלוֹם, בְּנִי בְנִי" (שמואל ב׳ יט, א). החדשות בדבר אבלו הכבד של דוד נפוצו במהירות בין החיילים, וגם הם - בהידבקות רגשית - נעטפו אֵבל. יואב התרעם על כך. הרי זה עתה סיכנו החיילים את חייהם כדי להילחם למען דוד נגד בנו. אם יצטערו עכשיו על הניצחון, עלול להיגרם בלבול שיערער את המורל ויפורר את הצבא:

> וַיָּבֹא יוֹאָב אֶל הַמֶּלֶךְ הַבָּיִת וַיֹּאמֶר, הֹבַשְׁתָּ הַיּוֹם אֶת פְּנֵי כָל עֲבָדֶיךָ הַמְמַלְּטִים אֶת נַפְשְׁךָ הַיּוֹם וְאֵת נֶפֶשׁ בָּנֶיךָ וּבְנֹתֶיךָ וְנֶפֶשׁ נָשֶׁיךָ וְנֶפֶשׁ פִּלַגְשֶׁיךָ. לְאַהֲבָה אֶת שֹׂנְאֶיךָ וְלִשְׂנֹא אֶת אֹהֲבֶיךָ. כִּי הִגַּדְתָּ הַיּוֹם כִּי אֵין לְךָ שָׂרִים וַעֲבָדִים. כִּי יָדַעְתִּי הַיּוֹם כִּי לוּ אַבְשָׁלוֹם חַי וְכֻלָּנוּ הַיּוֹם מֵתִים כִּי אָז יָשָׁר בְּעֵינֶיךָ! וְעַתָּה קוּם צֵא וְדַבֵּר עַל לֵב עֲבָדֶיךָ, כִּי בַה׳ נִשְׁבַּעְתִּי כִּי אֵינְךָ יוֹצֵא אִם יָלִין אִישׁ אִתְּךָ הַלַּיְלָה וְרָעָה לְךָ זֹאת מִכָּל הָרָעָה אֲשֶׁר בָּאָה עָלֶיךָ מִנְּעֻרֶיךָ עַד עָתָּה. (שמואל ב׳ יט, ו-ח)

דוד עשה כעצת יואב. הוא הבין שלאבל יש זמן ומקום אבל לא עכשיו, לא כאן, וחשוב מכול: לא בפומבי. עכשיו הזמן להודות ללוחמים על שהשליכו נפשם מנגד ונחלצו להגנתו.

מנהיג חייב לפעמים להדמים את רגשותיו הפרטיים, אם אין רצונו להפיל את רוחם של מונהגיו. במערכה נגד עמלק, הקרב הראשון שבני ישראל נאלצו להילחם בו על נפשם, היה למשה תפקיד חיוני: לנטוע בעם ביטחון, על ידי כך שיגרום להם לתלות עיניהם בשמים.

בשנת 1875 החל ארכיאולוג חובב ושמו מרסלינו דה סאוטואולה לחפור בתוך מערה באַלְטָמירה ליד החוף הצפוני של ספרד. בשלב הראשון לא גילה שום דבר מעניין. אולם הסקרנות שבה וניצתה בו כאשר ביקר בתערוכת פריז ב־1878, שבה הוצג אוסף של כלים וחפצי אמנות מעידן הקרח. מנוי וגמור היה עמו לבדוק אם גם במערה שחפר יש שרידים מהעידן ההוא, והוא שב אליה ב־1879.

יום אחד לקח לשם איתו את בתו בת התשע מריה. בשעה שנבר במצבורי האבנים שוטטה הילדה הלאה משם במערה, ולתדהמתה ראתה דבר־מה על הקיר

שמעליה. ״תסתכל, אבא, שוורים״, אמרה. אלה היו ביזונים ליתר דיוק. כך נולדה אחת התגליות הגדולות ביותר מאז ומעולם של אמנות פרהיסטורית. ציורי הקיר המרהיבים במערת אלטמירה בני 25 אלף עד 35 אלף שנה היו ממצא חסר תקדים כל כך עד שרק 22 שנה לאחר גילוים השתכנע עולם המדע שהם מקוריים. לאורך ארבע שנים חפר סאוטואולה במערה, ופעמים אינספור פסע או ישב ממש מתחת לאוצר המדהים הזה. אך הוא החמיץ אותו מסיבה אחת: הוא שכח להביט למעלה.

הדרישה להביט למעלה עולה בתנ״ך שוב ושוב. ״שְׂאוּ מָרוֹם עֵינֵיכֶם וּרְאוּ מִי בָרָא אֵלֶּה״, אומר ישעיהו (מ, כו). ״אֶשָּׂא עֵינַי אֶל הֶהָרִים מֵאַיִן יָבֹא עֶזְרִי״, אומר משורר תהלים (קכא, א). בספר דברים אומר משה לבני ישראל שארצם לא תִדמה לעמק הנילוס, שם המים שופעים וזמינים בכל עת. זו ארץ הרים וגבעות התלויה לחלוטין בחסדיו המתעתעים של הגשם (דברים יא, י–יא). ארץ כזו כופה על יושביה להביט לשמים. זה מה שעשה משה לעם שיצא למלחמתו הראשונה. הוא לימד את בני ישראל להביט למעלה.

הדרך לכל הישג מדיני, חברתי או מוסרי רצופה מכשולים. תמיד יהיה הכרח להתעמת עם אינטרסנטים, לשנות עמדות, לגבור על התנגדויות. הבעיות מִיָּדיות, ואילו המטרה הסופית רחוקה לעתים עד כדי דכדוך. כל מאמץ קולקטיבי דומה להובלת אומה במדבר אל יעד שתמיד מתגלה כרחוק מכפי שהוא נראה על המפה.

הַביטו למטה אל הקשיים והמהמורות - ואתם עלולים להיכנע לייאוש. הדרך היחידה לשמר אנרגיות נפשיות של היחיד ושל הקבוצה היא להפנות את המבט אל האופק הרחוק של התקווה. הפילוסוף לודוויג ויטגנשטיין אמר פעם שמטרתו בפילוסופיה היא ״להראות לזבוב את המוצא מהבקבוק שנלכד בו״. הזבוב לכוד בבקבוק. הוא מחפש דרך החוצה. הוא עף אנה ואנה, חובט את ראשו שוב ושוב בדופן הזכוכית, עד שהוא מת מתשישות. הבקבוק היה פתוח כל הזמן. הזבוב שכח רק דבר אחד: להסתכל כלפי מעלה. לפעמים גם אנחנו כמוהו.

על המנהיג מוטל להפעיל את מונהגיו - אך גם לנסוך בהם השראה. את זאת עשה משה כאשר בעומדו על ראש הגבעה לנגד עיניהם של בני עמו הלוחמים, הרים את ידיו ואת מטהו אל השמים. בראותם זאת, ידעו שבידם לנצֵח. ״לֹא בְחַיִל וְלֹא בְכֹחַ כִּי אִם בְּרוּחִי, אָמַר ה׳ צְבָאוֹת״ בפי הנביא זכריה (ד, ו). ההיסטוריה היהודית היא סדרה מתמדת של וריאציות על הנושא הזה. עם קטן המפנה את מבטו תמיד כלפי מעלה, גם לנוכח קשיים, הוא עם שינחל ניצחונות גדולים וישיג הישגים אדירים.

בשלח

פני הרוע

אחרי 11 בספטמבר, כשהאימה וההלם שככו מעט, אזרחי ארצות הברית מצאו את עצמם תוהים מה קרה ולמה. האם מה שקרה היה אסון? טרגדיה? פשע? פעולה מלחמתית? או אולי משהו חדש לגמרי: האירוע הנורא לא נראה הולם את הפרדיגמות הקיימות. ולמה הוא קרה? או כפי ששאלה זו התנסחה בדרך כלל, לגבי אל־קאעידה: "למה הם שונאים אותנו?"

בעקבות האירועים ההם כתב ההוגה האמריקני לי הריס שני ספרים, **הציוויליזציה ואויביה** ו**התאבדות התבונה**,[1] שהיו מהבולטות בתגובות מעוררות המחשבה לאירועי העשור הקודם. הסיבה להתעוררות השאלות הללו ולקושי למצוא להן תשובות, כתב הריס, היא שאנו, אנשי המערב, **שכחנו את המושג "אויב"**. הפוליטיקה הדמוקרטית הליברלית וכלכלת השוק יוצרות סוג מסוים של חברה, דרך חשיבה מסוימת וטיפוס אישיות אופייני. בגרעינם של כל אלה נמצא מושג **השחקן הרציונלי**, האדם השופט מעשים על פי תוצאותיהם ובוחר באפשרות שתניב את מרב התועלת. הוא מאמין שלכל בעיה יש פתרון, לכל סכסוך יש יישוב. הדרך להשיגם היא להתיישב אל השולחן, לשאת ולתת, ולמצוא את נקודת האיזון שתיטיב עם כולם.

בעולם כזה אין אויבים, אלא רק סכסוכים סביב אינטרסים. אויב, אומר הריס, הוא על פי התפיסה הזו פשוט "חבר שעוד לא התחברנו איתו מספיק". אלא שבעולם המציאות לא כולם דמוקרטים ליברלים. אויב הוא "מישהו שמוכן למות כדי להרוג אותך. אמנם נכון שיש איזה היגיון בשנאת האויב כלפינו, אבל זה ההיגיון שלו, לא ההיגיון שלנו". האויב רואה עולם אחר מזה שאנו רואים, ובעולם הזה אנחנו אויביו. מדוע הם שונאים אותנו? עונה הריס, "הם שונאים אותנו **כי** אנחנו האויבים שלהם".

1. Lee Harris, *Civilization and Its Enemies: The Next Stage of History*, New York: Free Press, 2004; *The Suicide of Reason*, New York: Basic Books, 2008.

אולי לא בכל דבריו צודק הריס, אבל הטענה הכללית שלו נכונה ומעמיקה. אנחנו עלולים ללקות בעיוורון תודעתי, לחשוב שהדרך שאנחנו - החברה שלנו, התרבות שלנו, הציוויליזציה שלנו - רואים בה את הדברים היא הדרך היחידה, או לפחות שהיא הדרך שכל אדם יבחר בה אם תינתן לו ההזדמנות. זו שגיאה חמורה, והיא יכולה להיגרם רק מתוך אי־הבנה מוחלטת של תולדות הרעיונות. בשנת 1520 פגש מונטזומה מלך האצטקים את קורטז, ראש המשלחת הספרדית לכיבוש היבשת החדשה אמריקה. מונטזומה הניח שהוא עומד לפגוש אדם מתורבת מאומה מתורבתת. טעותו עלתה לו בחייו, וכחלוף שנה מן הפגישה הזו כבר לא הייתה הציוויליזציה האצטקית קיימת. לא כולם רואים את העולם כמונו, וכפי שאמר פעם הפילוסוף ריצ׳רד וויבר, ״הצרה עם האנושות היא שהיא שוכחת לקרוא את פרוטוקול הישיבה הקודמת״.

הדבר מסביר את חשיבותו של ציווי מיוחד המופיע בסוף פרשתנו. בני ישראל ניצלו מניצחונן הבטוח של מרכבות צבא פרעה, שיא ההיי־טק הצבאי של הימים ההם. בדרך נֵס הים נבקע לשניים, בני ישראל חצו אותו, והמצרים, שאופני מרכבותיהם נתקעו בבוץ, לא יכלו להיסוג וגם לא להתקדם - ונשטפו במי הים ששבו וגאו. בני ישראל שרו את שירת הים, ודומה היה שסוף סוף הם חופשיים, אך אז התרגשה עליהם צרה בלתי צפויה. אויב חדש תקף אותם: עמלק, שבט נוודים מדברי. משה הורה ליהושע לפקד על העם במערכה. בני ישראל נלחמו וניצחו. אך התורה מבהירה שהמלחמה הזו לא הייתה מלחמה רגילה:

> וַיֹּאמֶר ה׳ אֶל מֹשֶׁה, ״כְּתֹב זֹאת זִכָּרוֹן בַּסֵּפֶר וְשִׂים בְּאָזְנֵי יְהוֹשֻׁעַ, כִּי מָחֹה אֶמְחֶה אֶת זֵכֶר עֲמָלֵק מִתַּחַת הַשָּׁמָיִם״. וַיִּבֶן מֹשֶׁה מִזְבֵּחַ וַיִּקְרָא שְׁמוֹ ״ה׳ נִסִּי״. וַיֹּאמֶר, ״כִּי יָד עַל כֵּס יָהּ, מִלְחָמָה לַה׳ בַּעֲמָלֵק מִדֹּר דֹּר״. (שמות יז, יד–טז)

זוהי הכרזה משונה מאוד, העומדת בניגוד מובהק לדרך דיבורה של התורה על המצרים. בכל ימי חייו של משה, העמלקים תקפו את בני ישראל רק פעם אחת. המצרים, לעומת זאת, שִׁעבדו את בני ישראל לאורך תקופה ארוכה, רדו בהם והעבידום בפרך ואף החלו ברצח עם אטי כשציוו להרוג כל יילוד זכר בבני ישראל. לכאורה, סיפור יציאת מצרים כולו מודיענו שאם יש אומה אחת המגלמת את הרוע, הרי זו מצרים. אך ההפך מתגלה כנכון. בספר דברים מצווה התורה, ״**לֹא תְתַעֵב מִצְרִי** כִּי גֵר הָיִיתָ בְאַרְצוֹ״ (דברים כג, ח). סמוך לאחר מכן משה חוזר על מצוות מחיית עמלק, ואף מוסיף פרט חשוב:

זָכוֹר אֵת אֲשֶׁר עָשָׂה לְךָ עֲמָלֵק בַּדֶּרֶךְ בְּצֵאתְכֶם מִמִּצְרָיִם. אֲשֶׁר קָרְךָ בַּדֶּרֶךְ וַיְזַנֵּב בְּךָ כָּל **הַנֶּחֱשָׁלִים אַחֲרֶיךָ**, וְאַתָּה **עָיֵף וְיָגֵעַ**; וְלֹא יָרֵא אֱלֹהִים... תִּמְחֶה אֶת זֵכֶר עֲמָלֵק מִתַּחַת הַשָּׁמָיִם. לֹא תִּשְׁכָּח! (דברים כה, יז–יט)

נצטווינו שלא לשנוא מצרים, אך שלא לשכוח לעולם את עמלק. מה פשר ההבדל? התשובה הפשוטה נמצאת בדברי רבותינו בפרקי אבות (ה, טז): "כל אהבה שהיא תלויה בדבר, בטל דבר - בטלה אהבה. ושאינה תלויה בדבר - אינה בטלה לעולם". כך גם באשר לשנאה. אם היא תלויה בסיבה מסוימת, כשהסיבה נעלמת בטלה השנאה; אבל שנאה חסרת סיבה, חסרת בסיס, נמשכת לעד.

המצרים שעבדו את בני ישראל כי נבהלו מהם; כדברי פרעה, "הִנֵּה עַם בְּנֵי יִשְׂרָאֵל רַב וְעָצוּם מִמֶּנּוּ" (שמות א, ט). זו הייתה שנאה מתוך פחד. היא לא הייתה שנאה אי־רציונלית. מצרים כבר הותקפה ונכבשה קודם לכן בידי שבט זר, ההיקסוס, וזיכרונה של תקופה זו עוד היה חד ומכאיב. העמלקים, לעומת זאת, לא היו מאוימים בידי בני ישראל. הם תקפו עם שהיה "עָיֵף וְיָגֵעַ", ובתוכו התמקדו דווקא בכל "הַנֶּחֱשָׁלִים" מאחור. בקצרה: **המצרים פחדו מבני ישראל כי בני ישראל היו חזקים. העמלקים תקפו את בני ישראל כי בני ישראל היו חלשים.**

במינוח של ימינו, המצרים היו שחקנים רציונליים, והעמלקים לא. עם שחקנים רציונליים אפשר לשאת ולתת על שלום. אנשים המצויים בסכסוך תופסים לבסוף שהם הורסים לא רק את אויביהם אלא גם את עצמם. ממש כך אמרו לפרעה עבדיו לאחר שבע המכות הראשונות: "הֲטֶרֶם תֵּדַע כִּי אָבְדָה מִצְרָיִם?" (שמות י, ז). מגיע רגע שבו שחקנים רציונליים מבינים שרדיפת האינטרס העצמי הפכה להרס עצמי, ולומדים לשתף פעולה.

לא כן שחקנים שאינם רציונליים. אמיל פקנהיים, מגדולי התיאולוגים שלאחר השואה, כתב שלקראת סוף מלחמת העולם השנייה הגרמנים שינו את ייעודן של רכבות אספקה צבאית והשתמשו בהן להובלת יהודים למחנות השמדה. כה להוטים היו בשנאתם, שהיו מוכנים להסתכן בהפסד במלחמה כדי להמשיך ברצח השיטתי של יהודי אירופה. זה היה, כתב פקנהיים, רוע לשם רוע.[2]

עמלק מִתפקד בזיכרון היהודי כ"האויב", במובן שדיבר עליו לי הריס. אולם ההלכה קובעת שתי צורות פעולה שונות לגמרי ביחס לעמלק. הראשונה היא המצווה

2. Emil L. Fackenheim and Michael L. Morgan, *The Jewish Thought of Emil Fackenheim: A Reader*, Detroit: Wayne State University Press, 1987, p. 126.

הפיזית להילחם בהם. כך ציווה שמואל על שאול לעשות, ושאול קיים את המצווה רק בחלקה. האם מצווה זו מחייבת גם היום? הרב נחום רבינוביץ' עונה על כך בשלילה חד־משמעית.[3] הרמב"ם פסק שמצוות מחיית עמלק תקפה רק אם העמלקים מסרבים להשלים עם בני ישראל ולקבל עליהם את שבע מצוות בני נוח. הוא הוסיף וקבע שהמצווה אינה תקפה שכן סנחריב מלך אשור ערבב את האומות, וכבר אין לדעת מיהו בן עמלק. **במורה הנבוכים** כתב כי המצווה אמורה רק בצאצאיו הביולוגיים של עמלק, ולא על אויבים או שונאי ישראל מעבר לכך. על כן, מסכם הרב רבינוביץ', המצווה אינה חלה כיום.

אך ישנה מצווה נוספת בנוגע לעמלק, מצוות "זָכוֹר" ו"לֹא תִּשְׁכָּח", ואותה אנו מקיימים מדי שנה בקוראנו את פרשת "זכור" (שציטטנו ממנה לעיל) בשבת שלפני פורים (הקשר לפורים הוא ש"הָמָן הָאֲגָגִי" הוא כנראה צאצאו של אגג מלך עמלק). כאן, עמלק הוא סמל יותר מכפי שהוא מציאות.

על ידי הכפילות הזו, על ידי ההבחנה בין מצוות מלחמה שבטלה למצוות זיכרון שנותרה תקפה, מַבחינה היהדות בין אויב עתיק שכבר אינו קיים לבין הרוע שאויב זה גילם ואשר יכול לפרוץ שוב בכל זמן ובכל מקום. בעתות שלום קל לשכוח שהרוע רובץ מתחת לפני השטח של לב האדם. בשלוש המאות האחרונות היה הדבר נכון במיוחד. הולדתם של הנאורות, הסובלנות, האמנציפציה, הליברליזם וזכויות האדם שכנעה רבים, ובהם יהודים, שהרוע הקולקטיבי נכחד כמו שעמלק נכחד. הרוע היה קיים פעם, הוא איננו עוד. אך עידן זה הוליד גם את הלאומנות, את הפשיזם, את הקומוניזם, שתי מלחמות עולם, סדרה של משטרים רודניים מן האכזריים בתולדות האדם, ואת הפשע החמור ביותר שעשו בני אדם בבני אדם.

כיום, הסכנה הגדולה ביותר היא הטרור. דבריו של הפילוסוף הפוליטי מייקל וולצר מתארים אותה היטב:

> אם ראיתם טרור, חפשו מאחוריו את העריצות והדיכוי... הטרוריסטים מבקשים לשלוט, והרצח הוא שיטתם. יש להם משטרה פנימית משלהם, פלוגות מוות, היעלמויות. תחילה הם הורגים או משתיקים את חבריהם העומדים בדרכם, ואחר כך, אם עולה בידם, הם עושים זאת לעם שהם מתיימרים לייצג. אם טרוריסטים מצליחים להפיק את זממם, הם שולטים בעריצות, ועמם נושא בעל כורחו במחיר שלטונם.[4]

3. הרב נחום רבינוביץ', **שו"ת מלומדי מלחמה**, מעלה אדומים: מעליות, תשנ"ג, עמ' 22–25.
4. Michael Walzer, *Arguing about War*, New Haven: Yale University Press, 2004, pp. 64–65.

הרוע אינו מת לעולם, וכמו החירות גם הוא דורש דריכות מתמדת. נצטווינו לזכור, לא למען העבר אלא למען העתיד, ולא לשם נקם אלא להפך: לשם יצירתו של עולם חופשי מנקם ומצורות אחרות של אלימות.

לי הריס פתח את **הציוויליזציה ואויביה** במילים, "נושאו של ספר זה הוא השִכְחה", וחתם אותו בשאלה: "היוכל המערב להתגבר על השכחה, השטן העומד לימינה של כל ציוויליזציה מצליחה?" זו הסיבה שנצטווינו לזכור את אשר עשה לנו עמלק ולא לשכוח: לא מפני שהעם ההיסטורי ההוא עוד קיים, אלא משום שחברה של שחקנים רציונליים עלולה להתרגל לחשוב שהעולם מלא בשחקנים רציונליים שאפשר לשאת ולתת איתם על שלום. לא תמיד זה המצב.

התורה שולחת כאן מסר רלוונטי מאין כמוהו לעתידם של המערב ושל החופש עצמו. השלום אפשרי, רומז משה, אפילו עם מצרים ששִעבדה אותנו וניסתה להכחידנו. אבל השלום אינו אפשרי עם אלה התוקפים עם שנראה להם חלש, ושוללים מעמם שלהם את החופש שהם מתיימרים ללחום למענו. החופש תלוי ביכולת שלנו לזכור את "הכנופיה הנצחית של האכזרים", כלשונו של הריס, את פניו של עמלק המלווים את ההיסטוריה מאז ועד היום, ואם צריך - גם להילחם בה.

יתרו

ממלכת כוהנים

חלקה הראשון של פרשתנו, כך נדמה, עומד בניגוד לחלקה השני. בחלק הראשון, פרק יח של ספר שמות, יתרו כוהן מדיין נותן לחתנו משה שיעור ראשון במנהיגות. ואילו בחלק השני הגיבור הראשי הוא אלוהים בכבודו ובעצמו, המתגלה לבני ישראל התגלות שכמוה לא הייתה ולא תהיה וכורת עמם ברית. בפעם הראשונה והאחרונה בהיסטוריה מופיע אלוהים אל מול אומה שלמה, בא עמה בברית ונותן לה את הקוד המוסרי המפורסם ביותר בעולם, עשרת הדיברות.

איזה מכנה משותף אפשר להעלות על הדעת בין עצה מעשית של מדייני אחד לבין מילותיה הנצחיות של ההתגלות האלוהית? יש כאן ניגוד מכוון, וניגוד זה חשוב. תורת הממשל היעיל איננה תורה יהודית דווקא. היא חלק ממה שמכונה "חוכמה": חוכמתה האוניברסלית של האנושות. לעם ישראל היו לאורך השנים צורות הנהגה רבות: נביאים, זקנים, שופטים ומלכים בימי המקרא; נשיא תחת שלטון רומא וראש גלות בבבל; שבעה טובי העיר ומגוון צורות של אוליגרכיה, ועוד מבנים שלטוניים אחרים עד הכנסת הנבחרת באופן דמוקרטי ועד בכלל. **צורות שלטון אינן אמתות נצחיות ואינן ייחודיות לישראל.** אין זה מקרה שהמקום היחיד שבו התורה מצווה על עם ישראל (או מתירה לו, תלוי בפירוש) לחקות אומות אחרות הוא מינוי מלך: "כִּי תָבֹא אֶל הָאָרֶץ... וְאָמַרְתָּ אָשִׂימָה עָלַי מֶלֶךְ **כְּכָל הַגּוֹיִם** אֲשֶׁר סְבִיבֹתָי - שׂוֹם תָּשִׂים עָלֶיךָ מֶלֶךְ" (דברים יז, יד-טו).

מה כן ייחודי לישראל? ברית סיני המציבה את ישראל כאומה היחידה שמלכה ומחוקקה העליון הוא אלוהים. "מַגִּיד דְּבָרָיו לְיַעֲקֹב, חֻקָּיו וּמִשְׁפָּטָיו לְיִשְׂרָאֵל. לֹא עָשָׂה כֵן לְכָל גּוֹי, וּמִשְׁפָּטִים בַּל יְדָעוּם - הַלְלוּ יָהּ" (תהלים קמז, יט-כ). ברית סיני כוננה ערך פוליטי חשוב, אך ערך זה איננו צורת ממשל כלשהי כי אם **גבולותיו המוסריים של הכוח**. כל סמכות אנושית היא מעתה סמכות מואצלת, הכפופה לצווי המוסר העליונים של התורה. מתחת לשמים אין שום כוח מוחלט. בכך נבדלה היהדות מהאימפריות של העולם העתיק, ובכך היא נבדלת מהלאומיות המערבית החילונית

לסוגיה. עם ישראל יכול ללמוד פוליטיקה יישומית מכוהן מדייני, אבל את גבולותיה של הפוליטיקה הוא צריך ללמוד מאלוהיו בלבד.

אולם למרות הניגוד בין שני חלקי הפרשה, יש מכנה משותף בין עצות יתרו לבין ההתגלות בסיני: ההאצלה, הביזור והדמוקרטיזציה של המנהיגות. רק אלוהים יכול למשול לבדו.

רעיון זה מוצג בפי יתרו. הוא בא לבקר את חתנו, ומגלה שהוא נושא לבדו בנטל ההנהגה. הוא אומר לו, "לֹא טוֹב הַדָּבָר אֲשֶׁר אַתָּה עֹשֶׂה" (שמות יח, יז). בכל התורה כולה מופיע הביטוי "לא טוב" רק פעמיים - כאן ובסיפור בריאת האישה, כאשר אלוהים אומר, "לֹא טוֹב הֱיוֹת הָאָדָם לְבַדּוֹ" (בראשית ב, יח). לא טוב לחיות לבד. לא טוב להנהיג לבד. לא טוב - וגם אי־אפשר.

יתרו מציע האצלת סמכויות:

> הֱיֵה אַתָּה לָעָם מוּל הָאֱלֹהִים, וְהֵבֵאתָ אַתָּה אֶת הַדְּבָרִים אֶל הָאֱלֹהִים. וְהִזְהַרְתָּה אֶתְהֶם אֶת הַחֻקִּים וְאֶת הַתּוֹרֹת וְהוֹדַעְתָּ לָהֶם אֶת הַדֶּרֶךְ יֵלְכוּ בָהּ וְאֶת הַמַּעֲשֶׂה אֲשֶׁר יַעֲשׂוּן. וְאַתָּה תֶחֱזֶה מִכָּל הָעָם אַנְשֵׁי חַיִל - יִרְאֵי אֱלֹהִים, אַנְשֵׁי אֱמֶת, שֹׂנְאֵי בָצַע - וְשַׂמְתָּ עֲלֵהֶם שָׂרֵי אֲלָפִים, שָׂרֵי מֵאוֹת, שָׂרֵי חֲמִשִּׁים וְשָׂרֵי עֲשָׂרֹת. וְשָׁפְטוּ אֶת הָעָם בְּכָל עֵת, וְהָיָה כָּל הַדָּבָר הַגָּדֹל יָבִיאוּ אֵלֶיךָ וְכָל הַדָּבָר הַקָּטֹן יִשְׁפְּטוּ הֵם. וְהָקֵל מֵעָלֶיךָ, וְנָשְׂאוּ אִתָּךְ. (שמות יח, יט-כב)

מדובר בשינוי דרמטי במפת הסמכויות. על פי הצעת יתרו, מתוך כל אלף ישראלים יהיו 131 מנהיגים: שר האלף, עשרה שרי מאות, עשרים שרי חמישים ומאה שרי עשרות. מאחד מכל שמונה גברים מצופה שייטול על עצמו תפקיד מנהיגותי כזה או אחר.

בפרק הבא לקראת מעמד הר סיני ה' מורה למשה להציע לבני ישראל לבוא בבריתו. בדברים שהוא מצווה על משה לומר מנוסח בעצם כתב השליחות של עם ישראל:

> אַתֶּם רְאִיתֶם אֲשֶׁר עָשִׂיתִי לְמִצְרָיִם, וָאֶשָּׂא אֶתְכֶם עַל כַּנְפֵי נְשָׁרִים וָאָבִא אֶתְכֶם אֵלָי. וְעַתָּה, אִם שָׁמוֹעַ תִּשְׁמְעוּ בְּקֹלִי, וּשְׁמַרְתֶּם אֶת בְּרִיתִי וִהְיִיתֶם לִי סְגֻלָּה מִכָּל הָעַמִּים; כִּי לִי כָּל הָאָרֶץ, וְאַתֶּם תִּהְיוּ לִי **מַמְלֶכֶת כֹּהֲנִים וְגוֹי קָדוֹשׁ**. (שמות יט, ד-ו)

אמנם הארץ כולה שלי, אומר ה', אבל רק אתם תהיו לי "מַמְלֶכֶת כֹּהֲנִים וְגוֹי קָדוֹשׁ". זוהי הכרזה מדהימה. לכל אומה יש כוהנים משלה. בספר בראשית מכונה מלכיצדק

מלך שלם בן זמנו של אברהם "כֹּהֵן לְאֵל עֶלְיוֹן" (בראשית יד, יח). בהמשך בסיפור יוסף מסופר על כוהני מצרים שאדמתם לא הולאמה כשאר הקרקעות במדינה (בראשית מז, כב). יתרו היה כוהן מדיין. בעולם העתיק כהונה לא הייתה עניין יוצא דופן. לכל אומה היו כוהנים ואנשי קודש. המיוחד בישראל הוא **שכל יחיד באומה זו נועד להיות כוהן. כל אזרח מאזרחיה נקרא להיות קדוש.**

אני זוכר כיצד עמדתי עם הרב עדין שטיינזלץ במטה האו"ם בניו יורק, באוגוסט של שנת 2000. זה היה בכינוס מיוחד של אלפיים מנהיגים דתיים נציגי כל הדתות הגדולות. אפילו כאן, אמרתי לו, בתוך ההרכב האנושי הייחודי והמגוון הזה, אנחנו נבדלים. היינו שם המנהיגים הדתיים היחידים כמעט שלבשו חליפות. כל האחרים לבשו גלימות רשמיות. בכל העולם כוהנים ואנשי דת עוטים מלבושים המבליטים את ייחודם, את נבדלותם (זו משמעותה הבסיסית של המילה "קדוש"). לא אצלנו. ביהדות הבתר־מקראית לא היו גלימות שרד, משום שהיהדות מצפה מכל אחד ואחד להיות קדוש[1] (תיאופרסטוס, מתלמידיו של אריסטו, קרא ליהודים "אומה של פילוסופים", וכיוון לאותו דבר).

ועדיין בעם ישראל יש כוהנים - בני שבט לוי צאצאיו של אהרון הכוהן. כתר כהונה ניתן להם ומעולם לא חולק בשווה בין כל בני ישראל. איך אפשר אפוא לומר שעם ישראל הוא ממלכה שכולה כוהנים?

פרשני המקרא התמודדו עם בעיה זו והציעו שני פתרונות. המילה "כוהנים" עשויה להתפרש כ"שׂרים", מנהיגים (רש"י, רשב"ם) או כ"משרתים", "שמשים" (רמב"ן, אבן עזרא). סתירה? להפך. בני ישראל נקראו להיות **אומה של משרתים־מנהיגים.** בריתם עם ה' מזמינה אותם לקבל אחריות לא רק לעצמם ולבני משפחותיהם, אלא גם למצב המוסרי־רוחני של עַמם בשלמותו. זה אותו עיקרון שנוסח לימים בסיסמה "כל ישראל עֲרֵבים זה בזה". העם היהודי לא השאיר את המנהיגות לאדם יחיד, קדוש ונשגב ככל שיהיה, וגם לא לאליטה. בעם זה מצופה מכל יחיד להיות שר ומשרת - ובמילה אחת, מנהיג. לדמוקרטיזציה מהותית כל כך לא זכה רעיון המנהיגות מעולם.

משום כך תמיד היה קשה להיות מנהיגם של היהודים. ידועים דבריו של הנשיא הראשון של מדינת ישראל חיים ויצמן, "אני נשיא של מיליון נשיאים". ה' הוא אמנם רועֵנו, אך שום יהודי לא היה מעולם כבשה. קשה להנהיג אומה של מנהיגים, אבל יש לתופעה זו פירות מתוקים: בזכותה הותירו היהודים על העולם חותם שהוא

1. רעיון זה הופיע שוב בנצרות הפרוטסטנטית בימי הפוריטנים - הזרם שהעלה על נס עקרונות מהתנ"ך ("הברית הישנה") ובפרט הדגיש את עקרון "כהונת כל המאמינים".

הרבה יותר מכל פרופורציה מספרית. היהודים הם שבריר זעיר מאוכלוסיית העולם, כחמישית האחוז, אך בכל תחומי העשייה האנושית תמצאו שיעור גבוה שלהם מובילים ומנהיגים. להיות יהודי משמעו להיקרא אל ההגה.

יתרו

וגוי קדוש

"וְאַתֶּם תִּהְיוּ לִי מַמְלֶכֶת כֹּהֲנִים וְגוֹי קָדוֹשׁ", אומר ה' למשה לקראת ההתגלות בהר סיני (שמות יט, ו). בפשר מחציתו הראשונה של הביטוי "ממלכת כוהנים" עסקנו במאמר הקודם. הפעם נתמקד במחציתו השנייה של הביטוי. מהו "גוי קדוש"? מהי משמעות הקדושה ביהדות, וכיצד יכולה קדושה זו לחול לא על אדם זה או אחר, אלא על אומה שלמה?

בספרו הקלסי **הקדושה** הגדיר רודולף אוטו את הקדושה בביטוי הלטיני mysterium tremendum et fascinans - התחושה של עמידה בפני נוכחות כבירה ונוסכת יראה.[1] בהגדרה זו יש בלי ספק הרבה מן האמת, אך אליעזר ברקוביץ טען שבמקרא ההפך הוא הנכון: כל אימת שהתואר "קדוש" נאמר על הקב"ה, הוא מציין דווקא את מעורבותו בחיי בני האדם, לא את היותו טרנסצנדנטי או מסתורי.[2]

כך או כך, משמעותו המדויקת של המונח "קדוש" בתורה עדיין טעונה הבהרה נוספת. שני ההקשרים המרכזיים שהתורה משתמשת בהם בַּמונח הם השבת, שהקב"ה הכריז עליה כיום קדוש, וקודש הקודשים במשכן.[3] שני הֶקשרים אלה הם היכולים לסייע לנו להבין על הצד הטוב ביותר מהי משמעותה של קדושה כשהיא חלה על אומה.

קבלת האר"י הנחילה ליהדות רעיון מרהיב ופורה, הוא רעיון הצמצום. הכוונה, כידוע, היא להצטמצמותו של הקב"ה מרצונו כדי לתת מקום לעולם שברא. רעיון זה

1. רודולף אוטו, **הקדושה: על הלא-רציונלי באידיאת האל ויחסו לרציונלי**, עברית: מרים רון, ירושלים: הוצאת כרמל, תשנ"ט.
2. אליעזר ברקוביץ, "על הקדושה", **מאמרים על יסודות היהדות**, ערכו: דוד חזוני ויצחק יוסף ליפשיץ, עברית: להד לזר, ירושלים: הוצאת שלם, תשס"ד, עמ' 30-84.
3. השבת היא הדבר הראשון שהתורה מכריזה עליו כקדוש, בראשית ב, ג (וזהי הופעתה היחידה של המילה בספר בראשית). בספר שמות המילה מתייחסת כמעט תמיד לשבת או למשכן. הביטוי "קודש קודשים" מופיע בשמות כו, לג-לד; ל, י, כט, לו; מ, י. בספר ויקרא הוא מופיע עשרים פעם, ובספר במדבר עוד ארבע פעמים.

היה בוודאי ידוע קודם לכן, אך רק עם האר"י וגוריו בצפת של המאה השש־עשרה הוא הגיע לידי ניסוחו הבהיר.[4]

מאחורי רעיון הצמצום עומדת ההבנה שיש סתירה בין הסופי לאינסופי. אם אלוהים נמצא בכל מקום איך יכול להתקיים בעולם משהו אחר? שתי ישויות שונות (אלוהים ומה שאינו אלוהים) אינן יכולות לדור במרחב אחד. תשובתה של הקבלה היא שבעצם מעשה הבריאה גזר אלוהים על עצמו מגבלה. אלוהים צמצם כביכול את נוכחותו כדי שהסופיות - כלומר המרחב והזמן והדברים הממלאים אותם - תוכל להתקיים.

הלשון העברית מבטאת רעיון זה בדרך מופלאה. המילה "עולם" מבטאת בעברית שלמויות טוטליות בשני ממדים: המרחב (עולם במובן של תבל ושל יקום) והזמן (עולם בהוראת נצח, תמידיות). והנה מילה זו גזורה מהשורש על"מ שעניינו היעלמות. המרחב והזמן הם שני ממדי היעלמותו מרצון של אלוהים, הנמצא מעבר לזמן ומעבר למרחב.

ובכל זאת, לו נעלם אלוהים לחלוטין מהעולם שברא, פירוש הדבר היה שמבחינה חווייתית ומבחינה פונקציונלית אלוהים כאילו אינו קיים. לכל היותר היה אפשר לדבר על דֵיאיזם: ההשקפה שרווחה במיוחד בתקופת הנאורות במאות השבע־עשרה והשמונה־עשרה, שאלוהים ברא את העולם ומיד משך ממנו את ידיו, והוא אינו מתערב בהיסטוריה בעשיית נסים ואינו מתגלה לאדם. אלוהים היה אפוא Deus absconditus, בורא שהפקיר את ברואיו לגורלם.

מכאן שבעצם רעיון הבריאה יש פרדוקס. בלי אלוהים העולם לא היה קיים, אך נוכחותו של אלוהים מאיימת על עצם קיומו של כל דבר אחר. כדברי ה' למשה רבנו, "כִּי לֹא יִרְאַנִי הָאָדָם וָחָי" (שמות לג, כ).

על כך נותנת התורה תשובה פשוטה ועמוקה גם יחד. העולם נברא בשישה ימים אך הבריאה נמשכה יום נוסף. על היום השביעי הכריז אלוהים עצמו כקדוש. משמע, מאותו רגע והלאה יום השבת יהיה חלון הזמן שבו אנו נראה את נוכחותו של אלוהים.

איך אנו עושים זאת? באמצעות השעיית מעמדנו שלנו כבוראים. בשבת אסורה כל מלאכה, כל עבודה שיש עמה יצירה, כל מעשה בריאה אנושי. בשבת אנחנו מחליפים את האקטיביות שלנו בפסיביות. בימי החול אנחנו בוראים, בשבת אנחנו

4. המחקר הקלסי על קבלת האר"י הוא מחקרו של גרשם שלום, "יצחק לוריא ובית מדרשו" (במקור: *Isaac Luria and His School*), שתורגם לעברית בידי אברהם הוס ונכלל בקובץ שההדיר דניאל אברמס, **קבלת האר"י: אוסף מאמרים מאת גרשם שלום**, לוס אנג'לס: הוצאת כרוב, תשס"ח, עמ' 239-203.

הבריאה. אנחנו מוותרים על העשייה כדי לחוות את עצמנו כעשויים. שבת היא המִרווח שאנו מפַנים לאלוהים בַּזמן.

כך גם באשר לַמִשכָּן. מבנה המשכן היה נייד: קרשים, יריעות, כלים. בכל פעם שהוקם מחדש הוא הגדיר חלל מסוים כקדוש, כלומר, מוקצה לאלוהים. בתוך החלל הזה לא היה מה שיחצוץ בין המאמין לבין אלוהיו. בייחוד הוזהרו הכוהנים להישמר ממגע עם מוות ועם כל הדומה לו, משום שהמוות הוא אנושי במהותו, הוא נחלתם של בני התמותה, ואילו אלוהים מייצג את החיים.[5] המשכן הוא המרווח שאנו מפנים לאלוהים במרחב.

הפרטנות העצומה של דיני המשכן והעבודה בו, וכמוה פרטנותם של דיני השבת, נועדו לאותת לנו ששום דבר בַּקדושה אינו תוצאה של יוזמה אנושית. להימצא בחלל מקודש פירושו להשעות את היצירתיות האנושית ועל ידי כך להיפתח מבחינה קיומית ליצירתיות אלוהית. זו הסיבה שנדב ואביהוא בני אהרון מתו כאשר הקריבו לה׳ בחנוכת המִשכן ״אֵשׁ זָרָה אֲשֶׁר לֹא צִוָּה אֹתָם״ (ויקרא י, א). הקדוש הוא מרחב או זמן כפי שהוגדר על פי רצון ה׳, לא על פי רצוננו. אנחנו נכנסים למתחם של אלוהים על פי התנאים שלו, לא על פי התנאים שלנו. עובדה זו איננה תופעת לוואי של הקדושה כי אם עצם משמעותה.

וכך לא כל זמן הוא קדוש וכמוהו לא כל מרחב. עובדה זו הכרחית לנו, בני האדם. עולם שבו כל יום שבת או כל מקום בו קדוש כמו המשכן, הוא עולם שבני אדם לא יוכלו להתקיים בו כבני אדם. זהו עולם שאין בו זמן ומקום לא ליוזמה אנושית ולא להישג אנושי. לכן אלוהים איננו רוצה שהעולם יהיה כזה. הוא מברך על עמלו של האדם. לכך התכוונה התורה באומרה שהאדם נברא בצלם אלוהים: שגם אנחנו כמו אלוהים יצירתיים. שגם אנחנו כמו אלוהים מסוגלים להעלות על דעתנו עולם שעדיין איננו קיים ולהביאו לידי קיום.

מנגד, אם שום זמן ושום מקום לא יהיו קדושים, אורבת סכנה הפוכה. עולם שאלוהים מסתתר בו הוא עולם שלדידם של אנשים רבים אלוהים כלל אינו קיים בו. בעולם כזה לא יהיה גבול לדרישותיהם של בני האדם - ומצב כזה הוא תמיד

5. מאותה סיבה נדרשו כל הבאים לעבוד את ה׳ במשכן להיטהר קודם לכן ממגעם עם המוות באמצעות אפר הפרה האדומה (במדבר יט). ביהדות אלוהים נתפס כיוצר החיים, והמוות הוא האנטיתזה לשכינה. ראו **ספר הכוזרי** לרבי יהודה הלוי, מאמר שני, ס. הרמב״ם מסביר **במורה הנבוכים** (ג, י) שכל הרע בעולם ובכלל זה המוות אינו מעשה אלוהים אלא היעדר מעשה אלוהים. האמירה שהקב״ה יוצר רע או גורם למוות, היא בעצם צורת ביטוי מטפורית.

הקדמה לאסון שלטוני, צבאי, כלכלי או סביבתי. לכן חייב להיות איזה חלון, איזו נקודה של שקיפות, במסך המפריד בין הסופי לאינסוף, וזהו מקומה של הקדושה.

קדושה היא המקום שאנחנו מפַנים לאלוהים. או שמא נאמר זאת כך, הקדושה היא לאדם מה שהצמצום הוא לאלוהים. חד וחלק, ממש כמו שאלוהים מצניע את עצמו כדי להשאיר מקום לאנושות, אנו מצניעים משהו מעצמנו כדי להשאיר מקום לאלוהים. אנחנו עושים זאת בהשעיה זמנית של היצירתיות שלנו. הקדושה היא מובלעת הרִיק הזו, המתמלאת בשכינה אלוהית.

לנפש הלניסטית רעיון כזה הוא בלתי נתפס. כשהיוונים והרומים פגשו לראשונה יהודים הם לא היו מסוגלים לקלוט את מהותה של השבת. הם הכירו את המושג של יום קדוש, יום חג; בכל דת יש ימים כאלה. תדהמתם הייתה לא על קיומו של היום המיוחד, אלא על כך שהיהודים ציינו אותו במנוחה, עשו אותו ליום של הוויה ולא של עשייה. רבים מהם הביעו את דעתם הכֵּנה שהיהודים שומרים את השבת משום שהם עצלים.[6] זה היה ההסבר היחיד שהצליחו למצוא לתופעה הבלתי מוכרת הזו.

באותו אופן מסורת עתיקה מספרת שכאשר פלש המצביא הרומי פומפיוס לירושלים ונכנס למקדש, נדהם לגלות שקודש הקודשים ריק. הוא ציפה למצוא שם את האליל הקדוש ביותר ליהודים.[7] הרעיון שחלל ריק או זמן ריק עשוי להיות קדוש היה מעבר להשגתו.

הקדושה היא החלל שאנו מפנים לָאֲחֵרוּת של אלוהים – בהקשבה ולא בדיבור, בהוויה ולא בעשייה, בכך שאנו מרשים לעצמנו להיפעל במקום לפעול. מובָנהּ הוא התנתקות משגרת הפְּעַלְתָנוּת שלנו, מעיצוב העולם לצורך מטרותינו שלנו, התנתקות המאפשרת לנו לפנות מקום למטרות אחרות: המטרות האלוהיות. כל קדושה היא צורה של השעָיה; והיות שאלוהים רוצה בקיומם של בני האדם כישויות יצירתיות ואחראיות, הוא איננו מבקש מהם השעיה מוחלטת. לכן חלק מהזמנים קדושים אך לא כולם, חלק מהמרחבים קדושים אך לא כולם, חלק מהאנשים קדושים אך לא

6. סנקה היה ביקורתי במיוחד כלפי השבת. הוא כתב שיום זה כופה על שומריו בטלה בשביעית מימי חייהם. פלוטרכוס ראה בשבת סוג של אמונה טפלה, הגורמת ליהודים להפסיד במלחמות מפני שביום זה אסור להם להילחם. טקיטוס טען שהיהודים שהתרגלו בבטלנותם לשבות בכל יום שביעי, הרחיבו בעקבות זאת את העיקרון והחלו לשבות גם בְּכל שנה שביעית, שנת השמיטה. ראו Allan Gould, ed., *What Did They Think of the Jews?* Northvale, N.J.: Jason Aronson, 1991, pp. 5–13.

7. צבי גרץ, **דברי ימי ישראל**, עברית: ש"ל ציטרון, ב, תל אביב: הוצאת יזרעאל, תש"ך, עמ' 62.

כולם. בכל עם יש יחידים קדושים; המייחד את עם ישראל הוא שהנו עם קדוש, "גוי קדוש", כלומר עַם שכָּל בניו נקראים אל הקדושה. היהדות הייתה הדת הראשונה שראתה את הקדושה לא כנכס של אליטה כוהנית, אלא כנכס לאומי, כהיבט של החיים הלאומיים עצמם.

מושג האומה (או העם) הוא מיסודות היהדות משום שאומה היא יחידת הבסיס לתרבות. כישות חברתית־פוליטית היא בונה לעצמה מתכונת חיים ייחודית באמצעות חוקים, טקסים ומנהגים. האומה היא הרובד שבו קבוצות קטנות יותר, משפחות וקהילות, מצטרפות יחדיו כדי לבנות את התנאים הבסיסיים לחייהן המשותפים. ואלוהים רוצה ששכינתו תעצב את דמותם של החיים הציבוריים הללו, אחרת היה מתעניין רק ביחיד ובנפשו.

היהדות מכירה את אמונתו של היחיד. ספר בראשית מוקדש לכך, וכמוהו גם ספר תהלים, הלקסיקון הנצחי של הנפש המשוחחת עם אלוהים. היהדות מכירה גם את אמונתה של האנושות. זו משמעותם של אחד־עשר הפרקים הראשונים בספר בראשית, ששיאם בברית נוח, הברית שכרת אלוהים עם האנושות כולה. אך מרכז הכובד של היהדות איננו נמצא בנפשו של היחיד, וגם לא בכלליות האוניברסלית. בראש מעייניה נמצאים החיים שאנו בונים ביחד כציבור ואבני הבניין שלהם: צדק, חמלה, כבוד האדם, שלום, טוהר הנשק והניהול היאות של המלחמה, הדאגה לנזקקים, רווחתם של העניים, השמירה על קיימות הסביבה, ומעל לכול שלטון החוק, המחיל קוד התנהגות זהה על החזק ועל החלש, על השוע ועל הדל. מוסדות וערכים אלה הם במהותם פוליטיים, וכיוון שכך הם זקוקים לישות לאומית בעלת יכולת חקיקה. זו משמעות הצירוף "גוי קדוש". עם ישראל, שעַד למעמד הר סיני היה רק צֶבֶר של יחידים המקושרים בקשרי משפחה ובזיכרון משותף של חוויית העבדות והיציאה לחירות, נעשה לגוף מדיני, שהתורה היא חוקתו הכתובה. המילה "גוי" קרובה למילה גְוִיָּה, ועניינה גוף. זוהי מטפורה - אומה היא קבוצה המורכבת מיחידים שהיחס ביניהם הוא כיחס בין איבריו של גוף. בסיני נוצרו התנאים לקיום קולקטיבי. מעתה כל ישראל עֲרֵבִים זה בזה בברית גורל.

המילה "קדוש" מציינת אפוא בהקשר זה רֵיקוּת אחרת, שלישית. לא ריקוּת בזמן (שבת), לא ריקוּת במרחב (המשכן), אלא ריקוּת בסמכות. כֵּס רֵיק. המשבצת שבאומות אחרות תפוסה בידי מלך, רודן או פרעה נותרה בעם ישראל פנויה ומוקדשת לאלוהים. עם ישראל נעשה על ידי כך לרפובליקת מאמינים בריבונותו הישירה של האל. הוא המכונן את חוקתה, הוא המעצב את חוקיה, הוא המוביל אותה במסעותיה

הארוכים, תומך בה בעת צרה ומֵפיח בה תקווה בעת משבר. לב מהותו של מעמד הר סיני הוא הפיכתם של בני ישראל לאומה הראשונה בעולם, ובעצם היחידה, שקמה על בסיס ברית עם אלוהים.

זו גם משמעותו של המיקום הייחודי, המדבר. כל האומות האחרות נעשו אומות מפני שהאנשים המרכיבים אותן חיו יחד תקופה ארוכה בטריטוריה שהם ראו בה מולדת. את מנהיגן, אדם יחיד או קבוצה, הן בחרו בדרכים מדרכים שונות - מלחמה, רצח, הפיכה, משאל עם או הסכמה כללית. הן יצרו מבנים פוליטיים הקובעים את היחס בין השולטים לנשלטים.

ישראל הייתה לאומה לפני כל הדברים האלה. עם ישראל עוד לא הגיע לארצו. עוד לא היה לו מלך. מאורעות אלה עוד היו לוטים בערפילי העתיד. במעמד הר סיני נוצרה אומה זמן רב לפני שקרו לה הדברים המובילים בדרך כלל להולדתה של אומה, מפני שהיא לא הייתה אומה רגילה, גוי רגיל - אלא גוי קדוש.

מה פירוש הדבר, להיות גוי קדוש?

א. ההיסטוריה היהודית תצביע תמיד אל משהו שמעבר לה, אל משהו שאין להסבירו בחוקיה הרגילים של ההיסטוריה. לכך כיוון משה באומרו:

> כִּי שְׁאַל נָא לְיָמִים רִאשֹׁנִים אֲשֶׁר הָיוּ לְפָנֶיךָ, לְמִן הַיּוֹם אֲשֶׁר בָּרָא אֱלֹהִים אָדָם עַל הָאָרֶץ וּלְמִקְצֵה הַשָּׁמַיִם וְעַד קְצֵה הַשָּׁמָיִם: הֲנִהְיָה כַּדָּבָר הַגָּדוֹל הַזֶּה אוֹ הֲנִשְׁמַע כָּמֹהוּ?... הֲנִסָּה אֱלֹהִים לָבוֹא לָקַחַת לוֹ גוֹי מִקֶּרֶב גּוֹי בְּמַסֹּת בְּאֹתֹת וּבְמוֹפְתִים וּבְמִלְחָמָה וּבְיָד חֲזָקָה וּבִזְרוֹעַ נְטוּיָה וּבְמוֹרָאִים גְּדֹלִים, כְּכֹל אֲשֶׁר עָשָׂה לָכֶם ה׳ אֱלֹהֵיכֶם בְּמִצְרַיִם לְעֵינֶיךָ? (דברים ד, לב-לד)

זוהי גם כוונת אמירתו המיוחדת של ישעיהו, ״וְאַתֶּם עֵדַי, נְאֻם ה׳, וַאֲנִי אֵל״ (ישעיהו מג, יב). עם ישראל על גורלו וייעודו הקולקטיביים הוא העדות המשכנעת ביותר למעורבותו של ה׳ בהיסטוריה האנושית. הוא יגיע לשיאים של הישגים, ולפעמים גם לתהומות של השחתה, שאין דומה להם בגורלם של עמים אחרים. כפי שכתב פעם טולסטוי, ״היהודי הוא התגלמות הנצח״.[8]

ב. יתרה מכך, תורת ישראל, התשתית הנצחית לקיומם הקיבוצי של היהודים, מעידה מתוכה על טיבה שהוא יותר מאנושי. מכאן הכרזתו של משה -

8. מכתב שנמצא בארכיון המדינאי הבולגרי פ׳ גבאי. מצוטט ב: Allan Gould, ed., *What Did They Think of the Jews?* pp. 180–181.

רְאֵה, לִמַּדְתִּי אֶתְכֶם חֻקִּים וּמִשְׁפָּטִים כַּאֲשֶׁר צִוַּנִי ה׳ אֱלֹהָי לַעֲשׂוֹת כֵּן בְּקֶרֶב הָאָרֶץ אֲשֶׁר אַתֶּם בָּאִים שָׁמָּה לְרִשְׁתָּהּ. וּשְׁמַרְתֶּם וַעֲשִׂיתֶם, כִּי הִוא חָכְמַתְכֶם וּבִינַתְכֶם לְעֵינֵי הָעַמִּים אֲשֶׁר יִשְׁמְעוּן אֵת כָּל הַחֻקִּים הָאֵלֶּה וְאָמְרוּ רַק עַם חָכָם וְנָבוֹן הַגּוֹי הַגָּדוֹל הַזֶּה... וּמִי גּוֹי גָּדוֹל אֲשֶׁר לוֹ חֻקִּים וּמִשְׁפָּטִים צַדִּיקִם כְּכֹל הַתּוֹרָה הַזֹּאת אֲשֶׁר אָנֹכִי נֹתֵן לִפְנֵיכֶם הַיּוֹם? (דברים ד, ה–ח)

רוחב הלב המתגלה בחוקי הרווחה של התורה, והצלילות (האנטי־מיתולוגית המוצהרת) של אמונתה, מעידים על סדר חברתי שהאנושיות שבו היא יותר מאנושית גרידא. כפי שכתב המשורר מתיו ארנולד, "כל עוד העולם קיים, כל המבקש להיעשות הגון יותר יפנה לישראל לקבל השראה, בהיותו העם בעל חוש הצדק החזק והבוהק מכל העמים".[9]

ג. עם ישראל יהיה אומה המכירה בכל אורחותיה וחוקיה בקיומו של משהו שמעבר לה. כך, למשל, אפילו הארץ שעם זה יושב עליה לא תהיה ארצו שלו, אלא ארצו של אלוהים: "וְהָאָרֶץ לֹא תִמָּכֵר לִצְמִתֻת, כִּי לִי הָאָרֶץ" (ויקרא כה, כג). כל משטר שיתקיים בו - ויהיו ראשיו אשר יהיו, שופטים, זקנים או מלכים - יהיה כפוף לריבונות־העל של אלוהים. לא יהיה בשיטת המשטר הזו שום גורם אבסולוטי - לא המדינה, לא הפרט וגם לא הסטטוס קוו - שכן שְׁליטה האבסולוטי היחיד יהיה אלוהים. עובדה זו תציל אותה לאורך ההיסטוריה מרודנות מן הצד האחד, ומאנרכיה מהצד האחר. עם ישראל יהיה תמיד עוין לעריצים מפני שלא יסכין לסגוד לשום דבר הפחות מאלוהים.

ד. השלטון בעם ישראל יושתת תמיד על הסכמה ולא על ציות לכוח. הדבר נלמד כבר בברית סיני, כאשר הקב"ה בכבודו ובעצמו פנה לקבל את הסכמת העם לפני שנתן לו את חוקיו.[10]

ה. במבט היסטורי, התוצאה המרשימה ביותר של ברית סיני הייתה שאפילו כאשר איבדו היהודים את ארצם ואת ריבונותם, הם לא חדלו מהיות אומה - וזאת משום שהם נעשו לאומה עוד לפני שזכו לרכיבים מקובלים אלה של לאומיות. בגלות היו היהודים לעם הגלובלי הראשון בעולם, העם הווירטואלי הראשון, המוגדר לא באמצעות טריטוריה, גורל, תרבות, מערכת שלטון או אפילו שפת דיבור משותפת,

9. Matthew Arnold, *Literature and Dogma*, London: Nelson, 1873, chap. 1.
10. בשמות יט, ג–ו אלוהים מצווה על משה לבקש את הסכמת העם לתנאיה הכלליים של הברית. רק לאחר שהסכמה זו ניתנה (יט, ח) ממשיך אלוהים ומתגלה בהר סיני.

אלא אך ורק באמצעות הברית שאבותיהם כרתו עם אלוהים יותר מאלף שנים לפני היציאה לגלות.

"קדוש" פירושו אפוא **מה שמתוך עצמו מצביע אל מעבר לעצמו**. פירושו זמן המסמל את הנצח (שבת), מרחב הרומז על ההוויה שמעבר למרחב (המשכן), ואומה שתולדותיה ואורחות חייה מעידים על משהו שמחוץ לפרמטרים הנורמליים של היסטוריה ושל אורחות חיים.

ההוגה היהודי־אמריקני מילטון הימלפרב תמצת רעיון זה במונחים בני זמננו:

> כל יהודי יודע כמה הוא אדם רגיל, רגיל עד לשד עצמותיו. ובכל זאת, כשאנו מתבוננים בעצמנו כקבוצה, אנו חשים שדברים גדולים ומסתוריים סוחפים אותנו... מספר היהודים בעולם קטן מטעות סטטיסטית זעירה במפקד האוכלוסין בסין. אבל אנחנו גדולים בהרבה ממספרנו. דומה שדברים גדולים קרו סביבנו ולנו.[11]

זהו אחד ציטוטים האהובים עלי, ודרך לא רעה בכלל לפרש את הביטוי "גוי קדוש".

11. מתוך המאמר "In the Light of Israel's Victory", שהימלפרב פרסם לאחר מלחמת ששת הימים. המאמר נדפס שוב ב: Milton Himmelfarb, *Jews and Gentiles*, New York: Encounter Books, 2007, pp. 141–142.

יתרו

מבנה החברה הטובה

בבית הלורדים הבריטי יש לשכה מיוחדת, המשמשת בין היתר חדר הלבשה לחברים חדשים המצטרפים לבית. כשקודמי בתפקיד הרב הראשי לבריטניה, הרב עמנואל יעקובוביץ׳, נתמנה ללורד, איש הטקס שהלביש אותו ציין באוזניו שהוא הרב הראשון הזוכה להגיע לבית הלורדים. הלורד יעקובוביץ׳ השיב, ״לא, אני השני״. ״ומי היה הראשון?״ שאל המלביש המופתע. הלורד הצביע אל לוח השיש הגדול המעטר את הלשכה ומציין את שמה. הלשכה ידועה בשם ״חדר משה״, בגלל התמונה שבמרכזה. רואים בה את משה יורד מהר סיני עם לוחות הברית. ואם כן, משה רבנו הוא הרב הראשון שהוכנס לבית הלורדים.

לעשרת הדיברות שעל לוחות הברית נודע מקום נכבד לא רק ביהדות, אלא גם במערכת הערכים הכוללנית יותר שאנו מכנים האתיקה היודיאו־נוצרית. בארצות הברית הם עיטרו אולמות משפט רבים, אף כי היו שערערו על כך בטענה שזו הפרה של התיקון הראשון לחוקה ושל עקרון ההפרדה בין דת למדינה, ובכמה מדינות ערעורם אף התקבל. מכל מקום עשרת הדיברות הם הביטוי הנשגב לחוק העליון, החוק שהוא המסגרת לכל החוקים האנושיים.

כמובן, ביהדות מעמדם של עשרת הדיברות הוא ללא עוררין. בימי בית שני היו עשרת הדיברות חלק מתפילת הקבע, שכן הם נוספו כפרשה רביעית לקריאת שמע.[1] אולם כאשר ״מינים״ החלו לטעון שרק עשרת הדיברות ניתנו מפי ה׳, ושאר תר״ג המצוות הגיעו ממנו בעקיפין, הושמטו הדיברות מקריאת שמע.[2]

ובכל זאת, עשרת הדיברות שמרו על מעמדם בתודעה היהודית. אף שהוסרו מתפילות הקבע, נשארו בסידור במסגרת תפילות יחיד שנוהגים לומר בתום התפילה.

1. משנה, תמיד ה, א; ברכות יב ע״א.
2. איננו יודעים מי היו אותם מינים. ייתכן שהיו ביניהם הנוצרים הראשונים. נימוקם היה שרק עשרת הדיברות נשמעו מפי הגבורה באוזני כל בני ישראל, ואת שאר המצוות מסר משה.

בקריאת התורה, בפרשת יתרו, נוהגים ברוב הקהילות לעמוד בעת קריאת עשרת הדיברות, אף שהרמב"ם פסק במפורש נגד מנהג זה.[3]

ועדיין יש מקום לשאול מהו ייחודם של עשרת הדיברות. כעקרונות מוסר, רובם אינם חדשים. כמעט בכל חברה יש חוקים נגד רצח, גזל ועדות שקר. יש מקוריות־מה בכך שהם אפודיקטיים, כלומר כתובים כציוויים עקרוניים ומוחלטים בלשון "לא...", להבדיל מחוקים קזואיסטיים המתארים מקרה ומציינים את דינו. אבל אלה הן רק עשר מצוות מתוך גוף גדול בהרבה, תרי"ג מצוות. התורה עצמה אינה מכנה אותן "עשר המצוות" (וגם לא "עשרת הדיבדוּת"), אלא רק "עשרת הדברים"; מכאן כינויים הלועזי "דקאלוג", "עשר מילים" ביוונית.

המייחד בכל זאת את עשרת הדיברות הוא שהם פשוטים וקל לשננם, שכן ביהדות החוק אינו כתוב לקהל של שופטים ועורכי דין בלבד. ברוח השוויוניות העמוקה שבלב התורה, ברית סיני איננה כשאר בריתות בעולם העתיק, שנכרתו בין מלכים. היא ברית שאלוהים כורת עִם עַם שלם. מכאן הצורך בהצהרה פשוטה של עקרונות יסוד שכל אדם יכול לזכור ולצטט.

יתרה מכך, הדיברות מכוננים לדורות את הפרמטרים - התרבות המשותפת, אם תרצו - של הקיום היהודי. כדי להבין איך, כדאי להתבונן במבנה הבסיסי שלהם. יש מחלוקת יסודית בין הרמב"ם לרמב"ן באשר למעמד המילים שבפתיחת הדיבר הראשון, "אָנֹכִי ה' אֱלֹהֶיךָ אֲשֶׁר הוֹצֵאתִיךָ מֵאֶרֶץ מִצְרַיִם מִבֵּית עֲבָדִים". הרמב"ם, בעקבות התלמוד, אומר שזוהי מצווה בפני עצמה: להאמין בה'. ואילו לדעתו של הרמב"ן זו איננה מצווה, אלא פתיחה או מבוא לדיברות.[4] המחקר המודרני על נוסחאות ברית מן המזרח הקדום מספק תימוכין לעמדת הרמב"ן. הדיבר הראשון על פי הרמב"ן הוא אפוא המשכו של הפסוק שציטטנו: "לֹא יִהְיֶה לְךָ אֱלֹהִים אֲחֵרִים עַל פָּנָי".

שאלת היסוד הבאה היא כיצד לחלק את הדיברות. בדרך כלל, ובציורים ובעיטורים בפרט, מחלקים אותם לשניים, שהרי הם חרותים על שני לוחות אבן. בהכללה אפשר לומר שהחמישה הראשונים עניינם מה שבין אדם למקום, והחמישה האחרונים - בין אדם לחברו. אלא שיש דרך נוספת לחשוב על מבנים מספריים בתורה.

שבעת ימי הבריאה, למשל, עשויים שתי קבוצות בנות שלושה ימים כל אחת, שאחריהן יום אחד מסכם. בשלושת הימים הראשונים עסק אלוהים בהפרדת תחומים:

3. **תשובות הרמב"ם**, מהדורת יהושע בלאו, ירושלים: מקיצי נרדמים, תש"ך, תשובה רסג.
4. רמב"ם, **ספר המצוות**, מצוות עשה א; רמב"ן, פירוש לתורה, על אתר.

אור מחושך, מים עליונים ממים תחתונים, ים מיבשה. בשלושת הימים הבאים הוא מילא אותם, כל אחד בתורו, בעצמים ובצורות החיים המתאימים: שמש וירח, ציפורים ודגים, חיות ואדם. היום השביעי נבדל מכולם והתקדש.

גם עשר המכות מורכבות משלושה מחזורים בני שלוש מכות, ובסופם מכה עשירית יחידה. בכל שלישייה, השתיים הראשונות באות לאחר התראה והשלישית לא. בכל שלישייה, במכה הראשונה פרעה מותרֶה בבוקר, ובמכה השנייה ה' אומר למשה "בֹּא אֶל פַּרְעֹה" לארמון. על המכה העשירית, להבדיל מכל היתר, ניתנה התראה עוד בתחילת התהליך (שמות ד, כג). יותר משהייתה מכת בכורות מכה, היא הייתה עונש.

נראה לי שגם הדיברות בנויים כך: שלוש שלישיות, ודיבר עשירי הנבדל מכולם. אם נקרא את הדיברות בדרך זו נראה כיצד הם יוצרים את מבנה היסוד, את דקדוק העומק, של ישראל כחברה המחויבת לברית עם ה' כ"מַמְלֶכֶת כֹּהֲנִים וְגוֹי קָדוֹשׁ".

שלושת הדיברות הראשונים - איסור האמונה באלוהים אחרים, איסור עשיית פסל ותמונה ואיסור נשיאת שם ה' לשווא - מגדירים את עם ישראל כ"אומה אחת בריבונות אלוהים". ה' הוא ריבוננו העליון. על כן כל חוק ארצי אחר כפוף לצַוֵּי־העל הקושרים את ישראל לה'. ריבונות ה' גוברת על כל נאמנות אחרת ("לֹא יִהְיֶה לְךָ אֱלֹהִים אֲחֵרִים עַל פָּנָי"); אלוהים הוא כוח חי, לא כוח מופשט שאפשר לגלמו ("לֹא תַעֲשֶׂה לְךָ פֶסֶל וְכָל תְּמוּנָה"); וריבונות דורשת יראה ("לֹא תִשָּׂא אֶת שֵׁם ה' אֱלֹהֶיךָ לַשָּׁוְא").

שלישיית הדיברות הזו, שבאמצעותה מכריז העם על כפיפותו ונאמנותו לה' מעל לכל דבר אחר, מכוננת את העיקרון החשוב ביותר של החברה החופשית: **גבולותיו המוסריים של הכוח.** בלעדיו עלולה גם הדמוקרטיה להפוך לעריצות הרוב. החיסון הטוב ביותר מפני סכנה זו הוא הכרה בריבונות האל.

השלישייה השנייה - שבת, כיבוד הורים והאיסור לרצוח - עוסקת כולה בעקרון **הנִבְרָאוּת של החיים.** דיברות אלה מציבים גבולות לרעיון האוטונומיה, הגורס שאנו חופשיים לעשות את כל העולה על רוחנו כל עוד איננו פוגעים באחרים. יום השבת מוקדש למחשבה על ה' כבורא עולם ועל העולם כבריאת כפיו. משום כך מושעות ביום זה כל ההיררכיות האנושיות, וליום אחד משבעה כולם חופשיים: האדון והעבד, המעסיק והמועסק, ואפילו חיות המשק.

גם כיבוד ההורים הוא אות של הכרה בהיותנו בְּרוּאים. אנו זוכרים כך שלא כל דבר בחיינו הוא תוצאה של בחירתנו - וראשון להם הוא עצם קיומנו. הורינו בחרו, לא אנחנו. ולבסוף, "לֹא תִּרְצָח" מאשרר את העיקרון המרכזי בברית נוח, ברית ה' עם האנושות כולה, שרצח איננו רק פשע נגד אדם אלא גם חטא כלפי

אלוהים שהאדם עשוי בצלמו. הדיברות הרביעי, החמישי והשישי הם אפוא ליבתם המשפטית העקרונית של החיים היהודיים. הם אומרים לנו שכדי לדעת איך לחיות יש לזכור מאין באנו.

השלישייה השלישית - איסורי הניאוף, הגנבה ועדות השקר - מכוננת את **המוסדות הראשוניים שהחברה תלויה בהם.** הנישואים קדושים מפני שזהו הקשר האנושי המדמה באופן הקרוב ביותר את הברית בינינו לבין ה׳. אין מוסד אנושי התלוי בנאמנות הדדית יותר מהם; ויתרה מכך, הם גם תבנית היציקה של החברה החופשית. היטיב לנסח זאת אלקסיס דה־טוקוויל: ״כל זמן שנשמר הרגש המשפחתי, מעולם לא היה המתנגד לעריצות בודד לנפשו״.[5]

איסור הגנבה מכונן את עקרון שלמות הקניין. על פי תומס ג׳פרסון, מאבות הדמוקרטיה האמריקנית, הזכויות שיש לכל אדם ושאין להכחישן הן ״חיים, חירות ובקשת האושר״; אך לעומתו הפילוסוף ג׳ון לוק היה קרוב יותר לרוח המקרא, ודיבר על ״חיים, חירות וקניין״. רודנים גוזלים את זכויות הקניין של בני עמם, והעבדות מחללת את כבוד האדם בשוללה ממנו את הבעלות על העושר שהוא יוצר.

האיסור על עדות שקר הוא תנאי הכרחי לקיום צדק. חברה צודקת אינה יכולה להסתפק במערכת חוקים, בתי משפט ורשויות אכיפה. כדברי השופט האמריקני לרנד האנד, ״החירות שוכנת בלבם של אנשים ונשים; כשהיא מתה שם, לא יושיעוה לא חוקה, לא חוק ולא בית משפט - ואפילו לעזור לה בקושי יצליחו״. אין חופש בלי צדק, אבל אין צדק אם אין מקובלת בחברה אחריות אישית וקיבוצית ״לומר את האמת, את כל האמת ורק את האמת״.

ולבסוף מגיע האיסור העשירי, העומד לבדו - האיסור על חמדת בית הָרֵעַ, אשתו, עבדו, אמתו, שורו, חמורו או כל דבר אחר השייך לו או לה. אם חושבים על עשרת הדיברות כעל עשר מצוות, הצבתה של מצווה זו כקבוצה בפני עצמה נראית תמוהה. אך לא כן אם מתבוננים בעשרת הדיברות כרשימה של עקרונות יסוד לחברה חופשית. האתגר הגדול ביותר של כל חברה הוא **הכלת התופעה האוניברסלית והבלתי נמנעת של הקנאה:** התשוקה להיות בעליו של מה ששייך לזולת. הקנאה היא גרעינה של האלימות.[6] הקנאה היא שגרמה לקין לרצוח את הבל, היא שגרמה

5. אלקסיס דה־טוקוויל, **הדמוקרטיה באמריקה**, עברית: אהרן אמיר, ירושלים: הוצאת שלם, תשס״ח, כרך ראשון, חלק א, פרק ט (״על הסיבות העיקריות המסייעות לקיים את הרפובליקה הדמוקרטית בארצות הברית״), עמ׳ 331.

6. ספר נהדר בנושא הוא Helmut Schoeck, *Envy: A Theory of Social Behaviour*, New York: Harcourt, Brace & World, 1969.

לאברהם וליצחק לחשוש לחייהם רק מפני שהיו נשואים לנשים יפות, והיא שגרמה לאחי יוסף לשנוא אותו ולמכור אותו לעבדות. הקנאה היא המובילה לחטאים שנגדם פונה שלישיית הדיברות הקודמת - ניאוף, גנבה ועדות שקר; וקנאתם של בני ישראל בשכניהם היא אשר הובילה אותם, פעם אחר פעם, לנטוש את אלוהיהם למען האלילות בת הזמן.

הקנאה היא ביטוי להיעדר הפנמתו של עקרון הבריאה המוצג בפרק א של ספר בראשית: העיקרון שלכל דבר מקום משלו בתכנית הגדולה. לכל אחד ואחת מאיתנו משימה משלו וברכה משלו, ואת כולנו ה׳ אוהב ומטפח. חיו לאור אמתות אלו - ויהיה סדר. התעלמו מהן - ויהיה תוהו ובוהו. המקנא נותן לאושרו של הזולת לפגוע באושרו שלו; אין לך דבר הרסני ועָקר יותר מזה. הנוגדן לקנאה הוא, כמאמרו המפורסם של בן זומא, לשמוח בחלקנו ולא להצטער על מה שעוד אין לנו. חברות הצריכה מושתתות על יצירת קנאה והַעֲצמתה; כך הן גורמות לאדם לקנות יותר אך ליהנות מקניינו פחות.

3,300 שנים לאחר שניתנו, עשרת הדיברות הם עדיין המדריך הפשוט ביותר והקצר ביותר ליצירתה וקיומה של חברה טובה. חלופות רבות נוסו, ובדרך כלל זה נגמר בבכי. יש אמת רבה במימרה החכמה והמבודחת - אִם שום דבר לא עוזר, קראו את ההוראות.

משפטים

חזון ופרטים

מעבר מתעתע מתחולל בפרשתנו. עד עכשיו הוליכה אותנו בספר שמות דרמה סיפורית סוחפת: עבדות בני ישראל, התעוררות התקווה לחירות, עשר המכות, סרבנותו של פרעה, הבריחה למדבר, קריעת ים סוף, המסע להר סיני והברית הגדולה עם אלוהים.

והנה לפתע אנו מוצאים את עצמנו קוראים בסוגה ספרותית אחרת לגמרי: קובץ חוקים המכסה מגוון מבלבל של נושאים, מדיני נזיקין, דרך דיני שמירה על רכוש, עבור לסדרי דין ועד שבתות ומועדים. למה כאן? למה לא להמשיך בסיפור העלילה המוביל אל הדרמה הגדולה הבאה, חטא העגל? למה לעצור את הזרימה? ומה בין זה לבין מנהיגות?

התשובה היא שלמנהיגים טובים - בין שהם מנכ"לים בתאגידים או הורים במשפחה - יש יכולת לחבר בין חזון גדול לפרטים קטנים. בלי החזון, הפרטים מייגעים. יש סיפור ידוע על שלושה אנשים שעבדו בסיתות אבני בניין. כששאלו אותם מה הם עושים, אחד אמר "חותך אבן", השני אמר "מתפרנס", והשלישי "בונה ארמון". אלה הרואים לנגד עיניהם את התמונה הרחבה גאים יותר בעבודתם, ועובדים קשה יותר וטוב יותר. מנהיגים מוצלחים מנחילים חזון.

ועם זה, כשמגיעים אל הפרטים, המנהיגים הטובים הם קפדנים ואפילו פרפקציוניסטים. מוכרת הערתו של תומס אדיסון, "גאונות היא אחוז אחד השראה ותשעים ותשעה אחוז השקעה". תשומת הלב לפרטים היא המבדילה בין האמנים, המשוררים, המלחינים, הבמאים, המדינאים והמנהלים הדגולים - לבין אלה הבינוניים. מי שקרא את הביוגרפיה שכתב וולטר אייזקסון על סטיב ג'ובס יודע שתשומת הלב שג'ובס המנוח הקדיש לפרטים גבלה באובססיה. הוא התעקש, למשל, שבכל חנויות אפל יהיו גרמי המדרגות עשויים זכוכית. כשאמרו לו שאין זכוכית חזקה מספיק, הוא לא הרפה אלא הורה לפתח זכוכית שכזו, ואכן כך היה (ואפל רשמה את הפטנט).

בגאונותה ידעה התורה ליישם עיקרון מנהיגותי זה בחברה בשלמותה. בני ישראל חוו סדרת אירועים מְשַׁנַּת תודעה. משה ידע ששרשרת אירועים כזו לא

הייתה מעולם. הוא גם ידע, מפי אלוהים, שהיא הייתה מכוונת מראש ועד סוף, ודבר בה לא היה מקרי. בני ישראל היו עבדים כדי שיֵדעו להוקיר את החירות. הם סבלו כדי שיכירו את הרגשתו של מי שנמצא בצד הלא נכון של יחסי הכוח העריצים. בסיני נתן ה׳ לבני ישראל על ידי משה כתב שליחות - להיות "מַמְלֶכֶת כֹּהֲנִים וְגוֹי קָדוֹשׁ", תחת ריבונות האל לבדו. הוטל עליהם לכונן חברה על בסיס עקרונות הצדק, כבוד האדם וקדושת החיים.

אבל מאורעות היסטוריים, אידיאלים מופשטים ואפילו ציוויים כוללניים, כגון אלה שבעשרת הדיברות, בכל אלה אין כדי לקיים חברה בטווח הארוך. כאן מקומו של המיזם המרשים של התורה: לתרגם את החוויה ההיסטורית לחקיקה פרטנית, כדי שבני ישראל יחיו יום־יום את אשר למדו על בשרם, וישזרו אותו במרקם חייהם החברתיים. בפרשת משפטים החזון מיתרגם לפרטים והעלילה נעשית לחוק.

וכך מצווה התורה, למשל, בפתח פרשתנו, "כִּי תִקְנֶה עֶבֶד עִבְרִי שֵׁשׁ שָׁנִים יַעֲבֹד וּבַשְּׁבִעִת יֵצֵא לַחָפְשִׁי חִנָּם" (שמות כא, ב). חוק זה ממיר באחת את העבדות ממעמד מולד למצב זמני: מ"מי אתה" ל"מה אתה עושה לעת עתה". העבדות, הזיכרון המריר מימי מצרים, אינה יכולה להיבטל בן לילה. בארצות הברית היא לא בוטלה עד שנות השישים של המאה התשע־עשרה, ואפילו אז נדרשה לשם כך מלחמת אזרחים איומה. אבל הדין הפותח את פרשת משפטים הוא הצעד הראשון במסע הארוך הזה.

כך גם באשר לדין "וְכִי יַכֶּה אִישׁ אֶת עַבְדּוֹ אוֹ אֶת אֲמָתוֹ בַּשֵּׁבֶט וּמֵת תַּחַת יָדוֹ נָקֹם יִנָּקֵם" (כא, כ). עבד ואמה אינם רכוש גרידא. לו ולה יש זכות לחיות. וכך גם מצוות השבת, המכריזה, "שֵׁשֶׁת יָמִים תַּעֲשֶׂה מַעֲשֶׂיךָ, וּבַיּוֹם הַשְּׁבִיעִי תִּשְׁבֹּת, לְמַעַן יָנוּחַ שׁוֹרְךָ וַחֲמֹרֶךָ וְיִנָּפֵשׁ בֶּן אֲמָתְךָ וְהַגֵּר" (כג, יב). בכל שבוע מוקצה יום אחד שבו העבדים נושמים את אוויר החירות. שלושת הדינים הללו ואחרים פרצו את הדרך אל עבר ביטול העבדות - גם אם דרך זו ארכה שלושת אלפים שנה.

חוויית הגֵרות, היות מיעוט מדוכא בארץ נוכרייה, נזכרת בפרשה פעמיים: "וְגֵר לֹא תוֹנֶה וְלֹא תִלְחָצֶנּוּ כִּי גֵרִים הֱיִיתֶם בְּאֶרֶץ מִצְרָיִם" (כב, כא); "וְגֵר לֹא תִלְחָץ וְאַתֶּם יְדַעְתֶּם אֶת נֶפֶשׁ הַגֵּר כִּי גֵרִים הֱיִיתֶם בְּאֶרֶץ מִצְרָיִם" (כג, ט).

וישנם בפרשה חוקים המעלים היבטים אחרים של זיכרון החיים במצרים, כגון "כָּל אַלְמָנָה וְיָתוֹם לֹא תְעַנּוּן. אִם עַנֵּה תְעַנֶּה אֹתוֹ כִּי אִם צָעֹק יִצְעַק אֵלַי שָׁמֹעַ אֶשְׁמַע צַעֲקָתוֹ" (כב, כא-כב). מהדהד כאן תיאור המופיע בתחילת ספר שמות, "וַיֵּאָנְחוּ בְנֵי יִשְׂרָאֵל מִן הָעֲבֹדָה וַיִּזְעָקוּ וַתַּעַל שַׁוְעָתָם אֶל הָאֱלֹהִים מִן הָעֲבֹדָה. וַיִּשְׁמַע אֱלֹהִים אֶת נַאֲקָתָם, וַיִּזְכֹּר אֱלֹהִים אֶת בְּרִיתוֹ אֶת אַבְרָהָם, אֶת יִצְחָק וְאֶת יַעֲקֹב. וַיַּרְא אֱלֹהִים אֶת בְּנֵי יִשְׂרָאֵל, וַיֵּדַע אֱלֹהִים" (ב, כג-כה).

נוֹמוֹס ונראטיב הוא שם חיבורו רב ההשפעה של רוברט קאבֶר, פרופסור למשפטים איש אוניברסיטת ייל, שפורסם בשנות השמונים.[1] לטענתו, בתשתית החוקים של כל חברה נתונה ישנו נומוס, כלומר חזון בדבר סדר חברתי אידיאלי שהחוק נועד לממשו. מאחורי כל נומוס, ממשיך קאבר וטוען, ישנו נרטיב, כלומר סיפור שממנו אפשר ללמוד מדוע מעצביה וחוזיה של החברה או הקבוצה הגיעו לאותו חזון מסוים.

הדוגמאות שקאבר מביא לקוחות בעיקרן מהתורה. למען האמת, יותר משהניתוח שלו מתאר את מהותו הכללית של ה"חוק" כחוק, הוא מתאר את התופעה הייחודית המוכרת לנו בשם "התורה". המילה תורה אינה ניתנת לתרגום לשפות לעז, מפני שיש לה כמה מובנים שונים, המתקבצים יחדיו רק בספר הקרוי בשם זה.

תורה פירושה חוק. אבל פירושה גם הוראה, הדרכה, הנחיה, או באופן כללי יותר הכוונה. זהו כאמור גם שמם הגנרי של חמשת החומשים מבראשית עד דברים, המשלבים נרטיב וחוק גם יחד.

בדרך כלל חוק וסיפור הם שתי סוגות ספרותיות נבדלות והחפיפה ביניהן מועטה ביותר. ברוב ספרי החוקים אין סיפורים, וברוב יצירות הסיפורת אין חוקים. נוסף על כך, כפי שקאבר עצמו מציין, גם אם לאנשים במדינה, כגון בריטניה או ארצות הברית של היום, ידועה ההיסטוריה שמאחורי חוק מסוים, אין שום טקסט קָנוני הכורך יחדיו את החוק ואת סיפור קורותיו. זאת ועוד, ברוב החברות יש דרכים רבות ושונות לספר את הסיפור. ולבסוף, רוב החוקים נחקקים בלי הכרזה על הסיבות לחקיקתם, על המטרה שהם מנסים להשיג, ועל החוויה ההיסטורית שהובילה ליצירתם.

התורה היא שילוב ייחודי של נומוס ונרטיב, של היסטוריה וחוק, של חוויותיה המעצבות של אומה עם הדרך שבה שואפת אומה זו לחיות את חייה הציבוריים בלי שתשכח את הלקחים שלמדה על בשרה. התורה מצרפת יחדיו חזון ופרטים טוב יותר מכל ספר אחר.

כך אנחנו צריכים להנהיג, אם רצוננו שאנשים ילכו אחרינו ויוציאו מעצמם את המיטב. חייב להיות חזון שייתן לנו השראה ושיאמר לנו מדוע עלינו לעשות את מה שמבקשים מאיתנו לעשות. חייב להיות נרטיב: קרה כך וכך, אנחנו כאלה וכאלה, וזו הסיבה שהחזון כה חשוב לנו. ואז מוכרחים להיות חוק, קוד ותשומת לב קפדנית לפרטים - המאפשרים לנו לתרגם את החזון למציאות ולהפוך את כאבי

1. רוברט קאבר, **נומוס ונראטיב**, עברית: אביעד שטיר, ירושלים: הוצאת שלם, 2012.

העבר לברכות העתיד. שילוב יוצא דופן זה, שכמעט אינו קיים בשום קובץ חוקים אחר, הוא הנותן לתורה את כוחה העל־זמני. זהו מודל לכל מי שמבקש להוביל אנשים בנתיב העולה אל הגדולה.

משפטים

עזרה לשונא

חלק גדול מפרשתנו מוקדש לקובץ דינים המשרטט בפרטנות את תווי פניה של החברה הצודקת שבני ישראל נצטוו ליצור. מלכתחילה בחר הקב"ה באברהם בשל כך: "כִּי יְדַעְתִּיו לְמַעַן אֲשֶׁר יְצַוֶּה אֶת בָּנָיו וְאֶת בֵּיתוֹ אַחֲרָיו וְשָׁמְרוּ דֶּרֶךְ ה' **לַעֲשׂוֹת צְדָקָה וּמִשְׁפָּט**" (בראשית יח, יט). ב"משפט" זה, שעניינו צדק, עוסקת פרשת משפטים.

ב**מורה הנבוכים** מבאר הרמב"ם את מושגי החסד, המשפט והצדקה, ומצביע על מורכבותו של ה"משפט". המושג מציין לדבריו את "הדין כפי הראוי על הנדון, יהיה זה לטוב או לנקמה".[1] רק לעתים נדירות ה"משפט" היהודי הוא אותו מיצוי דין חמור המכונה בלשון חכמינו "מידת הדין". בדרך כלל נדרש איזון בדמות מידת הרחמים. דוגמה בולטת לכך נמצאת בפרשת השבוע שלנו, והיא מצווה הנמסרת בתמציתיות ובלי קולות וברקים, אך יש לה השלכות מרחיקות לכת וגם עידון ויופי מוסרי:

> כִּי תִרְאֶה חֲמוֹר שֹׂנַאֲךָ רֹבֵץ תַּחַת מַשָּׂאוֹ וְחָדַלְתָּ מֵעֲזֹב לוֹ, עָזֹב תַּעֲזֹב עִמּוֹ. (שמות כג, ה)

שני עקרונות באים כאן לידי יישום. האחד הוא הדאגה לבעלי החיים, ההלכה אוסרת לגרום "צער בעלי חיים" שלא לצורך.[2] התורה כמו אומרת כאן: סכסוך בין שני בני אדם - אסור לו שיגרום להתעלמות מסבלו של חמור. החמור אינו אשם. כבר בהיבט זה של המצווה יש אמירה מוסרית מהדהדת.

העיקרון השני מרשים אף יותר. לפיו, בעצם, גם שונאך הוא אדם. האיבה מפרידה ביניכם אבל יש דבר עמוק יותר המחבר ביניכם: ברית האחווה האנושית.

1. **מורה הנבוכים**, ג, נג.
2. דוגמאות נוספות למצוות מן התורה הקשורות לאיסור זה, כולן מספר דברים: שילוח הקן (כב, ו), שביתת בעלי חיים בשבת (ה, יד), איסור חסימת שור בדישו (כה, ד) ואיסור חרישה בשור ובחמור יחדיו (כב, י).

עזרה בעת מצוקה וקושי צריכה לעמוד מעל כל מחלוקת. בחברה מתוקנת גם יריבים יודעים להתעלות מעל הטינה והעוינות ולהגיש עזרה זה לזה.

אם מישהו בצרה, עזור לו. אל תעצור לשאול אם הוא ידיד או אויב. התערב, כמו שמשה התערב כשראה רועים נוהגים בגסות בבנות יתרו (שמות ב, טז-יט). התערב, כמו שעשה אברהם כאשר התפלל למען התושבים של ערי המישור (בראשית יח, כג-לג).

בלשון המצווה יש כמה דקויות רבות משמעות. הראשונה עולה ממצווה מקבילה בספר דברים:

> לֹא תִרְאֶה אֶת חֲמוֹר אָחִיךָ אוֹ שׁוֹרוֹ נֹפְלִים בַּדֶּרֶךְ וְהִתְעַלַּמְתָּ מֵהֶם, הָקֵם תָּקִים עִמּוֹ. (דברים כב, ד)

המצווה בספר שמות עוסקת בשונאים, ובספר דברים - באחים. המשנה במסכת בבא מציעא (ב, י) מַבחינה בין פריקת המשא מהבהמה לבין טעינתה, וקובעת שהמצווה מהתורה היא בפריקה בלבד. אולם כאשר הגמרא מוסיפה על הבחנה זו את ההבחנה בין בהמתו של שונא לבהמתו של "אח" - היא מגיעה לידי הנחיה מרחיקת לכת. במקרה זה בהמת השונא קודמת לבהמת האוהב, אפילו אם אצל השונא מדובר בטעינה ואצל האוהב בפריקה:

> אוהב לפרוק ושונא לטעון - מִצְוָה בשונא, כדי לכוף את יצרו.[3]

שניהם צריכים עזרה במידה שווה. אולם כאשר הנזקק הוא שונאו של אדם, על כף המאזניים עומדת לא רק העזרה לזולת, אלא גם הצורך המאתגר להתגבר על הניכור, על הריחוק, על אי־הנעימות. לכן מקרה זה מקבל עדיפות.

לחז"ל היה קשב עדין לדקויות לשונה של התורה. הביטוי "וְחָדַלְתָּ מֵעֲזֹב לוֹ" במצווה בפרשתנו נראה מיותר - אך למעשה הוא נחוץ, שכן הוא מחדד נקודה חשובה: כאשר אנו רואים את שונאנו במצוקה, האינסטינקט הראשון שלנו, ברירת המחדל, הוא "לחדול": להסתלק, להימנע מעזרה. זה צו היצר. ואת היצר הזה עלינו, כדברי הגמרא, "לכוף".

נוקבים אף יותר הם תרגומי חז"ל לארמית. לציווי "עָזֹב תַּעֲזֹב עִמּוֹ" נותנים התרגומים ממד רגשי. אונקלוס כותב (בתרגום חוזר לעברית), "עזוב תעזוב מה שבלבך

3. בבא מציעא לב ע"ב.

עליו, ופרוק עמו". יונתן בן עוזיאל מפורש אף יותר: "עזוב תעזוב באותה שעה את השנאה שבלבך עליו, ופרוק וטען עמו".

אך יש הסתייגות אחת. שימו לב למילה "עִמו" שבסוף הציווי. במשנה (שם) למדים ממילה זו שגם לבעל הבהמה יש חובות:

> הלך [בעל הבהמה] וישב לו, ואמר "הואיל ועליך מִצוָה, אם רצונך לפרוק, פרוֹק" - פָּטוּר, שנאמר "עִמו". [אבל] אם [בעל הבהמה] היה זקן או חולה, חייב.

מדוע סרבנותו של השונא פוטרת אדם מהחובה לעזור לבהמה? הרי הבהמה סובלת בכל מקרה. התשובה נוגעת לעיקרון יסודי במוסר של התורה: עקרון ההדדיות. יש לנו חובה כלפי מי שמכיר ברעיון החובה. יש לנו אחריות כלפי מי שמקבל אחריות. לעומת זאת, אם האדם הזקוק לעזרה מסרב למלא את חובתו שלו כלפי בהמתו הרובצת תחת משאה, עזרה מצדנו לא תשפר את המצב. להפך, היא עלולה להרע, שכן היא תסייע לאותו אדם לחמוק מאחריות. אם נעזור לו, נכניס את עצמנו למה שקרוי בשפת הטיפול בהתמכרויות "תלות שיתופית". נעצים את הבעיה שאנו מנסים לפתור, שכן נגרום לאדם להאמין שתמיד יהיה מישהו אחר שיעשה את מה שעליו לעשות. ניצור את מה שהפסיכולוג מרטין סליגמן כינה "חוסר אונים נרכש".[4] מנקודת המבט האישית שלנו, אולי מוצדק לעזור לאדם המסרב לעזור לעצמו. אנו ודאי מיטיבים כך עם הדימוי העצמי שלנו. אולם ייתכן מאוד שהזַקנו בכך לאדם זה ולחברה כולה. מוסר התורה אינו עוסק בהשגת שלמות אישית, אלא ברווחתה של החברה.

יש משהו ייחודי בגישתה של התורה כלפי שנאה ושונאים. היא ריאליסטית ולא אוטופית. היא איננה אומרת "אהב את שונאך". היא אומרת "עזור לו". אנחנו רק בני אדם. איננו יכולים לאהוב את אויבינו, ואם ננסה לעשות זאת אנו עלולים לשלם בסופו של דבר מחיר פסיכולוגי כבד: לשנוא את אוהבינו.[5] במקום זאת התורה אומרת: אם אויבך בצרה, בוא לעזרתו. על ידי כך משהו מעוקצה של השנאה יקהה.

4. ראו למשל בספרו של שאול פוקס, **הפסיכולוגיה של ההתנגדות לשינוי**, רמת גן: אוניברסיטת בר-אילן, 1998, ובספרו של סליגמן שטרם תורגם, Martin Seligman, *Learned Optimism*, New York: Vintage, 2006 (בעיקר בעמ' 17–30).
5. לאורך ההיסטוריה המחיר היה לעתים תכופות דווקא דמוניזציה של האויב, כך שלא ייחשב אדם כלל. למחקר קלסי בנושא זה ראו Joshua Trachtenberg, *The Devil and the Jews*, 2nd ed., Philadelphia: Jewish Publication Society of America, 1983. ראו גם Richard Kearney, *Strangers, Gods and Monsters: Interpreting Otherness*, London: Routledge, 2002.

מי יודע, אולי בגלל העזרה תהפוך העוינות להכרת תודה ולבסוף אפילו לחברות? הגשת עזרה היא דרך מעשית להתגבר על שנאה.

כמובן, ליהדות יש דברים קשים לומר על השנאה. משה ציווה את בני ישראל: "לֹא תְתַעֵב אֲדֹמִי, כִּי אָחִיךָ הוּא. לֹא תְתַעֵב מִצְרִי, כִּי גֵר הָיִיתָ בְאַרְצוֹ" (דברים כג, ח). האדומים והמצרים הם שני אבות טיפוס של אויבים. האדומים הם בני עֵשָׂו, יריבו של יעקב. המצרים הם העם ששעבד באכזריות את בני ישראל. ובכל זאת התורה אוסרת לתעב את אלה ואת אלה.

איסור כללי יותר על שנאה מופיע בנשימה אחת עם מצוות אהבת הרֵעַ:

> לֹא תִשְׂנָא אֶת אָחִיךָ בִּלְבָבֶךָ. הוֹכֵחַ תּוֹכִיחַ אֶת עֲמִיתֶךָ וְלֹא תִשָּׂא עָלָיו חֵטְא. לֹא תִקֹּם וְלֹא תִטֹּר אֶת בְּנֵי עַמֶּךָ וְאָהַבְתָּ לְרֵעֲךָ כָּמוֹךָ, אֲנִי ה'. (ויקרא יט, יז–יח)

כך מסביר הרמב"ם את איסור הנטירה:

> ימחה הדבר מליבו ולא ייטרנו, שכל זמן שהוא נוטר את הדבר וזוכרו, שמא יבוא לנקום. לפיכך הקפידה תורה על הנטירה, עד שימחה העוון מליבו כלל ולא יזכרנו. וזו היא הדעה הנכונה שאפשר שיתקיים בה יישוב הארץ ומשאן ומתנן של בני אדם זה עם זה.[6]

מצוות פריקת הבהמה סוללת אפוא דרך יצירתית להתגברות על איבה דווקא באמצעות "ניצול" של מצוקה לטובה, וזה עובד. ראיה לכך יש לנו כיום בזכות אחד הניסויים המרתקים ביותר שנעשו במדעי החברה. זהו מחקרו של מוּצָפֶר שֶׁרִיף משנת 1954, הידוע כ"ניסוי מערת השודדים".[7]

שריף רצה להבין את הדינמיקה של סכסוכים בין־קבוצתיים ודעות קדומות כלפי קבוצות. לשם כך אספו הוא ועמיתיו למחקר 22 ילדים בני 11, כולם בנים אמריקנים לבנים, שעד אז לא הכירו זה את זה – וארגנו להם מחנה קיץ באתר מרוחק, הפארק הלאומי "מערת השודדים" באוקלהומה. הילדים חולקו באופן אקראי לשתי קבוצות ושוכנו בצריפים בשני אזורים שונים של הפארק. בשלב הראשון הקבוצות לא ידעו

6. **משנה תורה**, הלכות דעות ז, יב.
7. Muzafer Sherif et al., *Intergroup Conflict and Cooperation: The Robbers Cave Experiment*, *1954/1961*. הטקסט במלואו נמצא במרשתת: http://psychclassics.yorku.ca/Sherif/.

האחת על קיומה של חברתה. שבוע זה הוקדש לגיבוש הקבוצות. הילדים בכל קבוצה טיילו ושחו ביחד. כל קבוצה בחרה לעצמה שם - "העֵיטים" ו"הפתנים" - והדפיסה את השם על חולצות ועל דגלים.

בשלב השני שתי הקבוצות הופגשו זו עם זו לארבעה ימים של תחרויות. הקבוצה המנצחת קיבלה גביעים, מדליות ופרסים, והקבוצה המפסידה לא קיבלה כלום. בו במקום נוצרה מתיחות. כל קבוצה קראה לחברי הקבוצה השנייה בשמות גנאי, הציקה להם ושרה עליהם שירים משפילים. היריבות החמירה והלכה. הקבוצות שרפו זו לזו דגלים, ואף פשטו האחת על צריפי המגורים של רעותה. הילדים סירבו לאכול עם בני הקבוצה השנייה בחדר אוכל אחד.

השלב השלישי נקרא "שלב האינטגרציה". נקבעו פעילויות משותפות. חברי שתי הקבוצות צפו בסרטים ביחד והפעילו יחד זיקוקים ביום העצמאות. התקווה הייתה שמפגשים פנים אל פנים יפחיתו את המתחים ויובילו לפיוס. זה לא קרה. בסיומם של אחדים מהמפגשים ילדים השליכו אוכל זה על זה.

בשלב הרביעי החוקרים יצרו במתכוון מצבים שבהם מתעוררת בעיה המציקה לשתי הקבוצות גם יחד. הבעיה הראשונה הייתה חסם באספקת מי השתייה למחנה. שתי הקבוצות זיהו את הבעיה בנפרד, ונאספו במקום החסימה כדי לסלקה. יחד עמלו לעשות זאת, ויחד חגגו את ההצלחה. במקרה נוסף שתי הקבוצות בחרו לצפות בסרטים מסוימים. החוקרים הסבירו להם ששכירת הסרטים תעלה כסף רב, והדבר חורג מתקציב המחנה. שתי הקבוצות הסכימו לתרום סכומים שווים. במקרה שלישי עגלה שהילדים נסעו בה נתקעה, והם היו צריכים לדחוף אותה ביחד. בסיומו של שלב זה שתי הקבוצות כבר לא החזיקו בדימויים שליליים זו על זו. באוטובוס שהחזיר את הילדים מהמחנה, ילדים מקבוצה אחת השתמשו בכספי הפרס שלהם כדי לקנות משקאות לכולם.

שלב זה של הניסוי היה, בעצם, שכפול הסיטואציה של ה"חמור הרובץ תחת משאו" - באמצעות יצירת בעיות ששום צד אינו יכול לפתור לבדו, ושני הצדדים יכולים לפתור ביחד. המסקנה מהפכנית לא פחות. קו השבר שבין אויבים איננו, כפי שמקובל לחשוב, מאפיין יסוד של טבע האדם הצרוב בגנים שלו. נכון, אנחנו חשים עוינות כלפי הזר, האחר, הנוכרי, הגר. יש לַדבר שורשים בפסיכולוגיה האבולוציונית שלנו, והוא יעלה אל פני השטח כל אימת שתינתן לו הזדמנות. אבל את הגבולות הללו אפשר לשרטט מחדש, באופן שאויבים משכבר יֵשבו באותו צד של השולחן ולא משני עבריו. כל מה שדרוש הוא משימה שאפשר למלא רק בשיתוף פעולה.

מצוות פריקת החמור היא דוגמה למצב מסוג זה. היא אינה דורשת מאיתנו לבצע את המשימה העל־אנושית כמעט, של אהבת שונאינו. בניסוי מערת השודדים, מה שהפיל את חומת הניכור והעוינות הבין־קבוצתית היה הצורך לעבוד ביחד ולפתור בעיה משותפת.[8]

התנ"ך איננו מרשם לאוטופיה. זו נמצאת בו בחזיונות נבואיים - לא כמציאות בזמן הווה. התורה מציעה לנו לזמן הווה רעיון צנוע ומעשי יותר, בעל גדלות מוסרית משלו: מֶחוות קטנות של עזרה הדדית יכולות, בטווח הארוך, לשנות את המצב האנושי. בלבה של מצוות פריקת החמור נמצאת אחת האקסיומות היפות ביותר של היהדות: "איזהו גיבור? מי שעושה שונאו לאוהבו".[9]

8. עוד על כך בספרי Jonathan Sacks, *The Home We Build Together*, London: Continuum, 2007, pp. 173–182.
9. אבות דרבי נתן, כג.

משפטים

עשייה ושמיעה

אחד הביטויים המפורסמים ביותר בתורה נטבע בפרשתנו. רבים מאפיינים בו את אמונת ישראל בכללותה. יש בו שתי מילים: "נַעֲשֶׂה וְנִשְׁמָע" (שמות כד, ז). מה פשרן, ומדוע הן חשובות כל כך?

נתבונן בשני פירושים ידועים שניתנו לביטוי הזה, האחד עתיק והשני מאוחר יחסית. הראשון מופיע בגמרא.[1] על פיו, האמירה "נעשה ונשמע" ממחישה את התלהבותם של בני ישראל ואת נכונותם המוחלטת לבוא בברית עם ה' בהר סיני. אמירתם למשה "כֹּל אֲשֶׁר דִּבֶּר ה' נַעֲשֶׂה וְנִשְׁמָע" באה **לפני ששמעו מצווה כלשהי** והייתה הצהרה של מוכנות מראש: מה שיאמר - מקובל עלינו. המילה "נשמע" מלמדת שהם עדיין לא שמעו - לא את עשרת הדיברות, ולא את פרטי המצוות המופיעים בפרשת משפטים. הם הסכימו לדרישות עוד לפני שהועלו באוזניהם. עד כדי כך נלהבים היו מעלייתם הרוחנית הצפויה.[2]

קריאה זו, שגם רש"י בפירושו אימץ אותה, היא קשה, מפני שהיא מחייבת להבין שסדר הזמנים היה שונה מסדר הופעת האירועים בתורה (תוך שימוש בעיקרון "אין מוקדם ומאוחר בתורה"). אירועי פרק כד התרחשו על פי פירוש זה לפני מעמד הר סיני ושמיעת עשרת הדיברות המתוארים בפרק כ. אבן־עזרא, הרשב"ם והרמב"ן חולקים על הבנה זו, ורואים את סדר הדברים בתורה כמבטא את סדר האירועים. לדידם, "נעשה ונשמע" אין פירושו נעשה לפני שנשמע, אלא פשוט נעשה ונשמע בקול ה' שכבר שמענו; נעשה ונציית.

הפירוש השני חורג ממובנה השכיח של המילה "נשמע". בכל זאת הוא פירוש חשוב. הוא שכיח למדי בהגות היהודית של העת החדשה. על פיו, "נשמע" פירושו

1. שבת פח ע"א-ע"ב.
2. אמנם, יש דעות שונות באשר לאופן הסכמתם של בני ישראל. בגמרא במסכת שבת (שם) מובאים דבריו של רב אבדימי בר חמא שהקב"ה "כפה עליהם את ההר כגיגית ואמר להם, אם אתם מקבלים התורה מוטב, ואם לאו - שם תהא קבורתכם".

"נבין".[3] נעשה ונשמע - כלומר נעשה ואז נבין. מכאן נובע שאפשר להבין את תורת ישראל רק מתוך עשייתה, מתוך שמירת המצוות ואורח החיים היהודי. סוף מחשבה במעשה תחילה. אחרי המעשים נמשכים הלבבות, ומתוך המעשים באות ההבנה, התובנה והבינה.

ראוי להתעכב על כך. התודעה המערבית המודרנית נוטה לסֵדר ההפוך. אנחנו רוצים להבין לְמה אנחנו מתחייבים לפני שנתחייב. זו גישה נכונה כשעל הפרק עומדת חתימה על חוזה, קנייה של טלפון נייד חדש או רכישת מינוי למשהו - אך היא שגויה כשמדובר בקבלת מחויבות קיומית עמוקה. הדרך היחידה להבין מנהיגות היא להנהיג. הדרך היחידה להבין נישואים היא להתחתן. הדרך היחידה להבין אם מסלול מקצועי מסוים מתאים לך היא לעלות עליו ולצעוד בו תקופה ממושכת. אלה היושבים על הגדר ומתקשים להחליט כל עוד לא פרושות לפניהם כל העובדות, יגלו בסוף שהחיים עברו והם לא החליטו.[4] הדרך היחידה להבין אורח חיים היא להתחיל לחיות בו, אף שההחלטה נעשית בתנאי חוסר ודאות.[5] "נעשה ונשמע" פירושו אפוא: "נעשה, ובסוף, על סמך ניסיון ממושך והיחשפות ארוכה, נבין".

ברצוני להציע פירוש שלישי, שונה למדי, המתבסס על כך שבספר שמות מתוארים בני ישראל מאשרים את הברית שלוש פעמים: פעם אחת לפני ששמעו את הדיברות, ופעמיים אחר כך. יש הבדל מרתק בין שני התיאורים הראשונים לבין התיאור השלישי:

וַיַּעֲנוּ כָל הָעָם יַחְדָּו וַיֹּאמְרוּ: כֹּל אֲשֶׁר דִּבֶּר ה' נַעֲשֶׂה. (יט, ח)

וַיַּעַן כָּל הָעָם קוֹל אֶחָד וַיֹּאמְרוּ: כָּל הַדְּבָרִים אֲשֶׁר דִּבֶּר ה' נַעֲשֶׂה. (כד, ג)

3. לפירוש זה יש יסוד גם בלשון הפשט של התורה במקום אחר. בסיפור מגדל בבל, אלוהים אומר, "הָבָה נֵרְדָה וְנָבְלָה שָׁם שְׂפָתָם אֲשֶׁר לֹא יִשְׁמְעוּ אִישׁ שְׂפַת רֵעֵהוּ" (בראשית יא, ז). האנשים ישמעו כמובן את הצלילים של דברי רעיהם, אך לא יבינו אותם.

4. ברנרד ויליאמס עוסק בכך במסתו המפורסמת "מזל מוסרי" (Moral Luck). החלטתו של הצייר פול גוגן לעזוב קריירה ומשפחה ולנסוע לטהיטי כדי לצייר שם משמשת לוויליאמס דוגמה להבהרת הרעיון שבהחלטות גדולות בחיים אפשר לדעת אם ההחלטה נכונה רק לאחר שהחלטנו וביצענו. כל החלטה קיומית כרוכה בסיכון ובהליכה אל הלא נודע.

5. כזו היא גם גישת ה"פֶרשְׁטֶהֶן" (Verstehen; בגרמנית: להבין) בסוציולוגיה ובאנתרופולוגיה - הגישה הגורסת שאי־אפשר להבין תרבות הבנה מלאה מבחוץ, והחוקר צריך לחוות אותה מבפנים. זהו אחד ההבדלים החשובים בין מדעי החברה למדעי הטבע.

וַיִּקַּח סֵפֶר הַבְּרִית וַיִּקְרָא בְּאָזְנֵי הָעָם, וַיֹּאמְרוּ: כֹּל אֲשֶׁר דִּבֶּר ה' נַעֲשֶׂה וְנִשְׁמָע. (כד, ז)

שני המַעֲנות הראשונים, שיש בהם "נעשה" ואין בהם "נשמע", נאמרו פה אחד על ידי כל העם. העם הגיב "יַחְדָּו". הוא ענה "קוֹל אֶחָד". והנה, בפעם השלישית, זו שיש בה גם "נשמע", באופן יוצא דופן בשלישייה שלנו, אין אזכור מפורש לכך שהעם כולו אמר זאת. לפועל "נשמע" יש כאן מובנים רבים. יש לו מובן מעשי, של שמיעה בקול וציות, שכבר רמוזה במילה "נעשה" - אך יש לו גם מובנים נוספים, חשובים לא פחות, שאינם כלולים ב"נעשה", אלא מתחדשים לנו מן הפועל "נשמע": להאזין, לשים לב, להבין, לקלוט, להפנים, להיענות. הפועל "נשמע" בא אפוא להוסיף לצד הממד המעשי של היהדות את **הממד הרוחני והפנימי שלה**.

המסקנה הנובעת מכך חשובה. היהדות, כקהילה, היא **קהילה של עשייה**, לא של שמיעה. היא כפופה כולה לקוד סמכותי, הלוא הוא ההלכה. בכל הנוגע להלכה - ה"עשייה" על פי היהדות - אנו שואפים לקול אחד, ליחד, לקונסנזוס.

לעומת זאת, אף שגם לאמונה היהודית יש עקרונות בלתי מעורערים, **בכל הנוגע לרוחניות אין ביהדות גישה נורמטיבית יחידה**. יש ביהדות כוהנים ויש בה נביאים. יש בה רציונליסטים - ומיסטיקנים. פילוסופים - ופייטנים. התנ"ך מדבר בריבוי קולות. ישעיהו איננו יחזקאל. ספר משלי מבטא תפיסה רוחנית אחרת מזו העולה מנבואות עמוס והושע. בתורה יש מצוות וסיפורים, היסטוריה וחזון מיסטי, טקס ותפילה. היא מציבה נורמות רבות הקובעות מה צריכים יהודים לעשות - אך מעטות בה הנורמות הקובעות איך יהודים צריכים לחשוב ולהרגיש.

אנחנו חווים את אלוהים בדרכים שונות. יש הפוגשים אותו בטבע, מתוך מה שהמשורר ויליאם וורדסורת' תיאר כ"רֶגֶשׁ נַעֲלֶה / שֶׁל מַשֶּׁהוּ הַמִּתְמַזֵּג עָמוֹק יוֹתֵר / וּמִשְׁכָּנוֹ בְּאוֹר חַמָּה שׁוֹקַעַת, / בְּמֶרְחֲבֵי הַיָּם וּבָאֲוִיר הָחַי".[6] אחרים מוצאים אותו ברגש הבין־אישי, בחוויית האהבה והנאהבוּת - ולכך כיוון רבי עקיבא באומרו שאם זכו הבעל והאישה, "שכינה ביניהם".

יש המגלים את אלוהים בקריאה הנבואית: "וְיִגַּל כַּמַּיִם מִשְׁפָּט וּצְדָקָה כְּנַחַל אֵיתָן" (עמוס ה, כד). אחרים מוצאים אותו בלימוד, כמאמר הברכה, "ונשמח בדברי תלמוד תורתך... כי הם חיינו ואורך ימינו, ובהם נהגה יומם ולילה". עוד אחרים פוגשים את ה' בתפילה, ומגלים כי קרוב ה' לכל אשר יקראוהו באמת.

6. מתוך "טינטֶרן אֶבִּי", בתרגומו של אריה סתיו, בתוך: סתיו, **שבעה שערי שירה**, תל אביב: תמוז, 2005, כרך ג, עמ' 220.

יש המוצאים את ה׳ בשמחה, בריקוד ובשירה, כדוד המלך בהעלותו את ארון הברית לירושלים. אחרים - או אותם אנשים עצמם בזמנים אחרים - מוצאים אותו במעמקים, בדמעות ובחרטה ובלב השבור. איינשטיין מצא את אלוהים ב״סימטריה המבהילה״ ובמורכבות המובנֵית של היקום. הרב קוק מצא אותו בהרמוניה של הרבגוניות. הרב סולובייצ׳יק מצאוֹ בבדידותה של ההוויה האנושית, הכמהה אל ההוויה האלוהית האחת והיחידה.

יש דרך נורמטיבית של עשיית המעשה הקדוש, אבל יש דרכים רבות לשמוע את הקול הקדוש, לפגוש את הנוכחות הקדושה, להרגיש בעת ובעונה אחת כמה גדול וכמה קטן הוא היקום שאנחנו חיים בו: כמה זניחים אנחנו ודאי נראים לעומת המרחב הכביר של החלל וריבואות הכוכבים - ועם זאת כמה עצומה היא המשמעות הגלומה בנו, העשויים בצלם אלוהים וכדמותו והיודעים שהוא אשר החליט לקיים אותנו כאן, במקום הזה, בזמן הזה, עם הכישורים שיש לנו, בנסיבות שאנו חיים בהן, עם משימה שעלינו לבצע אם רק נצליח לזהות אותה. אנחנו יכולים למצוא את אלוהים בפסגות ובתהומות, בַּבדידות ובַצוותא, באהבה וביראה, בהודיה ובהיזקקות, באור המסחרר ובלב המאפליה. אנחנו יכולים למצוא את אלוהים בדורשנו אותו, אך לפעמים הוא אשר מוצא אותנו כאשר איננו מצפים לכך כלל.

זה ההבדל בין נעשה לנשמע. את המעשים שה׳ מצווה עלינו לעשות אנחנו עושים ״יחדיו״. אנחנו נענים לפקודותיו ״קול אחד״. אך את קולו ואת נוכחותו אנחנו שומעים בדרכים רבות. כי אף שה׳ הוא אחד, אנחנו שונים זה מזה, ואנו פוגשים אותו איש איש בדרכו שלו.

תרומה

שגיאתו המרה של שלמה

חמש פרשיות השבוע הקרובות יוקדשו כולן, למעט ההפסקה לסיפור חטא העגל, לתיאור המפעל המשותף הגדול שהעסיק את בני ישראל בהיותם במדבר: בניית המשכן, המקדש הנייד שישמש מעון סמלי לשכינה. המשכן הוא בית התפילה המשותף הראשון בתולדות ישראל.

המצווה הפותחת את הפרשיות הללו אינה דומה למצוות הפרטניות הבאות אחריה. עניינה בממד ייחודי של מפעל הבנייה: "וַיְדַבֵּר ה' אֶל מֹשֶׁה לֵּאמֹר: דַּבֵּר אֶל בְּנֵי יִשְׂרָאֵל וְיִקְחוּ לִי תְּרוּמָה. מֵאֵת כָּל אִישׁ אֲשֶׁר יִדְּבֶנּוּ לִבּוֹ תִּקְחוּ אֶת תְּרוּמָתִי... וְעָשׂוּ לִי מִקְדָּשׁ וְשָׁכַנְתִּי בְּתוֹכָם" (שמות כה, א-ב, ח).

הדגש מושם כאן על אופייה ההתנדבותי של התרומה. מדוע? הרי עצם בניית המשכן והעבודה בו הם חובה, לא רשות. כך גם קרבנות הקבע, שהתורה מתארת בפירוט. גם חלק מהתרומות היו כאלו. על כל העם הוטלה החובה לתת מחצית שקל כסף ליציקת אדני הכסף של המשכן ועוד מחצית השקל מדי שנה למימון הקרבנות. יתרה מכך, המשכן עצמו הוא תחומו המובהק של הקודש, ובקודש מושל רצונו של אלוהים, לא רצוננו שלנו. אם כן, מדוע צריך המשכן להיבנות בתרומות של נדבת לב?

יש במקרא מקומות שפשרם מתבהר רק במבט לאחור. אחד מהם הוא זה שאנו דנים בו כעת. כדי להבין את פרשת השבוע שלנו עלינו לנוע על ציר הזמן כמעט חמש מאות שנה קדימה, אל ימי בנייתו של מקדש שלמה. הסיפור הוא מן האירוניים ביותר בתנ"ך.

שלמה המלך ידוע לכולנו בחוכמתו. עוד בראשית מלכותו ביקש מה' חוכמה וקיבל בשפע: "וַיִּתֵּן אֱלֹהִים חָכְמָה לִשְׁלֹמֹה וּתְבוּנָה הַרְבֵּה מְאֹד וְרֹחַב לֵב כַּחוֹל אֲשֶׁר עַל שְׂפַת הַיָּם" (מלכים א' ה, ט).

בימי שלמה הגיע עם ישראל לשיא עוצמתו ועושרו. בניית המקדש מוצגת במקרא כהשלמתה של יציאת מצרים. באופן יוצא דופן, בספר מלכים נמסר לנו תאריך בניית המקדש לא רק למניין שנות שלטונו של המלך, אלא גם למניין השנים

מיציאת מצרים: "וַיְהִי בִשְׁמוֹנִים שָׁנָה וְאַרְבַּע מֵאוֹת שָׁנָה לְצֵאת בְּנֵי יִשְׂרָאֵל מֵאֶרֶץ מִצְרַיִם, בַּשָּׁנָה הָרְבִיעִית בְּחֹדֶשׁ זִו, הוּא הַחֹדֶשׁ הַשֵּׁנִי לִמְלֹךְ שְׁלֹמֹה עַל יִשְׂרָאֵל, וַיִּבֶן הַבַּיִת לַה'" (מלכים א' ו, א).

ההתייחסות ליציאת מצרים מפתיעה ומחושבת. היא מזכירה לנו את הביטוי שמשה השתמש בו בדברו אל בני ישראל ערב כניסתם לארץ: "כִּי לֹא בָאתֶם עַד עָתָּה אֶל הַמְּנוּחָה וְאֶל הַנַּחֲלָה אֲשֶׁר ה' אֱלֹהֶיךָ נֹתֵן לָךְ" (דברים יב, ט). על פי פרשני התורה הקלסיים, המנוחה והנחלה הן רמז לירושלים ולמקדש.[1] כך הביא מפעלו של שלמה את סיפור יציאת מצרים אל חיתומו. פרק אחרון בסיפור ארוך.

אלא שבסיכומו של דבר ובעיקרו של דבר, שלמה היה מלך כושל. הרושם הראשון שאנו מקבלים מהכתוב הוא שכישלונו נגרם מנישואיו לנשים נוכריות ש"הִטּוּ אֶת לְבָבוֹ אַחֲרֵי אֱלֹהִים אֲחֵרִים" (מלכים א' יא, ד). אולם קריאה קפדנית בפרקי שלמה מלמדת שהגורם המרכזי הוא אופן ארגונה של בניית המקדש. מפעל זה העמיס על העם נטל כביר והוביל לתוצאות הרות אסון: אחרי מות שלמה הממלכה התפלגה. עשרת השבטים הצפוניים, בהנהגת המורד ירבעם בן נבט, התנתקו משלטון רחבעם בן שלמה והקימו ממלכה משלהם. זו הייתה נקודת מפנה מכרעת בהיסטוריה המקראית. במקום ממלכה אחת חזקה קמו שתי ממלכות חלשות, שהפָּלתן בידי האימפריות השכנות הייתה מובטחת - ואכן התגשמה.

השאלה האמתית איננה מדוע מרד ירבעם. בפוליטיקה מתרחשים הרבה אירועים כאלה. השאלה האמתית היא מה גרם למרד שלו להצליח. במדינות משגשגות, מצליחות ושלֵוות אין מתחוללות הפיכות. ממלכת שלמה הייתה משגשגת, מצליחה ושלווה. איך אפוא יכול ירבעם ליזום הפיכה ולהצליח בה?

התשובה טמונה בהשפעתו של מיזם הבנייה העצום של המקדש על העם:

וַיַּעַל הַמֶּלֶךְ שְׁלֹמֹה מַס מִכָּל יִשְׂרָאֵל, וַיְהִי הַמַּס שְׁלֹשִׁים אֶלֶף אִישׁ. וַיִּשְׁלָחֵם לְבָנוֹנָה, עֲשֶׂרֶת אֲלָפִים בַּחֹדֶשׁ חֲלִיפוֹת: חֹדֶשׁ יִהְיוּ בַלְּבָנוֹן, שְׁנַיִם חֳדָשִׁים בְּבֵיתוֹ. וַאֲדֹנִירָם עַל הַמַּס. וַיְהִי לִשְׁלֹמֹה שִׁבְעִים אֶלֶף נֹשֵׂא סַבָּל וּשְׁמֹנִים אֶלֶף חֹצֵב בָּהָר, לְבַד מִשָּׂרֵי הַנִּצָּבִים לִשְׁלֹמֹה אֲשֶׁר עַל הַמְּלָאכָה: שְׁלֹשֶׁת אֲלָפִים וּשְׁלֹשׁ מֵאוֹת הָרֹדִים בָּעָם הָעֹשִׂים בַּמְּלָאכָה. (מלכים א' ה, כז-ל)

1. רש"י על אתר, על פי זבחים קיט ע"א. רמז עבה יותר למקדש ניתן בנאום זה של משה שני פסוקים לאחר מכן: "וְהָיָה הַמָּקוֹם אֲשֶׁר יִבְחַר ה' אֱלֹהֵיכֶם בּוֹ לְשַׁכֵּן שְׁמוֹ שָׁם, שָׁמָּה תָבִיאוּ אֵת כָּל אֲשֶׁר אָנֹכִי מְצַוֶּה אֶתְכֶם: עוֹלֹתֵיכֶם וְזִבְחֵיכֶם מַעְשְׂרֹתֵיכֶם וּתְרֻמַת יֶדְכֶם וְכֹל מִבְחַר נִדְרֵיכֶם אֲשֶׁר תִּדְּרוּ לַה'" (דברים יב, יא).

לאחר מות שלמה באה לידי ביטוי התמרמרות הציבור על העול הכבד. ירבעם הגולֶה במצרים נקרא לשוב ארצה: "וַיִּשְׁלְחוּ וַיִּקְרְאוּ לוֹ, וַיָּבֹא יָרָבְעָם וְכָל קְהַל יִשְׂרָאֵל וַיְדַבְּרוּ אֶל רְחַבְעָם לֵאמֹר: אָבִיךָ הִקְשָׁה אֶת עֻלֵּנוּ, וְאַתָּה עַתָּה הָקֵל מֵעֲבֹדַת אָבִיךָ הַקָּשָׁה וּמֵעֻלּוֹ הַכָּבֵד אֲשֶׁר נָתַן עָלֵינוּ וְנַעַבְדֶךָּ" (מלכים א׳ יב, ג-ד).

הזקנים, יועציו לשעבר של שלמה, הציעו לרחבעם להיענות לבקשת העם: "אִם הַיּוֹם תִּהְיֶה עֶבֶד לָעָם הַזֶּה וַעֲבַדְתָּם וַעֲנִיתָם וְדִבַּרְתָּ אֲלֵיהֶם דְּבָרִים טוֹבִים - וְהָיוּ לְךָ עֲבָדִים כָּל הַיָּמִים" (יב, ז). אלא שרחבעם העדיף לִשעות לעצת יועציו שלו, הצעירים הפזיזים בני גילו, ולהתעלם מעצת הזקנים. הוא הודיע לעם שהוא לא יקל מהנטל, ולא זו בלבד אלא שהוא אף יכביד עליו: "אָבִי הֶעְמִיס עֲלֵיכֶם עֹל כָּבֵד - וַאֲנִי אוֹסִיף עַל עֻלְּכֶם, אָבִי יִסַּר אֶתְכֶם בַּשּׁוֹטִים - וַאֲנִי אֲיַסֵּר אֶתְכֶם בָּעַקְרַבִּים" (יב, יא). ברגע זה נחתם גורלו.

משהו מוזר קורה בסיפור הזה. בכמה מקומות נשמעות בו מילים שהופיעו בתורה בשני הקשרים: שעבוד מצרים והדינים האוסרים להתעמר בעבדים. הביטוי "עבודה קשה" המופיע בפניית העם לרחבעם משמש בתחילת ספר שמות (א, יד) לתיאור שִׁעבוד בני ישראל. הכינוי "נֹשֵׂא סַבָּל", המתאר את עובדי הכפייה של שלמה בלבנון, מזכיר את המשפט "וַיִּגְדַּל מֹשֶׁה וַיֵּצֵא אֶל אֶחָיו וַיַּרְא בְּסִבְלֹתָם" (שמות ב, יא), ואת דברי ה׳ למשה "לָכֵן אֱמֹר לִבְנֵי יִשְׂרָאֵל אֲנִי ה׳ וְהוֹצֵאתִי אֶתְכֶם מִתַּחַת סִבְלֹת מִצְרַיִם" (שמות ו, ו).

המפקחים על עובדי הכפייה בלבנון מכונים "הָרֹדִים בָּעָם", וזה הפועל המשמש שלוש פעמים באיסורי ההתעמרות בעבדים בפרק כה בספר ויקרא: "לֹא תִרְדֶּה בוֹ בְּפָרֶךְ" (פסוק מג ופסוק מו), "לֹא יִרְדֶּנּוּ בְּפֶרֶךְ" (פסוק נג). שלמה בנה "ערי מִסכנות" (מלכים א׳ ט, יט), כלומר מתקני אחסון, ואותה מילה ממש משמשת בספר שמות (א, יא) לציון מה שבנו בני ישראל העבדים במצרים. וכמו פרעה, גם לשלמה היו "רֶכב" ו"פרשים" (שמות יד, ט ועוד; מלכים א׳ ט, יט).

ספר מלכים נמנע מלומר את הדברים במפורש. הוא אפילו מכחיש זאת פעם אחת: "וּמִבְּנֵי יִשְׂרָאֵל לֹא נָתַן שְׁלֹמֹה עָבֶד" (מלכים א׳ ט, כב). ובכל זאת, שוב ושוב רומז הספר כי מפעל הבנייה של בית המקדש הפך את ישראל למצרים שנייה. שלמה היה קרוב להיעשות פרעה ישראלי.

כמה מר הוא צחוקה של ההיסטוריה. שלמה היה החכם במלכי ישראל. האומה עמדה בפסגת קורותיה. עוצמתה ושגשוגה הגיעו לשיאם. לזמן מה, אפילו משלום נהנתה. המלך היה עסוק במשימה הקדושה מכולן, זו שהביאה את יציאת מצרים לידי השלמתה הגמורה. אך באותו זמן עצמו נבט זרע הכישלון שעתיד היה להצמיח

מאות שנים של טרגדיה. מדוע? מפני ששלמה הפך את עם ישראל, למעשה, ליחידה של עובדי כפייה: לאותה מהות שכדי לברוח ממנה, יצא עם ישראל ממצרים.

משהבנו זאת, אנו יכולים להביט לאחור ולהבין את חשיבות המצווה הראשונה בפרשיות המשכן, "דַּבֵּר אֶל בְּנֵי יִשְׂרָאֵל וְיִקְחוּ לִי תְּרוּמָה. **מֵאֵת כָּל אִישׁ אֲשֶׁר יִדְּבֶנּוּ לִבּוֹ** תִּקְחוּ אֶת תְּרוּמָתִי" (שמות כה, ב). כפי שנרמז פסוקים אחדים לאחר מכן, לא במשכן שורה השכינה, אלא בעם ישראל: "וְעָשׂוּ לִי מִקְדָּשׁ וְשָׁכַנְתִּי בְּתוֹכָם" (שם, ח) - בתוכם, לא בתוכו. ה' גר לא בַּבִּניין, אלא בַּבּוֹנים. לא במונומנטים של עץ או של אבן, אלא בנפשם ובלבם של בני אדם האוהבים אותו בכל מאודם.

המִקדש נועד לעמוֹד בלִבּה הגיאוגרפי והרוחני של אומה שה' הוציא מעבדות לחירות. בהתאם לכך, אמונת ישראל נועדה להיות ביטוי לחופש. המקדש היה צריך להיבנות בתרומות של נדבה ורצון טוב, כמו המִשכּן. אין זה פרט מנהלתי שולי, אלא לב לבו של המיזם כולו. אמונה שנכפית איננה אמונה. עבודת אלוהים כפויה איננה עבודת אלוהים. מקדש שנבנה בעבודות כפייה עומד בניגוד לעצם טיבו של אלוהי ישראל שהוא מוקדש לו. לרגע היסטורי אחד נהג שלמה כאילו הוא פרעה מצרי ולא מלך ישראל, וזָרע בעם תסכול וכעס שהתפוצצו לאחר מותו וקרעו את העם לשניים.

אין זה מקרי, אפוא, כי אם מהותי עד מאוד, שבית האלוהים הראשון - קטן, שברירי, ארעי, היפוכה של תפארת המקדש - נבנה בתרומות חופשיות של נדבת לב. כי אלוהים שוכן לא בבית עץ ואבן, אלא בנפשם ובתודעתם של בני אדם חופשיים. לא במפעלי בנייה כבירים נמצא אותו, אלא בלבבות של מבקשי פניו.

תרומה

הארכיטקטורה של הקדושה

מעתה ועד סוף ספר שמות תתאר התורה בפרטנות דקדקנית ובאריכות מרובה את בניית המשכן, בית עבודת ה' המשותף הראשון של עם ישראל. כל חלק במבנה, קרשים ויריעות ואדנים, וכל כלי וכלי המיועד להינתן בתוכו, זוכה להנחיות מפורטות לגבי צורתו, ממדיו ואופן עשייתו. הנה כמה פסוקים לדוגמה:

> וְאֶת הַמִּשְׁכָּן תַּעֲשֶׂה עֶשֶׂר יְרִיעֹת שֵׁשׁ מָשְׁזָר וּתְכֵלֶת וְאַרְגָּמָן וְתֹלַעַת שָׁנִי, כְּרֻבִים מַעֲשֵׂה חֹשֵׁב תַּעֲשֶׂה אֹתָם. אֹרֶךְ הַיְרִיעָה הָאַחַת שְׁמֹנֶה וְעֶשְׂרִים בָּאַמָּה וְרֹחַב אַרְבַּע בָּאַמָּה הַיְרִיעָה הָאֶחָת... וְעָשִׂיתָ יְרִיעֹת עִזִּים לְאֹהֶל עַל הַמִּשְׁכָּן, עַשְׁתֵּי עֶשְׂרֵה יְרִיעֹת תַּעֲשֶׂה אֹתָם. אֹרֶךְ הַיְרִיעָה הָאַחַת שְׁלֹשִׁים בָּאַמָּה וְרֹחַב אַרְבַּע בָּאַמָּה הַיְרִיעָה הָאֶחָת מִדָּה אַחַת לְעַשְׁתֵּי עֶשְׂרֵה יְרִיעֹת... וְעָשִׂיתָ אֶת הַקְּרָשִׁים לַמִּשְׁכָּן עֲצֵי שִׁטִּים עֹמְדִים, עֶשֶׂר אַמּוֹת אֹרֶךְ הַקָּרֶשׁ וְאַמָּה וַחֲצִי הָאַמָּה רֹחַב הַקֶּרֶשׁ הָאֶחָד... (שמות כו, א–טז)

וזו רק ההתחלה. מדוע בעצם אנו צריכים לדעת מה היה גודלו של המשכן? הרי הוא לא התקיים לנצח. הוא הוקם כמשכן עראי לשנות הנדודים, עד שייבנה מקדש קבע גדול ומפואר הרבה יותר. מדוע אפוא חשוב להנציח בתורה את ממדיו של מבנה נייד וצנוע זה?

אם לחדד עוד את השאלה: האם עצם הקביעה כי למשכן ה' יש מידות מוגדרות אינה עלולה להטעותנו? הרי האל טרנסצנדנטי ואין מרחב שיכיל אותו. כמאמר שלמה המלך בחנוכת המקדש: "כִּי הַאֻמְנָם יֵשֵׁב אֱלֹהִים עַל הָאָרֶץ? הִנֵּה הַשָּׁמַיִם וּשְׁמֵי הַשָּׁמַיִם לֹא יְכַלְכְּלוּךָ, אַף כִּי הַבַּיִת הַזֶּה אֲשֶׁר בָּנִיתִי" (מלכים א' ח, כז). וכמאמר הנביא ישעיהו מפי הגבורה: "הַשָּׁמַיִם כִּסְאִי וְהָאָרֶץ הֲדֹם רַגְלָי. אֵי זֶה בַיִת אֲשֶׁר תִּבְנוּ לִי וְאֵי זֶה מָקוֹם מְנוּחָתִי?" (סו, א).

אם כן, שום חלל פיזי, גדול ככל שיהיה, איננו מספיק; ובאותה מידה, שום חלל פיזי אינו קטן מדי. כמאמרם המופלא של חז"ל:

בשעה שאמר הקב"ה למשה "עשה לי משכן" התחיל מתמיה ואומר, "כבודו של הקב"ה מלא עליונים ותחתונים והוא אומר עשה לי משכן?"... אמר הקב"ה, "לא כשם שאתה סבור כך אני סבור. אלא עשרים קרש בצפון ועשרים בדרום ושמונה במערב, ולא עוד אלא שארד ואצמצם שכינתי בתוך אמה על אמה".[1]

מדוע חשוב אפוא שהמשכן יהיה בגודל זה או אחר? הרי בין שיהיה קטן אמה על אמה ובין שיהיה עצום כפירמידה, הוא משכן סמלי בלבד לשכינה השורה בכל מקום שבני אדם מסוגלים לפתוח את לבם לאלוהים. במפתיע, ובעקיפין, נתקלתי בתשובה לפני כמה שנים. נסעתי לאוניברסיטת קיימברידג' כדי להשתתף בשיחה פומבית על דת ומדע. בתום המושב ניגש אליי אדם מן הקהל, איש שקט וצנוע, ואמר לי, "כתבתי ספר שאולי יעניין אותך. אשלח לך אותו". לא ידעתי אז מי האיש.

כעבור שבוע הספר הגיע. כותרתו הייתה "רק שישה מספרים", וכותרת המשנה - "כוחות העומק המעצבים את היקום". בתדהמה גיליתי כי בן שיחי מלפני שבוע, מחבר הספר, הוא סר (וכיום הברון) מרטין ריס, האסטרונום המלכותי, לימים נשיא החברה המלכותית, הגוף המדעי הוותיק והמפורסם בעולם, וראש קולג' טריניטי בקיימברידג'. בשנת 2011 הוא זכה בפרס טמפלטון. דיברתי, התברר לי באיחור, עם המדען הדגול ביותר בבריטניה.

הספר היה שובה לב. הוא הסביר כי את היקום כולו מעצבים שישה קבועים מתמטיים שלו היה אחד מהם שונה מעט מכפי שהוא, ואפילו באחד חלקי מיליון, לא היה יקום - או לכל הפחות לא היו חיים. אילו היה קְבוע הגרביטציה, למשל, שונה שמץ שוני מערכו הידוע, היקום היה מתרחב או קורס באופן שלא היה מאפשר היווצרות כוכבים וכוכבי לכת. אילו הייתה היעילות הגרעינית נמוכה בקורטוב, היקום היה מורכב ממימן בלבד, והחיים לא היו מופיעים בו; ואילו הייתה היא גבוהה ולו במעט, ההתפתחויות האסטרונומיות של היווצרות כוכבים ודעיכתם היו מהירות מכדי שחיים יספיקו להתפתח. ההסתברות לכך שכל הקבועים יקבלו דווקא את הערכים הנוחים שקיבלו היא כמעט אפסית.

מפרשי התורה, ובייחוד נחמה ליבוביץ ז"ל, הפנו את תשומת לבנו אל הדמיון בין המונחים המשמשים את התורה בתיאור בניית המשכן לבין אלה שהיא נוקטת בבריאת העולם. המשכן היה, לאור זאת, מיקרו־קוסמוס, תזכורת סמלית לעולם שאלוהים ברא. השראת השכינה במשכן, אין פירושה שאלוהים נמצא בו בלבד ולא

1. שמות רבה לד, א.

במקומות אחרים. המשכן היה מבנה מעשה ידי אדם המשקף את העולם מעשה ידי אלוהים ומושך אליו את תשומת הלב. המשכן הוא במרחב מה שהשבת היא בזמן: מזכרת לבריאה.

המשכן מושתת על גדלים מתמטיים מוגדרים - והנה, מתברר לנו היום, גם העולם. המדענים רק מתחילים לגלות את הדייקנות הזו, ועוד גילויים רבים נכונים לדורנו ולדורות שאחרינו. אנחנו עומדים על סף זינוק של סדרי גודל שלמים בהבנת עומק המילים "מָה רַבּוּ מַעֲשֶׂיךָ ה', כֻּלָּם בְּחָכְמָה עָשִׂיתָ" (תהלים קד, כד). המילה "חוכמה" כאן - כמו בהופעותיה הרבות בפרשיות המשכן - עניינה מלאכת מחשבת דייקנית (ראו ב**מורה הנבוכים**, ג, נד).

במקום אחד נוסף בתורה מפורטות מידות מדויקות של אורך, רוחב וגובה: בעניין תיבת נוח. אלוהים מצווה את נוח: "עֲשֵׂה לְךָ תֵּבַת עֲצֵי גֹפֶר. קִנִּים תַּעֲשֶׂה אֶת הַתֵּבָה, וְכָפַרְתָּ אֹתָהּ מִבַּיִת וּמִחוּץ בַּכֹּפֶר. וְזֶה אֲשֶׁר תַּעֲשֶׂה אֹתָהּ: שְׁלֹשׁ מֵאוֹת אַמָּה אֹרֶךְ הַתֵּבָה, חֲמִשִּׁים אַמָּה רָחְבָּהּ וּשְׁלֹשִׁים אַמָּה קוֹמָתָהּ. צֹהַר תַּעֲשֶׂה לַתֵּבָה, וְאֶל אַמָּה תְּכַלֶּנָּה מִלְמַעְלָה" (בראשית ו, יד-טז). הטעם דומה לטעם הפירוט הדייקני במשכן. תיבת נוח סימלה את העולם מעשה ידי אלוהים, את הסדר האלוהי שבני האדם השחיתו. אלוהים עומד להרוס את העולם הזה, ולהשאיר רק את נוח, את התיבה ואת מה שבתוכה - שריד וסמל לסדר שהיה, שעל מכונו יבנה אלוהים סדר חדש.

הדיוק חשוב. הסדר חשוב. שיבושן של אותיות בודדות בלבד מתוך 3.1 מיליארדי האותיות שבגנום האנושי עלול לגרום לכשלים תורשתיים מרחיקי לכת. "אפקט הפרפר" המפורסם, שעל פיו רפרוף כנפי פרפר בפינה אחת בעולם עשוי לגרום לצונאמי באזור מרוחק אלפי מילין, מלמד אותנו כי למעשים קטנים יכולות להיות תוצאות כבירות. את המסר הזה נועד המשכן להעביר.

אלוהים יצר סדר בעולם הטבע. עלינו מוטל ליצור סדר בעולם האנושי. לשם כך נדרש מאיתנו לדקדק במה שאנחנו אומרים ובמה שאנחנו עושים, ולהימנע מעשייתם של מעשים כאלו ואחרים. לחיי המוסר והרוח יש כוריאוגרפיה מדויקת, כפי שלמשכן יש ארכיטקטורה מדויקת. להיות אדם טוב, קל וחומר אדם קדוש, אין פירושו לעשות את מה שמשיאה אותנו הרוח. עלינו להכפיף את עצמנו לרצון העליון שברא את העולם. חוק, מבנה, דיוק: מן הדברים האלה היקום עשוי, ובלעדיהם הוא יחדל מהיות. כדי לאותת לנו שהדבר נכון גם באשר להתנהגות האנושית, טרחה התורה ופירטה את מידותיהם המדויקות של המשכן ושל תיבת נוח.

תרומה

איך יוצרים שכנות עם השכינה?

המשכן היה בית עבודת ה' הראשון של עם ישראל, הבית הראשון שהם בנו לאלוהים. הרעיון לבנות בית לה' עשוי להישמע נשגב - אך עשוי גם להישמע פרדוקסלי, אם לא גרוע מכך. איך אפשר לבנות בית לאלוהים? הרי מלוא כל הארץ כבודו, וכל העולם מקומו; איך יכיל אותו בית?

שלמה המלך תהה על כך כאשר חנך בית אלוהים אחר, גדול בהרבה, בית המקדש הראשון: "כִּי הַאֻמְנָם יֵשֵׁב אֱלֹהִים עַל הָאָרֶץ? הִנֵּה הַשָּׁמַיִם וּשְׁמֵי הַשָּׁמַיִם לֹא יְכַלְכְּלוּךָ - אַף כִּי הַבַּיִת הַזֶּה אֲשֶׁר בָּנִיתִי!" (מלכים א' ח, כז). התהייה מהדהדת בנבואת ישעיהו: "כֹּה אָמַר ה': הַשָּׁמַיִם כִּסְאִי, וְהָאָרֶץ הֲדֹם רַגְלָי. אֵי זֶה בַיִת אֲשֶׁר תִּבְנוּ לִי? וְאֵי זֶה מָקוֹם מְנוּחָתִי?" (ישעיהו סו, א). בניית בית לה' נראית בלתי אפשרית - וגם בלתי נחוצה. ה' אלוהי הכול נמצא בַּכּול, במעמקי תהומות ובשיאי ההרים, במשכנות העוני ובארמונות השיש.

התשובה נוגעת אל השיתין של אמונתנו. ה' אינו שוכן בתוך בניינים - אלא בתוך הבונים. לא במבני אבן אלא בלבבות אדם. חז"ל מצביעים בהקשר זה על פסוק מפתח בפרשתנו: "וְעָשׂוּ לִי מִקְדָּשׁ וְשָׁכַנְתִּי בְּתוֹכָם" (שמות כה, ח). בתוכם, לא בתוכו.

מדוע אם כן ציווה ה' על העם לבנות לו מקדש? התשובה שבפי רוב הפרשנים, הנרמזת בכתובים עצמם, היא שמצווה זו ניתנה אחרי חטא העגל. העם עשה את העגל כאשר מלאו ארבעים יום לשהותו של משה על הר סיני, לקבל את התורה. כל עוד משה היה בקרב העם, העם ידע שהוא מדבר עם ה' וה' מדבר איתו, ומכאן שה' נגיש וקרוב. אבל כשמשה נעדר, וכשהיעדרות זו התקרבה לסוף השבוע השישי שלה, בני ישראל נתקפו בהלה. מי חוץ ממשה יוכל לגשר על התהום המהותית שבין אלוהים לאדם? מפי מי ישמעו בני ישראל מעתה את הוראותיו ומצוותיו של ה'? דרך איזה תָּוֶךְ יתקיים המגע בינם לבין השכינה?

לכן אמר ה' למשה, "וְעָשׂוּ לִי מִקְדָּשׁ וְשָׁכַנְתִּי בְּתוֹכָם". מילת המפתח כאן היא "ושכנתי" - כלומר השימוש בפועל "לשכון". עד כה לא השתמשו בו בקשר

לאלוהים. כאן נעשה החיבור הראשון בין פועל זה לבין הקב"ה, והפועל הזה עתיד למלא תפקידי מפתח ביהדות: ממנו ייגזרו ה"משכן", כלומר מקדש ה', וה"שכינה", הנוכחות האלוהית.

"לשכון" איננו סתם פועל נרדף ל"לגור". גלומה בו גם השְׁכֵנוּת: הסמיכות, הקִרבה. הדבר שבני ישראל היו צריכים לו, ושהקב"ה נתן להם עכשיו, הוא דרך להרגיש קרובים לה', שְׁכֵנים שלו. משְׁכֵנוּת כזו נהנו האבות והאימהות. ה' דיבר אל אברהם, יצחק ויעקב, שרה, רבקה, רחל ולאה כדבר איש אל רעהו. הוא בישר לאברהם ולשרה שיהיה להם ילד. הוא הסביר לרבקה מדוע הריונה מכאיב כל כך. הוא התגלה ליעקב ברגעים גורליים בחייו, כשהיה נתון לסכנות, ואמר לו שלא יפחד.

גם בני ישראל חוו לא מזמן את ה' מקרוב. הם ראו איך הוא נוגף את מצרים בעשר מכות. הם ראו איך הוא בוקע להם את הים. הם ראו את המן המופלא שהוא הוריד להם מהשמים, ואת הסלע שיוצאים ממנו מים. הם שמעו את קולו המצווה בהר סיני, ויָּראו עד מאוד. בחרדתם אמרו למשה, "דַּבֵּר אַתָּה עִמָּנוּ וְנִשְׁמָעָה וְאַל יְדַבֵּר עִמָּנוּ אֱלֹהִים פֶּן נָמוּת" (שמות כ, טו). ה' נראה להם כנוכחות עולה על גדותיה, ככוח אדיר ונורא, כאור בהיר המסמא את העיניים, כקול מחריש אוזניים ומהפך קרביים.

שכינה בקרב בני אדם אינה דבר מובן מאליו לגבי אלוהים. להיות נגיש לבני תמותה - ולא רק לחלוצי האמונה, האבות והאימהות, אלא לאומה שלמה ולכל אחד ואחת מבניה ובנותיה - זה היה אתגר, כביכול, לאלוהים עצמו. לשם כך היה עליו, בלשון המקובלים, לצמצם את עצמו. למסך את אורו, לרכך את כולו, להסתיר את כבודו בעבי ערפל, לתת לאינסופי ללבוש את מדיו וממדיו של הסופי.

אבל זה החלק הקל. החלק הקשה נוגע לא לקב"ה אלא לנו. איך מגיעים לידי תחושה של שכנות לשכינה? איך משַׁווים את ה' לנגדנו תמיד? כשעומדים לרגלי האוורסט או מטיילים בגרנד קניון זה לא קשה. לא צריך להיות דתי גדול, או אפילו דתי קטן, כדי להרגיש שם את יראת הנשגב. הפסיכולוג אברהם מאסלו דיבר על "חוויות שיא", וראה בהן את לב מפגשו של האדם עם הרוחני. אבל איך מרגישים בשכינת האל בלב חיי היום־יום? לא מעל פסגת הר סיני, אלא במישור שתחתיו? לא ברעמים ובברקים, כמו בהתגלות הגדולה ההיא, אלא ביום שהוא ככל הימים?

זהו הסוד מְשַׁנֵּה החיים הטמון בשמה של פרשתנו. ה' אומר למשה: "דַּבֵּר אֶל בְּנֵי יִשְׂרָאֵל וְיִקְחוּ לִי תְּרוּמָה מֵאֵת כָּל אִישׁ אֲשֶׁר יִדְּבֶנּוּ לִבּוֹ" (שמות כה, ב). הדרך הטובה ביותר לפגוש את אלוהים היא לתת. עצם מעשה הנתינה כרוך בהבנה שמה שאנחנו נותנים הוא חלק ממה שניתַּן לנו. הנתינה היא סוג של הודיה, היא מעשה של הכרת טובה. כאן גם טמון ההבדל התודעתי בין ההכרה בנוכחות אלוהים לבין היעדרה.

אם אלוהים נוכח, פירוש הדבר שכל מה שיש לנו שייך לו. הוא ברא את העולם. הוא ברא אותנו. הוא נתן לנו חיים. הוא נפח בנו רוח והוא מנשים אותנו אוויר. כל מה שסביבנו הוא ההוד, השפע והנדיבות שלו: אור השמש, זְהֹב האבן, יְרֹק העלים, שירת הציפורים. כך אנחנו מרגישים מדי בוקר למקרא המנוני הבריאה הגדולים, פרקי תהלים שבפסוקי דזמרה. העולם הוא גלריית האמנות של הבורא; יצירות המופת של הקב"ה תלויות בו בכל פינה. כשאנחנו יודעים שהחיים ניתנו לנו, אנחנו מכירים בכך באמצעות נתינה חוזרת.

אבל אם החיים לא ניתנו, כי אין נותן, אם העולם נוצר רק בגלל תנודות אקראיות בשדה הקוונטי, אם אין בִּיקום תודעה שיודעת שאנחנו קיימים, אם גוף האדם הוא רק מחרוזות אותיות בצופן הגנטי ונפש האדם אינה אלא אותות חשמליים במוח, אם אמונות המוסר שלנו הן רק אמצעים אנוכיים לשימור עצמי ושאיפותינו הרוחניות הן אשליה - כי אז אכן קשה להרגיש הכרת טובה על מתנת החיים. כשאין נותן אין מתנה. יש רק סדרה של מקרים חסרי פשר; ועל מקרים קשה להכיר תודה.

התורה מלמדת אותנו דבר פשוט ומעשי. תנו - ותרגישו שחייכם הם מתנה. **לא צריך לדעת להוכיח שאלוהים קיים. די בכך שנכיר תודה על שאנחנו קיימים - והשאר כבר יבוא מעצמו.**

וכך התקרב אלוהים אל בני ישראל באמצעות בניין המשכן. זה קרה לא בזכות איכות עצי השיטה, ולא בשל טיב האדנים וחוזק החיבורים. לא ברק האבנים הטובות שבחושן, לא יפִי היריעות ולא ניחוח הקטורת. זה קרה משום שהמשכן נבנה מנתינה, מתרומה "מאת כל איש אשר ידבנו לבו". **במקום שאנשים נותנים מתוך נדיבות לב לזולתם ולאלוהיהם - שם שורה השכינה.**

"תרומה" איננה רק מונח המציין מתן וולונטרי. פירושה המילולי של "תרומה" הוא "דבר שמרימים". התרומה היא דבר המוגבה על ידי הקדשתו למטרה נעלה. **אתם מרימים אותו - והוא מרומֵם אֶתכם.** הדרך הטובה ביותר להעפיל בסולם הרוחניות היא לתת מתוך הכרת טובה על כך שנתנו לנו. כי ה' אינו שוכן בבית אבן; הוא שוכן בלבבותיהם של הנותנים.

תצווה

כוהנים ונביאים

בכל הפרשיות בחומשי שמות, ויקרא ובמדבר - מהופעתו הראשונה של משה בפרשת שמות, ועד המעבר לספר דברים שכל כולו נאום משה - נזכר שמו של אדון הנביאים. רק בפרשה אחת לא. זוהי פרשת תצווה, פרשת השבוע. האיש שבמרכז הבמה עובר לפרשה אחת אל מאחורי הקלעים. הפרשנים עמדו על כך, והציעו כמה פירושים.

לפי הגאון מווילנה, ברוב השנים פרשת תצווה נקראת בשבוע שחל בו ז׳ באדר, יום פטירתו של משה. בשבוע זה אנו מציינים את אבדנו של גדול המנהיגים בהיסטוריה היהודית - והיעדרו מפרשת השבוע מבטא את תחושת האבדן.[1]

בעל הטורים (רבי יעקב בן אשר, 1270–1340) מייחס את היעדרו של משה לבקשתו מהקב״ה בפרשה הבאה שימחל לישראל על חטא העגל. ״וְעַתָּה אִם תִּשָּׂא חַטָּאתָם״, הפציר משה, ״וְאִם אַיִן - מְחֵנִי נָא מִסִּפְרְךָ אֲשֶׁר כָּתָבְתָּ״ (שמות לב, לב). בתלמוד מופיע כלל: ״קִלְלַת חכם, אפילו על תנאי - היא באה״,[2] כלומר, גם אם התנאי האמור בה לא התמלא. משום כך, לשבוע אחד שמו ׳נמחה׳ מהתורה.[3]

רבי יצחק בן יהודה הלוי, בעל **פענח רזא**,[4] קושר את התופעה לכלל תלמודי אחר: ״כל חרון אף שבתורה נאמר בו רושם״,[5] כלומר הותיר את חותמו. כשמשה ניסה בפעם האחרונה להשתמט מהשליחות שה׳ הטיל עליו להוציא את בני ישראל ממצרים, ואמר ״בִּי אֲדֹנָי, שְׁלַח נָא בְּיַד תִּשְׁלָח״, הוא עורר את חרון אפו של הקב״ה (״וַיִּחַר אַף ה׳ בְּמֹשֶׁה״, שמות ד, יג–יד). ה׳ אמר לו שאהרון אחיו יתלווה אליו בלכתם

1. דב אליאך (עורך), **פנינים משלחן הגר״א על התורה**, ירושלים: מכון מורשת הישיבות, תשל״ז, עמ׳ קכט.
2. מכות יא ע״א.
3. פירוש בעל הטורים לשמות כז, כ.
4. חלק ניכר מהמופיע בספר זה מבוסס על דבריו של רבי יצחק בן שמשון כץ, חתנו של המהר״ל מפראג (1525–1609).
5. זבחים קב ע״א.

לפרעה. בעוון זה נלקחה ממשה הזכות להיות הכוהן הראשון, והתפקיד הועבר לאהרון. משום כך נפקד שמו של משה מפרשת תצווה, המוקדשת לתפקידם של הכוהנים.

כל שלושת ההסברים הללו מתמקדים בהיעדר. אבל ההסבר הפשוט ביותר הוא אולי שפרשת תצווה מוקדשת לנוכחות, נוכחות שהייתה לה השפעה מכרעת על היהדות ועל ההיסטוריה היהודית.

היהדות מתייחדת מן הדתות בכך שהיא מכירה לא בצורה אחת של מנהיגות דתית, אלא בשתיים: הנביא והכוהן. דמות הנביא הציתה את הדמיון מאז ומתמיד. הנביא, או הנביאה, הוא איש הדרמה, האיש המטיח את האמת בפני בעלי הכוח ואינו ירא לקרוא תיגר על מלכים וחצרותיהם ואף על החברה כולה, בשמם של אידיאלים נעלים ואפילו אוטופיים. שום טיפוס אחר של אישיות דתית לא הותיר חותם כמו נביאי ישראל, ובהם משה - הנביא הגדול מכולם. הכוהנים, לעומת זאת, היו בדרך כלל דמויות שקטות יותר, א־פוליטיות, אנשים העושים את עבודתם במקדש ולא תחת אור הזרקורים של הוויכוח הפוליטי. ובכל זאת, הם שמרו על עם ישראל כ'גוי קדוש' לא פחות מהנביאים. שימו לב, למשל, שעם ישראל נקרא להיות "מַמְלֶכֶת כֹּהֲנִים" (שמות יט, ו), אך מעולם לא דרבנו אותו להיות ממלכה של נביאים (אמנם משה אמר "וּמִי יִתֵּן כָּל עַם ה' נְבִיאִים" [במדבר יא, כט], אבל זו הייתה משאלה, לא מציאות).

נמנה אפוא כמה מההבדלים בין הנביא לכוהן.

הכהונה עוברת בירושה, מאב לבן. הנבואה לא. אפילו בניו של משה רבנו לא המשיכו אותו. ממשיכו היה תלמידו, יהושע.

משימתו של הכוהן קשורה למִשְׂרָתו. היא איננה אישית ואינה דורשת כריזמה. הנביאים, לעומת זאת, ביטאו איש איש את אישיותו הייחודית. "אין שני נביאים מתנבאים בסגנון אחד".[6]

הכוהנים לובשים מדים מיוחדים. הנביאים לא.

יש דינים שמטרתם לשמור על כבודו של הכוהן. אין דינים כאלה הנוגעים לנביא. את הנביא מכבדים בציות לו, לא בציות לכללי פרוטוקול.

הכוהנים נבדלים מהעם. הם משרתים במקדש. אסור להם להיטמא. לא לכל אישה מותר להם להינשא. הנביאים, לעומת זאת, יושבים בדרך כלל בתוך עמם. היו בהם רועים, כגון משה ועמוס, והיו חקלאים, כגון אלישע. עד שמגיע אליהם דבר ה' או החזון, אין שום דבר יוצא דופן בעבודתם ובמעמדם החברתי.

6. סנהדרין פט ע"א.

הכוהנים מקריבים את קרבנותיהם בשתיקה. הנביאים עובדים את ה׳ באמצעות המילים שבפיהם.

תפיסת הזמן של הכוהנים שונה מזו של הנביאים. הכוהן מתפקד בזמן מעגלי. כל יום חוזר על קודמו, כל שבוע, כל חודש, כל שנה. הנביא חי בזמן הברית, המכונה לעתים, שלא במדויק, זמן ליניארי. בחוויית זמן זו, שום יום אינו דומה ליום שלפניו או ליום שאחריו. עבודת הכוהנים לעולם אינה משתנה; עבודת הנביא נמצאת בשינוי מַתמיד. אפשר גם לנסח זאת כך: עבודתו של הכוהן מקדשת את הטבע, בעוד עבודת הנביא נענית להיסטוריה. הכוהן מייצג, אם כן, את המערכת הקבועה של החיים היהודיים, ואילו הנביא - את הספונטניות.

מילות המפתח באוצר המילים של הכוהן הן ״קודש״ ו״חול״, ״טהור״ ו״טמא״. ואילו בצקלונו של הנביא בולטות המילים ״צדק״ ו״משפט״, ״חסד״ ו״רחמים״.

הפעולות המרכזיות של הכהונה הן ״להורות״[7] ו״להבדיל״.[8] הפעולה המרכזית של הנביא היא להודיע את ״דְּבַר ה׳״.[9] ההבחנה בין התודעה הכוהנית לתודעה הנבואית, בין תורת כוהנים לתורת נביאים, היא הבחנה בסיסית ביהדות. היא משתקפת בהבדלים שבין הלכה לאגדה, בין יצירה לגאולה. הכוהן אומר את דבר ה׳ לכל הזמנים; הנביא - את דבר ה׳ לזמנו.

מדרש אגדה מופלא זורה אור על רעיון זה. הוא מספר על הניסיון לאתר ״פסוק כולל״ שהתורה עומדת עליו, ברוח אמרתו הנודעת של הלל: ״מאי דסני לך לחברך לא תעביד, ואידך פירושא הוא, זיל גמור״ (מה ששנוא עליך לא תעשה לחברך, וכל השאר פירוש הוא, צא ולמד).[10] המדרש שלפנינו, שמקורו אבד אך הוא מצוטט בפירוש ״הכותב״ ל**עין יעקב**, מציע ״פסוק כולל״ בלתי צפוי לחלוטין:

> בן זומא אומר, מצינו פסוק כולל והוא ״שְׁמַע יִשְׂרָאֵל״ וגו׳ (דברים ו, ד). בן ננס אומר, מצינו פסוק כולל יותר, והוא ״וְאָהַבְתָּ לְרֵעֲךָ כָּמוֹךָ״ (ויקרא יט, יח). שמעון בן פזי אומר, מצינו פסוק כולל יותר והוא ״אֶת הַכֶּבֶשׂ אֶחָד תַּעֲשֶׂה בַבֹּקֶר״ וגו׳ (במדבר כח, ד). עמד ר׳ פלוני על רגליו ואמר: הלכה כבן פזי.

שתי ההצעות הראשונות היו צפויות. הפסוק ״שְׁמַע יִשְׂרָאֵל, ה׳ אֱלֹהֵינוּ, ה׳ אֶחָד״ מגלם

7. ראו למשל ויקרא יד, נז; דברים כד, ח; לג, י; יחזקאל מד, כג.
8. ויקרא יא, מז; יחזקאל מב, כ.
9. ישעיהו א, י; ירמיהו א, ב; יחזקאל א, ג; וכו׳.
10. שבת לא ע״א.

את תמצית האמונה היהודית. "וְאָהַבְתָּ לְרֵעֲךָ כָּמוֹךָ" הוא תמצית המוסר היהודי. לעומת זאת, "אֶת הַכֶּבֶשׂ אֶחָד תַּעֲשֶׂה בַבֹּקֶר וְאֵת הַכֶּבֶשׂ הַשֵּׁנִי תַּעֲשֶׂה בֵּין הָעַרְבָּיִם" - הפסוק המונה את קרבנות התמיד - איננו פסוק שרבים מאיתנו היו מסמנים כתמצית היהדות כולה. בן פזי מבקש להשמיענו עיקרון יסודי: שבלי עבודת ה' היום־יומית, לא יהיו לא אמונה יהודית ולא מוסר יהודי. זה היסוד שהכול בנוי עליו: עבודת הכוהנים היום־יומית, האפורה אך המהותית כל כך; עבודת הקרבנות במשכן ובמקדש, כשעמדו על תלם.

היהדות בליבתה היא דת כוהנית. מעיד על כך המבנה הכיאסטי של חמשת חומשי תורה:

בראשית: הפְּרֶהיסטוריה של ישראל

.....שמות: המסע לסיני

.......ויקרא: כהונה, קרבנות וקדושה

.....במדבר: המסע מסיני

דברים: עתיד ישראל

במבנה כיאסטי המפתח נמצא באמצע. הספר האמצעי בחמשת חומשי תורה, ספר ויקרא, עוסק בכוהנים ובשירותם במשכן. כך גם מה שסמוך לאמצע, משני צדדיו: השליש האחרון של ספר שמות (פרקים כה–מ) והשליש הראשון של ספר במדבר (א–י). אנחנו נוטים לשכוח זאת, מפני שהדרמה העלילתית נמצאת לא שם, אלא בעיקר בספרים ההיקפיים, ומפני שזה כאלפיים שנה אין לנו מקדש וקרבנות.

היהדות היא דת של פולחן, של מעשים יום־יומיים חוזרים ונשנים. היא דת של קדושה, שהמוקד שלה הוא בית עבודת ה' - המוסד שירש את המשכן. זו דת של חינוך והכוהנים היו המחנכים הראשונים.[11] כל ההישגים הגדולים של מלכי ישראל והלהט המוסרי של נביאי ישראל לא היו מתאפשרים בלי ההתמדה והמסירות של הכוהנים.

בלי הנביא, היהדות לא הייתה דת של היסטוריה ושל ייעוד. אבל בלי הכוהן, בני ישראל לא היו נעשים עם הנצח. ביטוי יפהפה ועתיר סמליות לכך מופיע בפסוקי הפתיחה של פרשת תצווה: "וְאַתָּה תְּצַוֶּה אֶת בְּנֵי יִשְׂרָאֵל וְיִקְחוּ אֵלֶיךָ שֶׁמֶן זַיִת זָךְ כָּתִית לַמָּאוֹר **לְהַעֲלֹת נֵר תָּמִיד**. בְּאֹהֶל מוֹעֵד, מִחוּץ לַפָּרֹכֶת אֲשֶׁר עַל הָעֵדֻת, יַעֲרֹךְ אֹתוֹ אַהֲרֹן וּבָנָיו מֵעֶרֶב עַד בֹּקֶר לִפְנֵי ה'. **חֻקַּת עוֹלָם לְדֹרֹתָם** מֵאֵת בְּנֵי יִשְׂרָאֵל" (שמות כז, כ–כא).

11. ראו דברים ל, י; מלאכי ב, ד–ז.

משה הנביא חולש על ארבעה מתוך חמשת חומשי התורה הנושאת את שמו. אבל לפרשה אחת, פרשת תצווה, הוא מפנה את הבמה לאחיו, הכוהן הראשון, אהרון. משה הדליק את האש בלבבות עם ישראל, ואהרון ערך את נרות המנורה והפכם ל"נר תמיד".

תצווה

ערכה המוסרי של עבודת המקדש

בפרשת תצווה נכנסת לראשונה ליהדות תורת הכוהנים: עולמו ותודעתו של הכוהן. עד מהרה נעשה יסוד זה לממד מרכזי ביהדות. הוא המאפיין את החומש הבא, ויקרא. אך עד לפרשתנו, נוכחותה של הכהונה הייתה שולית.

אנו פוגשים עתה לראשונה את הרעיון של אליטה משפחתית בתוך עם ישראל, אהרון וצאצאיו הזכרים, אליטה שמשימתה לעבוד במשכן. לראשונה מדברת התורה על בגדי שרד, הבגדים שהכוהנים והכוהן הגדול לבשו בשמשם בקודש. לראשונה אנו נתקלים גם בביטוי "לְכָבוֹד וּלְתִפְאָרֶת", הנאמר על בגדי הכוהנים. עד כה, כבוד במובן של הדר ותפארת יוחס בתורה רק לקב"ה. המילה "תפארת" מופיעה כאן לראשונה בתורה. היא חונכת ממד שלם ביהדות, הממד האסתטי.

כל התופעות הללו קשורות למשכן, נושאה של פרשת השבוע שעבר. הן צומחות מהמיזם של בניית "בית" לאל האינסופי במרחב הסוֹפי. זהו כמובן ממד פרדוקסלי לכאורה, ויש מה לדבר על כך, אבל הפעם אשאל שאלה אחרת. האם לתורת הכוהנים, לעבודת המקדש ולאסתטיקה שסביבן יש קשר למוסר? לאורח החיים שמצופה מבני ישראל לחיות, וליחסים שבין אדם לחברו? ואם כן, מהו? ולמה תורת הכוהנים מופיעה דווקא בנקודה זו בסיפורם של בני ישראל?

רבים מחלקים את החיים הדתיים בישראל המקראית לשני ממדים. הכהונה והמשכן (או המקדש) הם ממד לעצמו, והנביאים והעם - ממד לעצמו. הכוהנים התמקדו במה שבין אדם למקום, והנביאים במה שבין אדם לחברו. הכוהנים ניהלו את הפולחן, והנביאים דיברו על אתיקה. קבוצה אחת דאגה לקדושה, קבוצה אחרת למידות הטובות. כדי להיות טוב, אין צורך להיות קדוש. אמנם כדי להיות קדוש צריך להיות טוב, אבל זו רק דרישת סף, והטוב אינו זהה לקדושה. בת פרעה שהצילה את משה התינוק הייתה טובה אך לא קדושה. אלה הם שני מושגים נבדלים.

אני מבקש לערער על התפיסה הזו, ולומר שלכוהנים ולמשכן הייתה חשיבות מוסרית, לא רק רוחנית. אם נעמוד על חשיבות זו נבין טוב יותר לא רק תופעה היסטורית, אלא גם עניין מוסרי הנוגע לחיינו כיום. לשם כך ניעזר בתובנות ובניסויים אחדים בתחום הפסיכולוגיה המוסרית.

נקודת הזינוק שלנו היא הפסיכולוג האמריקני ג׳ונתן היידט וספרו *The Righteous Mind* ("נפש הצדיק", אם תרצו תרגום קצת מייהד, או "תודעתו של האדם ישר הדרך"[1]). לטענתו, בחברות החילוניות בנות זמננו חלה הֲצָרה ניכרת של טווח הרגישויות המוסריות. הוא מתאר חברות אלו כמערביות, משכילות, מתועשות, עשירות ודמוקרטיות. באנגלית, בראשי תיבות, זה יוצא WEIRD: מוזר. חברות אלו נוטות לתפוס תרבויות מסורתיות יותר כנוקשות, דכאניות וצרות אופקים. ואילו בני התרבויות המסורתיות, מצדם, נוטים לראות את בני המערב כמוזרים משום שנטשו חלק גדול מן העושר של החיים המוסריים.

דוגמה שלא מתחומי המוסר: לפני מאה שנים, ברוב המשפחות הבריטיות והאמריקניות הנוצריות, ארוחת הערב הייתה אירוע משפחתי רשמי. בני המשפחה סעדו ביחד, ואיש לא אכל לפני שכולם ישבו אל השולחן. הארוחה נפתחה בברכת הודיה לאלוהים על המזון. היו סדרים קבועים של הגשה או הגשה עצמית. גם נושאי השיחה תאמו מוסכמות. יש דברים שאפשר לדבר עליהם, ויש דברים שאינם הולמים.

מאז השתנו פני הדברים לגמרי. כיום, בבתים רבים בבריטניה אין בכלל שולחן אוכל. סקר מן הזמן האחרון הראה שמחצית הארוחות בבריטניה נאכלות ביחידות. בני המשפחה באים בזמנים שונים, מוציאים מזון מהמקפיא, מחממים במיקרוגל, ואוכלים מול מסך הטלוויזיה או המחשב. זו אינה סעודה; זה ליחוך סדרתי.

בייחוד סקרנה את היידט העובדה שהסטודנטים שלו צמצמו את המוסריות לשני עקרונות: לא לגרום נזק, ולהיות הוגן. אשר לנזק, הם כיוונו לדעתו של הפילוסוף ג׳ון סטיוארט מיל, שאמר כי "התכלית היחידה אשר לשמה מותר בדין להשתמש בכוח כפייה כלפי איש הנמנה עם חברה תרבותית היא מניעת נזק לאחרים".[2] מיל ניסח את הדברים כעיקרון פוליטי, אך לימים התגלגלה מהם תפיסת מוסר הגורסת שאדם רשאי מבחינה מוסרית לעשות כל מה שאינו פוגע באחרים.

1. Jonathan Haidt, *The Righteous Mind: Why Good People Are Divided by Politics and Religion*, New York: Pantheon Books, 2012.
2. ג׳ון סטיוארט מיל, **על החירות**, עברית: אהרן אמיר, ירושלים: הוצאת שלם, תשס"ז, עמ׳ 12–13.

העיקרון השני הוא הוגנות. לא כולנו תמימי דעים בשאלה מה הוגן ומה לא, אך כולנו מכירים בחוקים בסיסיים של צדק: מה שמותר לאֲחֵרים צריך להיות מותר גם לאחֵרים; נהג כפי שאתה רוצה שינהגו בך; אל תכופף את החוקים לטובתך; וכן הלאה. ילדים רכים כבר יודעים לומר משפט מוסרי ברוח זו: "זה לא פייר!" הפילוסוף ג'ון רולס ניסח את הצהרת ההוגנות המודרנית הידועה ביותר: "לכל אדם תהיה זכות שווה לחירות הנרחבת ביותר העולה בקנה אחד עם חירות דומה לאחרים".[3]

כך חושבים אנשים "מוזרים", אנשי המערב. אם דבר הוגן ואינו פוגע בזולת, הוא מותר מבחינה מוסרית. ואולם - וכאן תורף דבריו של היידט - על פי הבנתן של התרבותיות הלא "מוזרות", יש עוד לפחות שלושה ממדים אחרים של החיים המוסריים.

האחד הוא **הנאמנות**, שהיפוכה הוא הבגידה. נאמנות פירושה שאני מוכן לוותר ולהקריב למען משפחתי, קבוצתי, בני אמונתי ובני מדינתי, הקבוצות המכוננות את זהותי. אני פועל על פי האינטרסים שלהן, ולא רק שלי.

השני הוא **הכבוד לסמכות** והיפוכו הוא החתרנות. בלי כבוד כלפי סמכות, שום מוסד חברתי איננו אפשרי, ואולי גם שום תרבות. הגמרא ממחישה זאת בסיפור ידוע על נוכרי שבא להלל הזקן ואמר לו, "גיירני על מנת שתלמדני תורה שבכתב" ולא תורה שבעל־פה. הלל החל ללמד אותו עברית. ביום הראשון לימד אותו אלף־בית־גימל. למחרת לימד אותו גימל־בית־אלף. האיש מחה ואמר, הרי אתמול לימדת אותי ההפך! ענה לו הלל, האם לא סמכת עליי? סמוך עליי גם בתורה שבעל־פה.[4] בתי ספר, צבאות, בתי משפט, איגודים מקצועיים, אפילו קבוצות ספורט, כל אלה תלויים בכבוד לסמכות.

הממד השלישי נובע מהצורך להעמיד ערכים מסוימים כבלתי ניתנים להתפשרות. לומר עליהם - הם לא נתונים בידיי ואינני יכול לעשות בהם כרצוני. אלה הם הדברים שאנו רואים **כמקודשים**, שאין לנהוג בהם זלזול או חילול.

מדוע האליטות הליברליות במערב אינן חושבות במונחים של נאמנות, כבוד לסמכות וקדושה? התשובה הבסיסית לכך היא שהחברות המערביות מגדירות את עצמן כקבוצות של יחידים אוטונומיים שכל אחד מהם שואף לקדם את האינטרסים שלו בהתערבות מינימלית של היתר. כל אחד מאיתנו הוא יחיד המגדיר את עצמו,

3. מתוך ספרו **צדק כהוגנות**, עברית: דפי אגם־סגל, תל אביב: ספרי עליית הגג, 2010. הנוסח כאן הוא של יצחק "יאני" נבו, מתוך הקדמתו לספרו של רולס **חוק העמים**, עברית: שחר פלד, תל אביב: רסלינג, 2010, עמ' 14.

4. שבת לא ע"א.

בעל רצונות, צרכים ותשוקות משלו. החברה צריכה לאפשר לנו לפעול למילוי תשוקות אלו מתוך התערבות פחותה ככל האפשר בחיינו ובחיי אחרים. לשם כך פיתחנו עקרונות של זכויות, חירויות וצדק המאפשרים לנו לחיות יחד בשלום. אם מעשה אינו הוגן, או גורם למישהו לסבול, אנחנו מוכנים להוקיע אותו מבחינה מוסרית. אם - ורק אם.

ערכי הנאמנות, הכבוד לסמכות והקדושה אינם נוטים לשגשג בחברות חילוניות מבוססות כלכלת שוק ומשטר דמוקרטי־ליברלי. השוק שוחק את הנאמנות. הוא קורא לנו שלא להישאר עם המוצר שהשתמשנו בו עד כה, אלא לעבור למוצר אחר שהוא טוב יותר, זול יותר, מהיר יותר, חדש יותר. הנאמנות היא קרבָּנו הראשון של "ההרס היצירתי" שמחולל הקפיטליזם של השוק.

הכבוד לדמויות המייצגות סמכות - פוליטיקאים, בנקאים, עיתונאים, ראשי תאגידים - צונח זה עשורים רבים. אנחנו חיים בתקופה של אבדן אמון ושל מות יראת הכבוד. אפילו הלל הסבלן הגדול היה כמדומה מתקשה להתמודד עם מי שדוגל בסיסמה מבית "פינק פלויד" "לֹא צְרִיכִים פֹּה שׁוּם בֶּצֶפֶר, / לֹא צְרִיכִים שְׁלִיטַת מוֹחוֹת".

אשר לממד השלישי - עליו אפשר לומר: הָיָה קָדוֹשׁ, אך גם הוא אָבַד. הנישואים כבר אינם מחויבות קדושה, אינם ברית. במקרה הטוב הם נתפסים כחוזה. החיים עצמם על סף אבדן קדושתם, במדרון שהתחיל בהיתר גורף להפלות ומגיע למה שקרוי "המתות חסד".

הנאמנות, הכבוד לסמכות והקדושה הם ערכי מוסר חיוניים מפני שהם **יוצרים קהילה מוסרית**, להבדיל מקבוצה של יחידים אוטונומיים. הנאמנות קושרת את היחיד לקבוצה. הכבוד יוצר מבני סמכות המאפשרים תפקוד קבוצתי יעיל. הקדושה מחברת אנשים לעולם מוסרי משותף. המקודש הוא הסף אל מה שגבוה מאיתנו. עצם מעשה ההתכנסות שלנו בקהילה יכול לרומם אותנו לתחושת שֶׂגֶב הממזגת את זהותנו בזהות הקבוצתית.

עתה נוכל להבין כיצד השתנה העולם המוסרי העברי במהלך הזמן. אברהם נבחר בידי ה' "לְמַעַן אֲשֶׁר יְצַוֶּה אֶת בָּנָיו וְאֶת בֵּיתוֹ אַחֲרָיו וְשָׁמְרוּ דֶּרֶךְ ה' לַעֲשׂוֹת צְדָקָה וּמִשְׁפָּט" (בראשית יח, יט). כשעֶבד אברהם יצא לחפש אישה ליצחק, הוא חיפש את הדרך הזו, את דרך החסד. החסד, הצדקה והמשפט הם גם המידות הטובות בפי הנביאים. ירמיהו התנבא - "כֹּה אָמַר ה': אַל יִתְהַלֵּל חָכָם בְּחָכְמָתוֹ, וְאַל יִתְהַלֵּל הַגִּבּוֹר בִּגְבוּרָתוֹ, אַל יִתְהַלֵּל עָשִׁיר בְּעָשְׁרוֹ. כִּי אִם בְּזֹאת יִתְהַלֵּל הַמִּתְהַלֵּל: הַשְׂכֵּל וְיָדֹעַ אוֹתִי כִּי אֲנִי ה' עֹשֶׂה חֶסֶד מִשְׁפָּט וּצְדָקָה בָּאָרֶץ, כִּי בְאֵלֶּה חָפַצְתִּי נְאֻם ה'" (ירמיהו ט, כב-כג).

החסד הוא מקבילתה של האכפתיות, שהיא ניגודה של הפוגענות. המשפט והצדקה הם צורות מסוימות של הוגנות. במילים אחרות, המידות הטובות על פי הנביאים קרובות לאלו המקובלות כיום בדמוקרטיות הליברליות במערב. זהו אות להשפעתו של התנ"ך על המערב. אך אין זה כל הסיפור. החסד, הצדקה והמשפט נוגעים ליחסים בין יחידים. ואכן, עד מעמד הר סיני בני ישראל היו רק אוסף של יחידים, שהשתייכו כולם לאותה משפחה מורחבת שחוותה ביחד את שעבוד מצרים ואת היציאה ממנה.

במעמד הר סיני נעשו בני ישראל לעם של ברית. מעתה יש להם ריבון: ה׳. יש להם חוקה כתובה: התורה. הם הסכימו להיות "מַמְלֶכֶת כֹּהֲנִים וְגוֹי קָדוֹשׁ". אלא שמיד אחר כך, בחטא העגל, הם הראו שעדיין אין הם מבינים מה פירוש הדבר להיות אומה. הם היו אספסוף. התורה אומרת, "וַיַּרְא מֹשֶׁה אֶת הָעָם כִּי **פָרֻעַ** הוּא, כִּי **פְרָעֹה** אַהֲרֹן לְשִׁמְצָה בְּקָמֵיהֶם" (שמות לב, כה). העם יצא משליטה. התשובה למשבר הזה הייתה, כפי שהראינו בפרשת השבוע שעבר, המשכן והכהונה. הם אשר הפכו את בני ישראל לאומה.

עבודת המשכן התבצעה בידי הכוהנים בבגדי השרד שלבשו "**לְכָבוֹד**". המשכן עצמו גילם את עקרון **הקדושה**. הוא עמד באמצע המחנה, וכך הפכו המשכן ועבודתו את בני ישראל למעגל שבמרכזו ה׳. אמנם מאז חורבן המקדש אין לנו לא משכן ולא מקדש ולא כוהנים בעבודתם, אך סמוך לחורבן נמצאו להם תחליפים הממלאים את אותה פונקציה עד היום הזה. תורת הכוהנים הכניסה ליהדות את הכוריאוגרפיה של הקדושה והכבוד, שעזרה ליהודים ללכת ולרקוד יחד כאומה.

שני מחקרים מהתקופה האחרונה מאירים את הנקודה הזו. ריצ׳רד סוֹזיס בדק שורה של קומונות שהוקמו בידי קבוצות שונות לאורך המאה התשע־עשרה, חלקן דתיות חלקן חילוניות. הוא גילה שאורך חייהן של הקומונות הדתיות היה, בממוצע, **גדול פי ארבעה ויותר** מאורך חייהן של הקומונות החילוניות. יש בדתיות משהו המתגלה כרכיב חשוב, מהותי אפילו, בקיומן של קהילות.[5]

מדע המוח מספק לנו כיום ראיות רבות לכך שהרגש משפיע על החלטותינו יותר מהתבונה. אנשים שמרכזי הרגש במוחותיהם (ובפרט קליפת המוח הקדם־מצחית האמצעית־התחתונה) ניזוקו יכולים לנתח חלופות בפרטנות רבה, אך מתקשים

5. Richard Sosis, "Religion and Intragroup Cooperation: Preliminary Results of a Comparative Analysis of Utopian Communities," *Cross Cultural Research,* vol. 34, no. 1, 2003, pp. 11–39.

לבחור ביניהן כראוי. בניסוי מעניין מסוג אחר, המובא בספרו של היידט,[6] נתגלה שספרים על אתיקה נגנבים מספריות, או נשאלים ולא מוחזרים, יותר מספרים על ענפי פילוסופיה אחרים. במילים אחרות, התמחות במחשבת המוסר איננה הופכת אותנו בהכרח למוסריים יותר. התבונה לעתים קרובות משמשת אותנו לְצַדֵּק החלטות שקיבלנו על בסיס רגשי.

זה פשר נוכחותו של הממד האסתטי בעבודת המשכן והמקדש. היו שם יופי, הוד והדר. במקדש הייתה גם מוזיקה: מקהלות לוויים שרו מזמורים. היופי מדבר אל הרגש, והרגש מדבר אל הנשמה, ומרומם אותנו לפסגות של אהבה ויראה שאין בכוחה של התבונה להעלותנו אליהן. הרגש נוטל אותנו מהפרוזדורים הצרים של העצמי אל המעגל שבמרכזו האלוהים.

המשכן והכהונה הכניסו ליהדות את אתיקת הקדושה, המבצרת את ערכי הנאמנות, הכבוד והקודש. אתיקה זו משרה בבני האדם יראה וענווה, בהיותם חיים בתחושה מתמדת של נוכחות ה׳ בקרב המחנה ובלב האומה. הרמב״ם המחיש זאת ב**מורה הנבוכים**[7] באומרו כי בנוכחותו של מלך איננו מתנהגים כפי שאנו מתנהגים בחברתם של חברים ובני משפחה. באי המקדש הרגישו כבהיכלו של מלך.

היראה הזו מחזקת את הפולחן, הטקס, המוסכמות החברתיות והנימוסים המקובלים. היא עוזרת להפוך יחידים אוטונומיים לקבוצה החשה אחריות קולקטיבית. בלי נאמנות, אי־אפשר לקיים זהות לאומית ואפילו לא חיי נישואים. בלי כבוד לדמויות סמכות, אי־אפשר לְחַבְרֵת את הדורות הבאים. בלי תחושת קודש, אי־אפשר להגן על הערכים המקודשים של כבוד האדם. משום כך זקוקה האתיקה הנבואית, מוסר הצדק והחסד, להשלמה בדמותה של האתיקה הכוהנית, האתיקה של הקדושה.

6. Jonathan Haidt, *The Righteous Mind: Why Good People are Divided by Politics and Religion*, New York: Pantheon Books, 2012, p. 89.

7. **מורה הנבוכים**, ג, נא.

תצווה

השראה והשקעה

בטהובן קם בכל יום עם שחר והכין לעצמו קפה. הוא הקפיד מאוד בטקס: בכל כוס היו צריכים להיות שישים פולים בדיוק, והוא ספר אותם בכל פעם. אז־אז היה מתיישב אצל שולחנו ומחבר מוזיקה עד שתיים או שלוש אחר הצהריים. אחר כך היה יוצא להליכה ארוכה, ואיתו עיפרון וכמה גיליונות תווים כדי להעלות על הכתב כל רעיון שיעלה במוחו בדרך. מדי ערב, אחרי הארוחה, היה שותה בירה, מעשן מקטרת, ועולה על יצועו לא יאוחר מעשר.

אנתוני טרולופ עבד במשרה מלאה בדואר. הוא שילם לבחור שהעיר אותו כל בוקר בחמש. בחמש וחצי כבר היה יושב לשולחן הכתיבה, ועד שמונה וחצי לא מש ממנו. הוא הקפיד לנפק 250 מילים בכל רבע שעה. בדרך זו כתב 47 רומנים, רבים מהם בהיקף של שלושה כרכים, ועוד 16 ספרים אחרים. אם גמר רומן ועוד לא מילא את שלוש שעות הכתיבה היומיות שלו, היה נוטל מיד דף חדש ומתחיל את הרומן הבא.

עמנואל קאנט, הפילוסוף המזהיר ביותר בעת החדשה, נודע בשגרת יומו הדייקנית. על פי תיאורו של היינריך היינה, קאנט היה "קם, שותה קפה, כותב, מרצה, אוכל, יוצא להליכה, וכל דבר בזמנו ובמועדו. כאשר שכניו של קאנט ראו אותו יוצא מביתו במעילו האפור ובמקל ההליכה, ידעו שהשעה שלוש וחצי בדיוק".

הפרטים הללו מופיעים, יחד עם עוד 150 דוגמאות השאובות מחייהם של גדולי הפילוסופים, הציירים, המלחינים והסופרים, בספרו של מייסון קארי **פולחנים של יום־יום: איך גדולי המוחות מפנים זמן, מוצאים השראה, ויושבים לעבוד**.[1] המסר בספר פשוט. לרוב האנשים היצירתיים יש הרגלים קבועים. סדר היום השגרתי שלהם הוא הקרקע המנביטה את זרעי היצירתיות. חלקם קיבלו על עצמם במתכון משרות

1. Mason Currey, *Daily Rituals: How Great Minds Make Time, Find Inspiration, and Get to Work*, New York: Knopf, 2013.

שהם לא נזקקו להן, רק כדי לצקת את חייהם אל תוך מבנה ושגרה. דוגמה טיפוסית היא המשורר וואלס סטיבנס, שעבד כל חייו כעורך דין לענייני ביטוח ב'הרטפורד, חברה לפיצוי ולשיפוי'. הוא אמר שהעבודה במשרה קבועה היא מן הדברים הטובים ביותר שקרו לו, כי "זה מכניס לחיים משמעת וסדירות".

שימו לב לפרדוקס. האנשים הללו כולם חדשנים, חלוצים, פורצי דרך, אנשים שניסחו רעיונות חדשים, יצרו צורות ביטוי חדשות, עשו דברים שאיש לא עשה כמותם קודם. הם שברו את התבנית. הם שינו את הנוף. הם זינקו אל הלא נודע. אך חיי היום־יום שלהם היו ההפך מכך: שגרתיים עד כדי טקסיות. אפשר אפילו לקרוא להם משעממים. למה? כאמרתו הידועה של תומס אדיסון: "גאונות היא אחוז אחד השראה ותשעים ותשעה אחוז השקעה". התגלית המדעית מְשַׁנַּת הפרדיגמה, המחקר פורץ הדרך, המוצר החדש הרושם הצלחה מסחררת, הרומן המבריק, הסרט זוכה הפרסים, כל אלה הם כמעט תמיד פרי שנים רבות של שעות עבודה ארוכות ושל תשומת לב לפרטים. יצירתיות היא דבר המצריך עבודה קשה.

מעניין שהעברית בחרה במילה "עבודה" גם לציון עבודת ה'. **מה שנכון באמנות, במדע, בעסקים ובתעשייה נכון גם בחיי הרוח.** כדי לצמוח מבחינה רוחנית, בכל דרך שהיא, נדרשים מאמץ מתמשך ושגרה יום־יומית.

זהו יסודו של מדרש מאלף, שבו מציעים התַנאים פסוקים שהם "כלל גדול בתורה". בן עזאי העלה את הפסוק "זֶה סֵפֶר תּוֹלְדֹת אָדָם: בְּיוֹם בְּרֹא אֱלֹהִים אָדָם בִּדְמוּת אֱלֹהִים עָשָׂה אֹתוֹ" (בראשית ה, א). בן זומא סבר שהכלל הגדול ביותר מצוי בפסוק אחר: "שְׁמַע יִשְׂרָאֵל: ה' אֱלֹהֵינוּ, ה' אֶחָד" (דברים ו, ד). בן ננס הצביע על הפסוק "וְאָהַבְתָּ לְרֵעֲךָ כָּמוֹךָ" (ויקרא יח, יט). קל להבין מה מצאו התנאים בפסוקים ידועים אלה. מפתיעה, לעומת זאת, היא בחירתו של בן פזי בפסוק מפרשת השבוע שלנו: "אֶת הַכֶּבֶשׂ הָאֶחָד תַּעֲשֶׂה בַבֹּקֶר וְאֵת הַכֶּבֶשׂ הַשֵּׁנִי תַּעֲשֶׂה בֵּין הָעַרְבָּיִם" (שמות כט, לט). אלה הם קרבנות התמיד; מקבילותיהם במציאות ימינו הם תפילות היום־יום שחרית, מנחה וערבית. או במילה אחת: שגרה. והמדרש מסכם: הלכה כבן פזי.[2]

משמעות בחירתו של בן פזי ברורה: כל הרעיונות הנאצלים בעולם - האמונה שהאדם נברא בצלם אלוהים, אחדות ה', אהבת הזולת - הם כענן פורח כל עוד אינם מיתרגמים להרגלי מעשה, ועל ידי כך להרגלי הלב. כולנו חווינו רגעים של התרשמות כששמענו על רעיון גדול, על תפיסה מטלטלת מציאות, על תכנית גדולה היכולה

2. המדרש מובא במבוא לפירוש "הכותב" על **עין יעקב**, קובץ קטעי האגדתא בתלמוד הבבלי. מצטט אותו גם המהר"ל **בנתיבות עולם**, אהבת רֵע, א.

לשנות את חיינו. כעבור שנה, כעבור שבוע, אפילו למחרת היום, הדבר כבר נשתכח מאיתנו או היה לזיכרון רחוק, לכל היותר געגוע לדבר שהיה־יכול־להיות.

האנשים המשנים את העולם, בין בקטנות ונסתרות ובין בגדולות ונצורות, הם ההופכים חוויות שיא לשגרות יום־יום, אלה היודעים שהפרטים חשובים, אלה שיצרו משמעת של עבודה קשה ושל התמדה. זו גם גדולתה של היהדות. היא יודעת ליטול רעיונות נעלים וחזונות נשגבים כגון אלה שהזכרנו ולהפוך אותם לדפוסי התנהגות. ההלכה מעמידה מערכת של הרגלים קבועים, אשר כמו אותם הרגלי יום־יום של גאוני היצירה מארגנים את התודעה מחדש, מכניסים לחיינו משמעת, ומשנים את הדרך שבה אנו מרגישים, חושבים ופועלים.

רוב רובה של היהדות נראה בוודאי למתבוננים מבחוץ, ולעתים גם לשומרי המצוות עצמם, משעמם, פרוזאי, שגרתי, חזרתי, אחוז אובססיה לפרטים ובדרך כלל נטול דרמה והשראה. אבל כך ממש נראים גם, לרוב אורך הדרך, כתיבת רומן מסעיר, בימוי סרט מזהיר, הלחנת סימפוניה עילאית, שיפור יישומון להיט ובניית מותג שובר שוק. הדברים המלהיבים הללו נוצרים בעבודה קשה, בקשב ממוקד ובפולחנֵי שִגרה. משם באים רוב הדברים הגדולים מהחיים, לפחות אלה מהם שחייהם ארוכים.

אנו, במערב, פיתחנו לנו תפיסה מוזרה באשר לחוויה הדתית: לימדנו את עצמנו לחשוב שהיא דבר המציף אותנו כאשר קורה דבר החורג לחלוטין ממעגל החוויות הנורמליות. תיארנו לעצמנו את החוויה הדתית כרגש המציף אותנו משהעפלנו לראש הר ואנחנו מביטים בנוף הפתוח שלמטה, משניצלנו מסַכנה בדרך נס, משהתמזגנו לאיש אחד עם קהל עצום ומריע. ממש כך הגדיר התיאולוג הלותרני הגרמני רודולף אוטו את הקדושה בספרו הידוע הנושא שם זה: כמסתורין אשר בעת ובעונה אחת מעורר חרדה ומהלך קסם. האדם חש יִרְאָה לנוכח דבר־מה כַּבִּיר. כולנו חווינו חוויות כאלו.

אבל זה כל מה שהן: חוויות. הן מקננות בזיכרון, אך אינן חלק מחיי היום־יום. הן אינן שזורות ברקמת האישיות שלנו. אין להן השפעה על מעשינו, על הישגינו, על היותנו. היהדות מבקשת להפוך אותנו לאמנים יוצרים, שיצירתם הגדולה ביותר היא חייהם.[3] ולשם כך נדרשים הרגלים של יום־יום: שחרית, מנחה, ערבית, האוכל שאנו אוכלים, צורת ההתנהגות שלנו בעבודה ובבית. הכוריאוגרפיה של הקדושה, שהיא תרומתו הייחודית של הממד הכוהני ביהדות, מוצגת בפרשת תצווה, ובעיקר לאורך חומש ויקרא.

3. הרב יוסף דב סולובייצ'יק העלה רעיון זה בספרו **איש ההלכה**.

לטקסי השגרה הללו יש תוצאות. כיום ידוע לנו, בזכות אמצעי הסריקה של פעילות המוח PET ו־fMRI, שתרגול רוחני חוזר ונשנה משנה את ארגונו של המוח. הוא גם מקנה לנו חוסן פנימי. הוא הופך אותנו למכירי טוב. הוא נותן לנו תחושת אמון בסיסית במקור הווייתנו. הוא מעצב את זהותנו, את אופן הפעולה והדיבור והחשיבה שלנו. הרגלי המעשה הם לַגדולה הרוחנית מה שהאימון הוא לשחקן הטניס, מה שמִשמַעת הכתיבה היום־יומית היא לַסוֹפר, מה שקריאת דו״חות כספיים היא לוורן באפט. ההרגלים הללו הם התנאי ההכרחי להישג. עבודת ה׳ היא עבודה - במלוא מובן המילה, במלוא הקושי, העמל, העשייה וההתמדה.

אם רצונכם בהשראה פתאומית, עליכם לעבוד על כך כל יום, כל השנה, אולי כל החיים. רק כך היא תבוא. מסופר על שחקן גולף ידוע שנשאל לסוד הצלחתו וענה, ״פשוט היה לי מזל. אבל מה שמצחיק הוא שככל שהתאמנתי יותר, כך היה לי יותר מזל״. ככל שגדול רצונכם בשיאים רוחניים, כך נחוצים לכם יותר השגרה וההרגל של ההלכה, ה״דרך״ היהודית לאלוהים.

כי תישא

איך לספור יהודים?

בפתח הפרשה מצטווה משה לערוך מפקד לבני ישראל. זהו מפקד מוזר. משה מצטווה שלא לספור את האנשים ישירות, אלא בעקיפין. כל אחד מבני ישראל צריך לתת מחצית השקל, ורק בדרך זו יחושב מספרם: "כִּי תִשָּׂא אֶת רֹאשׁ בְּנֵי יִשְׂרָאֵל לִפְקֻדֵיהֶם, וְנָתְנוּ אִישׁ כֹּפֶר נַפְשׁוֹ לַה' בִּפְקֹד אֹתָם, וְלֹא יִהְיֶה בָהֶם נֶגֶף בִּפְקֹד אֹתָם" (שמות ל, יב).

מתברר אפוא שמסוכן לספור יהודים. אישור לכך ניתן באירוע מאוחר יותר, בימי דוד המלך. דוד החליט לערוך מפקד של בני עמו. יואב שר צבאו הפציר בו להימנע מכך. "וְיוֹסֵף ה' אֱלֹהֶיךָ אֶל הָעָם כָּהֵם וְכָהֵם מֵאָה פְעָמִים, וְעֵינֵי אֲדֹנִי הַמֶּלֶךְ רֹאוֹת", הוא איחל לו - אבל מפקד למה לו? "וַאדֹנִי הַמֶּלֶךְ לָמָּה חָפֵץ בַּדָּבָר הַזֶּה?" (שמואל ב' כד, ג).

אולם דבר המלך חזק על יואב, והוא ערך את המפקד ומנה את יוצאי הצבא בישראל וביהודה. בשלב זה התחרט דוד, ואמר לה': "חָטָאתִי מְאֹד אֲשֶׁר עָשִׂיתִי, וְעַתָּה ה' הַעֲבֶר נָא אֶת עֲוֹן עַבְדְּךָ כִּי נִסְכַּלְתִּי מְאֹד" (שם, י). למרות התשובה שעשה דוד, התוצאה הייתה איומה. מגפה נוראה הכתה בעם והפילה רבבות.

הדבר נראה מסתורי. למה מסוכן לספור יהודים? פרשני התורה העלו בפירושם לפסוק שבראש פרשתנו הצעות רבות. רש"י אומר שיש בספירה סכנת עין הרע. רבנו בחיי מזכיר שכאשר אנשים נספרים, הם נמנים אחד אחד ולא כולם ביחד. לרגע כל אחד הוא יחיד הנבדל מהקהילה. הסכנה היא שהיחיד יישפט על פי מידותיו וזכויותיו שלו בלבד, והללו אולי לא יהיה בהן די לְזַכּוֹתוֹ בדין. ספורנו אומר שמפקד מזכיר לנו את מה שהשתנה, הוא מפנה את תשומת הלב למתים ולחיים כאחד. וגם הדבר הזה מסוכן, מפני שהוא מעלה את השאלה "באיזו זכות אני כאן, בין החיים, ואחרים לא?". כדי לעקוף זאת אנו נדרשים לתת מעין כופר נפש, מתנה למקדש ולעבודת ה' הנעשית בו.

אבקש להציע פירוש נוסף - ולו רק על דרך המדרש, בלי יומרה לטעון שזהו מובנו הפשוט של הפסוק. מדוע אומות מקיימות מפקדי אוכלוסין? כדי לאמוד

את כוחן - כוחן הצבאי (מספר האנשים שאפשר לגייס), כוחן הכלכלי (מספר משלמי המסים) או פשוט כוחן הדמוגרפי (צמיחתה הכמותית או דלדולה הכמותי של האומה). ההנחה שמאחורי כל מפקד היא: יש כוח במספרים. אם המספרים גדולים, העם חזק.

משום כך מסוכן לספור יהודים. אנחנו עם קטנטן. הסופר המנוח מילטון הימלפרב כתב פעם שמספר היהודים בעולם אינו עולה לכדי שגיאה סטטיסטית במפקד בסין.[1] אנחנו חמישית האחוז מאוכלוסיית העולם: לפי כל אמת מידה נורמלית אנחנו קטנים מכדי שנהיה בעלי משמעות. אין זה נכון רק בימינו. כך היה גם בימי התורה. באחד מנאומי הסיכום שלו בספר דברים אומר משה: "לֹא מֵרֻבְּכֶם מִכָּל הָעַמִּים חָשַׁק ה׳ בָּכֶם וַיִּבְחַר בָּכֶם, כִּי אַתֶּם הַמְעַט מִכָּל הָעַמִּים" (דברים ז, ז). מסוכן לספור יהודים, מפני שאילו האמינו היהודים, ולו לרגע קט, שהכוח טמון במספרים, היה עמֵנו נכנע כבר מזמן לייאוש.

איך אפשר אפוא לאמוד את כוחו של עם ישראל? בעיניי, התשובה של התורה יפה להפליא. **בקש מהיהודים לתת, ואז ספור את התרומות.** מבחינה מספרית אנחנו קטנים, אבל במונחים של תרומה לציוויליזציה ולאנושות אנחנו עצומים.

חשבו רק על מחולליה של החשיבה המודרנית: בפיזיקה, איינשטיין; בפילוסופיה, ויטגנשטיין; בסוציולוגיה, דורקהיים; באנתרופולוגיה, לוי־שטראוס; בפסיכיאטריה, פרויד; בכלכלה, שלשלת שלמה של הוגים פורצי דרך, מדיוויד ריקרדו דרך מילטון פרידמן עד אלן גרינספן וג׳וזף שטיגליץ (וארבעים אחוז מזוכי פרס נובל לכלכלה); בספרות, גדולי עולם מפרוסט לקפקא ומעגנון לבשביס־זינגר; במוזיקה, מלחינים קלסיים כמאהלר ושנברג ומלחינים פופולריים כאירווינג ברלין וג׳ורג׳ גרשווין, לצד כמה מגדולי הסולנים והמנצחים.

יהודים קיבלו 52 פרסי נובל ברפואה. הם תרמו תרומה יוצאת דופן בתחום המשפט במדינות שונות (למשל, שניים מהעומדים בראש מערכת המשפט הבריטית בעשורים האחרונים היו יהודים, הלורדים פיטר טיילור והארי וולף, אף שהיהודים הם מחצית האחוז מאוכלוסיית בריטניה). ועוד לא הזכרנו את התרומה היהודית בתחומי התעשייה, הפיננסים, האקדמיה, התקשורת והפוליטיקה (אם להידרש שוב לבריטניה: בממשלתו של ג׳ון מייג׳ור היה זמן ששר הפנים ושר החוץ היו שניהם יהודים: מייקל הווארד ומלקולם ריפקינד; בשנת 2010 יושבי הראש של שני בתי הנבחרים היו יהודים, ג׳ון ברקו והברונית היימן).

1. Milton Himmelfarb, *Jews and Gentiles, New York: Encounter Books*, 2007, pp. 141–142.

בארצות הברית כמה מגדולי המשפטנים היו יהודים: לואיס ברנדייס, בנג'מין קרדוזו, פליקס פרנקפורטר ורות באדר־גינסבורג. בפסיכותרפיה (המצאה יהודית) מטפלים ותיאורטיקנים יהודים הם עדיין הבולטים ביותר - אהרון בק, יוצר התרפיה הקוגניטיבית, ומרטין סליגמן, חלוץ הפסיכולוגיה החיובית. הוליווד היא למעשה יצירה יהודית. בתחומי האמנויות, המוזיקה, הרפואה והחיים האקדמיים, תרומתם של יהודים אמריקנים עולה על כל פרופורציה.[2]

ואשר לישראל, מדינת היהודים - היא מובילה את העולם כולו בתחום מחקר חקלאות בתנאי מדבר, מייצאת מומחים לעולם השלישי ולאוניברסיטאות המערב כאחד, נמצאת במקום הראשון בעולם במספר הפטנטים לנפש ובשיעור בעלי התואר האקדמי באוכלוסייה, ובשנים האחרונות מנפיקה שורה של מקבלי פרס נובל במדעים, בייחוד בכימיה.

אולם מעל לכול ניצבת התרומה היהודית לחיי הרוח. היא ייחודית ומרובה, ולא זו בלבד אלא שהיא אף קבעה את כל מהלך התפתחותה של הציוויליזציה המערבית.[3] העם הזערורי הזה ייצר בדרך כלשהי זרם בלתי פוסק של אבות, כוהנים, משוררים ונביאים, חכמי הלכה ואגדה, פוסקים ופרשנים, פילוסופים ומיסטיקנים, גדולי תורה וצדיקים, במידה כמעט בלתי נתפסת. אין מדובר רק במקרה אחד שהדמיון היהודי הצליח להצית אש, אלא בתופעה מתמשכת, מאה אחר מאה, וזאת לא פעם בתנאי רדיפות ששום אומה לא ידעה כמותן. פעם אחר פעם התנער עם ישראל מחורבנות והתחדש בפרץ יצירתיות. חורבן בית המקדש הראשון הוליד את לימוד התורה השיטתי בבבל. חורבן בית שני האיץ את התפתחותה של ספרות התורה שבעל־פה: המדרש, המשנה והתלמוד. העימותים עם הקראים והנוצרים הניבו את גדולי פרשני המקרא. אתגר הניאו־אפלטוניות והניאו־אריסטוטליות שהעמיד העולם המוסלמי, עורר תור זהב של פילוסופיה יהודית בספרד שבין המאה השתים־עשרה למאה הארבע־עשרה.

אם רצונכם לאמוד את כוחו של עם ישראל, בקשו מהיהודים לתת, וספרו את התרומות. זהו הרעיון רב ההוד הפותח את פרשת השבוע שלנו.

אמרתי שזהו מדרש - אך הוא יותר מהשערה סתם. לפחות במקום אחד משתמע מהתנ"ך שזהו ההסבר. בספר שופטים, פרקים ו-ז, המדיינים הציקו לבני ישראל ובזזו

2. לשני מחקרים מעניינים ראו יורי סלזקין, **המאה היהודית**, עברית: כרמה פלד ושחר פלד, תל אביב: אוניברסיטת תל אביב, 2009; וכן Andrew R. Heinze, *Jews and the American Soul*, Princeton, N.J.: Princeton University Press, 2004.

3. ראו תומס קהיל, **מתת היהודים: כיצד שינה שבט נודדים מדברי את דפוסי החשיבה והרגש של האדם המערבי**, עברית: אריה אוריאל, תל אביב: הוצאת כנרת, 1999.

שוב ושוב את שדותיהם. ה׳ הטיל על גדעון בן יואש להילחם בהם. גדעון אסף צבא גדול, 32 אלף איש. ה׳ הגיב באמירה שהיא ודאי מן המוזרות ביותר בהיסטוריה הצבאית העולמית: ״רַב הָעָם אֲשֶׁר אִתָּךְ מִתִּתִּי אֶת מִדְיָן בְּיָדָם״ (שופטים ז, ב). הוא אמר לגדעון להודיע שכל הירא יכול לשוב לביתו. 22 אלף איש עשו כך. רק עשרת אלפים נשארו. אך גם עתה אמר ה׳ כי ״עוֹד הָעָם רָב״ (ז, ד).

הוא הורה לגדעון להוריד את הלוחמים אל מקור מים, ושם ציווהו לצפות בדרך שהם שותים בה. 9,700 לוחמים כרעו על ברכיהם ושתו היישר מהמים. רק שלוש מאות עמדו על רגליהם, קערו את כפות ידיהם ושאבו בעזרתן מים אל פיהם. ה׳ אמר לגדעון לשחרר את הרוב העצום הזה, ולהשאיר רק את שלוש מאות הלוחמים: מספר קטן עד להתמיה לכל מבצע צבאי, כל שכן למלחמה נגד צבא זר חזק. רק אז אמר ה׳ לגדעון: ״בִּשְׁלֹשׁ מֵאוֹת הָאִישׁ הַמְלַקְקִים אוֹשִׁיעַ אֶתְכֶם וְנָתַתִּי אֶת מִדְיָן בְּיָדֶךָ״ (ז, ז). בהתקפת פתע לילית, בשימוש באמצעי הטעיה קולניים שיצרו רושם של נוכחות צבא גדול, הכתה יחידת הפשיטה הקטנה של גדעון וניצחה.

ניכר כי לפנינו יותר מסיפור מלחמה גרידא. התנ״ך הוא טקסט דתי, לא צבאי. מה שה׳ אמר לגדעון - מה שה׳ אומר לאבותינו ולנו זה ארבעת אלפים שנה - הוא שכדי לנצח בקְרָב היהודי, בקרב של הרוח, כדי לנצח את ניצחון הלב, הנפש והנשמה, אין צורך במספרים גדולים. צריך התמסרות, מחויבות, לימוד, תפילה, חזון, אומץ, אידיאלים, תקווה. צריך אנשים שנטייתם הטבעית היא לתת, לתרום. תן להם לתת, ואז ספור את התרומות: הדרך המדויקת ביותר שהותוותה אי־פעם למדוד כוחו של עם.

כי תישא

קרבת אלוהים

ככל שאני מוסיף ולומד תורה, כך אני מודע יותר למסתורין העצום של פרק לג בספר שמות. פרק זה מוצב באמצע סיפור חטא העגל, בין פרק לב המתאר את החטא ואת תוצאותיו, לבין פרק לד שבו מתגלה ה׳ למשה ואומר לו את שלוש־עשרה מידותיו, נותן לו את הלוחות השניִים ומחדש את הברית. סבורני שבחידה זו טמונה מסגרתה המעצבת של הרוחניות היהודית כולה.

פרק לג מבלבל מכמה בחינות. ראשית, לא ברור במה הוא עוסק. מה משה עושה? בפרק הקודם הוא התפלל פעמיים לה׳ שימחל לעם. בפרק לד הוא מתפלל שוב למחילה. מה אפוא הוא מנסה להשיג בפרק לג?

שנית, בקשותיו של משה בפרק לג תמוהות. הוא מבקש, ״הוֹדִעֵנִי נָא אֶת דְּרָכֶךָ וְאֵדָעֲךָ״ ו״הַרְאֵנִי נָא אֶת כְּבֹדֶךָ״ (פסוקים יג, יח). לכאורה, אלו הן בקשות להבנה מטפיזית או לחוויה מיסטית, לא בקשות מחילה. הן נוגעות למשה עצמו, לא לעם שמשה מתפלל בשמו. זהו רגע של משבר לאומי. הקב״ה זועם. העם בטראומה. העדה כולה אחוזת בהלה. האם זה הזמן ההולם לבקש בו סמינר תיאולוגי פרטי?

שלישית, יותר מפעם אחת נוצר הרושם שציר הזמן בפרקנו הוא מן הסוף להתחלה. בפסוק ד, למשל, נאמר ״וַיִּשְׁמַע הָעָם... וְלֹא שָׁתוּ אִישׁ עֶדְיוֹ עָלָיו״. והנה בפסוק שלאחריו מצווה ה׳ את משה להורות לבני ישראל, ״הוֹרֵד עֶדְיְךָ מֵעָלֶיךָ״. דוגמה נוספת: בפסוק יד אומר ה׳ למשה, ״פָּנַי יֵלֵכוּ וַהֲנִחֹתִי לָךְ״; והנה בפסוק שלאחריו אומר משה לה׳, ״אִם אֵין פָּנֶיךָ הֹלְכִים, אַל תַּעֲלֵנוּ מִזֶּה״. בשני המקרים, נראה שהזמנים התהפכו: הפסוק הראשון הוא מענה לפסוק השני. ניכר שהתורה מסבה את תשומת לבנו למשהו. אבל מהו?

הוסיפו למסתורין הזה את העגל עצמו. האם הוא היה אליל, או לא? התורה מספרת שהעם אמר על העגל, ״אֵלֶּה אֱלֹהֶיךָ יִשְׂרָאֵל אֲשֶׁר הֶעֱלוּךָ מֵאֶרֶץ מִצְרָיִם״ (לב, ד). אך התורה גם אומרת שבני ישראל ביקשו מאהרון לעשות את העגל כי לא ידעו מה קרה ל**משה**. האם חיפשו תחליף למשה או לאלוהים? מה היה חטאם?

מסביב לכל זה נמצאת התעלומה הגדולה בדבר סדר המאורעות בכל מחציתו השנייה של ספר שמות. האם הציווי על המשכן בא לפני חטא העגל או אחריו? מהי הזיקה בין המשכן לעגל?

בלב המסתורין של פרקנו נמצא פרט מוזר ומטריד, המובא בפסוקים ז-יא. שם מסופר לנו שמשה לקח את אוהלו ונטה אותו **מִחוּץ לַמַּחֲנֶה**. איך מתקשר הדבר להקשר שהוא משובץ בתוכו, מערכת היחסים בין ה׳ לעם אחרי חטא העגל? הרי בנסיבות אלו, התרחקות מהמחנה היא הדבר הגרוע ביותר שמשה יכול לעשות. ה׳ אך זה בישר לו, "לֹא אֶעֱלֶה בְּקִרְבְּךָ" (לג, ג). העם התאבל בשומעו על כך (לד, ד). עזיבת המחנה בשעה קשה זו ודאי הנמיכה עוד את רוח העם. בעת מצוקה לאומית, מנהיג צריך להיות קרוב אצל עמו, לא להיבדל ממנו.

יש דרכים רבות לפענח את הפרק החידתי הזה. אציג את זו הנראית לי הפשוטה והמשכנעת מכולן. משה התפלל כאן את תפילתו הנועזת ביותר. כה נועזת, שהתורה אינה מציגה אותה באופן ישיר וגלוי. עלינו לשחזר אותה מתוך החריגויות והרמזים הטמונים בכתוב.

מן הפרק הקודם השתמע שהעם נאחז חרדה בגלל היעדרו של משה, מנהיגו. נרמז כך גם בדברי ה׳ עצמו למשה, "לֶךְ רֵד כִּי שִׁחֵת **עַמְּךָ** אֲשֶׁר **הֶעֱלֵיתָ** מֵאֶרֶץ מִצְרָיִם" (לב, ז). מן הדברים משתמע שהיעדרו של משה, או ריחוקו, גרמו לחטא. הוא היה צריך להישאר קרוב יותר לעם. משה הבין את הרמז. הוא ירד מההר. הוא העניש את האשמים. הוא התפלל לה׳ שיסלח לעם. כל זה מתואר בפרק לב. עכשיו, בפרק לג, משהחזיר את הסדר על כנו, משה מתחיל לנקוט גישה חדשה. כשהוא מוציא את אוהלו מהמחנה, הוא בעצם אומר לה׳: הדבר שהעם צריך איננו **קִרְבָתִי** שלי. אני רק אדם. היום אני כאן, מחר כבר לא. ואילו אתה נצחי. אתה האל שלהם. הם צריכים את **קִרבתך**.

משה כאילו אמר – "עד עכשיו, הם חוו אותך ככוח עצום ונורא, המנחית מכה אחר מכה על המצרים, מוריד את האימפריה הגדולה בעולם על ברכיה, קורע את הים, הופך את סדרי הטבע. בהר סיני, עצם מִשְׁמַע קולךָ הבהיל אותם כל כך, שהם ביקשו להפסיק לשומעו 'פֶּן נָמוּת' (כ, טז). העם צריך עכשיו לא לחוות את **גדולת** האלוהים אלא את **קרבתו**; לא את האל הנשמע ברעמים ובברקים על ראש ההר, אלא את השכינה הנמצאת תמיד במחנה שלרגליו".

לא אני צריך לשכון בקרב העם, אומר משה לה׳, אלא אתה. ולכן הוא מוציא את אוהלו מִקֶּרב המחנה. לכן הוא גם מבקש לדעת את דרכי ה׳ ולראות את כבודו. הוא רוצה לדעת – האם יכול אלוהים להתקרב למקום שיש בו אנשים? האם יכול

הטרנסצנדנטי להיעשות אימננטי? היכול האל הגדול מן היקום כולו לשכון בתוך היקום באופן הניתן לחיזוי ולהבנה, ולא רק באופן של התערבות נִסית?

תשובתו של הקב"ה לכך מובְנית מאוד. היא מחולקת לכמה מאמרות, שלמרות הופעתם ברציפות כל אחד מהם פותח שוב במילה "ויאמר". תחילה אמר למשה: לא תוכל להבין את דרכיי. "וְחַנֹּתִי אֶת אֲשֶׁר אָחֹן וְרִחַמְתִּי אֶת אֲשֶׁר אֲרַחֵם" (לג, יט). בצדק האלוהי יש יסוד המוכרח להישאר תמיד טמיר, מעבר להשגה האנושית. הרי אפילו לתודעתו של הזולת איננו יכולים להיכנס לגמרי, קל וחומר לתודעת בורא העולם.

שנית, "וַיֹּאמֶר: לֹא תוּכַל לִרְאֹת אֶת פָּנָי, כִּי לֹא יִרְאַנִי הָאָדָם וָחָי" (כ). האדם יכול לכל היותר לראות "אֶת אֲחֹרָי", את גבי כביכול. גם כשה' מתערב בהיסטוריה, אנו יכולים להבחין בכך רק בדיעבד, במבט לאחור. טעה סטיבן הוקינג. בניגוד לאמירתו המפורסמת בסוף ספרו **קיצור תולדות הזמן**, גם אם נפענח את כל חידות המדע עדיין לא נכיר את תודעתו של אלוהים.[1]

ובכל זאת, **אפשר** לראות את "כבוד" ה'. את זאת ביקש משה כאשר הבין שלעולם לא יבין את "דרכי" ה' ולא יראה את "פניו". ה' הראה למשה את כבודו כאשר עבר על פניו "בְּנִקְרַת הַצּוּר" (כב). בשלב זה איננו יודעים בדיוק מהו אותו "כבוד ה'", אך אנו עתידים לגלות זאת ממש בסוף ספר שמות. בפרקים לה–מ מתוארת בניית המשכן וכליו. כשהמשכן מוכן אומר הכתוב כך:

> וַיְכַס הֶעָנָן אֶת אֹהֶל מוֹעֵד, **וּכְבוֹד ה'** מָלֵא אֶת הַמִּשְׁכָּן. וְלֹא יָכֹל מֹשֶׁה לָבוֹא אֶל אֹהֶל מוֹעֵד, כִּי שָׁכַן עָלָיו הֶעָנָן, **וּכְבוֹד ה'** מָלֵא אֶת הַמִּשְׁכָּן. (מ, לד–לה)

עכשיו נוכל להבין את הדרמה השלמה שתחילתה בעשיית עגל הזהב. משה הפציר בקב"ה להתקרב אל העם, כדי שיוכלו לפגוש אותו לא רק ברגעים חד־פעמיים שהוא מחולל בהם נסים, אלא דרך קבע, כשִׁגרַת יום־יום; ולא רק ככוח המאיים למחות את כל אשר בדרכו, אלא גם כשכינה מורגשת בלב המחנה.

משום כך ציווה ה' על משה להורות לעם לבנות את המשכן. לכך התכוון באומרו "וְעָשׂוּ לִי מִקְדָּשׁ וְשָׁכַנְתִּי בְּתוֹכָם" (שמות כה, ח). שורש אחד, שכ"ן, למילה "וְשָׁכַנְתִּי" שבפסוק זה, למילה המקראית "מִשְׁכָּן" ולמילה הבתר־מקראית "שְׁכִינָה". עניינו של שורש זה הוא השְׁכֵנוּת, ההימצאות הקרובה. ואם זו הבנתם הנכונה של

1. סטיבן הוקינג, **קיצור תולדות הזמן: מן המפץ הגדול עד חורים שחורים**, עברית: עמנואל לוטם, תל אביב: ספרית מעריב, 1989.

המקראות (וכך הבין, למשל, רבי יהודה הלוי),[2] הנה המשכן כולו הוא תשובתו של ה׳ לחטא העגל, והיענות לבקשת משה שיתקרב אל העם. איננו יכולים לראות את **פניו** של ה׳; איננו יכולים להבין את **דרכיו**; אבל באפשרותנו לפגוש את **כבוד** ה׳ כאשר אנו בונים לו בית, משכן, שישכין בו את שכינתו על פני האדמה.

זהו הנס המתמשך של הרוחניות היהודית. עד הולֶדת היהדות, איש לא תיאר את אלוהים בצורה כה מופשטת ומעוררת יראה: אלוהים רחוק מן הכוכב הרחוק ביותר, ונצחי יותר מהזמן עצמו. ועם זה, שום דת גם לא ראתה את אלוהים כקרוב כל כך. נביאי המקרא מתווכחים עם אלוהים. משוררי תהלים מדברים אליו באינטימיות ממש. בתלמוד הוא מקשיב לשקלא ולטריא של החכמים ומקבל את פסיקותיהם גם כשהן מנוגדות לבת קול משמים. הנביאים דימו את זיקתו של הקב״ה לישראל לזו שבין הורה לילד, ולזו שבין בעל לרעיה. בשיר השירים היא דומה להיקסמות הדדית של צמד אוהבים. ספר הזוהר נוקט לשון נועזת של תשוקה, וכמוהו גם המקובל מצפת רבי אלעזר אזכרי בשירו ״ידיד נפש״.

זהו אחד ההבדלים המדהימים בין הקתדרלות של ימי הביניים לבין בתי הכנסת מן התקופה. **הנכנס לקתדרלה ביניימית מרגיש שהאל עצום והאדם זעיר. ואילו הנכנס לבית הכנסת אלטנוישול בפראג, או לבתי הכנסת של האר״י ושל רבי יוסף קארו בצפת, מרגיש שהאל קרוב ושלאדם יש פוטנציאל להיות גדול.** עמים רבים עובדים את אלוהים, אבל היהודים הם העם היחיד הרואה עצמו בן משפחתו הקרוב (״בְּנִי בְכֹרִי יִשְׂרָאֵל״, שמות ד, כב).

בין השורות של שמות לג מגלה הקורא הקשוב את סימניה של אחת התכונות הייחודיות והפרדוקסליות ביותר של הרוחניות היהודית. שום דת אחרת לא ראתה את אלוהים נשגב כל כך, אך שום דת אחרת גם לא הרגישה בהיותו כה קרוב. זה מה שמשה ביקש, והשיג, בפרק הזה, בשיחתו הנועזת ביותר עם אלוהים.

2. **ספר הכוזרי**, מאמר ראשון, צז.

כי תישא

הייתכנו רחמים בלי דין?

בשיא הדרמה של חטא העגל משובצת תמונה חדה אך חידתית. משה המציא לעם מחילה מאת הקב"ה. אבל עכשיו, שוב על הר סיני, הוא עושה יותר מכך. הוא מבקש מהקב"ה להיות עם הָעָם. הוא מבקש ממנו, "הוֹדִעֵנִי נָא אֶת דְּרָכֶךָ" ו"הַרְאֵנִי נָא אֶת כְּבֹדֶךָ" (שמות לג, יג, יח). הקב"ה עונה, "אֲנִי אַעֲבִיר כָּל טוּבִי עַל פָּנֶיךָ, וְקָרָאתִי בְשֵׁם ה' לְפָנֶיךָ, וְחַנֹּתִי אֶת אֲשֶׁר אָחֹן וְרִחַמְתִּי אֶת אֲשֶׁר אֲרַחֵם" - אבל "לֹא תוּכַל לִרְאֹת אֶת פָּנָי, כִּי לֹא יִרְאַנִי הָאָדָם וָחָי" (שם, יט-כ).

ואז הקב"ה מורה למשה לגשת לנקרת הצור, מקום שם יעבור על פני משה והוא יוכל לראות "אֶת אֲחֹרָי וּפָנַי לֹא יֵרָאוּ" (שם, כג). שם משה שומע את ה' אומר את המילים האלו: "ה', ה', אֵל רַחוּם וְחַנּוּן, אֶרֶךְ אַפַּיִם וְרַב חֶסֶד וֶאֱמֶת. נֹצֵר חֶסֶד לָאֲלָפִים, נֹשֵׂא עָוֹן וָפֶשַׁע וְחַטָּאָה, וְנַקֵּה לֹא יְנַקֶּה..." (לד, ז). רשימה זו זכתה לכינוי "שלוש-עשרה מידות הרחמים" של ה'.

חז"ל הסבירו שעל ידי כך ה' לימד את משה, ואת כל דורות העתיד, כיצד להתפלל אליו לסליחה ולכפרת עוונות.[1] משה עצמו השתמש במילים אלו ששמע מה', בשינויים קלים, במשבר הבא - חטא המרגלים. לימים נעשו מילים אלו לפזמון החוזר של הסליחות בימים הנוראים. הקב"ה כמו התחייב לסלוח לחוטאים שבכל דור ודור אם יצטטו את הגדרתו העצמית הזו.[2] ה' חנון ורחום ונוהג באהבה ובסליחה. זהו רכיב מרכזי באמונת ישראל.

אבל יש ברשימה הזו גם אזהרה. הקב"ה מוסיף: "וְנַקֵּה לֹא יְנַקֶּה", כלומר לא ישאיר את האשם נקי מעונש. ועוד, ה' "פֹּקֵד עֲוֹן אָבוֹת עַל בָּנִים וְעַל בְּנֵי בָנִים עַל

1. ראש השנה יז ע"ב.
2. התלמוד (שם) אומר כי ה' כרת ברית על יסוד המילים הללו, והתחייב לסלוח לַשָּׁב שיקרא לו במידותיו. מכאן מרכזיותן בתפילות הימים הנוראים, ובייחוד יום כיפור.

שִׁלֵּשִׁים וְעַל רִבֵּעִים" - משפט לא פשוט הטעון עיון, אך איננו נושא הדיון שלנו הפעם. האזהרה אומרת לנו שיש מחילה אבל יש גם עונש. יש רחמים אבל יש גם דין.

מדוע? למה צריכים להיות דין וגם רחמים, עונש וגם מחילה? חז"ל אמרו כי "בתחילה עלה במחשבה" של הקב"ה לברוא את העולם "במידת הדין. ראה שאין העולם מתקיים, הקדים מידת רחמים ושיתפהּ למידת הדין".[3] אבל זה רק מחדד את השאלה. למה לא ויתר הקב"ה על מידת הדין לגמרי? למה אין די ברחמים ובסליחה לבדם?

תשובה מפתיעה ובלתי רגילה מספק לנו המחקר העדכני בכמה תחומים, מפילוסופיה מוסרית עד פסיכולוגיה אבולוציונית, מתורת המשחקים עד אתיקה סביבתית.

נקודת הזינוק הטובה ביותר היא מאמרו המפורסם של גארט הרדינג משנת 1968 על "הטרגדיה של המון העם".[4] הוא מבקש מאיתנו לדמיין נכס שאין לו בעלים מסוימים: כר מִרעה השייך לכולם (להמון העם), למשל, או הים והדגה אשר בו. הנכס מספק פרנסה לאנשים רבים - לחקלאים או לדייגים המקומיים. אלא שהוא מושך אנשים רבים מדי. יש רעיית־יתר או דיג־יתר, והמשאב מידלדל. האחו עלול להפוך לישימון. הדגים בסכנת הכחדה.[5]

מה קורה אז? למען הטוב המשותף, האינטרס של הכלל, כל אחד צריך מעתה להגביל את עצמו. קובעים אפוא מספר מרבי של בהמות שאדם יכול לרעות, או כמות מרבית של דגים. אבל יש המתפתים שלא לציית. הם ממשיכים ברעיית־היֶתר או בדיג־היתר. הם מעדיפים את הרווח האישי על פני הטוב המשותף. כל עוד הם מעטים והאחרים האכפתיים רבים, הרווח של הנצלנים הללו גדול, והפסדם של האחרים קטן. אלא שאם תתפשט התופעה, לא יהיה כלום לאף אחד.

זו הטרגדיה של המון העם, והיא מסבירה כיצד קורים אסונות סביבתיים ואסונות אחרים. הבעיה מכונה גם "בעיית הטרמפיסט", האדם המקדם את עניינו האישי בלי לתרום את חלקו לטוב המשותף. מצבים אלה מאפיינים בעיות אקטואליות כה רבות,

3. מובא ברש"י לבראשית א, א, ד"ה "ברא אלוהים".

4. Garrett Harding, “The Tragedy of the Commons,” *Science* 13, vol. 162, no. 3859, December 1968, pp. 1243–1248.

5. זמן רב לפני גארט סופר הסיפור החסידי על הכפר שתושביו החליטו לתרום, איש איש, לוג יין כדי למלא מְכָל ולהגישו למלך בביקורו הממשמש ובא. המכל התמלא, אך בלילות שלאחר מכן, בחסות החשכה, בא בכל פעם אחד הכפריים אל המכל, שאב לו לוג יין ושפך במקומו לוג מים; מי כבר ירגיש בהבדל? כשהגיע המלך הגישו לו הכפריים את המכל, והוא טעם ממנו ואמר "אח, מים זכים!". זוהי, בתמצית, הטרגדיה של המון העם.

שמדענים משלל תחומים חקרו אותם לעומק: ביולוגים מתמטיים כגון אנטול רפפורט ומרטין נובאק, וכלכלנים התנהגותיים כגון דניאל כהנמן ועמוס טברסקי ז"ל.[6]

בין היתר, הם יצרו מצבים ניסויִיִים המדַמים בעיות מסוג זה. הנה דוגמה אחת. ארבעה שחקנים מקבלים 8 דולרים כל אחד. אומרים להם שהם יכולים להשקיע כמה שירצו בקרן משותפת, המניבה חמישים אחוזי רווח, ושסכום ההשקעות והרווחים יתחלק בשווה בין כולם בלי קשר לגודל השקעתם. זוהי, בעצם, המציאות באחו המשותף, המצמיח לכל הנהנים ממנו רווח שווה גם אם לא תרמו לו. וכך, בניסוי שלנו, אם כל אחד מארבעת השחקנים תרם את כל שמונת הדולרים שלו, 32 הדולרים שבקרן המשותפת יהפכו ל־48 דולר, ובחלוקה כל אחד יקבל 12 דולר. אבל אם שחקן אחד לא תרם כלום, והשאר תרמו איש איש 8 דולרים, בקרן המשותפת יהיו (לאחר תוספת 50 אחוזי הרווח) 36 דולר - ובחלוקה השווה כל שחקן יקבל 9 דולרים. יֵצא ששלושת המשקיעים ירוויחו דולר אחד נוסף להחזר ההשקעה, ואילו השחקן הרביעי, הטרמפיסט, ייהנה מרווח נקי של 9 דולרים.

אך המשחק לא נגמר כאן. סיבוב אחר סיבוב מתבקשים השחקנים לתרום, באותה שיטה. הם מתחילים להבין שיש ביניהם טרמפיסט, גם אם הניסוי בנוי כך שהשחקנים אינם יודעים מי תורם כמה. כאן קורה בדרך כלל אחד משני דברים. או שכולם מפסיקים לתרום לקרן (כלומר לטוב המשותף) - או שהם מסכימים ביניהם, אם ניתנת להם האפשרות, להעניש את הטרמפיסט. לא פעם להוטים המשתתפים להעניש את הנצלן אפילו אם הענישה תגרום להם עצמם להפסד - תופעה המכונה לעתים "ענישה אלטרואיסטית".

היו מן החוקרים שחיברו את המשתתפים בניסויים מעין זה למכונות אם־אר־איי, כדי לראות אילו אזורים במוח מופעלים כאן. התברר שהענשה אלטרואיסטית קשורה למרכזי העונג במוח. כדברי כהנמן, "נדמה ששימור הסדר החברתי וכללי ההוגנות בדרך זו הוא תגמול כשלעצמו. ענישה אלטרואיסטית עשויה בהחלט להיות הדבר המאחד אנשים לכלל חברות".[7] ובכל זאת, אין מדובר בעניין משמח. עונש הוא בשורה רעה לכולם. העבריין סובל, אבל גם המענישים, המבזבזים זמן או כסף

6. ראו מאט רידלי, **מוצא המידות הטובות**, עברית: עמוס כרמל, תל אביב: זמורה ביתן, 2000; דניאל כהנמן, **לחשוב מהר, לחשוב לאט**, עברית: יעל סלע־שפירו, תל אביב: מטר, 2013; Robert Axelrod, The *Evolution of Cooperation*, New York: Basic, 1984; Martin Nowak and Roger Highfield, *Super Cooperators: Evolution, Altruism and Human Behaviour (or, Why We Need Each Other to Succeed)*, Edinburgh: Canongate, 2011.

7. כהנמן, **לחשוב מהר, לחשוב לאט**, עמ' 347.

שאחרת היו מושקעים בשיפור התוצאה המשותפת. במחקרים בין־תרבותיים התברר שבארצות שהתנהגות טרמפיסטית רווחת בהן, האנשים נוטים להעניש בחומרה רבה יותר. הנטייה הגדולה ביותר לענישה מתגלה בחברות המושחתות ביותר, ובמקומות שבהם התחשבות בטובת הכלל היא תכונה נדירה. ענישה אפוא היא פתרון של מפלט אחרון.

וזה מביא אותנו אל הדת. סדרה שלמה של ניסויים שפכה אור על תפקידו של אורח החיים הדתי בהקשרים אלה. למשל, מבדקים שבהם יש למשתתפים הזדמנות לרמות ולהרוויח מכך. אם הנסיינים הקדימו למבדקים אלה, בלי שהנבדקים הבינו שיש קשר בין זה לבין הניסוי, דברים שגרמו למשתתפים לחשוב על רעיונות דתיים (למשל, הראו להם מילים המתייחסות לאלוהים, או הזכירו להם את עשרת הדיברות) - הם רימו פחות, באופן מובהק.[8] המרתק הוא שלתוצאות בניסויים מסוג זה אין כל זיקה לאמונות שהמשתתפים מחזיקים בהן. ההבדל נגרם לא **באמונה** של נבדק באלוהים, אלא **בהיזכרות** הנבדק באלוהים לפני המבדק. מכאן מובנת חשיבותם של התפילה ושל טקסים דתיים שגרתיים אחרים. ברגעים של פיתוי, ההתאפקות שלנו תלויה פחות באמונה שברקע חיינו, ויותר במעשה המביא אמונה זו אל תשומת לבנו.

חשובים אף יותר הם הניסויים שנועדו לבדוק כיצד משפיעות דרכים שונות של חשיבה על אלוהים. האם אנחנו חושבים בעיקר במונחים של סליחה אלוהית, או של דין אלוהי ועונש משמים? בתוך הדתות הגדולות יש זרמים המדגישים את הצד האחד, וזרמים אחרים המעדיפים את משנהו. יש מטיפים של גיהינום וזפת רותחת, ויש המדברים בקול הדממה הדקה של האהבה. איזו מן הדרכים יעילה יותר?

כמובן, כשהנבדקים אתיאיסטים או אגנוסטיים, אין הבדל. שום דברי כיבושין דתיים אינם משפיעים עליהם. אולם בקרב המאמינים, ההבדל מובהק. **אנשים המאמינים באלוהים מעניש מרמים וגונבים פחות מאנשים המאמינים באלוהים מוחל וסולח.** ניסויים נוספים בדקו כיצד מתייחסים המאמינים לטרמפיסטים במצבי טוב־משותף מהסוג שתיארנו לעיל. התוצאות מפליאות. **אנשים המאמינים באלוהים מעניש, מענישים את זולתם פחות מאנשים המאמינים באל מוחל וסולח.**[9] אנשים המאמינים כי, כמאמר התורה, אלוהים "נקה לא ינקה", נכונים יותר להשאיר את מלאכת הענישה

8. Ara Norenzayan, *Big Gods: How Religion Transformed Cooperation and Conflict*, Princeton, N.J.: Princeton University Press, 2013, pp. 34–35.
9. שם, עמ' 44-47.

לאלוהים. **אלה המתמקדים בסליחה האלוהית נוטים יותר ליטול לידיהם את מלאכת הנקם ושילם.**

כך הוא גם כאשר משווים בין חֲבָרות. כאן, הניסויים השתמשו בסולם שאיננו מתאים כל כך ליהדות: שיעור האנשים בחברה המאמינים בגן עדן, לעומת שיעור האנשים בחברה המאמינים בגיהינום. "במדינות בעלות השיעור הגבוה ביותר של אמונה בגיהינום והשיעור הנמוך ביותר של אמונה בגן עדן - נמצאו שיעורי הפשיעה הנמוכים ביותר. לעומת זאת, החברות המבכרות את גן העדן על פני הגיהינום הן אלופות הפשיעה. תבנית זו נמצאה כמעט בכל הדתות הגדולות, ובכלל זה מגוון דתות נוצריות והינדיות ודתות סינקרטיות שהן תערובת של כמה דתות".[10]

הממצא היה כה מפתיע, שהוא גרם לאנשים לשאול: אם כך, למה יש דתות הממעטות להדגיש את הענישה האלוהית? הפסיכולוג החברתי עזים שריף הציע הסבר זה: "אמנם האמונה בגיהינום היא כנראה דרך יעילה יותר לגרום לאנשים להיות טובים - אבל האמונה בגן עדן היא דרך יעילה יותר לגרום לאנשים להרגיש טוב". ולכן, אם רצונה של דת להביא תחת כנפיה מאמינים חדשים, "קל הרבה יותר לשווק דת המבטיחה גן עדן שמימי מדת המאיימת על מאמיניה באש ובגופרית".[11]

ברור אפוא מדוע דווקא כאשר הקב"ה מונה את י"ג מידות רחמיו, ומכריז על עצמו חנון ורחום, ארך אפיים ורב חסד, הוא מקפיד להודיע שלא ינקה מעונש את הראוי לעונש. **עולם בלי דין אלוהי יהיה עולם עם יותר מרמור, ענישה ופשיעה, ופחות אכפתיות וסליחה, אפילו בקרב מאמינים דתיים.** ככל שאנו מאמינים יותר שאלוהים מעניש את האשמים, כך אנו עצמנו נוחים יותר לסלוח להם. ככל שפוחתת אמונתנו שאלוהים מעניש את האשמים, כך אנו נעשים שומרי טינה ושוחרי ענישה. זוהי עובדה הנוגדת את האינטואיציה. גילוייה מציג בפנינו את עומק חוכמתה של התורה בשאיפתה ליצור חברה אנושית וחומלת.

10. שם, עמ' 46.
11. שם.

ויקהל

שבת: היום הראשון או האחרון?

הדיווח הארוך והמפורט של התורה על הקמת המשכן מופיע פעמיים: פרשות תרומה ותצווה ותחילת פרשת כי תישא מספרות על הציווי מפי ה׳, ופרשות ויקהל ופקודי על הביצוע בידי אדם. בכל אחת מן החטיבות הללו נסמכת לעניין המשכן המצווה לשמור את השבת (שמות לא, יב–יז; לה, א–ב).

יש לכך השלכות הלכתיות ואמוניות. ראשית, על פי מסורת התורה שבעל־פה, סמיכות העניינים נועדה להבהיר שהשבת דוחה את בניית המשכן.[1] ביום השביעי חדלים לא רק ממלאכות החול. אפילו מלאכת הקודש של בניית בית ה׳ נפסקת בו. כל כך קשורים הדברים זה בזה עד שחז״ל למדו מֵהן המלאכות האסורות בשבת מן המלאכות שנעשו בבניית המשכן: אלה הם ל״ט אבות מלאכה.

ברובד מטפיזי יותר, מלאכת יצירת המשכן היא שיקוף אנושי למלאכת בריאת העולם (נרחיב על כך במאמר ״עלינו לשבח״ לפרשת פקודי). כשם שמעשה הבריאה הוביל אל השבת, כך גם מעשה המשכן; הקדוּשה בזמן, השבת, גוברת על הקדושה במרחב, המשכן.[2]

מעניין ההבדל הבולט במיקומה של מצוות השבת בשתי החטיבות, חטיבת הציווי על המשכן וחטיבת הביצוע. בזו הראשונה, מצוות השבת מופיעה בסוף: בפרשת כי תישא, בין חתימת מצוות המשכן לבין סיפור העגל. ואילו בחטיבה השנייה, חטיבת הביצוע, מצוות השבת מופיעה בפתח: בתחילת פרשת ויקהל. מהי הסיבה להבדל זה?

במסכת שבת מופיעה מחלוקת בשאלה מה יעשה אדם הנמצא רחוק ממקום יישוב ואיבד את חשבון הימים: באיזה יום ישמור שבת? שתי תשובות מוצעות. רב

1. שבת מט ע״ב; וראו רש״י לשמות לא, יג ולשמות לה, ב.
2. ראו בהרחבה בספרו של אברהם יהושע השל, **השבת**, עברית: אלכסנדר אבן־חן, תל אביב: משכל, 2003.

הונא אומר, "מונה שִׁשה ימים ומשַמר יום אחד", כלומר היום שהאדם הבין בו כי שכח את החשבון ייחשב לו כיום א' בשבוע; ואילו רב חייא בר רב אומר, "משמר יום אחד ומונה ששה". שורש המחלוקת, מסבירה הגמרא, הוא זה: "מר סבר כברייתו של עולם, ומר סבר כאדם הראשון".[3]

כלומר: מנקודת מבטו של בורא עולם, השבת היא היום השביעי; ואילו מנקודת מבטו של האדם, שנברא ביום שישי, השבת היא היום הראשון. המחלוקת היא מהי נקודת המבט שעלינו לאמץ - האלוהית או האנושית. הנה לנו אפוא תשובה פשוטה לשאלתנו על פרשיות השבת והמשכן. בחטיבה הראשונה, של הציווי על המשכן, נקודת המבט היא של המצווה, הקב"ה, ולכן מצוות השבת באה לאחר מצוות מלאכת המשכן. בחטיבה השנייה, של הביצוע, נקודת המבט אנושית - ולכן מצוות השבת, שהיא היום הראשון בשבוע וגם בהיסטוריה, באה לפני תיאור המלאכה.

אך ישנו רובד עמוק יותר, והוא טמון בהבדל מהותי בין בריאה אלוהית ליצירה אנושית. בבריאה אלוהית, אין מרחק בין הכוונה לבין הביצוע. אלוהים מדבר - והעולם נברא. "ברוך שאמר והיה העולם", אנו אומרים בפסוקי דזמרה שבתפילה. ולא רק שהביצוע מיָדי, הוא גם ודאי וידוע מרגע התכנון. כדברי הנביא ישעיהו: "מַגִּיד מֵרֵאשִׁית אַחֲרִית וּמִקֶּדֶם אֲשֶׁר לֹא נַעֲשׂוּ; אֹמֵר עֲצָתִי תָקוּם וְכָל חֶפְצִי אֶעֱשֶׂה" (מו, י).

לא כן אנו, בני האדם. לא פעם, סוף המעשה איננו ברור לנו בעת המחשבה תחילה. סופרים דגולים לעתים אינם יודעים לאן יוביל הסיפור את גיבוריהם, עד שהם כותבים אותו. מלחינים מתחילים סימפוניה מכמה נושאים ומוטיבים ואינם יודעים מראש איך היא תישמע בהשלמתה. וכמוהם ציירים הניגשים אל הבד הלבן. היצירתיות כרוכה באי־ודאות, במידה של הסתכנות. הדברים נכונים שבעתיים באשר להיסטוריה האנושית. "חוק התוצאות הבלתי מכוונות" מלמדנו כי מהפכות אינן נגמרות כמעט אף פעם כפי שתוכננו. מדיניות שנועדה לעזור לעניים משיגה לפעמים את ההפך.[4] פרידריך האייק טבע את המונח "התרמית הגורלית" לכישלונה הבלתי נמנע בעיניו

3. שבת סט ע"ב.
4. דוגמה קלסית לכך היא מדיניות הרווחה בארצות הברית ובבריטניה בשנות השישים, שניסתה להפחית את העוני. בשתי המדינות הללו שיעור העוני עלה מאז ועד לשנות השמונים. ראו בספרו של צ'רלס מאריי *Charles Murray, Losing Ground*, New York: Basic Books, 1984, ובפרק מתוכו שתורגם לעברית - "מגבלותיה של העזרה", **השילוח** 2 (כסלו תשע"ז, דצמבר 2016), עמ' 99-113.

של ההנדסה החברתית - המחשבה שאפשר לתכנן התנהגות אנושית מגבוה.[5] ואכן, הדבר בלתי אפשרי. הנדסה חברתית רחבת היקף היא לפיכך כישלון ידוע מראש.[6]

אפשרות אחת היא פשוט לתת לדברים לקרות. אולם רוח התפיסה ההיסטורית של היהדות אינה נוחה מחביקת ידיים כגון זו. מסורת בידי חכמינו, "כל מקום שנאמר 'וַיהי' אינו אלא לשון צער".[7] כשדברים פשוט הווים, הסוף בדרך כלל לא טוב.

הדרך האחרת היא, ככל הידוע לי, ייחודית ליהדות: לטעום מן הסוף כבר בהתחלה. זוהי משמעותה של השבת. שבת איננה סתם יום מנוחה. היא הטרמה של "קץ ההיסטוריה", של אחרית הימים. בשבת אנו משחזרים את ההרמוניה האבודה של גן עדן. בשבת איננו להוטים **לעשות** - אלא אנו שמחים **להיות**. ליום אחד, איננו רשאים לתמרן את העולם; במקום זאת, אנו שמחים בעולם שהרי הוא יצירת האמנות האלוהית העילאית. בשבת איננו מורשים להפעיל כוח או שליטה על בני אדם אחרים, או אפילו על חיות הבית. העשיר והעני חווים אותה באותו אופן, באותה מידה של כבוד אדם וחופש.

שום אוטופיה לא התגשמה אי־פעם (והרי זה פירוש המילה אוטופיה: "שום מקום") - אך יש אחת שעתידה להיות יוצאת דופן ולהתממש: העולם הבא. הסיבה לכך היא שאנו עושים חזרות לקראתו אחת לשבוע. השבת היא חזרה גנרלית לכינונה של חברה אידיאלית שעדיין לא נהייתה, אך עוד תהיה, כי אנחנו יודעים את יעדנו; כי אנו חווים אותו עוד מתחילת הדרך.

הנה לנו אפוא עומקה הסמלי של דרמת עשיית המשכן. במדבר, זמן רב לפני חציית הירדן והכניסה לארץ היעודה, אמר אלוהים לבני ישראל לבנות עולם בזעיר אנפין. עולם זה, המשכן, יהיה מקום של סדר דקדקני ומידות מדויקות - כי כזה הוא עולם הטבע הנברא, ובלעדי זאת לא היה מתקיים (ראו לעיל במאמר לפרשת תרומה "הארכיטקטורה של הקדושה"). בניית המשכן הייתה אב־טיפוס סמלי של בניית חברה. כשם שהמשכן הוא בית לשכינת ה', כך תהיה גם החברה הישראלית אם היא תמלא אחר דבר ה'. ייעודה העליון של חברה כזו הוא כינון הרמוניית קיום שאיננו חווים בחיי העמל והיומרה, העימות והתחרות שלנו.

ההרמוניה הזו עוד לא הגיעה לעולם המעשה שלנו, אך ה' רצה שנכיר את היעד הזה, שנדע לאן פנינו מועדות וכך לא נתעה במדבר הזמן. משום כך, בשלב

5. Friedrich Hayek, *The Fatal Conceit*, London: Routledge, 1988.
6. זו הייתה גם דעתו של קרל פופר. ראו בספרו Karl Popper, *The Poverty of Historicism*, London: Routledge and Kegan Paul, 1961.
7. מגילה י ע"ב; ויקרא רבה יא, ז.

הביצוע האנושי, השבת באה ראשונה, לפני בניית המשכן - אף על פי ששַׁבַּת-העולם, שַׁבַּת-ההיסטוריה של אחרית הימים, תגיע אחרונה. ה' "מַגִּיד מֵרֵאשִׁית אַחֲרִית": כבר בראשית מעשה מודיע לנו את סופו, כבר מראשית הימים מגיד לנו את אחריתם. וכך, עוד לפני שאנו בוראים את המיני-עולם שלנו, המשכן, אנו מתחילים ב"חזרות" למנוחה שתבוא אחרי מלאכת היצירה, לשלום העולמים שיחליף באחרית הימים את חיי היגע. לפני תחילת המסע אנחנו מציצים אל יעדו.

רק מי שיודעים לאן פניהם מועדות יגיעו ליעד, בין שהם רצים אליו בין שהם מזדחלים.

ויקהל

בניין אומה: תשובה עתיקה לבעיה עכשווית

לפעמים, נסיבות הגעתנו להבנה חדשה בַּתורה מעניינות לא פחות מההבנה החדשה עצמה. על מקרה מסוג זה אספר הפעם. בזכותו למדתי משהו על מבנה ספר שמות, ועל המקום שיש בספר זה לסיפור הארוך על בניית המשכן. גיליתי גם דבר חשוב לא פחות, והוא שלתורה עדיין יש הרבה מה ללמד אותנו, יהודים ולא רק יהודים, השואפים ליצור חברה טובה ומכילה יותר.

הכרתי את טוני בלייר לראשונה שנים אחדות לפני שנבחר לראש ממשלת בריטניה. הוא היה ועודנו אדם מאמין ובעל קרבת נפש לתנ"ך. בתקופה ההיא, כך סיפר לי, קרא בו מדי לילה. האמת היא שהשיחה הראשונה שלנו הייתה שיחה של לימוד תנ"ך. זה קרה כאשר טסנו יחד, ואיתנו גם הנסיך צ'רלס, בחזרה מישראל, מהלווייתו של ראש הממשלה יצחק רבין ז"ל, ב־6 בנובמבר 1995.

בזמן הטיסה למדתי את פרשת השבוע מתוך מקראות גדולות. העימוד הייחודי של ספר זה, טקסט מרכזי המוקף בפירושים, צד את עינו של טוני בלייר. שום ספר אנגלי אינו מעוצב באופן דומה. הוא שאל אותי מהו הספר, ומדוע הוא מעומד כך. הסברתי לו מהו כל אחד מהטקסטים, מי היו המפרשים הקלסיים המופיעים במקראות הגדולות - רש"י, אבן־עזרא, הרמב"ן וחבריהם - מה היה הרקע ההיסטורי שלהם ומהם ההבדלים בין גישותיהם הפרשניות. הוספתי ואמרתי שאנו לומדים תמיד את התורה לאור הפירושים השונים, המייצגים את אופן הבנתה של התורה בתקופות שונות בתולדות היהדות.

הוא היה מוקסם, וביקש ממני ללמד אותו את הפרשה שלמדתי באותו רגע. הנסיך צ'רלס הקשיב ברוב קשב ממושבו שמצדו השני של המעבר. לאורך השעה הבאה מצאתי את עצמי נותן שיעור למלך הבא של בריטניה ולראש הממשלה הבא שלה. בסוף אותה שעה עלה בדעתי הפסוק מתהלים "וַאֲדַבְּרָה בְעֵדֹתֶיךָ נֶגֶד מְלָכִים

וְלֹא אֵבוֹשׁ" (קיט, מו), והודיתי לקב"ה על ההזדמנות שניתנה לי להגשים פסוק זה. מעתה והלאה היינו טוני בלייר ואני לידידים, ומשנתמנה לראש ממשלה המשכנו במסורת החדשה שלנו ונפגשנו לעתים מזומנות. לאחר שהיינו דנים בעניינים שעל סדר יומנו, חתמנו תמיד בלימוד קצר של קטע מהתנ"ך.

אף פעם לא ידעתי מראש מה יהיה קטע זה: הוא תמיד היה אותו קטע שהזדמן לראש הממשלה לקרוא בלילה הקודם. כך אירע שדנו פעם בספר איוב, פעם בירמיהו, ועוד ועוד. בפגישתנו האחרונה בכהונתו, בשנת 2007, לאחר שכבר הודיע שיתפטר, דנו בנבואת מיכה, באותו פרק נפלא ובו תמצית מאתגרת של החיים הדתיים הרצויים: "הִגִּיד לְךָ אָדָם מַה טּוֹב וּמָה ה' דּוֹרֵשׁ מִמְּךָ: כִּי אִם עֲשׂוֹת מִשְׁפָּט, וְאַהֲבַת חֶסֶד, וְהַצְנֵעַ לֶכֶת עִם אֱלֹהֶיךָ" (ו, ח). הזכרתי לבלייר שנשיא אמריקני, ג'ימי קרטר, ציטט פסוק זה בנאום ההשבעה שלו.[1]

יום אחד אמר לי, "הגעתי לקטע המשעמם". "איזה קטע משעמם?" שאלתי. "אתה יודע", אמר, "הקטע על המשכן בסוף ספר שמות. זה נמשך ונמשך, נכון?"

הסכמתי, והצעתי להשוות זאת לאופן שבו פוליטיקאים שופטים את חשיבותה של ידיעה עיתונאית: על פי אורכה באינצ'ים. סיפרתי לו על ההקבלות הלשוניות בין פרשיות המשכן לבין סיפור בריאת העולם בספר בראשית, ואז עמדתי על ההבדל הכמותי. לסיפור הבריאה מוקדשים שלושים וארבעה פסוקים בלבד, ואילו סיפור בניית המשכן משתרע על פני כחמש מאות.

הצעתי הסבר. אמרתי שלאלוהים כול־יודע וכול־יכול לא קשה לברוא עולם, לבנות משכן לאנושות; לעומת זאת, לבני האדם המוגבלים מטבעם קשה לבנות משכן לאלוהים. התורה אינה ספרו של האדם על אלוהים, אלא ספרו של אלוהים על האנושות; ולאלוהים חשוב איך **אנחנו** יוצרים, לא איך הוא יוצר. השליש האחרון בספר שמות, פרשיות בניית המשכן, אומר לנו שמשימתנו העיקרית היא לבנות בית לשכינה האלוהית. לבסוף בירכתי אותו בברכה שבירך משה את בוני המשכן: "תשרה שכינה על מעשה ידיכם".

כאן היה יכול סיפורנו לבוא אל סופו, אלמלא בעיה אחת: תשובתי לא הניחה את דעתי לגמרי. נזכרתי במדרש ידוע, המספר כי רבן יוחנן בן זכאי הסביר לרומאי אחד את מצוות פרה אדומה, ואמר שזהו מעין טקס להוצאת דיבוק. כשהלך הרומאי,

1. אפשר לקורוא כאן: http://www.bartleby.com/124/pres60.html.

שבע רצון מהתשובה, פנו התלמידים אל רבן יוחנן ואמרו לו, "רבנו, לזה דחית בקָנֶה; לנו מה אתה אומר?"[2]

התשובה שנתתי לראש הממשלה לא הייתה דחייה בקנה או בקש, ובכל זאת היא הותירה אחריה שאלה מתבקשת: גם אם האריכות בפרשיות המשכן נחוצה, מדוע הן כלולות בספר שמות, שעניינו **בניין אומה**? הן הולמות יותר את ספר ויקרא, העוסק בסדרי הקרבנות במשכן עצמו. מה עניין משכן ליציאה מעבדות לחירות ולהולדתו של עם ישראל כאומה בריבונות האל? שאלה זו הוסיפה לנקר במוחי.

בינתיים התעוררה בבריטניה, ובמדינות אירופיות נוספות ובראשן הולנד, סוגיה חברתית ופוליטית בוערת. מדינות אלו אימצו בשלהי המאה העשרים את הרב־תרבותיות, הרעיון שלפיו בחברות האירופיות בנות זמננו, המתאפיינות במגוון אתני, לא צריכה להיות תרבות אחת דומיננטית. אולם עם השנים התחוור שמדיניות זו לא רק שלא הפחיתה את המתחים בחברה, אלא אף החריפה אותם. במקום להוביל, כפי שציפו, לאינטגרציה חברתית, היא הובילה לבדלנות. היא לא הפכה את החברות לסובלניות יותר, אלא לסובלניות פחות. ההולנדים הגדירו זאת היטב. סובלנות, הם אמרו, מתעלמת מהבדלים; רב־תרבותיות מתעסקת בהם כל הזמן.[3]

עוד ועוד אנשים החלו לשאול בשנים ההן אם יש דרך מוצלחת יותר מהרב־תרבותיות, דרך שאין בה משום ויתור על רעיון החברה המכילה. כשהרהרתי בכך, חשבתי שוב על אותה שאלה בלתי פתורה בדבר מקומן של פרשיות המשכן בספר שמות. אם נושאו של ספר שמות הוא בניין אומה, זהו הספר הנכון לחפש בו תובנה בדבר ההתמודדות עם הבקיעים המתגלעים באומות בנות זמננו.

האתגר שניצב בפני משה היה אתגר זה ממש: איך להפוך אוסף של עבדים נמלטים לאומה מלוכדת. בפרק א בספר שמות נמצא התיאור הראשון של ישראל כאומה. פרעה קורא לבני ישראל "עם". אבל כפי שהראה הרב י"ד סולובייצ'יק, עם הוא קהילה של גורל, לא קהילה של ייעוד. לקהילה של ייעוד מייחדת התורה את המילה "עדה".[4] לְעם יש עבר משותף; לְאומה משותף עתיד, בדמות מערכת של אידיאלים ושאיפות. המסע אל הלאומיות המתרחש בספר שמות הוא בעצם מסע חניכה של עם לכדי עדה.

2. במדבר רבה יט, ח.
3. על כך, ועל הדברים שאומר להלן, כתבתי בהרחבה בספרי Jonathan Sacks, *The Home We Build Together*, London: Continuum, 2007.
4. ראו מסתו "קול דודי דופק", **דברי הגות והערכה**, ירושלים: ההסתדרות הציונית העולמית, המחלקה לחינוך ולתרבות תורניים בגולה, תשמ"ב, בייחוד בעמ' 41–43.

לעם שמשה מנהיג יש שני מאפיינים המזדקרים לעין. ראשית, הוא נחלק לשנים־עשר שבטים. התורה מדגישה זאת בכל הזדמנות. השבטים עדיין אינם מאוחדים בזהות משותפת. שנית, עדיין יש בקרבו "ערב רב" (שמות יב, לח), קבוצה הטרוגנית של אנשים שאינם מבני ישראל. בפני משה עמדה אפוא בעיה המזכירה מאוד את זו הניצבת בפני מדינות בעלות מגוון אתני ותרבותי.

לא פחות מכך מזדקרת לעין בסיפור יציאת מצרים העובדה שבני ישראל טרם הגיעו לבשלות המוסרית הנדרשת כדי להיעשות אומה חופשית. הם אינם חדלים להתאונן. הם מתלוננים אחרי שהתערבותו הראשונה של משה אצל פרעה גורמת להכבדת עולם (שמות ה, כא). הם מתלוננים כשהם מגיעים לים סוף (יד, יא-יב). אחרי שהם חוצים את הים בחרבה, הם מתלוננים פעמיים על מחסור במים (טו, כג-כד; יז, ב), ופעם נוספת על מחסור במזון (טז, ב-ג). הדיוקן שהתורה מציירת הוא דיוקנו של עם בעל מנטליות של עבדים. עדיין אין הוא עם של אמונה, של ביטחון בה׳, של אחריות ושל איפוק. בני ישראל אינם מסוגלים לראות את מה שמעבר לטווח המיָדי. וזהו, הבה נזכור, העם שראה זה עתה את הנסים הגדולים ביותר בהיסטוריה, את עשר המכות ואת קריעת ים סוף.

ואז מגיע מעמד הר סיני, מאורע חסר תקדים של התגלות אלוהית לעם שלם. התורה מספרת, "וְכָל הָעָם רֹאִים אֶת הַקּוֹלֹת וְאֶת הַלַּפִּידִם וְאֵת קוֹל הַשֹּׁפָר וְאֶת הָהָר עָשֵׁן, וַיַּרְא הָעָם וַיָּנֻעוּ וַיַּעַמְדוּ מֵרָחֹק" (כ, יח). אך לא עברו ארבעים ואחד יום, וכשהעם ראה "כִּי בֹשֵׁשׁ מֹשֶׁה לָרֶדֶת מִן הָהָר" (לב, א) עשה את עגל הזהב. לאחר שמשה ירד מההר וכיתת את העגל מסופר, "וַיַּרְא מֹשֶׁה אֶת הָעָם כִּי פָרֻעַ הוּא כִּי פְרָעֹה אַהֲרֹן לְשִׁמְצָה בְּקָמֵיהֶם" (לב, כה). העם הפך לאספסוף פרוע. מה עוד יכול או צריך לקרות לעם כזה עד שייעשה לקבוצה מלוכדת בעלת תחושה של זהות ושל ייעוד? נסים גדולים מקריעת הים וההתגלות בהר סיני לא יכולים להיות. אם בהם לא היה די, מה כן?

בשלב הזה בדיוק, בתחילת פרשת ויקהל, משה מורה לעם לבנות את המשכן – וזוהי הברקה גאונית. כאילו אמר ה׳ למשה: אם רצונך ליצור קבוצה בעלת תחושה של זהות משותפת, תן לאנשים ליצור משהו ביחד. **לא מה שקורה לנו מפתח אצלנו זהות ואחריות, אלא מה שאנחנו עושים.** הדבר שהצליח לשנות את בני ישראל איננו דבר שה׳ עשה למענם, אלא דבר שהם עשו למענו.

עד בניית המשכן, סיפורם של בני ישראל הוא סדרה של אירועים שבהם ה׳ פעל בשביל העם. הוא שחרר אותם מהשעבוד, הוא קרע להם את הים, הוא נתן להם מים מן הסלע ומָן מִן השמים. כל אותו זמן הם רבו והתלוננו. לעומת זאת, לכל אורך

בניית המשכן לא היו לא מריבות ולא תלונות. בני ישראל נתנו את רכושם, את זמנם ואת כישרונותיהם. הם נתנו כל כך הרבה, שמשה נאלץ להורות להם לחדול מכך (לו, ה–ז). זו התנהגות שלא נראתה קודם לכן. בני ישראל אכן השתנו - לא על ידי נס, אלא בכוח מאמציהם. מה שאנחנו עושים הוא המשַנֶה אותנו, לא מה שעושים לנו.

עתה היה ברור לי מדוע סיפור המשכן שייך לספר שמות, לא לספר ויקרא: מפני שזהו סיפור על בניין אומה. הדרך האפקטיבית ביותר להפוך אוסף של יחידים לקבוצה היא להציב בפניהם משימה שהם יוכלו למלא רק כקבוצה. ההירתמות למשימה תשבור את כל החלוקות השבטיות, החברתיות והתרבותיות. אומה איננה תלויה במוצא אתני משותף. היא יכולה לקום מתוך תחושת אחריות משותפת, הצומחת מביצועה של משימה משותפת.

הנה כי כן, התורה מתווה מוצא מפתיע מדילמות הרב־תרבותיות. היא מציעה שאזרחי המדינה יראו את עצמם כשותפים ביצירת חברה שהיא "הבית שאנו בונים ביחד". מהמחשבה הזו צמח ספר שפרסמתי בכותרת זו ב־2007.[5] זוהי חלופה רדיקלית לרוב הגישות הפוליטיות בנות זמננו - אלו המבוססות על אתניות, למשל, או על תפיסת האזרחות כמערכת של זכויות, או על ראיית החברה כהתגלמותו של קונסנזוס מוסרי. היא משַווה ערך חיובי להבדלים אתניים ודתיים, אך באותה מידה גם ללכידות החברתית. היא מזמינה אותנו להביא את המורָשות השונות שלנו כתרומה לבית של כולנו, לטוב המשותף. היא בעצם אומרת: **אם אשמור על הייחודיות שלי, אתן לחברה מה שרק אני יכול לתת.** היא יוצרת זיקה חזקה בין בנייה לשייכות. אני קורא לזה "רבגוניות משלבת". וכל זה - בהשראת הסיפור המקראי על המשכן, שאריכותו ופרטנותו העיקו כל כך על טוני בלייר.

אני מספר את הסיפור הזה לא רק כדי להראות איך פרשה בתורה יכולה לעזור לפתור בעיה פוליטית וחברתית עכשווית, אלא גם כדי לומר דבר יסודי על לימוד התורה. התורה מבקשת לא רק שנלמד אותה, אלא שנִחיה אותה. התורה גם איננה רק קוד התנהגות פרטי, אלא עניינה הוא אופן בנייתה של חברה. אם נכונן דו־שיח בין התורה לבין החברה בת זמננו נמצא את עצמנו מועשרים בתובנותיה העתיקות־חדשות על המצב האנושי.

אחתום במסקנה אחת נוספת מן הטיעון שפיתחתי פה. הרב נורמן לם, לשעבר נשיא "ישיבה אוניברסיטה", העיר פעם שהוא מכיר רק בדיחה אחת בכל הגמרא:

5. ראו הערה 3.

המימרה "תלמידי חכמים מרבים שלום בעולם".[6] ברור, המשיך, שזה לא נאמר ברצינות. הרי הרבנים ידועים בריבוי הוויכוחים שהם מעוררים.

עניתי לו שהמימרה אינה בדיחה, אבל כדי להבין כיצד היא עשויה להיות מציאותית יש לקרוא את המשכה: "תלמידי חכמים מרבים שלום בעולם, שנאמר 'וְכָל בָּנַיִךְ לִמּוּדֵי ה' וְרַב שְׁלוֹם בָּנָיִךְ' (ישעיהו נד, יג); אל תקרי 'בנייך', אלא 'בונייך'". כשתלמידי החכמים, ומנהיגים בכלל, נעשים בונים, הם מרבים שלום. אחרת, הם יוצרים רק תרעומת. ההוכחה לכך היא המשכן. כל עוד בני ישראל עסקו בבנייה, שרר שלום ביניהם. כדברי ההוגה האנגלי ג'ון ראסקין, "הגמול הנעלה ביותר לעמלו של אדם אינו מה שהאדם מקבל בעבורו, אלא מה שהאדם נהיה בגללו". דרך פשוטה אף יותר לומר זאת היא הסיסמה שהייתה בפי החלוצים בארץ ישראל, "אנו באנו ארצה לבנות ולהיבנות בה".[7] מה שאנחנו בונים בונה אותנו.

6. ברכות סד ע"א.
7. ראו Eric Zakim, *To Build and Be Built: Landscape, Literature, and the Construction of Zionist Identity*, Philadelphia: University of Pennsylvania Press, 2006.

ויקהל

החיה הקהילתית

בתחילת פרשת ויקהל משה עושה תיקון לחטא העגל. התורה רומזת לנו על כך כאשר היא פותחת את שתי הפרשיות בפעלים כמעט זהים. "וַיִּקָּהֵל הָעָם עַל אַהֲרֹן", נאמר בפסוק הראשון בסיפור העגל (שמות לב, א); "וַיַּקְהֵל מֹשֶׁה אֶת כָּל עֲדַת בְּנֵי יִשְׂרָאֵל", פותחת פרשתנו, מיד לאחר רדת משה מההר בשנית, עם הלוחות השניים ועם מחילתו של הקב"ה לעם (שמות לה, א). אלו הן שתי ההופעות הראשונות בתורה, והיחידות בספר שמות, של פעלים מהשורש קה"ל. הקשר בולט במיוחד לאור זהות הכתיב בין "וַיִּקָּהֵל" ו"וַיַּקְהֵל". והלוא דבר אחד הוא. בני ישראל חטאו בעגל כאשר נקהלו, חטאו כקהילה - ועכשיו עליהם להתקהל שוב ולהיבנות מחדש כקהילה.

הרוחניות היהודית היא בראש ובראשונה רוחניות קהילתית. "קהל" "וקהילה" הן לה מילות מפתח. הקהילה, השותפות החברתית, היא יסוד מוסד בהווייתנו האנושית, לא רק בימי קדם אלא גם בימינו. כפי שנראה להלן, מחקרים מדעיים מאשרים כי לקהילה ולרקמה החברתית כוח בלתי רגיל בעיצוב חיינו. אך קודם - הבה נדייק ונראה מה עושה משה בפרשתנו. הוא מַפנה את מבטם של בני ישראל לשני מרכזים קהילתיים גדולים ביהדות, האחד במרחב ומשנהו בזמן. המרכז הקהילתי שבַּזמן הוא השבת. המרכז הקהילתי שבמרחב הוא המשכן, שהתגלגל לימים למקדש ובהמשך לבית הכנסת. בשני המקומות הללו ניכרת עוצמתה של הקהילה. בשבת, כשאנו מניחים בצד את העיסוקים והרצונות הפרטיים שלנו ומתקבצים יחדיו כקהילה; ובבית הכנסת, ביתה של הקהילה.

היהדות מחשיבה מאוד את היחיד. כל אדם הוא בעיניה עולם ומלואו. כולנו נבראנו בצלם אלוהים אך כל אחד מאיתנו שונה, ועל כן כל אחד הוא ייחודי ובלתי ניתן להחלפה. ובכל זאת, המילים "לא טוב" מופיעות לראשונה בתורה בפסוק "לֹא טוֹב הֱיוֹת הָאָדָם לְבַדּוֹ" (בראשית ב, יח). חלק גדול מאוד מהתורה ומהמצוות עניינו היחד. התורה מוקירה את האינדיבידואל, אך אינה מצדדת באינדיבידואליזם.

היהדות היא דת של קהילה. את הקדושות שבתפילותינו אנו יכולים לומר אך ורק במניין, הסף המזערי לקהילה. כשאנו מתפללים, אנו עושים זאת כקהילה. בקשותינו נאמרות ברובן בגוף ראשון רבים. מרטין בובר דיבר על אני־ואתה, אבל היהדות היא לאמתו של דבר דת של אנחנו־ואתה. לפיכך, כדי לכפר על החטא שבני ישראל חטאו כקהילה, משה שאף לקדש את הקהילה בזמן ובמרחב.

כאן טמון אחד מן ההבדלים היסודיים בין המסורת המערבית לבין התרבות העכשווית במערב. אפשר להתחקות אחר התגלעות הקרע בעזרת כותריהם של שלושה ספרים חשובים על החברה האמריקנית. בשנת 1950 פרסמו דיוויד ריזמן, נתן גלזר ורעואל דֶני ספר מעמיק על אופיים המשתנה של האמריקנים, שנקרא **הקהל הבודד**.[1] בשנת 2000 פרסם רוברט פאטנם מאוניברסיטת הארוורד את הספר **באולינג לבד**,[2] שתיאר את מעברם של האמריקנים מתחביבים קבוצתיים לבילויים ביחיד, בין היתר את המעבר מקבוצות ומועדונים של כדורת (באולינג) להליכה לאולמות של משחקי בודדים. ב־2011 פרסמה שֶׁרי טורקל מהמכון הטכנולוגי של מסצ'וסטס ספר על השפעת הסמארטפונים והרשתות החברתיות, ושמו **לבד ביחד**.[3]

הַקשיבו לַכותרים. בהצטרפם יחדיו הם מתארים את תהליך גדילתה המתמשכת של הבדידות. הם מציינים שלבים בתהליך הקריסה של הקהילה בחיים המודרניים. תיאור קולע לכך סיפק רוברט בֶּלה בכותבו כי "הסביבה החברתית נפגעת לא רק ממלחמה, מג'נוסייד ומדיכוי פוליטי. היא נפגעת גם מהרס הקשרים העדינים המחברים אדם לאדם, הרס המותיר את הבריות מפוחדות ובודדות".[4]

כאן טמונה האקטואליות של שני נושאי פרשתנו, השבת והמשכן (בגלגולו הנוכחי: בית הכנסת). אלה הם נוגדנים להתפוגגות הקהילה. הם עוזרים לשקם את "הקשרים העדינים המחברים אדם לאדם". הם שבים ומחברים אותנו לכדי קהילה.

הַביטו בַּשבת. הפילוסוף מייקל וולצר כתב על ההבדל בין ימי חופשה לימי קדושה, והשבת בפרט.[5] רעיון החופשה כיום חג פרטי הוא חדש יחסית. וולצר מְתַארך את הולדתו לשנות השבעים של המאה התשע־עשרה. אופיו הוא אינדיבידואליסטי

1. David Riesman, *The Lonely Crowd,* Cambridge, NJ: Yale University Press, 1950.
2. Robert D. Putnam, *Bowling Alone: The Collapse and Revival of American Community,* New York: Simon & Schuster, 2000.
3. Sherry Turkle, *Alone Together: Why We Expect More from Technology and Less from Each Other,* New York: Basic Books, 2011.
4. Robert Bellah et al., *Habits of the Heart: Individualism and Commitment in American Life,* Berkeley: University of California Press, 1985, p. 284.
5. Michael Walzer, *Spheres of Justice,* Oxford: Blackwell, 1983, pp. 190–196.

או משפחתי. "כל אדם מתכנן את החופשה שלו, הולך לאן שלבו חפץ, עושה מה שהוא רוצה". השבת, לעומת זאת, היא קולקטיבית במהותה: "אַתָּה וּבִנְךָ וּבִתֶּךָ, עַבְדְּךָ וַאֲמָתְךָ וּבְהֶמְתֶּךָ וְגֵרְךָ אֲשֶׁר בִּשְׁעָרֶיךָ" (שמות כ, ט). היא ציבורית, היא משותפת, היא נחלת כולם. חופשה היא סחורה. אנחנו קונים אותה. שבת איננה דבר שקונים. היא זמינה לכול בתנאים זהים: "כולם מצטרפים, כולם נהנים". לחופשה אנחנו יוצאים כיחידים או כמשפחה. את השבת אנו חוגגים כקהילה.

הוא הדין בבית הכנסת, מקדש המעט הקהילתי - מוסד ייחודי ליהדות שאומץ לימים, במתכונות אחרות, בנצרות ובאסלאם. הזכרנו את טענתו של רוברט פאטנם **בבאולינג לבד** שהאמריקנים נעשו אינדיבידואליסטים יותר. לדבריו, זהו אבדן של "הון חברתי", של הקשרים המחברים אותנו באחריות משותפת לטוב המשותף.

כעבור עשור תיקן פאטנם את התזה שלו.[6] ההון החברתי, אמר, עדיין קיים, ואפשר למצוא אותו בכנסיות ובבתי הכנסת. על פי מחקרים שערך, אנשים הפוקדים את בית התפילה דרך קבע נוטים יותר מאנשים אחרים לתת כסף לצדקה, לעסוק בפעילות התנדבותית, לתרום דם, ללוות אנשים הסובלים מדיכאון, להציע מקום ישיבה לזרים, לעזור לאנשים למצוא עבודה, וכן הלאה בעוד סוגים רבים של עשייה אזרחית, מוסרית ופילנתרופית. כללו של דבר, באנשים הללו פיעמה רוח אלטרואיסטית יותר מאצל אחרים. **הגעה קבועה לבית תפילה היא המשתנה המנבא המדויק ביותר לאלטרואיזם**, יותר מכל גורם אחר כגון מגדר, רמת השכלה, רמת הכנסה, גזע, אזור מגורים, מצב משפחתי, אידיאולוגיה וגיל.

מרתק מכול, פאטנם מצא שהרכיב המכריע הוא **ההשתייכות לקהילה דתית**, ולא זהותה ואמונתה של קהילה זו. במחקר נמצא שאתיאיסט המגיע באופן סדיר לבית תפילה (אולי כדי ללוות בן זוג או ילד), הסיכויים שיתנדב בבית תמחוי גדולים מהסיכויים שיעשה זאת מאמין דתי נלהב הנוהג להתפלל ביחידות בביתו. גורם המפתח הוא הקהילה.

זוהי כנראה אחת הפונקציות החשובות ביותר של הדת בעידן החילוני שלנו: היא גורמת לקהילות להוסיף להתקיים. רובנו זקוקים לקהילה. אנחנו יצורים חברתיים. ביולוגים אבולוציוניים העלו לאחרונה את ההשערה שהעלייה החדה בגודל המוח אצל ההומו ספיינס, לעומת מיני האדם הקודמים, קשורה יותר מכול בצורך להגדיל את הרשתות החברתיות שלנו. יכולתו של האדם לשתף פעולה בקבוצות גדולות

6. Robert Putnam and David E. Campbell, *American Grace: How Religion Divides and Unites Us*, New York: Simon & Schuster, 2010.

מבדילה אותו מיתר בעלי החיים - ובזה הוא מתייחד מהם יותר מכפי שהוא מתייחד מהם בתבונתו. כדברי התורה, "לא טוב היות האדם לבדו".

מחקר שנערך לא מכבר הראה דבר נוסף. לזהותם של האנשים שאתם מתחברים אליהם יש השפעה עצומה על מה שאתם עושים ועל מה שאתם נעשים. ניקולס כריסטקיס וג'יימס פאולר ערכו בשנת 2009 ניתוח סטטיסטי לקבוצה בת 5,124 נבדקים ול־53,228 קשָׁרים בין נבדקים אלו לבין ידידי המשפחה שלהם ועמיתיהם לעבודה. הם מצאו כי אם אחד מחבריו של אדם מתחיל לעשן, הדבר מגדיל באופן מובהק (ב־36 אחוז) את ההסתברות שגם אדם זה יתחיל לעשות כן. כך הוא גם באשר לשתיית אלכוהול, הרזיה, השמנה, ועוד דפוסי התנהגות רבים.[7] אנחנו נעשים דומים לאנשים הקרובים אלינו.

מחקר משנת 2000, שנבדקיו היו סטודנטים מקולג' דרטמות, העלה שסטודנט ששותפו לחדר הוא בעל הרגלי למידה טובים צפוי לשפר את הישגיו. מחקר משנת 2006, באוניברסיטת פרינסטון, הראה שאדם שנולד לו אחיין או אחיינית, הסבירות שהוא עצמו יוליד ילד בשנתיים הקרובות גדלה ב־15 אחוזים. יש דבר כזה, "הידבקות חברתית". אנחנו מושפעים עד מאוד מחברינו - כפי שקבע כבר הרמב"ם **במשנה תורה:** "דרך ברייתו של אדם להיות נמשך בדעותיו ובמעשיו אחר רעיו וחבריו, ונוהג במנהג אנשי מדינתו".[8]

וזה מחזיר אותנו אל משה ואל "ויקהל". משה מקהיל את העם, מעמיד במרכז חייו הדתיים את הקהִילה, ונותן לה משכן במרחב והיכל בזמן. על ידי כך הוא מפגין את כוחה של הקהילה להיטיב, כנגד מעשה העגל שהראה מה גדול כוחה של הקהילה להרע. הרוחניות היהודית היא ברובה המכריע קהילתית מאוד. משום כך, אמונת ישראל היא בעיניי גאולה מן הבדידות.

7. Nicholas Christakis and James H. Fowler, *Connected: The Surprising Power of Our Social Networks and How They Shape Our Lives*, New York: Little, Brown and Company, 2009.
8. הלכות דעות ו, א.

פקודי

יושרה ציבורית

דווקא מפני שפסוקי קריאת שמע מוכרים לנו כל כך, איננו מרבים להתעכב ולהרהר בפשרם. אחד הפסוקים הללו אומר, כידוע, "וְאָהַבְתָּ אֵת ה' אֱלֹהֶיךָ בְּכָל לְבָבְךָ וּבְכָל נַפְשְׁךָ וּבְכָל מְאֹדֶךָ" (דברים ו, ה). "מאוד" הוא כאן שם עצם; מה פירושו? ההבנה הרווחת היא ש"מאוד" הוא כוח, חוזק או השתוקקות; בלשוננו השתרש הביטוי "רוצה בכל מאודו", כלומר בכל כוחו. אבל רש"י, בעקבות המדרש ותרגום אונקלוס, מפרש: "בכל ממונך".

אך אם כך הוא, הפסוק מעורר קושי - לפחות מבחינת סדר רכיביו. "נַפְשְׁךָ" פירושה כאן על פי חז"ל "חייך"; "אפילו הוא נוטל את נפשך", מבאר רש"י. יש מקרים, נדירים מאוד לשמחתנו, שאנו מצווים למסור בהם את נפשנו ובלבד שלא לעשות עברה מסוימת. ואם כן, אם נצטווינו למסור את הנפש על אהבת ה', הרי קל וחומר שצריך לאהוב את ה' בכל ממוננו, כלומר אם נדרש מאיתנו קרבן כספי יקר. חז"ל ורש"י מסבירים שהכוונה למי "שממונו חביב עליו מגופו": בשבילו אין כאן קל וחומר, ויש לציין את הממון במפורש.

ממונו של מי חביב עליו מגופו? הרי מובן שהחיים חשובים מהממון. אבל חז"ל ידעו גם כי "אדם בהול על ממונו":[1] כשהדברים מגיעים לכסף, אנשים עושים דברים מוזרים, נחפזים, לא שקולים ואי־רציונליים. רווח כספי הוא פיתוי גדול, שעלול לגרום לנו לעשות דברים הפוגעים באחרים ובסופו של דבר פוגעים בנו עצמנו. לכן, בתחום הפיננסי, ובייחוד כשמדובר בכספי ציבור, אסור שיהיה מקום לפיתוי, ואסור שיישאר מקום לספק אם הכסף שימש למטרה שיועדה לו. נדרשים ניהול ספרים קפדני ושקיפות מלאה. בלעדיהם רובצת סכנה מוסרית. כספי ציבור הם כסף גדול, וכסף קל.

פרשת פקודי עמוסה דיווחים פרטניים על אופן השימוש בתרומות לבניית המשכן: "אֵלֶּה פְקוּדֵי הַמִּשְׁכָּן מִשְׁכַּן הָעֵדֻת אֲשֶׁר פֻּקַּד עַל פִּי מֹשֶׁה, עֲבֹדַת הַלְוִיִּם בְּיַד אִיתָמָר בֶּן אַהֲרֹן הַכֹּהֵן" (שמות לח, כא). היא ממשיכה ומונה את הכמויות המדויקות

1. שבת קיז ע"ב.

של הכסף, הזהב והנחושת שנאספו, ואת המטרות שהם שימשו להן. מדוע משה עשה כך? מדרש תנחומא מציע תשובה:

> "וְהִבִּיטוּ אַחֲרֵי מֹשֶׁה" (שמות לג, ח). ומה היו אומרים? היו מסתכלין מאחוריו ואומר אחד לחברו: "ראה צַוָּארו! ראה שוקיו! אוכל משלנו, שותה משלנו!" וחברו משיבו: "רֵיקה! אדם שנתמנה על מלאכת המשכן, על ככרי כסף ועל ככרי זהב, שאין לו חקר ולא משקל ולא מניָן - מה אתה רוצה, שלא יהא עשיר?" כששמע כן, אמר: "חייכם, משנגמרה מלאכת המשכן, אני נותן להם חשבון". כיוָן שנגמרה אמר להם: "אֵלֶּה פְקוּדֵי הַמִּשְׁכָּן" (שמות לח, כא).[2]

משה הגיש דין וחשבון מפורט, כדי שיהיה ברור מעל לכל חשד שהוא לא שלח ידו בכספי תרומות. שימו לב להדגשה כי המניין לא נעשה בידי משה עצמו, אלא היה "עֲבֹדַת הַלְוִיִּם בְּיַד אִיתָמָר בֶּן אַהֲרֹן הַכֹּהֵן"; במילים אחרות, בידי מבקרי חשבונות עצמאיים.

בתורה אין שום רמז להאשמות ולחשדות המתוארים במדרש, אך ייתכן שהוא מתבסס על הכרזתו של משה בזמן מחלוקת קורח, "לֹא חֲמוֹר אֶחָד מֵהֶם נָשָׂאתִי וְלֹא הֲרֵעֹתִי אֶת אַחַד מֵהֶם" (במדבר טז, טו; כלומר, לא לקחתי את חמורו של איש מישראל, ולא עשיתי רע אף לא לאחד מהם). האשמות בשחיתות ובהתעשרות אישית מופנות לא פעם כלפי מנהיגים, בצדק או שלא בצדק. היה אפשר לחשוב שהעובדה שאלוהים רואה כל מה שאנו עושים היא ערובה לכך שלא נחטא. אבל היהדות אינה סבורה כך. בגמרא מתועדת שיחה בין רבן יוחנן בן זכאי, בעת שהיה שכיב מרע, לבין תלמידיו שבאו להיפרד ממנו:

> אמרו לו, "רבינו, ברכנו". אמר להם, "יהי רצון שתהא מורא שמים עליכם כמורא בשר ודם". אמרו לו תלמידיו, "עד כאן?" אמר להם, "ולואי. תדעו, כשאדם עובר עבירה אומר, 'שלא יראני אדם'".[3]

כשבני אדם עוברים עברה, הם חוששים שמא יראה אותם אדם אחר. הם שוכחים שה' רואה אותם בכל מקרה. הפיתוי מסמא את ההיגיון. שום אדם אינו יכול להיות בטוח שהוא חסין מפניו.

2. תנחומא, פקודי ז.
3. ברכות כח ע"ב.

במקום מאוחר יותר בתנ"ך, בספר מלכים, יש פסוק שאפשר להבין ממנו כי הביקורת החשבונאית של משה לא הייתה הכרחית. בימי המלך יהואש נאסף כסף לשיפוץ המקדש. על האיסוף הזה מסופר: "וְלֹא יְחַשְּׁבוּ אֶת הָאֲנָשִׁים אֲשֶׁר יִתְּנוּ אֶת הַכֶּסֶף עַל יָדָם לָתֵת לְעֹשֵׂי הַמְּלָאכָה כִּי בֶאֱמֻנָה הֵם עֹשִׂים" (מלכים א׳ יב, טז). האנשים שהופקדו על האיסוף היו ידועים כנאמנים וישרים, ולכן הם לא נדרשו להגיש דין וחשבון. משה היה כמובן אדם בעל יושר מוחלט שברור כי "עשה באמונה"; לכן, לאור הפסוק הזה, ייתכן שעשה לפנים משורת הדין כשהגיש לעם את דו"ח פקודי המשכן.

הידיעה כי משה לא היה חייב לעשות מה שעשה - דווקא היא נותנת למעשהו תוקף מיוחד. בכספי ציבור צריכות להיות שקיפות ואחריותיות (accountability) אפילו אם האנשים המטפלים בכספים ידועים בניקיון כפיהם. אנשים במשרות אמון חייבים להיות בעלי יושרה מוסרית - וגם להיראות כאלה כלפי חוץ. יתרו חותן משה כבר ביטא רעיון זה כשהציע למשה למנות שרים שישפטו את העם, בהדגישו שאנשים אלה צריכים להיות "יִרְאֵי אֱלֹהִים, אַנְשֵׁי אֱמֶת, שֹׂנְאֵי בָצַע" (שמות יח, כא).

אם יש שופטים שלא יצא להם מוניטין כאנשי אמת שונאי בצע, יש חשש שהצדק, גם אם ייעָשה, לא ייראָה. חז"ל גזרו עיקרון כללי זה מסיפור בקשתם של בני גד וראובן ממשה להתיישב בעבר הירדן המזרחי (במדבר לב, א-לג). משה אמר להם שמעשה כזה יפגע ברוח העם; ייווצר רושם שבני השבטים הללו אינם מוכנים לחצות את הירדן ולהילחם לצד אחיהם את מלחמת כיבוש הארץ. בני גד וראובן הבהירו שבכוונתם להשתתף במלחמה ואף להיות ראשונים בחזית, והבטיחו שלא יחזרו אל מקנם וטפם שבעבר הירדן עד שכיבוש הארץ יושלם. משה הסכים, ואמר לנציגי שני השבטים שאם יקיימו את הבטחתם זו במלואה יהיו "נְקִיִּם מֵה׳ וּמִיִּשְׂרָאֵל" (לב, כב). ביטוי זה הונצח בהלכה, בדמות העיקרון "אדם צריך לצאת ידי הבריות כדרך שצריך לצאת ידי המקום".[4] לא מספיק להיות בסדר; חייבים **להיראות בסדר**, בייחוד כשיש מקום לשמועות ולחשדות.

בספרות חז"ל אפשר למצוא כמה דוגמאות ליישומים של כלל זה. למשל, כאשר נכנסים ללשכת השקלים במקדש, מקום ששם נשמר הכסף לקרבנות, אסור ללבוש פריטי ביגוד שאפשר להחביא בהם מטבעות:

> אין התורם נכנס לא בפרגוד חָפוּת, ולא במִנעל, ולא בסנדל, ולא בתפילין, ולא בקמיע, שמא יעני ויאמרו "מעוון הלשכה העני", או שמא יעשיר ויאמרו

4. משנה, שקלים ג, ב.

"מתרומת הלשכה העשיר". לפי שאדם צריך לצאת ידי הבריות כדרך שצריך לצאת ידי המקום, שנאמר "וִהְיִיתֶם נְקִיִּם מֵה' וּמִיִּשְׂרָאֵל" (במדבר לב, כב) ואומר "וּמְצָא חֵן וְשֵׂכֶל טוֹב בְּעֵינֵי אֱלֹהִים וְאָדָם" (משלי ג, ד).[5]

דוגמה נוספת, הנסמכת אף היא על הפסוק "והייתם נקיים מה' ומישראל": אסור לגבאי צדקה לפרוט את כספי קופת הצדקה בעזרת כספם הפרטי, ואסור לגבאי בית התמחוי לקנות בכספם עודפי מזון שעניים לא אכלו; פריטה והמרה של כספי צדקה, ומכירת עודפי מזון מבית תמחוי (כמובן, למטרת רכישת מוצרי מזון חדשים לבית התמחוי), צריכות להיעשות בעזרת צד שלישי. כל זאת, כדי שלא יחשדו בגבאים שהם מפיקים טובות הנאה מכספי ציבור.[6]

ב**שולחן ערוך** נפסק כי יש לגבות צדקה בשניים, לפחות, כדי שכל גבאי יראה מה חברו עושה.[7] יש מחלוקת בין המחבר, רבי יוסף קארו, לבין הרמ"א, בעל ההגהות, אם גבאי הצדקה צריכים להגיש דו"ח כספי. המחבר מסתמך על הפסוק ממלכים שציטטנו לעיל, "ולא יחשבו את האנשים אשר ייתנו את הכסף על ידם לתת לעושי המלאכה כי באמונה הם עושים", ופוטר את הגבאים ממטלה זו. אולם הרמ"א אומר שטוב יותר שהגבאים ידווחו, על פי העיקרון "וִהייתם נקיים מה' ומישראל".[8]

האמון הוא מיסודות החיים הציבוריים. אומה החושדת במנהיגיה שהם מושחתים איננה יכולה לתפקד ביעילות כחברה חופשית, צודקת ופתוחה. מסימניה של חברה טובה, שהמנהיגות בה נתפסת כשירות ולא כעמדת כוח שקַל לנצלה לרעה. התנ"ך הוא, בין היתר, ספר הדרכה על חשיבותו של הרף הגבוה בחיים הציבוריים. הנביאים היו המבקרים החברתיים הראשונים בעולם, וה' הסמיך אותם לדבר אמת אל בעלי השררה ולקרוא תיגר על מנהיגים מושחתים. התרסתו של אליהו כלפי אחאב, ומחאתם של עמוס, הושע, ישעיהו וירמיהו נגד אורחות החיים הלא אתיים של ימיהם, הם טקסטים קלסיים במסורת הזו, באשר הם מכוננים מאז ולתמיד את האידיאלים של ההוגנות, הצדק, היושר והיושרה. חברה חופשית בנויה על יסודות מוסריים, ויסודות אלה צריכים להיות בלתי מעורערים.

משה נתן דוגמה אישית כשהציג דו"ח כספי על השימוש בתרומות למיזם המשותף הראשון של עם ישראל. בעשותו זאת, הוא קבע תקדים חיוני לכל הדורות.

5. שם.
6. פסחים יג ע"א.
7. **שולחן ערוך**, יורה דעה רנז, א.
8. שם ב, ובהגהות הרמ"א.

פקודי

עלינו לשבח

אם מנהיג רוצה להפיק מבני קהילתו את המיטב, עליו לתת להם הזדמנות להראות שהם מסוגלים למעשים גדולים - ואז **לחגוג את הישגיהם**. זה מה שמתרחש ברגע מכריע לקראת סוף פרשתנו, רגע המוביל בעקבותיו את חומש שמות רב המעקשים והמרי אל חתימתו הנשגבת.

בני ישראל השלימו את מלאכת בניית המשכן. ואז מספרת התורה (שמות לט, לב ו־מג):

> **וַתֵּכֶל** כָּל **עֲבֹדַת** מִשְׁכַּן אֹהֶל מוֹעֵד. וַיַּעֲשׂוּ בְּנֵי יִשְׂרָאֵל כְּכֹל אֲשֶׁר צִוָּה ה׳ אֶת מֹשֶׁה כֵּן עָשׂוּ... וַיַּרְא מֹשֶׁה אֶת כָּל **הַמְּלָאכָה**, וְהִנֵּה עָשׂוּ אֹתָהּ כַּאֲשֶׁר צִוָּה ה׳ כֵּן עָשׂוּ. **וַיְבָרֶךְ** אֹתָם מֹשֶׁה.

מילים פשוטות למשמע אוזן - אך באוזן המיומנת מתהדהד בהן כתוב אחר, מסוף סיפור הבריאה בספר בראשית (שמות ב, א–ג):

> **וַיְכֻלּוּ** הַשָּׁמַיִם וְהָאָרֶץ וְכָל צְבָאָם. **וַיְכַל** אֱלֹהִים בַּיּוֹם הַשְּׁבִיעִי **מְלַאכְתּוֹ** אֲשֶׁר עָשָׂה, וַיִּשְׁבֹּת בַּיּוֹם הַשְּׁבִיעִי מִכָּל **מְלַאכְתּוֹ** אֲשֶׁר עָשָׂה. **וַיְבָרֶךְ** אֱלֹהִים אֶת יוֹם הַשְּׁבִיעִי וַיְקַדֵּשׁ אֹתוֹ, כִּי בוֹ שָׁבַת מִכָּל **מְלַאכְתּוֹ** אֲשֶׁר בָּרָא אֱלֹהִים לַעֲשׂוֹת.

שלוש מילות מפתח מופיעות בשני הקטעים: "מלאכה" (או עבודה), "ויכל" (להטיותיה) ו"ויברך". ההדהוד אינו מקרי. זו דרכה של התורה לאותת על קשר בין כתובים, ולרמוז שאת המצווה או הסיפור האחד יש לקרוא לאורו של השני. כאן התורה מדגישה שבחומש שמות הושלם מה שהתחיל בחומש בראשית, מלאכה השלימה מלאכה. שימו לב לדמיון וגם להבדלים. ספר בראשית התחיל במעשה של בריאה **אלוהית**. ספר שמות נחתם במעשה של יצירה **אנושית**.

ככל שנעמיק לבחון את הפרטים בשני הכתובים, כך יתחוורו לעינינו קשרי הקשרים המחושבים שנטוו ביניהם. סיפור הבריאה בספר בראשית מאורגן בקפידה סביב סדרות בנות שבעה איברים. מסופר בו על שבעה ימים. המילה "טוב" מופיעה בו שבע פעמים, המילה "אלוהים" 35 פעמים (7 כפול 5), והמילה "ארץ" - 21 (7 כפול 3). בפסוק הפותח את הסיפור ואת הספר יש שבע מילים, בפסוק השני 14, ובפסקה החותמת אותו, פסקת "ויכולו" שציטטנו כאן - 35. בסיפור כולו יש 469 מילים (7 כפול 67).

והנה, גם סיפור בניית המשכן בפרשות ויקהל-פקודי בנוי סביב המספר שבע. המילה "לב" מופיעה שבע פעמים בקטע שמשה מפרט בו את החומרים לַבנייה (שמות לה, ה-כט), ועוד שבע פעמים בקטע המתאר כיצד בצלאל ואהליאב מתמנים לעשות את המלאכה (לה, לד-לו, ח). המילה "תרומה" מופיעה בסיפור שבע פעמים. בפרק לט, המתאר את הכנת בגדי הכהונה, מופיע הביטוי "כַּאֲשֶׁר צִוָּה ה' אֶת מֹשֶׁה" שבע פעמים - ועוד שבע בפרק מ.

התורה מפנה אפוא את תשומת לבנו לזיקה שבין בריאת העולם לבניית המשכן. עכשיו אנו מבינים מה המשכן ייצג: הוא היה מיקרו־קוסמוס, יקום בזעיר אנפין, שנבנה באותם חוכמה ודיוק שהעולם נברא בהם. מרחב של סדר אל מול תוהו הישימון חסר הצורה, המאיים תמיד, שבלב האדם. המשכן היה תזכורת מוחשית לשכינתו של אלוהים בקרב המחנה - שהיא בפני עצמה מטפורה לשכינתו בעולם כולו.

רעיון גדול והרה גורל מתעצב פה. בני ישראל, שהצטיירו לאורך רוב ספר שמות כממורמרים וככפויי טובה, קיבלו לאחר חטא העגל הזדמנות להוכיח שאפשר לגאול אותם, שהם מסוגלים למעשים גדולים. הם הוכיחו שהם יכולים להיות יצירתיים. בנדיבות לב ובכישרון כפיים בנו עולם מיניאטורי. במעשה סמלי זה הוכיחו שהם מסוגלים להיות, כניסוחם הקולע של חז"ל, "שותפים במעשה בראשית".

בזאת נסללה הדרך להשבת רוחם של בני ישראל ולשיקום תפיסתם העצמית כאומת הברית. אנו היהודים איננו מאמינים שאנו מוכתמים לעד בחטא קדמון, ושאיננו מסוגלים לגדולה מוסרית. להפך, העובדה שנבראנו בצלם אלוהים פירושה שאנו, בני האדם, לבדנו מכל היצורים החיים, ניחנו ביכולת ליצור. כשהישגם היצירתי הראשון של בני ישראל הגיע להבשלתו, משה בירך אותם ואמר, על פי חז"ל, "יהי רצון שתשרה שכינה במעשה ידיכם".[1] גדולתנו הפוטנציאלית טמונה ביכולת שלנו ליצור מבנים, מערכות יחסים וחיים הנעשים בית לשכינה.

1. ספרי במדבר, פינחס קמג.

בברכו את בני ישראל ובשבחו את הישגם הראה להם משה את הדרך למעלה. הוא לימד אותם מה בידם להיות. זוהי חוויה שבכוחה לשנות חיים. אשתף אתכם בחוויה שחוויתי, מקרה בן זמננו.

סמוך לאחר מתקפת 11 בספטמבר 2001 קיבלתי מכתב מאישה לונדונית שאת שמה לא זיהיתי תחילה. בבוקר המתקפה על מרכז הסחר העולמי הרציתי על דרכים להעלאת קרנו של מקצוע ההוראה, והיא קראה על כך בעיתון. הדבר גרם לה לכתוב אליי ולהזכיר לי פגישה שהייתה לנו שמונה שנים קודם לכן.

אז, ב־1993, היא הייתה מנהלת של בית ספר מקרטע. היא שמעה כמה מתכניות הרדיו שלי, חשה קרבה לדברים שאמרתי, וחשבה שאולי תהיה לי תשובה לַבעיה שהטרידה אותה. הזמנתי אותה לבוא עם שניים מסגניה לביתנו. היא סיפרה לי שהמורל בבית הספר, בקרב המורים, התלמידים וההורים כאחד, ירוד מאי־פעם. הורים העבירו ממנו את ילדיהם. מספר התלמידים הנרשמים ירד מ־1,000 ל־500. תוצאות הבחינות היו גרועות: רק שמונה אחוזים מהתלמידים השיגו ציונים גבוהים. היה ברור שאם לא ייעשה שינוי גדול, יהיה צורך לסגור את בית הספר.

דיברנו כשעה על נושאים כלליים - בית הספר כקהילה, הדרך ליצור אתוס וכן הלאה - עד שהבנתי לפתע ששיחתנו דומה לרכבת שעלתה על הפסים הלא נכונים. המנהלת מתמודדת עם בעיה מעשית, לא עם בעיה פילוסופית. אמרתי: ״אני רוצה שתחיי מילה אחת: **לחגוג**״. היא השיבה לי באנחה. ״אתה לא מבין - אין לנו **שום דבר** לחגוג. הכול אצלנו מתפורר״. ״אם כך״, עניתי, ״**תמצאו** משהו לחגוג. אם תלמיד אחד הצליח השבוע יותר מבשבוע שעבר, תחגגו. אם למישהו יש יום הולדת, תחגגו. אם הגיע יום שלישי, תחגגו״. היא נראתה בלתי משוכנעת, אך הבטיחה לנסות את הרעיון.

עכשיו, לאחר שמונה שנים, היא כתבה כדי לספר לי מה אירע מאז. שיעור מקבלי הציונים הגבוהים נסק מ־8 אחוזים ל־65. מספר התלמידים הנרשמים שב ועלה מ־500 ל־1,000. את החדשות המרעישות היא שמרה לסוף: זה עתה עוטרה בתואר דֵיים של מסדר האימפריה הבריטית, אחד מתוארי הכבוד הגבוהים ביותר שהמלכה יכולה להעניק. התואר ניתן לה לרגל תרומתה לחינוך. ״רק רציתי שתדע״, סיימה את מכתבה, ״כיצד שינתה מילה אחת את בית הספר ואת חיי״.

היא הייתה מורה נהדרת, ולבטח לא נזקקה לעצתי. היא הייתה מוצאת את התשובה בעצמה בכל מקרה. אולם אף פעם לא היה לי ספק שקו פעולה זה יצליח. צמיחתנו האישית היא במידה רבה נגזרת של ציפיותיהם של אחרים מאיתנו. אם הן נמוכות, אנחנו נשארים קטנים. אם הן גבוהות, אנחנו מעפילים אליהן.

הבל הוא הרעיון שלכל אחד מאיתנו יש מנה קבועה של משכל, של מידות טובות, של יכולת לימודית, של מוטיבציה ושל דחף. אמנם לא כולנו יכולים לצייר כמו מונֶה או לחבר מוזיקה כמו מוצרט. אבל לכל אחד מאיתנו יש כישרונות ויכולות העשויים להישאר רדומים כל חיינו, עד שמישהו יעורר אותם. כולנו יכולים להגיע לגבהים שמעולם לא חשבנו שנגיע אליהם. כל שנחוץ לשם כך הוא **שנפגוש אדם המאמין בנו, מאתגר אותנו, ולבסוף משנענינו לאתגר, מברך אותנו וחוגג את הישגינו**. זה הדבר שמשה עשה לאחר חטא העגל. תחילה נתן לבני ישראל ליצור, ואז בירך אותם ואת יצירתם בברכה שהיא מן הפשוטות והיפות שבכל הברכות: שהשכינה תשרה במעשה ידיהם.

השבח הוא חלק הכרחי מן ההנעה. הוא העלה בית ספר על המסלול. בעידן קדום יותר ובהקשר קדוש יותר הוא העלה את בני ישראל על המסלול. כשאנו משבחים את הישגיהם של אחרים, אנו משנים חיים.

פקודי

מהו הסיפור של ספר שמות?

עם חתימת ספר שמות, אנו יכולים להביט לאחור ולשרטט את מבנהו. על פני השטח חומש שמות נראה כסיפור היסטורי מתובל במגוון מצוות ודינים, ההופך בשליש האחרון שלו, באופן שאינו הולם את אופיו, לדין וחשבון על הקמת המשכן. בקריאה רציפה של החומש הוא נדמה כאומר: כך וכך קרה, והנה דו"ח האירועים.

אשר לתוכן העלילה, הוא נראה כסיפורה של התערבות אלוהית במהלך ההיסטוריה האנושית, התערבות ששינתה אותה לעד. בני ישראל שועבדו; אלוהים שחרר אותם. הנסים שבספר שמות הם בקנה מידה שאין לו אח בשום ספר אחר במקרא, בשום תקופה אחרת בהיסטוריה היהודית ובשום ספרות דתית אחרת. עשר המכות, קריעת ים סוף, מעמד הר סיני, המן מהשמים, המים מהסלע - מאורעות על־טבעיים אלה טבעו חותם נצחי בתודעה היהודית. ולא רק בתודעה היהודית: ספר שמות היה השראה למהפכה האנגלית במאה השבע־עשרה, למהפכה האמריקנית במאה השמונה־עשרה, ולתנועות שחרור רבות במאה העשרים מדרום אמריקה עד דרום אפריקה. יציאת מצרים היא לַמערב כולו נרטיב־על של תקווה, אש תמיד של שאיפה לחופש.

אולם התורה לעולם איננה תיעוד היסטורי גרידא. לעלילה ההיסטורית של ספר שמות יש תכלית, יש נושא מאחד, יש מבנה מוסרי, יש נקודת התחלה ונקודת יעד. זוהי היסטוריה שמחולליה אינם החלטות של גיבורים בשר ודם. אלוהים הוא חלק מהותי מהסיפור: הוא הבמאי והוא גם השחקן הראשי. הסיפור רחוק מלהיות מקרי. מצרים, "בית עבדים" שעם שלם משועבד בה, ואף נידון להכחדה, היא בעצם מה שקורה כשבני אדם - פרעונים, שליטים, רודנים - חושבים עצמם לאלים: כשהמחוקק מעל לחוק. וזה עדיין קורה. עלינו רק לחשוב על גרמניה הנאצית, על ברית המועצות של סטלין ועל שלל משטרים רצחניים שעומדים בתוקפם בעצם ימינו אלה, כדי להבין שסיפור יציאת מצרים, הסיפור של ספר שמות, איננו רק היסטוריה. תכניה של התורה נצחיים ואינם חדלים להיות רלוונטיים כל עוד בני אדם מבקשים לשלוט באחרים באמצעות שימוש בכוח.

קריאה זהירה בספר שמות, קריאה קשובה לדקויות ולמבנים, תגלה לנו שהוא איננו רק דרמה אלוהית שכל הפעולות החשובות בה שייכות לקב"ה. ישנו סאב־טקסט, סיפֵּר־שכנגד המלווה את הספר לאורכו, והוא מספר סיפור שונה בתכלית. סיפור שני זה עניינו ההשבה המתמשכת של האחריות מאלוהים לבני האדם. לא העוצמה האלוהית נמצאת במרכזו של הסיפור הזה, אלא ההַעֲצמה האלוהית. הקב"ה כמו אומר לבני ישראל: אני אשמור עליכם, אבל אז אלמד אתכם איך לשמור על עצמכם. אוציא אתכם לחופשי, אבל אז אבקש מכם ללמוד איך ליצור חברה חופשית. אלוהים המחנך נוכח בספר שמות לא פחות מאלוהים המשחרר, וכך גם באשר לדמות האנושית המרכזית בדרמה הזו, משה. בספר שמות יש הרבה מן העל־טבעי, אבל גם הרבה מן הטבעי. אלוהים מראה לנו את הדרך, אבל מצפה מאיתנו ללכת בה בעצמנו, ללמוד לקרוא את מפת הגאולה ולנווט במִדבר הזמן בין הסכנות המשחרות תמיד לרגליו של הצועד אל חירותו.

בהביטנו בספר בשלמותו אנו רואים שהסיפור מתחלק לשתי קשתות מָסיביות, ולכל אחת מהן מבנה כיאסטי, מבנה ראי. הראשונה, המשתרעת מפרק א עד פרק כד, היא סיפור שאפשר לתת לו את הכותרת "מעבדות לחירות". וזה מבנהו:

חברה לא צודקת (א-ו)
.....יציאה לחירות: עשר המכות (ז-יג)
..........קריעת ים סוף (יד-יח)
.....חירות: עשרת הדיברות (יט-כ)
חברה צודקת (כא-כד)

הסיפור מתחיל בשעבוד במצרים. הוא נחתם בקובץ דינים ובו בין היתר חובת שחרור עבדים בשנה השביעית וכמה מצוות המבקשות להזכיר לבני ישראל את חוויית השעבוד במצרים. "וְגֵר לֹא תוֹנֶה וְלֹא תִלְחָצֶנּוּ, כִּי גֵרִים הֱיִיתֶם בְּאֶרֶץ מִצְרָיִם" (כב, כ). "וְגֵר לֹא תִלְחָץ. וְאַתֶּם יְדַעְתֶּם אֶת נֶפֶשׁ הַגֵּר, כִּי גֵרִים הֱיִיתֶם בְּאֶרֶץ מִצְרָיִם" (כג, ט). לחברה שבני ישראל הצטוו לבנות אין ולו קורט מההדר האימפריאלי של מצרים. היא תהיה תשליל של מצרים. חברה המושתתת לא על כוח אלא על כבוד לאדם ולחירותו.

התורה איננה מבטלת את העבדות, אבל היא מצמצמת ומגבילה אותה באופן שיעמיד את העם על מסלול שסופו ביטולה הגמור. אנו נוטים לשכוח מה ארוך היה המסלול הזה, אפילו בחברות המתקדמות ביותר. בבריטניה ובארצות הברית העבדות התקיימה עד המאה התשע־עשרה, ובארצות הברית ביטולה הושג במחיר מלחמת אזרחים. הכוח החזק ביותר המכוון ליעד זה הוא השבת: "שֵׁשֶׁת יָמִים תַּעֲבֹד וְעָשִׂיתָ

כָּל מְלַאכְתֶּךָ. וְיוֹם הַשְּׁבִיעִי שַׁבָּת לַה׳ אֱלֹהֶיךָ. לֹא תַעֲשֶׂה כָל מְלָאכָה אַתָּה וּבִנְךָ וּבִתֶּךָ עַבְדְּךָ וַאֲמָתְךָ וּבְהֶמְתֶּךָ וְגֵרְךָ אֲשֶׁר בִּשְׁעָרֶיךָ" (כ, ח–ט). יום אחד בשבוע נשם כל עבד את אווירה הפתוח של החירות. אין דבר מהפכני מזה: הפיכתה של העבדות מגזֵרת גורל מולדת למצב זמני והפיך.

זהו הסיפור הראשון, המובנֶה היטב, שקריעת ים סוף היא נקודת המרכז והמפנה שלו: שם חצה העם את הגבול שבין מצרים, שטח שיפוטו של פרעה, לבין המדבר, ארצו של שום איש, מקום שבו לא היה דבר שיחצוץ בין בני ישראל לאלוהים. שתי סצנות דומות זו לזו מתרחשות בפתח סיפור זה ובסופו. תחילה אנו פוגשים את משה בהגיעו אל "הַר הָאֱלֹהִים חֹרֵבָה" (ג, א), נועד לבדו עם אלוהים שבסנה הבוער באש. בסצנה השנייה אנו מוצאים את משה שוב באותו הר, שוב לבדו עם אלוהים, "וּמַרְאֵה כְּבוֹד ה׳ כְּאֵשׁ אֹכֶלֶת בְּרֹאשׁ הָהָר לְעֵינֵי בְּנֵי יִשְׂרָאֵל" (כד, יז). בין שני המאורעות הדומים הללו הכול השתנה. משה נעשה מנהיג. העם יצא לחופשי. נסים אדירים התחוללו. עריץ הובַס. אולם כמו כדי להדגיש את סימטריית הבבואה של העלילה, הסיפור מסתיים כפי שהתחיל - ה׳ מדבר אל משה בהר מתוך האש. זו הייתה דרמה עתירת שחקנים וניצבים: העם המצרי כולו ועם ישראל שעתה הוא רב ועצום. אולם בסצנות המסגרת משתתפים רק שניים: אדם אחד, משה, וקולו של אלוהים, כאילו ללמדנו שדווקא כך מִשתנָה היסטוריה: בדו־שיח הפנימי שבין נפש אחת לבין אלוהי החופש וכבוד האדם.

הקשת השנייה עוסקת פחות בפוליטיקה ויותר ברוחניות ובמקומו של אלוהים בחברה. סמלה הוא המשכן, ומִבנֶה כדלהלן:

משכן: הוראות (כה - לא, יא)
.....שבת (לא, יב–יח)
..........חטא העגל (לב–לד)
.....שבת (לה, א–ג)
משכן: ביצוע (לה, ד - מ)

הפעם נקודת המפנה של המבנה היא חטא העגל, והסוגיה הנידונה בו היא מה שמקס ובר כינה "הַשְׁגָּרַת הכריזמה".[1] איך הופכים מאורעות כבירים לשגרה יום־יומית?

1. בפרט בספרו **תיאוריה של ארגון חברתי וכלכלי**: Max Weber, *Theory of Social and Economic Organization*, trans. A.R. Anderson and Talcott Parsons, New York: Oxford University Press, 1947.

איך מנציחים השראה כאשר המנהיג הכריזמטי כבר איננו? פרשת עגל הזהב אירעה כאשר השפעת ההתגלות בהר סיני החלה לפוג, ומשה נעדר והיה חשש שלא ישוב לעולם. אימת ההיעדר הזו, היא ולא התשוקה לעבודה זרה, מסבירה את עשיית העגל.

תובנה של זיגמונד פרויד מהקשר אחר לגמרי מובילה אותנו אל לב הבעיה. לדידו של פרויד, הדרמה האנושית המרכזית היא המתח שבין אבות לבנים. האב מעורר התנגדות אצל הילד כי הוא מקבל, במקום הילד כביכול, חלק מתשומת לבה של האם. אולם כשהאב נעדר, הילד חש תערובת של אשמה ואימה, ומַבנה לעצמו מעין דמות אב חלופי.[2] זה היה תפקידו של עגל הזהב: תחליף לאל בלתי נראה ולאב נעדר: לקב"ה ולמשה שהוא מנהיג ודמות אב.

כולנו, חשב פרויד, ילדים המשתוקקים לדמות אב גם כשאנו ממורמרים עליה. ויש לכך השלכות על חייהן של אומות. הדבר מסביר את הכיסופים למנהיגים חזקים - לנפוליאונים, להיטלרים - הגורמים לנו להרגיש בטוחים גם כשהם עושקים את חירותנו. במובן זה, לעגל הזהב יש גם ממד פוליטי. כשאומה מאבדת עשתונות בהיעדר מנהיג חזק, היא מפגינה חוסר מוכנות לחופש.

עולה מכך שלמשכן היו שתי משמעויות שונות למדי. הראשונה גלומה במשכן עצמו: סמל נראה לעין של שכינת ה' בקרב העם. העם מקבל אישור מַתמיד לנוכחותו של ה', ואין לו סיבה לחשוש שהוא ייעדר או ינטוש.

המשמעות השנייה, החשובה לא פחות, גלומה **בבניית** המשכן. עד לאותו זמן הכול נעשה **בשביל** העם, וכמעט שום דבר לא נעשה **על ידיו**. כאמור בדרשתי לפרשה הקודמת, מה שמשַׁנֶּה אותנו הוא מה שאנחנו עושים, לא מה שנעשה בשבילנו. מרגע שבני ישראל הוטענו במשימה קונסטרוקטיבית, כזו שכל אחד מהם יכול לתרום לה, התנהגותם השתנתה להפליא. הם הפגינו רצון רב כל כך לתרום, שהתרומות גדשו את הסאה ומשה נאלץ לומר להם לחדול. בניית המשכן הייתה ההזדמנות הראשונה שניתנה לבני ישראל לפעול כאנשים חופשיים ויצירתיים. היא הייתה חלק מחניכתם אל החירות.

המשכן, על שִׁגרת הפולחן שבו, היה השגָרה של כריזמה. הוא היה מעין הר סיני נייד. אש ההתגלות בהר סיני הייתה לאש תמיד, שהלכה איתם בכל אשר ייסעו ויחנו. נביאים מוֹסרים את דבר ה' לזמן ומקום מסוימים; כוהנים חיים את דבר ה'

2. פרויד פיתח את הטיעון ביצירותיו **טוטם וטאבו** (1913), **עתידה של אשליה** (1927), **תרבות ואי־נחת** (1930) ו**משה ואמונת הייחוד** (1939).

בכל המקומות והזמנים. הנביאים כריזמטיים, לא כן הכוהנים. לא ספונטניות נדרשת מהכוהנים, כי אם המשכיות.

למראית עין, אין קשר בין שני חלקי ספר שמות. אך כזכור מדרשתי לפרשה הקודמת, בעיניי יש ביניהם קשר הדוק. לספר שמות וליהדות בכללותה יש תזה רדיקלית, שנוכחותו של אלוהים הכרחית לכל חברה השואפת שלא להידרדר לדיכוי ולשחיתות, לעריצות ולעוול. בלב ברית סיני עומד רעיון ייחודי בתולדות הדתות, שישראל היא **אומה תחת ריבונות האל**. יכולים להיות לה מנהיגים אנושיים: משה היה מנהיג מסוג אחד, השופטים מנהיגים מסוג אחר, המלכים סוג שלישי, ובמדינת ישראל של ימינו יש כנסת הנבחרת באופן דמוקרטי. אבל ביהדות כל כוח אנושי שהוא, כפוף לסמכות־העל של אלוהים. ההדק כפוף לצדק. נביא יכול למתוח ביקורת על מלך. שום שליט אינו עומד מעל לחוק. יש גבולות מוסריים לכוח. אלו הם יסודות החברה החופשית אז והיום.

כשבני אדם שוכחים לעבוד את האלוהים הם מתחילים לעבוד בני אדם אחרים, ומכאן קצרה הדרך לעריצות. החוקים החברתיים בספר שמות (פרקים כא–כג) קשורים אפוא באופן מהותי לבניית המשכן, סמלה של הנוכחות האלוהית בלב המחנה, בלב החברה החופשית.

וישנה גם קשת סיפורית שלישית, הנותרת סמויה מעינינו עד לסוף הספר. שם נשמעות לפתע באוזנינו מילים המחזירות אותנו אל תחילת התורה, אל סיפור בריאת העולם:

בריאת העולם	בניית המשכן
וַיַּרְא אֱלֹהִים **אֶת כָּל** אֲשֶׁר **עָשָׂה וְהִנֵּה** טוֹב מְאֹד. (בראשית א, לא) **וַיְכַל** אֱלֹהִים בַּיּוֹם הַשְּׁבִיעִי **מְלַאכְתּוֹ** אֲשֶׁר עָשָׂה וַיִּשְׁבֹּת בַּיּוֹם הַשְּׁבִיעִי מִכָּל מְלַאכְתּוֹ אֲשֶׁר עָשָׂה. **וַיְבָרֶךְ** אֱלֹהִים אֶת יוֹם הַשְּׁבִיעִי וַיְקַדֵּשׁ אֹתוֹ, כִּי בוֹ שָׁבַת מִכָּל מְלַאכְתּוֹ אֲשֶׁר בָּרָא אֱלֹהִים לַעֲשׂוֹת. (בראשית א, לא; ב, ב–ג)	**וַיַּרְא** מֹשֶׁה **אֶת כָּל** הַמְּלָאכָה **וְהִנֵּה עָשׂוּ** אֹתָהּ כַּאֲשֶׁר צִוָּה ה׳ כֵּן עָשׂוּ. **וַיְבָרֶךְ** אֹתָם מֹשֶׁה. (שמות לט, מג) **וַיְכַל** מֹשֶׁה אֶת **הַמְּלָאכָה**. וַיְכַס הֶעָנָן אֶת אֹהֶל מוֹעֵד וּכְבוֹד ה׳ מָלֵא אֶת הַמִּשְׁכָּן. (שמות מ, לג–לג)

ההדהודים המילוליים צפופים מכדי שנתעלם מהם. "וירא", "את כל", "עשה/עשו", "והנה", "ויכל", "מלאכתו/המלאכה", "ויברך" - שבע המילים הללו מופיעות בשתי הפסקאות הקצרצרות. המספר שבע ממלא תפקיד מפתח בפרקיו האחרונים של ספר שמות. הביטוי "כַּאֲשֶׁר צִוָּה ה' אֶת מֹשֶׁה" מופיע בפרק לט, המספר על הכנת בגדי הכהונה, שבע פעמים. בפרק מ, בסיפור הקמת המשכן בידי משה (פסוקים יז-לג), הוא מופיע שבע פעמים נוספות. קידוש הכוהנים והמזבח נמשך שבעה ימים (כט, לה-לז) - המקבילים לשבעת ימי הבריאה, ולשבע הפעמים שנאמר בהן שאלוהים ראה "כִּי טוֹב" בסיפור הבריאה בבראשית פרק א.[3]

בניית המשכן בידי בני ישראל היא שיקוף של בריאת העולם בידי אלוהים. אין זה מקרה **שתאריך** השלמת המשכן, "בַּחֹדֶשׁ הָרִאשׁוֹן... בְּאֶחָד לַחֹדֶשׁ", (מ, יז) הוא גם יום הולדתו של העולם, וכן היום שהיבשה נראתה בו לראשונה אחרי המבול (בראשית ח, יג), תחילת "בריאתו" המחודשת של העולם אחרי שהמים שיחתוהו. הבריאה האנושית משקפת את הבריאה האלוהית. הבית שאלוהים בונה לאדם מאזן את הבית שהאדם בונה לאלוהים. סופו של ספר שמות מחזיר אותנו לתחילת ספר בראשית.

זוהי הפתעה ספרותית של ממש. לאורך ספר שמות נמצאנו מרחק ת"ק פרסאות מהנושאים המטפיזיים של תחילת ספר בראשית. ספר שמות עוסק בהיסטוריה; פרקים א-ב של ספר בראשית - בקוסמולוגיה. החתימה המפתיעה של ספר שמות מסגירה לעינינו לראשונה מאפיין מרהיב של התורה, כפי שהיא עד לנקודה זו: בראשית ושמות יוצרים יחדיו סימטריית ראי. זוהי הקשת השלישית, הגדולה, והנה המבנה שלה:

יצירת העולם (בראשית א-ג)
.....האנושות וכישלונותיה (ג-ו)
..........המבול (ז-י)
...............היברים: מגדל בבל (יא)
....................משפחת הברית (יב-נ)
....................עַם הברית (שמות א-ד)
...............היברים: פרעה (ה-ו)
..........המכות (ז-יא)
.....העם וכישלונותיו (יב-יח; לב-לג)
יצירת המשכן (כה-לא; לד-מ)

3. על ארגון סיפור הבריאה בפרשת בראשית וסיפור הקמת המשכן בפרשות ויקהל-פקודי סביב המספר שבע וכפולותיו, ראו עוד בתחילת המאמר הקודם, "עלינו לשבח".

נתבונן בצמדים המקבילים שבשתי כנפות הקשת. בלב הקשת, בלב העלילה, נמצא הצמד המבטא את המעבר מספר בראשית לספר שמות: משפחת הברית הופכת לעם הברית. ההיבריס של פרעה דומה לזה של בוני מגדל בבל: כמותם חשב להעמיד את עצמו במקומו של אלוהים. המכות היו למצרים מה שהמבול היה לעולם. כנגד אלימותם של בני האדם הקדמונים, שגרמה לאלוהים להתחרט על שברא אותם (בראשית ו, ה-ו), נמצאים בני ישראל קשי העורף, המשרכים דרכם במידה כזו שאלוהים מתחרט על שבחר בהם (שמות לב, ט-י). ובקצוות, הממסגרים את הסיפור כולו, נמצאות שתי סצנות מקבילות: העולם והמשכן, קוסמוס ומיקרו־קוסמוס. שניהם מאורגנים בשלושה מתחמים: העולם נברא בצמדי הניגודים יום-לילה, מים שמעל לשמים ומים שמתחת לשמים, ים-יבשה - והמשכן נחלק לחצר חיצונית, פנים המשכן וקודש הקודשים. הן העולם הן המשכן נוצרו במילותיו המְצַוות של אלוהים, וכבוד ה׳ ממלא את שניהם.

בלבם של שני החומשים נמצאים מסעות משני כיוונים ליעד אחד. בבראשית זהו מסעו של אברהם מצפון מזרח, מאור כשדים וחרן לארץ ישראל - ובשמות מסעו של משה מדרום מערב, ממצרים. יש, כך רומז הסיפור, דרך חזרה מחטא להרמוניה, מגָלוּת לתשובה. מבחינה זו המשכן איננו רק כפרה על חטא העגל. הוא גם סוג של כפרה על חטאם של אדם וחווה בגן עדן. אחרי המבול אלוהים משלים עם העובדה שבני האדם חוטאים. אחרי חטא העגל הוא משלים עם העובדה שגם בני ישראל כאלה. כשהעם מקריב - כשהוא נותן משהו מעצמו לאלוהים - אלוהים מכפר לו. הלוחות השנִיים, אשר הונחו בארון הברית כמזכרת נצח לכפרה האלוהית, היו אפוא לבני ישראל מה שהייתה לאנושות כולה הקֶשת. היא בישרה אחרי המבול שאלוהים לא ימחה את האדם מעל פני האדמה. אלוהים צודק, אבל אלוהים גם סולח. בני האדם חוטאים, אבל חטאם יכול להימחל.

נושא־העל החופֶה על שני החומשים הוא המתח שבין סדר לכאוס. התורה איננה ייחודית בכך. סדר וכאוס הם צמד הקטבים של המחשבה האנושית למן הולדת התרבות, והם עדיין כאלה, בין בחברה בין בטבע (המדע המודרני אף הוליד דיסציפלינה חדשה, תיאוריית הכאוס). המייחד את התורה הוא האופן שהיא ממשיגה בו את השניים.

במיתוס ובמדע כאחד הכאוס צרוב במבנה היקום. האלים נלחמים; היסודות מתנגשים; הלוחות הטקטוניים זזים. האֶנטרופיה, הפוטנציאל לאי־סדר, גוברת עם הזמן. הסדר אפוא הוא תמיד שברירי. היהדות, המאמינה שהעולם כולו הוא פרי רצונו של בורא יחיד, טוענת ההפך: הסדר הוא טבעי, ופתלתלותם של בני האדם

היא האיום העיקרי עליו. את הכאוס יוצרים אנחנו, באמצעות חטא המוביל לאלימות ולשימוש לרעה בכוח, ולבסוף לרצח או לשעבוד הגוזלים מבני אדם אחרים את חייהם או את חירותם.

אולם **יש סדר מוסרי בעולם**. לכך מכוון פרק א בספר בראשית כשהוא מתאר שוב ושוב את העולם הנברא כ"טוב". זה גם מה שעומד מאחורי הצורה הספרותית האופיינית כל כך לתורה - הכיאזמוס, סימטריית הבבואה א-ב-ג-ב-א. היא רומזת לנו שמה שקורה לנו הוא בבואה של מה שאנחנו עושים. אם אנו עושים טוב, טוב נעשה לנו. אם אנו עושים רע, רע נעשה לנו. על כך נסבים הספרים בראשית ושמות. לקראת סוף ספר בראשית אחי יוסף מבקשים להורגו ולבסוף מוכרים אותו לעבדות. בתחילת ספר שמות פרעה מנסה להרוג את בני ישראל, או לפחות את בניהם הזכרים, והופך אותם לעבדים. כל חוויית העבדות במצרים נועדה ללמד את בני ישראל כמה נורא להיות משועבדים, כדי שלא ישעבדו אחרים.

החברה האידיאלית על פי התורה היא חברה של **חירות מוסדרת**, המושגת באמצעות שלטון החוק. נוכחותו של המשכן, על חלליו המוסדרים בדייקנות, בלב המחנה מסמלת אפוא לא רק את נוכחותו של אלוהים, אלא גם את הסדר האלוהי, המאפיין את הבריאה (הסדר הטבעי, המדע) ואת הגאולה (הסדר החברתי, הצדק) כאחד. החברה המוסדרת שבני ישראל מצטווים ליצור מביאה אפוא לידי חיתום את הסיפור שהתורה החלה בו, סיפור העולם המוסדר שאלוהים ברא.

כמה סמלי הוא שגילוי המבנה האחדותי והסדור הזה של סיפור התורה, המוסווה תחת רצף כאוטי כביכול של מאורעות, דורש עמל של התבוננות - ממש כפי שבחיי המציאות עלינו לעמול כדי לראות את אחדותו של אלוהים מאחורי האקראיות הנצפית של ההיסטוריה ושל הנסיבות. בראשית-שמות הוא יחידה ספרותית אחת, הבוחנת את משמעות היקום ואת מקומנו בתוכו באמצעות סדרה של דרמות, חלקן אישיות, אחרות מדיניות, המצטברות לכדי הצהרה מהדהדת: שכשם שאלוהים ברא סדר בעולם, כך נקראים גם אנו ליצור סדר בחיינו האישיים ובחברה כולה. אנו עשויים בצלם אלוהים; אנו בניו של אלוהים; אנו שותפיו של אלוהים. בקרבנו מפעמת רוח אלוהים. סביבנו נמצאת שכינתו. לידנו הבית שאנו בונים לאלוהים. לפנינו המשימה שאלוהים הציב לנו: להיות סוכני צדק ורחמים מטעמו. מעולם לא נכתב דין וחשבון מרומם יותר על המצב האנושי. הוא עדיין מונח לפנינו כאתגר.

אודות המחבר

הרב פרופ' יונתן זקס - רבה הראשי של בריטניה בשנים 1991–2013 וזוכה פרס טמפלטון לשנת 2016 - מוכר בזכות עשרות כתביו, ספריו ומאמריו, אשר הקנו לו מעמד של הוגה דעות ומנהיג רוחני המשמיע את קולה של היהדות בשיח העולמי. מספריו בעברית: **לכבוד השוני: כיצד נוכל למנוע את התנגשות התרבויות?** (מגיד, תשס"ח), **לרפא עולם שבור: החיים כקריאה לאחריות** (מגיד, תש"ע), **השותפות הגדולה: הדת, המדע והחיפוש אחר משמעות** (מגיד, תשע"ג), **פסח על שום מה? הגדה של פסח** (מגיד, תשע"ה), **רדיקלית אז, רדיקלית עכשיו: מורשת הדת העתיקה בעולם** (מגיד, תשע"ו) **ולא בשם האל: אל מול האלימות הדתית** (מגיד, תשע"ו).